汉译世界学术名著丛书

斯特拉博地理学

上 册

〔古希腊〕斯特拉博 著

李铁匠 译

商务印书馆
创于1897
The Commercial Press

THE GEOGRAPHY OF STRABO

据 1917—1932 年间伦敦 William Heinemann 出版社

纽约 G. P. Putnam's Sons 出版社出版

Horace Leonard Jones, Ph. D., L L. D 翻译的英文八卷本译出

汉译世界学术名著丛书
出　版　说　明

我馆历来重视移译世界各国学术名著。从20世纪50年代起，更致力于翻译出版马克思主义诞生以前的古典学术著作，同时适当介绍当代具有定评的各派代表作品。我们确信只有用人类创造的全部知识财富来丰富自己的头脑，才能够建成现代化的社会主义社会。这些书籍所蕴藏的思想财富和学术价值，为学人所熟悉，毋需赘述。这些译本过去以单行本印行，难见系统，汇编为丛书，才能相得益彰，蔚为大观，既便于研读查考，又利于文化积累。为此，我们从1981年着手分辑刊行，至2021年已先后分十九辑印行名著850种。现继续编印第二十辑，到2022年出版至900种。今后在积累单本著作的基础上仍将陆续以名著版印行。希望海内外读书界、著译界给我们批评、建议，帮助我们把这套丛书出得更好。

商务印书馆编辑部
2021年9月

上 册 目 录

前言 ·· 1

第一卷　绪论

第一章　地理学研究的范围和用处、地球、纬度、大洋、阿那克
　　　　西曼德和赫卡泰奥斯的理论、关于对跖问题等等 ············ 35
第二章　罗马人和帕提亚人对地理学的看法、对荷马和
　　　　厄拉多塞的评论 ··· 58
第三章　自然地理：潮汐、火山、地震、海洋形成理论、
　　　　民族迁移、关于希佩尔波里人问题 ····························· 123
第四章　政治地理：经纬度对各民族性格和风俗习惯的影响、
　　　　三大洲——欧罗巴、亚细亚和利比亚的概况 ·················· 147

第二卷　地理研究的数学方法、对有人居住世界的看法

第一章　对于厄拉多塞和喜帕恰斯等前辈的评价 ······················· 157
第二章　对于波塞多尼奥斯的评价（上） ································ 197
第三章　对于波塞多尼奥斯的评价（下） ································ 201
第四章　对于波利比奥斯的评价 ··· 214
第五章　对有人居住的世界的看法 ·· 223

第三卷 伊比利亚

第一章 伊比利亚（一） ……………………………………………… 265
第二章 伊比利亚（二） ……………………………………………… 272
第三章 伊比利亚（三） ……………………………………………… 289
第四章 伊比利亚（四） ……………………………………………… 296
第五章 伊比利亚诸岛：巴利雷斯群岛、卡西特里德斯群岛和
加德斯群岛 …………………………………………………… 313

第四卷 凯尔特、不列颠、阿尔卑斯

第一章 山北高卢：纳伯尼西斯 …………………………………… 329
第二章 山北高卢：阿奎塔尼亚 …………………………………… 350
第三章 山北高卢：卢格杜尼西斯 ………………………………… 354
第四章 山北高卢：西卢格杜尼西斯和贝尔吉卡 ………………… 360
第五章 不列颠：爱尔兰和极北地区 ……………………………… 368
第六章 山南高卢（意大利北部） ………………………………… 372

第五卷 意大利

第一章 意大利北部 ………………………………………………… 387
第二章 第勒尼亚和翁布里亚 ……………………………………… 402
第三章 萨宾地区和拉丁姆 ………………………………………… 419
第四章 皮塞努姆和坎帕尼亚 ……………………………………… 439

第六卷 意大利南部、西西里

第一章 意大利南部 ………………………………………………… 459

第二章	西西里	480
第三章	雅皮吉亚	499
第四章	意大利和罗马扩张的扼要总结	512

第七卷　伊斯特河、日耳曼尼亚、托罗斯山区、西徐亚、残篇

第一章	日耳曼尼亚	519
第二章	日耳曼人与辛布里人或辛梅里安人	525
第三章	密细亚、达契亚和多瑙河	529
第四章	托罗斯的切尔松尼斯	553
第五章	伊利里亚和潘诺尼亚	561
第六章	达契亚东部和普罗庞提斯北岸	571
第七章	伊庇鲁斯	575
第八章	残篇	590

前　言

一、关于斯特拉博

斯特拉博是古希腊历史学家、地理学家。关于斯特拉博的生平事迹，我们知道得很少。这是因为斯特拉博的同时代人几乎没有留下任何有关他的记载，在他去世之后，离他时间最近的著名学者普林尼、托勒密没有提到《斯特拉博地理学》，而稍后的约瑟夫斯·弗拉维乌斯、普鲁塔克和雅典尼乌斯开始使用他的著作。公元6世纪，拜占庭学者斯特芬开始把他称为地理学权威。在整个中世纪，斯特拉博一直默默无闻，很少有人提起。一直到文艺复兴时期，《斯特拉博地理学》才被重新发现，他的名声也就从此开始显赫，被称为著名的地理学家。因此，有关斯特拉博的生平事迹，主要依据他著作中的自述和后世学者考证的结果。

一般认为，斯特拉博大约生活在公元前64/63—公元23/24年之间，他的故乡是小亚细亚地区本都王国的阿马西亚城。根据斯特拉博所说，在他出生之前不久罗马人占领了比希尼亚，而公元前64年本都国王自杀，由此推断他出生的时间是在公元前64/63年。至于他的去世时间，是根据他在著作之中提到公元23年莫卢西亚国王（即毛里塔尼亚）朱巴二世"最近"去世的事情，有人猜测"最近"意味着"在一年之内"，此后他没有再写作新的作品。因此，学者们推断他去世的时间大概是在公元23/24年，享年87岁。

斯特拉博出生于一个深受希腊文化熏陶的上层贵族家庭。关于斯特拉博父亲一族的情况，斯特拉博本人在书中刻意回避，因此人们很难知道真实的情况。关于其母亲一族的情况，斯特拉博倒是交代得十分清楚。根据他自己所说，其母亲的祖辈是本都的显赫家族。其母的曾祖父多里劳斯曾经担任过本都驻克里特岛军事统帅，在平息当地的战乱中获得了巨大的荣誉。后来，因为本都国内发生政变，多里劳斯留在克里特岛克诺索斯娶妻生子，并且在当地去世。再后来，由于本都新国王与其有远亲关系，其家族成员蒙恩被召回，其中有一位名叫拉吉塔斯的担任科马纳的祭司，地位仅次于国王。他就是斯特拉博外祖母的兄弟。在米特拉达梯战争（公元前87—前63年）之中，拉吉塔斯私下与克诺索斯人和罗马人达成协议，企图鼓动国内上层阶级叛乱推翻国王，由他来担任新政府的首脑，结果事情败露被捕，家庭成员大多受到牵连。其后，拉吉塔斯之弟莫阿菲尼斯作为国王的朋友担任了科尔基斯副总督。又因为国王的原因遭到不幸，有的家庭成员因此被杀。斯特拉博的外祖父为了替家族报仇，公开背叛国王，投靠罗马人，在得到罗马统帅卢库卢斯（约公元前117—前56年）的保证之后，他策动了15座要塞投向罗马人。这种做法在现代民族主义者看来，简直是卖国投敌。但是，在当时深受希腊化世界主义思想影响的上层阶级看来，这是最正常不过的事情。因为他们认为公民是国家的主人，国家是全体公民赖以生存的土地，政府或君主只是公民雇用的公仆或者奴才。如果统治者敢于违抗人民的意志，就可以立刻驱逐他。背叛或者推翻残暴的统治，是天经地义的事情。他们认为，作为"世界公民"，为所谓的"世界城邦"服务，远胜于为某个小国之君服务。而正在出现的罗马帝国，就是这样一个"世界城邦"。因此，在斯特拉博看来，这样做不仅没有什么可耻，反而是一大功绩，所以才会在书中多次提到其家族背叛本都国王，在米特拉达梯战争中支持罗马人的功绩。

不过，在罗马统帅卢库卢斯离任，庞培接手米特拉达梯战争，并且取得胜利之后，由于庞培与卢库卢斯之间的权力斗争，庞培把凡是帮助过卢库卢斯的人都视为敌对势力，元老院又站在庞培一边，庞培以"一个人领导战争走向胜利，而奖赏和奖金的分配却由另外一个人掌管，这是不公正的事情"为由，拒绝履行前约，只授予了他们罗马公民权。尽管如此，由于斯特拉博家族亲罗马的政治态度，他们不但保住了自己的财产和地位，而且在罗马上层阶级享有一定的影响。斯特拉博也因此得以接受在当时属于良好的教育，为今后从事历史地理研究和周游罗马帝国奠定了基础。

斯特拉博虽然出生在希腊文化国家，但他却是罗马公民，他的名字也是罗马人的名字。但是，这个名字很难说是这位历史学家和地理学家的真名，因为这是罗马人送给任何一位眼睛有点毛病者的名字或外号，意为"斜眼"。例如，庞培的父亲庞培·斯特拉博就是"斜眼庞培"的意思。而在西西里地区，视力特别好的人也叫做"斯特拉博"。不过，由于作者在本书中除了使用这个名字之外，并没有提到自己还有其他的名字，因此，今天学术界只能认为本书作者的名字就叫斯特拉博。

斯特拉博从青少年时代开始，就一边游历小亚细亚各地，一边访求名师。他的第一位教师是尼萨（今土耳其苏丹希萨尔城）的阿里斯托德姆斯，此人是波塞多尼奥斯（Poseidonius）的亲戚，庞培之子的老师。阿里斯托德姆斯教授修辞和语法。斯特拉博自称学完了全部课程，并且成为荷马史诗的爱好者。据说斯特拉博可能通过师生关系接触到了波塞多尼奥斯的著作，而且和波塞多尼奥斯建立了良好的私人关系。

斯特拉博21岁的时候来到罗马，师从逍遥派哲学家色纳尔库斯，此人是一位地理爱好者。曾经在塞琉西亚、亚历山大、雅典和罗马讲学。色纳尔库斯终身以教育为职业，获得了阿雷乌斯和奥古斯都·凯撒的友谊。从斯特拉博对他的介绍看来，色纳尔库斯对他的影响非常巨大。斯特拉博在罗马向一位著名的教师、帕加马学派的学者提兰尼昂学习过语法。此人是"亚里士多德的崇拜者"，也是一位语法学家和真正的地理学家，罗马政治家西塞罗曾经想请他帮助撰写一部地理学著作。有人说提兰尼昂在地理学方面的成就对斯特拉博有很大的影响。但从斯特拉博把他称为"像书贩子一样的人"来看，双方关系看起来似乎比较冷淡。

斯特拉博的正规教育，可以说到此结束。他从三位著名教师那里接受了当时知识精英阶层所必须接受的传统教育，即演说、语法和哲学教育。后来，斯特拉博还跟随亚历山大学派的学者学习过。亚历山大学派和帕加马学派一样，主要研究荷马史诗，解释史诗之中的地名，古希腊最早的地理学就是从这种研究开始的。斯特拉博通过亚历山大学派得以了解古希腊最伟大的地理学家厄拉多塞（Eratosthenes）及其对荷马史诗的观点。从斯特拉博接受的教育情况来看，可以说他不但接受了当时几个主要学派的教育，而且在接受教育的过程之中也和学术界的权威建立了良好的关系。斯特拉博虽然接受过各个学派的学术观点，但对他本人影响最大的仍然是斯多葛派。他本人也自称是斯多葛派学者。

作为历史学家和地理学家，周游四海是一种重要的历练。斯特拉博从青年时代开始，就游历过小亚细亚许多地区，对各地进行过详细的考察。他去过尼萨、卡陶尼亚的科马纳、陶里的皮拉姆斯河，后来还去过特拉莱斯、希拉波利斯和以弗所。

公元前44年，斯特拉博移居罗马的首都罗马城。在那里他一直住到公元前31年。这时的罗马已经成为希腊化上层知识精英向往的天堂。斯特拉博在那里广结上层人士。在他的朋友之中有塞尔维利乌斯·伊索里亚、埃利乌斯·加卢斯（Aelius Gallus）等人，还有人认为庞培的朋友、历史学家提奥法尼斯也是他的朋友。同时，他在罗马可以使用帕拉丁图书馆丰富的藏书和资料，这对他的研究也有很大的帮助。

公元前31年之后，斯特拉博离开罗马城，仿效前辈著名学者波塞多尼奥斯和波利比奥斯（Polybius），长期在外旅行。根据他自己所说，他的活动范围都在罗马帝国的境内如亚美尼亚、撒丁、黑海、埃及、上尼罗河的埃塞俄比亚山区等。但是，斯特拉博既没有去过希腊文化的中心雅典，也没有去过希腊的圣地奥林匹亚。这大概是由于经历了长期战争之后，当时整个希腊地区已经破败不堪，罗马帝国的经济文化中心已经转移到了埃及的亚历山大、小亚细亚和意大利的原因。

斯特拉博的外出旅行，有些有详细而准确的记载。例如，公元前29年，他沿着公路去科林斯地区，参观了科林斯遗址，爬上了科林斯的卫城阿克罗科林斯。他从罗马沿着阿庇安大道到了布伦特西乌姆，从那里经由海路到达波普洛尼乌姆城。在意大利到非洲的航行中，他看到了昔兰尼的海船。斯特拉博在亚历山大城住了很长时间，有人认为公元前25—前19年他在亚历山大，主要是为了收集与《斯特拉博地理学》有关的资料，为此他经常前往亚历山大图书馆，在那里认识了历史学家大马士革·尼古拉，看到了印度送给奥古斯都的礼物——大象和畸形人。然后，他从亚历山大城开始漫游埃及。在朋友、埃及总督埃利乌斯·加卢斯的陪同下，他沿着尼罗河逆流而上，从三角洲地区经赫利奥波利斯、孟斐斯、金字塔地区、莫里斯湖边的阿尔西诺伊、底比斯、赛伊尼、菲莱岛、几乎走遍了整个尼罗河沿岸的城市，一直来到埃塞俄比亚边境。这次旅行所记载下来的资料成为埃及地理的主要资料。

公元前13年，斯特拉博第二次来到亚历山大，他在那里住了好几年。然后，他大概又回到了罗马。斯特拉博最后在哪里度过他的晚年，这个问题争论很多。有人说是在罗马，有人说是在本都，并且说他在那里成了本都女王皮托多里斯的宫廷史学家，本书也是献给她的礼物。不过，有许多人反对后一种说法。

一般认为，斯特拉博一生有两部著作：第一部是《史记》，第二部是《斯特拉博地理学》。《史记》是波利比奥斯《历史》的继续，记载了从迦太基和科林斯被毁灭到亚克兴海战（公元前31年）时期的历史。不过，这部著作没有完整地保留下来，只有一些残篇保留在意大利米兰，人们只能从他在《斯特拉博地理学》之中提到的只言片语，猜测它大概有些什么内容。

斯特拉博的第二部著作从什么时候开始写作的，没有人知道。根据作者自己所说，这部著作是在《史记》出版之后开始的。这部著作在什么时候完成的，也有很多争议。有人认为是公元7年，有人认为是他去世之前。与《史记》不同的是，这部著作不但保留下来了，而且基本上是完整的。这是古代世界保存至今第一部以"地理学"为题的伟大著作。至于它是什么时候出版的，目前没有人知道。至少普鲁塔克在《希腊罗马名人传》中只提到哲学家斯特拉博的《史记》，[①] 可见本书彼时还不一定出版了。

斯特拉博为什么要写作这样一部地理学著作？我们认为，首先这可能与其个人所受的教育、个人的爱好、当时地理学发展的水平以及罗马现实的政治情况都有关系。如前所述，在斯特拉博求学的过程之中，他所学的知识，所接触到的教师和学者，都与地理学有关系，这对于他今后从事地理学研究可能起了重要的影响。

其次是希腊人自古以来所具有的求知欲望、冒险精神和海外贸易的需要，为希腊地理学的产生提供了坚实的基础。

希腊地理学发源于爱奥尼亚希腊移民城邦。《荷马史诗》被认为是希腊地理学的序曲，史诗的作者荷马（约公元前8世纪）就是爱奥尼亚居民。这个时候正是希腊移民运动（又称殖民运动）的开始。运动大大地开阔了人们的视野，促进了希腊地理学的发展。公元前7—前6世纪，爱奥尼亚出现了三位伟大的学者：泰勒

[①] 普鲁塔克著，黄宏煦主编：《希腊罗马名人传》（上册），商务印书馆，1990年，第439页。

斯（Thales）（约公元前7—前6世纪初）、阿那克西曼德（Anaximander）（公元前610—前540年）和赫卡泰奥斯（Hecataeus）（约公元前540—前480年）。其中，泰勒斯号称是希腊第一位科学家，在天文学、几何学方面做出了重大贡献。他的学生阿那克西曼德是希腊地图学的鼻祖，绘制出希腊地理学上的第一张地图。而赫卡泰奥斯是描述地理学的创始人。他周游列国，依据自己的实践经验和古代地理学资料，编撰了一部地理著作《旅行记》，并且绘制了一幅地图。由他开始，描述地理学开始在希腊占据统治地位。萨摩斯的学者毕达哥拉斯（约公元前580—前500年）首先提出了大地是球形的理论，推翻了此前认为大地是圆盘形的观念。历史之父希罗多德（约公元前484—前425年）进一步发展了描述地理学。此后，柏拉图（约公元前427—前347年）、亚里士多德（公元前384—前322年），又以各自的方式论证了大地是球形的理论。亚里士多德同时代的学者欧多克索斯（Eudoxus）（公元前400—前347年）根据这个理论，完善了地球分带的理论，并且估算了地球的周长。他的著作《地球的描述》对促进描述地理学的发展具有很大的作用。希罗多德的《历史》和色诺芬的《长征记》则反映了当时希腊人对于整个世界的认识水平。

公元前4世纪后期，马其顿王国的兴起及亚历山大对东方的远征，打开了亚细亚大部分地区和欧罗巴直到伊斯特河的整个北部地区。又一次大大地扩展了西方人的视野。远征之后，希腊出现了一系列有关东方各国的著作，无疑大大地丰富了希腊人地理学的知识。

公元前3世纪，希腊著名学者、亚历山大图书馆馆长厄拉多塞（公元前 276—前 194 年）建立了地理学中的数学—天文学流派，他把数学方法用于研究地理学，力图解决整个地球和有人居住地区的外形和面积。他测量出地球的周长是 40000 千米，几乎与它的实际值（40075.13 千米）相差无几。他首创"地理学"这个科学术语，用以代替过去阿那克西曼德及赫卡泰奥斯等人使用的"游记"、"周航记"等术语，并且以此为题撰写了一部专著《地理学》。从厄拉多塞开始，地理学开始被理解为主要是依靠数学和天文学知识来描述地球（包括其物理构造）的一门科学。波利比奥斯（公元前 200—前 118 年）和后来的波塞多尼奥斯（约公元前 130 年生），则把地理学与历史学和民族学结合在一起，他认为地理学的作用仅限于为历史学充当助手，地理学的任务就是对个别地区进行经验主义的描述。并且提出了实用主义地理学的口号。稍晚于波利比奥斯的是喜帕恰斯（Hipparchus）（约公元前 190—前 125 年），他发明了经纬圈，把纬线圈分为 360 度，以 12 根纬线把地球分成不同的"纬度"或"带"，奠定了地图制图学的科学基础。以弗所的阿尔特米多鲁斯（公元前 2 世纪后期）遍游地中海各地，写下了大量的游记。

公元前 1 世纪，随着罗马共和国的对外扩张、罗马与帕提亚之间战争、米特拉达梯战争，以及罗马与世界各地的经济贸易往来日益频繁，对于希腊地理学的发展，可以说起到了第三次，也是最有力的推动作用。这时的人们对于周边世界的地理知识越来越丰富。各种历史、地理学著作不断地涌现，客观上为《斯特拉博地理学》积累了丰富的资料，奠定了坚实的理论基础，使得他有可能写出一本划时代的地理学著作。而新兴的世界帝国——罗马帝国出于政治经济的目的，也需要这样一本囊括世界的地理学著作。时代的需要，在呼唤伟大的地理学家早日出现。

再次是他和当时大多数希腊上层知识分子一样，都希望以自己的专业知识更好地来为新兴的罗马帝国服务，为罗马歌功颂德。正因为如此，他对意大利地理的描述，被人们称为是斯特拉博献给罗马的一首颂歌，它的名字就叫《意大利颂》。而他自己在书中也不止一次提到，地理学的目的就是为统治者服务。"地理学不仅可以为政府要员和军队将领的活动提供帮助……"，"地理学主要是服务于国家的需要"，"整个地理学直接关系到统治者的活动，这是再明白不过的事情"；"如果说政治哲学大部分与统治者有关，而地理学是为统治者利益服务的。那么，后一种科学显然比政治哲学占有某种优势地位。不过，这种优势是与生活实践有关的"。《斯特拉博地理学》写作的初衷主要是服务于"身居高位者"。

二、关于本书

按照希腊语"地理学"的原意，[①]《斯特拉博地理学》可以称得上是一部真正的地理学著作。这部著作全书共有17卷。其中，除第一、二卷是绪论之外，其余全是对当时希腊人所知的、有人居住世界的描述。

绪论的内容包括地理学的研究范围和用途，地球、纬度、大

---

① 希腊语"地理学"本义为"地球的描述"，参见阿尔夫雷德·赫特纳：《地理学》，商务印书馆，2011年，第154页。

洋、阿那克西曼德和赫卡泰奥斯的理论、关于对跖问题、自然地理、政治地理、三大洲的划分原则、地理研究的数学方法和斯特拉博对有人居住世界的看法等等。斯特拉博在序言中详细地介绍了希腊地理学发展的过程、古希腊地理学家所取得的成就和不足之处、对古希腊地理学家、数学家和天文学家的评价，以及成为地理学家的条件。

在绪论之中，斯特拉博开宗明义提出，地理学家在某种程度上都是哲学家，通晓万物就是哲学，只有具备广博的知识，才能从事地理学研究工作。接着，他列举了他心目中最伟大的哲学家和地理学家的名字和功绩，包括荷马、泰勒斯的学生和同胞阿那克西曼德、赫卡泰奥斯、厄拉多塞、波利比奥斯、波塞多尼奥斯和喜帕恰斯，以及他们对地理学的贡献，从中得出结论，地理学家必须接受渊博的教育，必须懂得天文学、几何学、气象学和地球的历史，必须把大地的自然知识、各种动植物的知识和有关海洋的一切知识都融入其中。他强调人类是两栖动物，不仅是陆地动物，而且是海洋动物，因此必须拥有包括陆地和海洋在内的一切知识。地理学研究的范围也必须包括陆地和海洋。从中我们可以看出，重视海洋，是以古典学者为代表的蓝色文明一个突出的特点，它和以农耕立国的黄色文明具有很大的不同。

同时，斯特拉博还强调地理学家必须具有艺术、数学和自然科学理论，以及建立在历史传说和神话故事基础之上的理论。地理学应当重视实际利益，而不是充满迷人色彩的东西，遵循重视实用和可靠的原则。因此，他主张研究地理应当以有人居住的世界为主，注重了解各个国家的特点，如面积、位置、道路等地理特点和与此有关的社会多样性等等。而研究有人居住的世界，又必须以领土囊括三大洲的罗马帝国为主。他认为把这些要素都搞清楚了，也就完成了地理学研究。

斯特拉博强调，他的著作主要是为国家要员和军队将领、为国家、为统治阶级服务的。他公开声明，其著作是为身居高位者，为那些学过某些系统的科学知识、生而自由或者是从事哲学研究的人而写的。对于那些连基本的常识都不知道的人来说，他们不需要（或现在还不需要）这样一本著作。

随后，斯特拉博谈到了古希腊著名地理学家所取得的成就和不足，并且对其中的某些"错误"进行了尖锐的批评。古希腊地理学家取得的这些成就，对于现代地理学至今仍然有着重要的意义，如气候带的划分、经纬度的划分等等。至于不足之处，可以把它视为地理学形成的初期不可避免的现象。古希腊人对三大洲的划分可以使人们明白为什么古埃及历史被划入古代东方历史的范畴之内。在上古时期，希腊人一直把埃及和埃塞俄比亚视为亚细亚的一部分，而非洲仅限于今天北非的利比亚。至于利比亚以南的情况，那时的人们还一无所知。同样，古代的欧罗巴也不是今天的欧洲，它最初只代表希腊本土那一点儿地方，后来才逐渐扩展到西部的意大利、伊比利亚，以至整个的欧洲地区。至于亚细亚，它最初只是指与希腊相邻的小亚细亚地区，后来才逐渐扩大到两河流域、波斯、中亚、印度，以及他们口中神话般的塞里斯地区。在罗马帝国时期，亚细亚除了原来的含义，也指罗马帝国在小亚细亚地区新设立的亚细亚行省。

从第三卷开始，叙述有人居住世界的各个地区，包括各地的地理环境、交通状况、民族构成、矿产资源、农业和手工业特产、历史沿革、名胜古迹、文化名人等等。全书的结构大体上是按照由西向东的布局，这是因为在斯特拉博的眼中，西方的欧罗巴对于整个世界的贡献要大于利比亚和亚细亚。实际上，我们从斯特拉博的叙述中可以看出，他所谓的有人居住的世界，就是以罗马帝国为中心，加上周边地区组成的世界。在叙述各地的情况时，斯特拉博大量使用了前辈学者和当代学者的研究成果。

第三卷叙述的是罗马帝国最西部的伊比利亚（即今西班牙）和伊比利亚诸岛。斯特拉博本人没有去过伊比利亚。因此，作者使用了波塞多尼奥斯、波利比奥斯、阿尔特米多鲁斯、提莫斯梯尼、阿斯克勒皮阿德斯（Asclepiades）和皮西亚斯等人的资料，详细地介绍了伊比利亚的自然地理、部落分布、城市、道路、港口、农业、工矿业和渔业生产、风俗习惯情况。对于其中具有当地特色的东西记载尤其详细。例如，伊比利亚各地繁荣的海上贸易、某个地区兔害严重威胁农业生产、各地提取黄金和白银的办法。尤其值得一提的是，伊比利亚人在开采银矿时，很早就在矿洞之中使用了埃及的螺旋抽水机排水。在提炼白银时，建立了高高的烟筒将炼矿之中产生的有毒气体排入高空，以免破坏环境。这些记载使人们对于古代的贵金属生产有一个大致的了解。

第四卷叙述的是凯尔特、不列颠、阿尔卑斯。这部分引用了凯撒和亚里士多德、波利比奥斯、提迈乌斯（Timaeus）、阿西尼乌斯、阿尔特米多鲁斯、皮西亚斯、波塞多尼奥斯的资料。对于罗马帝国而言，凯尔特、不列颠和阿尔卑斯都是新征服地区，因此对这些地区的记载主要是引用了《高卢战记》的资料。所记载内容也是各部落分布情况、罗马征服当地的经过。但这些资料对于研究今英法两国古代的历史，仍然具有重要的价值。

第五卷和第六卷叙述的是意大利，也是罗马帝国最重要的部分。这部分引用了波塞多尼奥斯、埃福罗斯（Ephorus）、安提克利德斯（Anticleides）、波利比奥斯、厄拉多塞、阿尔特米多鲁斯、阿波罗多罗斯（Apollodorus）等人的资料，但最重要的还是斯特拉博在意大利长期旅行亲自考察所得到的资料。因此，斯特拉博对意大利各个部落的分布——意大利的城镇、道路、物产、各地特点——叙述十分详细。其中值得注意的有两点：第一是斯特拉博重视地震和火山爆发对环境的影响，花了很多的笔墨来探讨火山灰对农作物（葡萄）生长的影响，亲自向知情者调查火山口和火山爆发的情况；第二是他在意大利卷最后一章对意大利和罗马扩张的总结之中，正确地概括了意大利地理环境的优势、罗马政治制度的优越性和对外扩张的成功，衷心地表达了他对罗马帝国和罗马皇帝的赞美之情，被人称为《意大利颂》，表达了斯特拉博坚定不移地支持罗马的政治立场。由于他在文章之中提到罗马皇帝提比略在位的政绩，可以证明在公元14年，本书尚未完成。

第七卷叙述的是伊斯特河、日耳曼尼亚、托罗斯山区和西徐亚等地区，本卷最后一章称为残篇，包括若干残缺不全，意义不完全清楚的篇章。本卷引用的资料有荷马、赫西奥德、赫卡泰奥斯、埃斯库罗斯、希罗多德、西尼亚斯（Cineas）、埃福罗斯、泰奥彭波斯、德米特里（Demetrius）、波塞多尼奥斯、波利比奥斯、品达、波菲里乌斯和阿波罗多罗斯等人。由斯特拉博引用的资料可以看出，本卷的学术价值是有很大区别的。大体上来说，关于日耳曼尼亚的记载，引用的是他那个时代的第一手资料，资料的提供者就是亲自与日耳曼人打过交道的罗马人，因此其可信程度较高，为研究日耳曼和东南欧各国的历史和地理留下了珍贵的资料。而对于西徐亚地区，由于希腊人一直没有人深入过内地，引用的仍然是荷马、希罗多德、埃福罗斯时期陈旧的口述资料。但是，苏联学者对这部分资料仍然十分重视，认为它保留了苏联南部地区上古时代的重要信息，如果没有这些资料，苏联历史学家和考古学家的工作几乎是无法进行的。

第八至第十卷叙述的是希腊本土，包括伯罗奔尼撒、阿提卡、迈加拉、福基斯（Phocis）、洛克里斯（Locris）、色萨利（Thessaly）、埃维亚（Euboea）、埃托利亚、阿卡纳尼亚和克里特岛。有关这个地区的资料比较丰富，引用的作者也比较多，如荷马、埃福罗斯、波利比奥斯、波塞多尼奥斯、喜帕恰斯、阿尔特米多鲁斯、欧多克索斯、索西克拉特斯、斯塔菲卢斯、柏拉图、提奥弗拉斯图斯和卡利马科斯等等。除此之外，斯特拉博本人也游历了希腊许多地方。对于希腊地区，斯特拉博说到古典时期津津乐道，说到罗马统治时期则一笔带过。从某种意义上来说，这也有点为今上讳的味道。因为经过多次马其顿战争，希腊许多城镇已经被罗马人彻底毁灭，到处荒无人烟，肥沃的良田变成了牧场；至于以文化昌明自诩的雅典，这时也失去了古典文化的中心的地位。

斯特拉博对希腊本土的介绍可以说非常详细。他首先介绍了希腊的整体情况，希腊各个部落和方言，按照顺序介绍了希腊各邦的政治经济、历史文化，可以说整个希腊本土的情况基本上一览无遗。无论是从事政治、经济、历史、文化、艺术、体育和旅游各方面研究的读者，都可以从他的记载之中找到自己感兴趣的资料。例如，希腊最早的发明家、阿尔戈斯国王菲敦（Pheidon，公元前650年）发明了度量衡器和打制的货币，这种货币比大流士（公元前521—前486年）的货币要早100多年，对研究钱币学的学者而言，可以说是非常珍贵的资料；本书对有关古希腊奥运会和各种名目繁多的地区性运动会，包括奥运会的创始人、组织者、比赛项目、奖品、第一届奥运会的冠军姓名、历届奥运冠军的日常生活、其他各邦运动会的情况和奖品等也有详细的记载，对于从事体育史研究的人来说，具有重要的参考价值。不过，雅典的圣火点燃仪式，大概是现代奥运会赋予雅典的荣誉，因为古代奥运会并不是在雅典，而是在伊利斯的奥林匹亚举行，雅典不过是一个参加者而已，斯特拉博也没有提到圣火点燃仪式。

值得研究世界古代史的学者注意的是，斯特拉博比较详细地介绍了拉科尼亚希洛人制度产生的经过和希洛人的地位。不过，希洛人（Helots）到底是不是奴隶，恐怕连许多希腊学者包括斯特拉博自己也搞不清楚。他先是说希洛人是有特定条件的奴隶，斯巴达人认为他们是国家的奴隶；后来又说希洛人类似于克里特的农奴诺姆人和色萨利的佩内斯特人，而后面这两个阶层显然和奴隶是有区别的。从这里可以看出，有关希洛人的社会地位问题，即使是古代希腊人也是众说纷纭，没有一致的定论。克里特三座著名城市（克诺索斯、戈提纳和利克图斯）与拉科尼亚人在司法制度方面有着密切传承的关系。在戈提纳城遗址发现的古代石刻法典，是古代希腊保存下来的唯一成文法律（该法典已经由我国学者郝际陶译为中文,名为《格尔蒂法典》)。[1]斯特拉博对克里特岛和戈提纳城邦的详细介绍,对于研究这部古代法典无疑具有很大的帮助。

第十一卷叙述的是高加索、希尔卡尼亚、帕提亚、巴克特里亚、米底、亚美尼亚,这个地区又称古代中亚,它已经超出了罗马帝国的范围,也是罗马帝国在向东方扩张难以克服的障碍。我们在前面说过,本书大体上是按照从西向东的布局来叙述。但是,作者在这里违反了这个原则,先说中亚,再来说西亚。

在这个部分,斯特拉博引用了厄拉多塞、希罗多德、克特西亚斯、赫兰尼科斯、波塞多尼奥斯、帕特罗克莱斯、阿波罗多罗斯、波利克莱图斯(Polycleitus)、欧多克索斯、奥内西克里图斯(Onesicritus)、帕特罗克莱斯、阿里斯托布卢斯、阿波罗尼德斯、德利乌斯、奈阿尔科斯(Nearchus)、提奥法尼斯、希普西克拉特斯(Hypsicrates)、梅特罗多鲁斯、德米特里、阿尔特米多鲁斯等人的资料。同时,斯特拉博指出,在有关这些地区的记载之中,不要轻易相信大多数亚历山大传记的作家,因为他们为了颂扬亚历山大而粉饰历史事实。从他所引用的作者看来,人数虽然很多,但资料比较陈旧,有些地区的记载过于简略。尽管如此,其中有关塞种部落、帕提亚、阿里亚、巴克特里亚和米底的记载,对于从事中西交通史的学者来说,在资料稀缺的情况下,仍然是不可多得的宝贵资料。

第十二至第十四卷叙述的是小亚细亚地区、包括卡帕多西亚、

---

[1] 郝际陶译:《格尔蒂法典》,高等教育出版社,1992年。

本都、比希尼亚、加拉提亚、利考尼亚、皮西迪亚、阿卡迪亚（Arcadia）、特罗阿德、莱斯沃斯、埃奥利斯诸城、帕加马、萨迪斯、卡塔塞考梅内和希拉波利斯、爱奥尼亚、卡里亚、吕西亚、潘菲利亚、西里西亚和塞浦路斯。这个地区在地理范畴上属于亚细亚，但在传统上，这里被称为大希腊地区的一部分，它是古代希腊移民在亚细亚的主要移民地区。

这部分引用的资料有荷马、赫西奥德、希罗多德、修昔底德、泰奥彭波斯、赫卡泰奥斯、梅内克拉特斯、帕莱法图斯、德米特里、埃福罗斯、阿波罗多罗斯、卡利斯提尼斯、柏拉图、菲勒塞德斯、米姆奈尔姆斯、欧福里翁和埃托利亚的亚历山大、欧多克索斯和阿尔特米多鲁斯。斯特拉博本人出生在小亚细亚的阿马西亚，游历过小亚细亚许多地方，他对这个地区应当说是非常熟悉的。

小亚细亚由于邻近古代东方文明摇篮两河流域和尼罗河流域，深受古代东方先进文化的影响，很早就是古代希腊经济文化的中心、希腊社会科学和自然科学的发源地。特别是在罗马统治时期，这个地区有了进一步的发展。由于斯特拉博自己在青年时曾经周游过这个地区的很多地方，因此他对这个地区的叙述非常详细。比如，斯特拉博详细地说到了小亚细亚地区经常发生严重的地震，对城市和农村造成了巨大的破坏，由此可以知道小亚细亚自古以来就是一个地震频发地区。他提到各地的特产，从名贵的安息香出产在什么地方，如何辨别它的质量到世界上最美味的蜗牛出产在什么地方都有介绍。斯特拉博详细地介绍了小亚细亚希腊各国在各个领域，如教育、哲学、历史、地理、文化、艺术、医学领域的著名学者，他们对于希腊本土文化的影响，体现了希腊学者重视科学文化的特色。其中对于希腊医学之神阿斯克勒皮俄斯，希腊医学两大流派的创始人、希腊名医希波克拉底药方和各地名医的介绍等，可以说简直是一部古代希腊医学简史。除此之外，斯特拉博还提到人类最早的飞天梦想，希腊人戴达罗斯用蜡粘成的羽毛翅膀企图飞上太空，结果因为距离太阳过近，蜡被阳光所熔化掉了下来。这个故事证明了人类自古就有挣脱地球的束缚，飞向遥远太空的梦想。

第十五卷叙述的是印度、阿里亚纳、波斯。从全书先西部，后东部的布局来说，本卷违背了这个原则。本卷涉及的三个地区，可以说是古代东方的重要地区。他引用了厄拉多塞、帕特罗克卢斯（Patroclus）、希罗多德、克特西亚斯、西奥德克底、阿波罗多罗斯、阿里斯托布卢斯、奥内西克里图斯、奈阿尔科斯、麦加斯提尼（Megasthenes）、阿尔特米多鲁斯、戴马库斯（Deïmachus）和波利克里图斯的资料，其中很多是亚历山大远征时期留下的陈旧资料。尽管他刻薄地指责所有写关于印度问题的作家都是骗子，但是由于他拒绝使用罗马帝国初期曾经到过印度的商人和水手的资料，不得不使用这些陈旧的、道听途说或天方夜谭的资料。不过，在他的记载之中，也保留了许多珍贵的资料。例如，他留下了关于印度制糖技术、植棉和棉纺技术、阿里亚纳葡萄种植和制酒技术的记载。他也留下了印度婆罗门教、佛教、古代伊朗琐罗亚斯德教教义的记载，以及印度宗教人士向西方传教的记载，这些资料都是非常珍贵的。在希腊学者之中，斯特拉博是第一位留下了有关塞里斯人和丝绸记载的作者，虽然他的记载是引自其他早期作者的说法。但是，他的记载看来还是神话因素居多，如塞里斯人可以活130岁甚至更长。而比较实际的问题，如塞里斯人是什么种族，居住在什么地方却没有提及。因此，可以认为在斯特拉博时期，希腊罗马最有知识的阶层，仍然不知东方有一个汉帝国，只知道在巴克特里亚和印度之外还有一个神奇的国家塞里斯。

第十六卷叙述的是亚述、巴比伦、美索不达米亚、叙利亚、腓尼基、犹太和阿拉伯各国。这里是世界文明的摇篮，也是古代世界三大文明交汇的地区。这个部分引用的资料有阿里斯托布卢斯、厄拉多塞、波利克莱图斯、波塞多尼奥斯、柏拉图、奈阿尔科斯和奥尔塔戈拉斯、阿尔特米多鲁斯，以及斯特拉博的好友安提诺多鲁斯和埃利乌斯·加卢斯提供的最新资料。

本卷第一章提到了亚述和巴比伦的历史。从斯特拉博的记载看来，希腊人对亚述、巴比伦的了解，大多属于新亚述帝国和古波斯帝国时期。并不知道在两者之间还有一个新巴比伦王朝存在。因此，他们可能把新巴比伦的事情混入了新亚述帝国一起。斯特拉博对巴比伦地区的记载，着重介绍了希腊人所说的世界七大奇迹之中的巴比伦城墙和空中花园，还有塞琉西亚和附近的帕提亚都城泰西封城。在谈到巴比伦农业生产时，他提到巴比伦大麦少见地高产，巴比伦海枣有360种用处；在谈到特产时，他提到巴比伦境内盛产石油、沥青及它们的用处。当然，不像现在这样用处巨大，石油只能用来做燃料，沥青只能用来做建筑物的黏合剂（相当于今天的泥浆），涂抹各种接触水的容器，如用沥青涂在芦苇编成的小船上以防漏水。斯特拉博说的这种船只，直到今天仍然在伊拉克南部沼泽地区使用。在谈到巴比伦的文化时，斯特拉博提到了巴比伦著名的哲学家，其中包括占星学家、天文学家、数学家和历史学家等等。

本卷第二章谈到叙利亚、犹太和腓尼基等地。斯特拉博提到当地的许多城市。他赞扬由于罗马人的统治，大马士革与阿拉比亚人之间的商路盗匪集团绝迹，保证了商业活动的安全。他重点介绍了腓尼基的两座主要城市。他赞扬西顿对于希腊科学文化的巨大贡献，如西顿人在原子论、天文学和几何学方面的贡献，以及西顿的玻璃制造技术；他还提到当地玻璃杯的价格是一个铜板买一个高脚酒杯。他赞扬提尔在遭到地震毁灭性破坏和亚历山大的破坏之后，依靠自己的航海事业，迅速地重建家园，认为他们在航海事业上超越了所有的其他民族；同时，他也提到提尔举世闻名的紫红染料制造业，虽然为提尔创造了巨大的财富，但是也影响了城市的居住环境。犹太民族对于世界文明做出过巨大的贡献，但由于犹太民族是一个弱小民族，为了维护自己的民族独立，曾经顽强地反抗希腊和罗马的外来统治。斯特拉博有关犹太地区的记载，引用的是波塞多尼奥斯在《庞培传》之中的说法。作为罗马统治的代言人，波塞多尼奥斯的这部传纪对犹太人没有一句正面记载。例如，他把犹太人的首都耶路撒冷称为强盗的巢穴，把犹太人的祖先说成是埃及人，把犹太教创始人摩西说成是埃及祭司，赞美庞培趁犹太人安息日停止一切工作的机会，毁灭耶路撒冷圣殿，洗劫圣殿财产的强盗行径。但是，他的记载从反面证明了犹太地区自古以来就是犹太人的故乡。本章为犹太和耶路撒冷的地理特点、地震、火灾和死海，留下了细致的记载。

本卷第四章谈的阿拉比亚是一个神奇的地方。他详细地记载了阿拉比亚各个部落的情况，阿拉比亚出产的各种香料、玉石、宝石，阿拉比亚人的对外贸易，纳巴泰人及其都城佩特拉，以及罗马对阿拉比亚地区的征服过程。这一卷的内容，可以说使读者大大加深了对古代西亚各国的认识。

第十七卷讲述的是埃及、埃塞俄比亚和利比亚。这部分资料引自厄拉多塞、欧多鲁斯、阿里斯通（Ariston）、波利比奥斯、阿尔特米多鲁斯、加比尼乌斯、波塞多尼奥斯，还有斯特拉博自己的资料，由于斯特拉博本人曾经长期在埃及的亚历山大城居住，不但经常光顾亚历山大图书馆，也与当地著名学者交流，又得到其朋友、埃及行政长官为埃利乌斯·加卢斯的帮助，随同他沿着尼罗河航行走遍整个埃及。因此，他所获得的资料较之先前任何学者来说，都更加准确。

本卷第一、二章叙述的是埃及和埃塞俄比亚。他首先讲述了古代埃及和后来的埃及在地理概念上的区别，接着讲述了他那个时代埃及最重要的城市亚历山大及其周边的地区，包括古代法罗斯灯塔、亚历山大附近类似于唐代扬州青楼笙歌达旦的"卡诺布斯"生活方式、罗马皇帝对埃及的行政管理和行政区划、尼罗河与埃及农业的关系、埃及政府对尼罗河的管理、埃及金字塔、宗教崇拜、神庙建筑、天文观测站、祭司们在天文学方面取得的成就及其对希腊的影响、埃及纸草在文化生活之中的重要性，以及埃及人如何"采取犹太人的狡猾手法"，哄抬纸草价格，提高自己的收入，妨碍平民使用纸草。看来斯特拉博在犹太人问题上，是紧跟罗马政府立场的，只要找到一点机会就要攻击犹太人。实际上，纸草掌握在埃及人手中，涨不涨价是埃及人自己的事情，根本和犹太人没有什么关系。同时，他对埃及的对外贸易也非常关注，他指出托勒密王朝末期埃及每年只有20艘海船前往印度，而在奥古斯都时期每年最少有120艘。这说明由于经济和造船技术的发展，东西方贸易在极短的时间就有了很大的发展。

本卷第三章也是本书的最后一章，叙述的是利比亚。这部分引用了厄拉多塞、波塞多尼奥斯、伊菲克拉特斯、阿尔特米多鲁斯和行政长官克尼乌斯·皮索等人的资料，主要讲述了莫鲁西亚（Maurusia）、迦太基和昔兰尼的情况。重点讲述了罗马人与迦太基人的三次战争。他也谈到了利比亚经济和外贸情况。如利比亚的宝石、铜矿、罗盘草、罗盘草液、葡萄酒和海枣贸易。罗盘草和罗盘草液是古希腊传说之中的神奇药物，其功用大概相当于我国古代上层人士服用的仙丹灵药，它的贸易大概受到严格控制，因此当时出售这两种药品还必须私底下交易，就好像今天的走私贸易一样。虽然利比亚行省后来改称为阿非利加行省，但罗马帝国的阿非利加和后来的非洲并不是一回事，当时的利比亚仅仅是自埃及西部边界到北非西部的一条带状地区。在这条带状地区的沙漠之后有些什么地方和部落，当时是任何人都不知道的。

三、关于评价

如何评价斯特拉博及其这部著作，在国外一直有些争论。一般认为，斯特拉博算不上一个独立的研究者，但也不能简单地把他看成是一个文抄公或者编书手。他广泛采用古代希腊所有地理学资料，经过科学的考察，编成了一部可以称得上是古代世界空前绝后的巨著。这部著作是古人第一次对整个有人居住的世界所进行的描述。在现存的古代地理学著作之中,就规模的宏伟、资料的丰富来说,没有哪一部可以与它相媲美。

斯特拉博的这本书对资料的取舍,有非常严格的标准。他要求所引用的资料必须准确无误。为此,他立下了两条标准:一是重视实地考察,强调目击者的重要性;二是资料的统一性和一致性,如果有分歧,则以某个作家的资料是否可信为准。对于实在没有资料的地方,他也引用了一些被他所认为不可靠的资料。其中最明显的是他在叙述北欧和西徐亚地区的时候,多次引用了皮西亚斯的资料。但是,他每次都要指出其资料不可靠,指责皮西亚斯是说谎高手。实际上,现代学术界对皮西亚斯的评价反而很高,认为他有很多发现。斯特拉博自己考察过许多地方。他曾经自豪地说:"我曾经由亚美尼亚向西游历到撒丁对面的第勒尼亚,从攸克辛海(Euxin)向南到达埃塞俄比亚边境。在地理学家之中,你可能找不到其他人走过的路程比我刚才提到的更远。"因此,他认为自己的记载是最准确的。但是,不论是斯特拉博的自我欣赏,还是其他人毫不留情地指责他的错误百出,我们必须认识到在经验科学之中,知识只能是逐渐地接近真理,日臻完善。生活要求科学所能达到的精确性,只能是它当时所能提供的。[①] 本书作为资料汇编性质的著作,反映的只是当时人们对于整个世界的认识水平。例如,书中完全没有提到西半球的情况,即使是他提到东半球所谓有人居住的世界,也只有以罗马帝国为中心的地中海周边地区比较准确。至于其他地方,如果他既没有去过当地,

---

① 阿尔夫雷德·赫特纳:《地理学》,第28页。

又没有掌握更新的资料，便只能利用古人留下的资料编辑而成。

根据译者的统计，本书直接和间接引用了50多位作者的资料，他们是荷马、赫西奥德、阿那克西曼德、赫卡泰奥斯、埃斯库罗斯、希罗多德、修昔底德、色诺芬、克特西亚斯、德谟克利特（Democritus）、柏拉图、欧多克索斯、狄凯阿科斯（Dicaearchus）、埃福罗斯、厄拉多塞、波利比奥斯、波塞多尼奥斯、阿拉托斯（Aratus）、克拉特斯（Crates）、赫拉克利特、喜帕恰斯、阿尔特米多鲁斯、提莫斯提尼（Timosthenes）、皮西亚斯、费边、提迈乌斯、安条克（Antiochus）、泰奥彭波斯、德米特里、希普西克拉特斯、阿里斯托布卢斯、卡利斯提尼斯、帕特罗克卢斯、奥内西克里图斯、奈阿尔科斯、戴马库斯、菲勒塞德斯、米姆奈尔姆斯、欧福里翁、提马格尼斯（Timagenes）、阿西尼乌斯、尼古拉·大马士革、德利乌斯、提奥法尼斯、阿波罗多罗斯、梅特罗多鲁斯、阿斯克勒皮阿德斯、埃利乌斯·加卢斯、欧多鲁斯、赫兰尼科斯、阿里斯塔库斯和克拉特斯等人，当然最后还少不了斯特拉博本人。

在这些作者之中，斯特拉博引用次数最多的是荷马，引用次数多达200余次；其下按照顺序依次是厄拉多塞引用100余次；波塞多尼奥斯77次；埃福罗斯55次；阿尔特米多鲁斯54次；波利比奥斯50次；喜帕恰斯39次。斯特拉博引用荷马的次数之多，可以说既有他对古人尊敬的因素，"荷马是希腊地理科学的奠基者，超过古今一切名人"；也因为他曾经是帕加马学派和亚历山大学派的门徒，这两个学派认为荷马史诗是古希腊地理学的基础。但是，我们在这本书中可以看到，他引用荷马史诗主要是用来点缀自己的文章，具有实际意义的内容不多。

按照斯特拉博的说法，在这些学者之中，有四位值得尊敬的地理学家——波塞多尼奥斯、厄拉多塞、喜帕恰斯和波利比奥斯。其中厄拉多塞被认为是"各个时代最杰出的学者之一"。斯特拉博直接引用了厄拉多塞许多资料，但也追随其他学者，对其著作进行了批评。例如，他追随波利比奥斯等人的实用主义立场，批评厄拉多塞以数学来研究地理学的方法，讥讽厄拉多塞是"地理学家之中的数学家，数学家之中的地理学家"。斯特拉博认为仅次于厄拉多塞的是喜帕恰斯。他在批评喜帕恰斯的时候，一方面反对把地理学看成是一门精确的科学，另一方面又提出地理学家应当具备某些起码的数学和天文知识，但不一定要有非常深入细致的研究。

学术界认为，对于斯特拉博影响最大的学者是波利比奥斯。这主要反映在斯特拉博不仅接受了前者的叙述方法，而且全盘接受了波利比奥斯的实用主义理论。他在本书中使用的许多资料都是出自波利比奥斯的著作。

除了上述四位学者，斯特拉博引用较多的就是以弗所地理学家、旅行家阿尔特米多鲁斯的著作。阿尔特米多鲁斯周游过地中海周围地区，留下了11种标有航路、距离、港口和城市的地理学著作，这些著作主要是为了满足商人和水手的需要而编写的，不但引用了许多前代的著作，而且还有本人实地考察结果。

作为古代世界最宏伟的地理学著作，本书在学术上具有的永恒价值是难以估量的。首先，它引用了许多古代地理资料，无意之中保存了许多已经失传的上古地理著作，现代学者正是借助于本书，把许多已经失传的古籍钩沉出来，比如 *Die Fragmente des Eudoxe von Knidos; Die geographischen Eragmente desEratosthenes; The Geographical Fragments of Hipparchus; Fragments der griechischen Historiker; Geographi Graeci minores*。[①] 这些古籍虽然只是本书所引用的部分资料，但它对于人们正确地认识古希腊地理科学发展的过程具有重要的作用。

其次，斯特拉博留下了许多有关历史自然地理、历史经济地理和历史人文地理的珍贵资料。如各地的气候、植被、海岸、沙漠、河流的变迁等；各地的农业、作物、工矿、商业和人口的分布与变迁，交通路线的开辟和城市的兴衰等；各个民族的分布与迁移、不同语言、宗教和风俗习惯区域的形成、文化艺术、名胜古迹、知名人物、科技教育等。这些东西过去曾经被认为没有什么价值，甚至被认为冲淡了地理学的内容，实际上，这些恰恰构成了地理学的必要组成部分，反映出大千世界丰富多彩的地理特点和社会生活。不管从事社会科学还是自然科学研究，都可以从这部宏伟的著作之中找到有趣的资料。从这一点上来说，本书可以说是一部研究古代世界社会、经济、文化和地理学的百科全书。[②]

本书对于西域的记载，正好可以和我国史书记载互相映证，互相补充。我国古代与西方各国（西域）一直有着密切的往来。汉代以来，历朝历代的正史之中都有关于西域的记载。本书所涉及的国家，正是我国史书所谓的西域。近代以来，我国学者对

---

① http://newsmth.net · FROM: 59.66.82.207.

② H.L. Jones, "Introduction", *Geography of Strabo*, London, 1917, p. XXViii.

西域的研究进入了一个新时期，并且形成了一个重要的历史学分支——中西交通史。本书对中西交通史研究有如下几个重要的贡献：（1）斯特拉博是西方历史上第一位保留了有关中国（塞里斯）记载的古典作家。虽然他的记载是引自阿尔忒弥塔的历史学家阿波罗多罗斯（公元前2世纪）的著作，但是后者原著今已不存，其记载也完全是有赖于本书才得以保存至今。因此，斯特拉博的记载也就成了最早的记载。至于塞里斯人是不是中国（汉）人的问题，国外史学界过去争论激烈。匈牙利学者哈马塔认为，任何企图以老普林尼对塞里斯人身体特征的描述，来证明塞里斯人是中国西北部地区印欧语系居民的都是不成立的。因为老普林尼的记载并不是第一手资料，而是经过了许多作家反复转抄的有关东方的乌托邦说法，其目的不过是为了加强其论点的权威性，必须彻底抛弃。而企图从语言学的角度来证明塞里斯是中国某地，也存在着很多争论。由于在古代世界只有中国向西方出口丝绸，因此塞里斯这个词汇在阿波罗多罗斯的记载之中，只能用来指中国人，用来指巴克特里亚国王曾经与其发生过关系的中国西北部地区。因为希腊人对中国的南方还有另外一个专门的称号σιναι。简言之，他认为塞里斯、秦和秦那（现在一般译为"支那"）就是古代希腊、中亚印欧语系东伊朗语支居民和印欧语系印度语支居民对古代中国西北部地区的称呼。[1] 而根据比斯特拉博晚500多年的普罗科比乌斯（公元500—566年）记载，[2] 现代史学界一般认为塞

---

[1] J. Harmatta, *Sino-Indica*, AAntASH, xii（1964）, pp. 1—21.
[2] Procopius, *De Bello Gothico*, iv, 17.

里斯指的是我国塔里木盆地。[1]

（2）斯特拉博介绍了当时东西方贸易的几条主要商路，这几条商路就是今天我们所说的丝绸之路的前身。根据我国史书的记载，由我国出发前往西域的道路，陆路基本上到巴克特里亚（甘英除外），海路基本上到印度也就结束了，再向前走就受到帕提亚和印度商人的阻挠，无法前进。[2]而斯特拉博的记载，则将这些被他们阻断的商路连接起来了。在陆上丝绸之路的中段和西段，斯特拉博补充了从乌浒河经里海到阿尔巴尼亚到居鲁士河到黑海的道路。这条道路比《汉书·西域传》的记载更为详细。至于海上丝绸之路，斯特拉博时期，我国已经知道从广州前往印度的海路，但是当时使用的船只可能是东南亚其他国家的，而且船只到了印度之后，就不能继续前进。原因是印度和安息商人企图垄断海上贸易，阻止中国人前往大秦。[3]但是，无论他们如何阻挠，都挡不住罗马人前进的步伐。据斯特拉博的记载，罗马人与东方的海上贸易之路，继承了埃及托勒密时期原有的航路，从埃及的亚历山大城开始，沿着尼罗河、阿拉伯湾，从米奥斯·霍尔木兹（Myos Hormos）启航前往印度，规模都比过去大得多。至于关税的收入，罗马帝国初期是托勒密王朝末期的双倍。如果把斯特拉博所说的这条海上贸易的商路和我国史书所记载的由广州到印度的海上航线连接起来，也就是我们所说的海上丝绸之路主干线。从这条主

---

[1] *The Cambridge History of Iran*, vol. 3（1）, p. 551.
[2] 《汉书·西域传》和《汉书·地理志》。
[3] 《汉书·地理志》。

干线又可以分出了许多支线,例如,在波斯湾头的梅塞纳①就是一个重要的国际贸易港口。甘英曾经从陆路到过这里,但他想西渡大秦的时候,却被安息人阻止了。②后来,这条航线又延伸到了缅甸。不过,这已经是斯特拉博身后之事。

在这里,译者想要提醒读者注意的是,在古代航海史上,斯特拉博是第一位明确提到印度洋季风的地理学家。尽管西方学术界根据传统的说法,认为印度洋季风最早的发现者是一名希腊航海家或者商人希帕罗斯(约公元前1世纪),还有人推测他大概是希腊探险家欧多克索斯(公元前130年,基齐库斯人)的船长。但是,历史上是否有希帕罗斯此人,目前可以说还是一个疑问。因为最早提到希帕罗斯的人,是一位不知姓名,不知生卒年代的作者。他在一部名叫《红海周航记》的短篇作品之中提到希帕罗斯,说是他发现了从红海到印度的直接航路。但是,老普林尼认为希帕罗斯不是发现了这条航路,而是发现了印度洋季风。根据首先讲述欧多克索斯长途航行故事的波塞多尼奥斯所说,这位欧多克索斯远航印度的故事疑点重重,难以证实。他更没有提到欧多克索斯雇佣希帕罗斯担任船长的事情。而在本书中,从亚历山大远征印度开始,就不下十几次提到过季风问题,也指出了欧多克索斯故事的不真实。从本书引用著作范围之广看来,这部被斯特拉博遗漏的《红海周航记》,可能是在斯特拉博去世之后到老普林尼成名之前,某个不出名的作者创作的一部类似于我国古代

---

① 该港口又称喀拉塞涅。
② 李铁匠:《伊朗古代历史与文化》,江西人民出版社,1993年,第281页。

《穆天子传》之类的通俗读物，它托名古人的旅行传说，反映了公元之后印度洋海上贸易日益兴旺的事实，其中的人物不能视为真实的历史人物。所谓希帕罗斯在公元前后发现季风的传说，没有任何历史根据。倒是有一位学者的意见，译者觉得应当引起重视。这就是安德烈·切尔尼亚的意见。他说季风在希腊化时期（公元前4—前1世纪）就已经被人们所知，那时的季风被希腊人称为"Hypalus"，到了罗马时期则被称为"Hippalus"。也就是说，希帕罗斯即季风之意。实际上，季风并不是在希腊化时期，而是在更早的时期就已经被称霸于南海的腓尼基商人所熟知，[①]他们把南海的商路和季风都作为商业机密严加保密，直到马其顿、罗马征服整个地中海南部地区之后，这些机密才开始为西方人所知。季风和直航印度的航线公开，大大地促进了印度洋海上贸易的繁荣。斯特拉博作为第一位明确提到印度洋季风的地理学家，这也可以视为斯特拉博对于古代世界航海史的一大贡献。

（3）本书提到了西域各国古代的宗教、文化，这些宗教后来有一些传入我国，并且对我国的文化产生了一定的影响。他在书中还提到西域各国的许多特产，如各种宝石、玉石、珍珠、玻璃、香料，阿魏、芳香盐、葡萄、甘蔗、棉花等栽培植物和良马等等。其中很多特产，自汉代以来先后通过丝绸之路进入我国。根据这些商品的名称、品质特征，我们或许可以推测出它的产地。例如，我国古代曾经输入过火浣布，据斯特拉博所说，这种物品的唯一产地是希腊的卡律斯托斯。因此，我们可以推测输入我国的火浣

---

① 希提著，马坚译：《阿拉伯通史》（上册），商务印书馆，1995年，第55页。

布就是来自卡律斯托斯。再如，我国古代也曾经输入过玻璃，根据斯特拉博所说，西域的玻璃产自三地：腓尼基、埃及和意大利，各地制造技术不同，色彩有别。如果我们有足够多的实物样品加以对比，也许可以推断出其产地，这对于我们研究当时丝绸之路的贸易，具有一定的意义。总之，利用《斯特拉博地理学》丰富的资料，对于我们深入研究中西文化和中西交通历史，具有相当重要的意义。

李铁匠于虞山

2013 年 12 月

第一卷

绪论

第一章　地理学研究的范围和用处、地球、纬度、大洋、阿那克西曼德和赫卡泰奥斯的理论、关于对跖问题等等

1. 我认为，我现在打算要研究的地理学，[1] 就像任何其他科学一样，也是与哲学家的工作有关的。显然，有许多理由证明我的观点是正确的。首先，正如厄拉多塞早已说过的那样，古代那些敢于探讨这门学科的人——荷马、米利都的阿那克西曼德及其同胞赫卡泰奥斯——在某种意义上都是哲学家；德谟克利特、欧多克索斯、狄凯阿科斯、埃福罗斯，以及与他们同时代的其他一些人也是哲学家；再往后，他们的后继者——厄拉多塞、波利比奥斯、波塞多尼奥斯也是哲学家。其次，只有具备广博的知识，才有可能从事地理学的研究工作，而只有那些善于观察万物，不管是观察天上还是尘世万物的人，才能够具有广博的知识，正如他

---

[1]　亚历山大城的学者使用术语"地理学"来代替早期阿那克西曼德及赫卡泰奥斯使用的术语"ges periodos"（意为"环游大地"）。克尼多斯的欧多克索斯利用天文学和数学知识，最早在《环游大地记》之中确立了地球是球形的概念。从厄拉多塞开始，地理学开始被理解为主要是依靠数学和天文学知识来描述地球（包括其物理构造）的一门科学。而波利比奥斯和波塞多尼奥斯则把地理学与历史学和民族学结合在一起。

们主张的那样,通晓万物就是哲学。地理学的用处是多种多样的,地理学不仅可以为政府要员和军队将领的活动提供帮助,而且可以用于研究各地观察到的天象、陆地、海洋、动物、植物、果实和其他各种现象。[①] 我认为,地理学的用处必须以地理学家也是哲学家为前提,他必须是一位献身于研究生活,即研究幸福艺术的人。

2. 现在,我们再来更详细地分析我们前面提到的每个要点。首先,我要说的是,我们和我们的前辈,其中有一位是喜帕恰斯,把荷马视为地理科学的奠基者,这是正确的。我认为,荷马之所以超过古今一切名人,不仅仅是因为他在史诗方面的高超成就,而且还有他通晓社会生活的原因。正因为他知道这些,他不仅关注各种社会活动,为了尽可能多地了解事实,以便传之后人,他竭尽全力介绍各种地理知识,不论是某个国家,还是一切有人居住的世界,不管是陆地,还是海洋。反之,如果他没有去过有人居住的世界的边远地区,他在叙述中就完全不会提。

3. 荷马首先宣布有人居住的地区四周沐浴着俄克阿诺斯(Oceanus),这也完全符合实际情况。然后,他提到了某些国家的名字,至于其他国家,他只给我们提供了某种暗示性的推论。例如,他准确地提到了利比亚、埃塞俄比亚,西顿人和埃伦比人(他所说的埃伦比人可能是指阿拉比亚的特罗格洛迪特人(Troglodytes)),然而对于那些居住在东西方边远的民族,他的记载含糊不清,只说到他们的国家濒临俄克阿诺斯。他描绘了太阳

[①] 波塞多尼奥斯在《论海洋》之中阐述了许多类似的思想,他的理论已经被地理哲学家以物理、天文学和几何学证明是正确的。

第一章 地理学研究的范围和用处、……问题等等

在俄克阿诺斯中升起和降落的情景，也谈到了星辰。

> 太阳跃出了地平线，好像从暗潮涌动的、
> 深沉的俄克阿诺斯爬上了天空。
>
> （《伊利亚特》，Ⅶ，421）

> 当耀眼的太阳沉入俄克阿诺斯，
> 黑夜就将笼罩着大地。
>
> （《伊利亚特》，Ⅶ，485）

他还说星辰也是从俄克阿诺斯中升起的：

> "沐浴着俄克阿诺斯的波涛"。
>
> （《伊利亚特》，V，6）

4. 至于说到西方各个民族，荷马明确地指出了他们的繁荣昌盛，以及他们住在气候温和的环境之中。他无疑听说过伊比利亚的富饶，为了追求这种财富，赫拉克勒斯曾经侵入这个地区，在他之后，腓尼基人成了伊比利亚大部分地区最早的统治者（这种情况持续到后来罗马人占领当地为止）。因为在西方刮着西风，荷马把埃律西昂平原安置在这里。正如荷马所说，众神将把墨涅拉俄斯（Menelaus）送往这个地方：

> 众神将把你送往大地的边缘，
> 金发的拉达曼提斯居住的埃律西昂平原，

那里的人们过着无忧无虑的幸福生活,
既没有暴风雪,没有淫雨,也没有严寒的冬天,
大海送来一阵阵清爽的西风。

(《奥德赛》,Ⅳ,565)

5. 因此,极乐岛位于莫鲁西亚最西边的西边,莫鲁西亚在那个地方的边界与伊比利亚的边界相邻。它们的名字本身就证明这些岛屿由于邻近这些极乐之地的缘故,因此也被认为是极乐之地。

6. 除此之外,荷马还明确地说过,埃塞俄比亚人居住在大地的边缘,住在俄克阿诺斯的岸边。他在诗句中,谈到了生活在大地边缘的埃塞俄比亚人:

……埃塞俄比亚人
最遥远的人们被分成两个地方居住。

(《奥德赛》,Ⅰ,23)

(当然,"被分成两个地方居住"这句话,后来证明是说对了。)他又用下面这句话证明了他们在海岸边是如何生活的:

昨夜雷神宙斯去了遥远的俄克阿诺斯,
……去参加埃塞俄比亚贵人的宴会。

(《伊利亚特》,Ⅰ,423)

而对于北方与俄克阿诺斯相邻的最遥远地区,他在谈到"熊星座"的时候,只说了一些暗示性的话:

只有它没有沐浴在俄克阿诺斯的波涛中。

(《伊利亚特》，XVIII，489)

要知道，荷马所说的"熊星座"和"战车座"表示的都是"北极圈"，[①] 否则他不会说熊星座唯一"没有沐浴在俄克阿诺斯的波涛中"。他一直看见天空中有这样多的星辰在同一个区域完成自身的昼夜运动。人们不应该因为荷马只知道一个熊星座而不是两个熊星座责备他的无知，因为在荷马的时代，另一个熊星座大概还不被人们认为是星座，直到腓尼基人发现了它，并且将其运用到航海活动，希腊人才知道这个星座的存在。对于后发星座和老人星来说，这种观点同样是正确的。因为我们知道，这两个星座完全是不久之前才获得了自己的名字，阿拉托斯说过，还有许多没有名字的星座。因此，当克拉特斯竭力批驳那些本来不应当批驳的东西，把荷马的原文修改成这样的时候，他是大错特错了：

北极圈也没有沐浴在俄克阿诺斯的波涛中。

赫拉克利特（Heracleitus）的做法更加符合荷马的心意，就是他准确地使用术语"熊星座"来代替"北极圈"："熊星座是早晨

---

① 古代希腊人把天体和地球划分为五个区域或带，即北极、两个热带地区（北回归线——夏至线、南回归线——冬至线）、赤道和南极。在两个热带区域，太阳最少有一次处于顶点，日晷不能留下阴影。在南北极，太阳在一年之中最少有一次在地平线之下。

和晚上的分界,有一股风从晴朗的天空吹向熊星座。"① 由于北极圈而不是熊星座是分界,众星既不是从其身后升起,也不是在其身后运动。因此,荷马所说的"熊星座"(他当时也将其称为"战车座",并且说它守卫着猎户座),应当理解为"北极圈";他认为俄克阿诺斯是天涯,天体就是在那里,或者从那里开始运动和升起。有时,荷马也谈到熊星座在这块天空自转,没有沉入俄克阿诺斯。② 他知道北极圈通过天涯的最北点。因此,如果想要解释清楚诗人的诗句,就必须承认大地的天涯和俄克阿诺斯完全结合在一起,而北极圈应当被认为是与有人居住地区的极北地区是连接在一起的(我们的感情多少是可以相信的)。③ 因此,根据荷马的观念,这部分大地也沐浴在俄克阿诺斯中。其次,荷马甚至知道住在极北地区的人们,尽管他没有说出他们的名字(因为他们直到今天还没有一个共同的名字);他按照他们的生活方式来称呼他们,把他们称为"游牧者"、"长于近战的野蛮人"和"饮乳汁的穷人"(《伊利亚特》,XIII,5,6)。

7. 在其他地方,荷马还说到俄克阿诺斯环绕着大地;在他的书中,赫拉这样说道:

　　我要远行,前往丰饶大地的尽头,

---

① 熊星座标志着北方,它早晨在东方,晚上在西方,它的位置正对着南方。
② 熊星座一直可以看见,不会走动(《伊利亚特》,XVIII,489)。α熊星座是北极星,在古代远离极点12.5°,现在远离极点1.25°。
③ 荷马知道北极圈和所有星座运行路线倾向于地平线(《伊利亚特》,XVIII,489)。

看望不朽的父亲俄克阿诺斯。

(《伊利亚特》，XIV，200)

要知道，他这句话想要说明的就是，俄克阿诺斯和大地所有的边界是相连的；这些边界环绕成一个圈子。在荷马史诗中，阿喀琉斯（Achilles）"制盔"歌中所描绘的俄克阿诺斯，环绕在阿喀琉斯盾牌的周边。[①] 荷马热爱知识的另一个证据，就是他非常熟悉俄克阿诺斯的潮起潮落。他说"突然被推下俄克阿诺斯"（《伊利亚特》，XVIII，399)，并说俄克阿诺斯

每天把海水三次吞进吐出。

(《奥德赛》，XII，105)

由于涨潮不是每天"三次"而是两次，所以荷马的资料可能是错误的。或者必须设想这段原文被曲解了，其论据也是同样的。[②] 甚至连"从暗流涌动的"的说法（《伊利亚特》，XII，422）也包含了某些涨潮的指示。因为潮水初涨时是慢慢的，而不是非常迅速的。根据荷马所说，岩礁时而被海浪吞没，时而又露出海面。在荷马史诗中，俄克阿诺斯被称为长河。波塞多尼奥斯推测，荷马可能把海流看成了涨潮。他的第一个推测是正确的，第二个则是荒谬的。因为涨潮运动不像河里的流水，而退潮运动的速度

---

① 《伊利亚特》，XVIII，607。
② 斯特拉博在这里搞错了，荷马在这里说的是卡律布迪斯，而不是大海。

更慢。克拉特斯的解释比较合理。荷马称整个俄克阿诺斯是"暗潮涌动的"和"向后运动的"(《奥德赛》,XI,13;XX,65),也把它称为长河。他谈到俄克阿诺斯的一部分、河流,或者是"河水的流向"。在下面的诗句之中,荷马说的不是整个俄克阿诺斯,而只是俄克阿诺斯的一部分:

> 我们的船只迅速冲开了俄克阿诺斯的潮流,
> 重新来到了辽阔无际的海面上。
>
> (《奥德赛》,XII,1)

由此可见,他说的不是整个的俄克阿诺斯,而是汇入俄克阿诺斯的河流,这条河组成了俄克阿诺斯的一部分。克拉特斯认为,这条河流不像是某个海湾或港湾,它从冬至线一直延伸到南极圈这样辽阔的地区。确实,离开这个港湾之后,就置身于俄克阿诺斯之中;但是,在离开了俄克阿诺斯之后,是不可能还在俄克阿诺斯之中的。无论如何,荷马说道:

> 他离开了河流,面对大海的波涛。

可以肯定,这里的大海不是别的什么,就是俄克阿诺斯。如果不这样解释,就会造成这样的结果,"奥德修斯离开了俄克阿诺斯之后,他又驶入了俄克阿诺斯"。这个问题还应当详细地讨论。

8. 关于有人居住的世界是一个岛屿,根据我们的感觉和经验就可以得出结论。因为在人类可以到达的大地尽头，到处是海洋，我们把这个海洋称为俄克阿诺斯。在感情不能接受这个结论的地方，那就让理智来证明吧。例如，人们可以完全绕过有人居住世界的东部（印度）和西部（伊比利亚和莫鲁西亚），在北部和东部继续进行长距离旅行。至于说我们现在还无法到达的有人居住的世界（因为人们还从来没有见过从彼岸来的航海家），即使根据我们可以接受的类似距离来判断，它也是很小的。如果说大西洋被分成了两个海，中间由许多狭窄的、妨碍周航的地峡所分割开，那是令人难以置信的；更有可能的是，这是一个四通八达的，形成了一个融合在一起的完整的海。因为那些从事周航，后来没有到达目的地就返回原地的人说，他们之所以回来，并不是因为在前进的道路上遇到了某个大陆阻碍他们继续远航——大海仍然像从前一样四通八达，而是因为缺少食物储备和环境过于寂寞。这种理论与大海中潮起潮落时发生的现象非常吻合。无论如何，解释潮起潮落的原理基本都是一样的（或者稍有差异），因为潮汐运动是由于同一个海，同样的原因造成的。

9. 喜帕恰斯反对这个观点的意见是难以令人信服的。首先，在俄克阿诺斯中不是到处都可以看见同样的现象；其次，即使根据这个假设，也不应当由此得出结论说亚特兰蒂斯海（Atlantic）围绕着大地不停地作圆周运动。为了证明自己的观点，喜帕恰斯引用了巴比伦人塞琉古的权威著作。至于更深入的研究海洋和海潮问题，建议参考波塞多尼奥斯和雅典诺多罗斯（Athenodorus）的著作。对于本书而言，可以非常肯定地说，它采用了有关俄克阿诺斯各种现象相同的观点；而且，大地周边下的雨水越多，支撑天体的海洋水蒸气也就越多。①

10. 总之，荷马知道并且准确地记叙了有人居住世界最遥远的地区及其周边环境，他同样非常熟悉地中海各个地区。因为从赫拉克勒斯石柱（Pillars of Heracles）开始，你可以看到地中海与利比亚、埃及、腓尼基为邻；远处与正对着塞浦路斯岛的陆地相邻；接下来与索利米地区、吕西亚、卡里亚，还有米卡利和特洛阿德之间的沿海地区，以及它们邻近的诸岛相邻。荷马提到了所有这些地区，以及在普罗庞提斯海（Propontis）、攸克辛海，直到科尔基斯（Colchis）和伊阿宋（Jason）远征边界地区的所有那些地区。而且，荷马知道辛梅里安人的博斯普鲁斯，因为他认识许多辛梅里安人——可以肯定地说，他知道这些辛梅里安人的名字，也知道这个民族的情况——在荷马时代或此前不久，辛梅里安人曾经入侵并且洗劫了从博斯普鲁斯到爱奥尼亚的整个地区。他用下面的话隐喻辛梅里安人地区多雾的天气：

潮湿的雾气和云烟；
那里的人们从来没有见过太阳的光辉，
那里自古以来就笼罩在凄凉的黑夜之中。

（《奥德赛》，XI，15、19）

荷马也知道伊斯特河（Ister），因为他提到了密细亚人和居住

---

① 正如斯特拉博的整个宇宙观和气象观一样，关于大气支撑着天体的观念也是出自斯多葛派学者和波塞多尼奥斯。

在伊斯特河边的色雷斯人。他还熟悉色雷斯这边伊斯特河附近直到佩内乌斯河边的海岸线；因为他提到了培奥尼亚人、圣山、阿西乌斯河和在它们前面的诸岛。从希腊直到塞斯普罗提亚之前的所有沿海地区，他都提到了。他还知道意大利最高的地方，因为他提到了特梅萨和西西里；正如我们前面所指出的，他还知道伊比利亚角和伊比利亚的富饶。如果说上述国家还有些被荷马所遗漏，这也情有可原，因为即使是专门从事研究地理学的人，也难免挂一漏万。既然他在具有历史性、教谕性的故事中加入了某些神话色彩，我们可以原谅诗人，这点不应当受到指责；不过，厄拉多塞认为所有诗人都竭力追求快感而不是教化，这种观点是不正确的；实际上，那些创作诗歌的贤哲正好相反，他们认为诗歌就类似于某种初等哲学。在后面再谈到荷马的时候，我们还要更加细致地批驳厄拉多塞的观点。

11. 现在，我认为证明荷马是第一位地理学家的理由，已经说得足够充分了。[①] 众所周知，荷马的继承人同样是著名的、精通哲学的人士。厄拉多塞说荷马最早的两位继承人是泰勒斯的学生和同胞阿那克西曼德，还有米利都的赫卡泰奥斯；阿那克西曼德还是第一位出版地图的人，[②] 而赫卡泰奥斯有一本地理著作传世。根

[①] 荷马描绘的是神话世界。按照他的观念，大地是在俄克阿诺斯之中的岛屿。阿特拉斯的双肩支撑着铜铁制成的碗状天穹，在东方出现的星辰，在西方沉入俄克阿诺斯之中，地平线是一条无法测量的、由高山和海洋组成的圆圈。荷马用风向表示天体的运动方向——朝北或者是朝南。荷马知道在北部地区夏夜短，冬夜长的知识。

[②] 公元前6世纪，阿那克西曼德和赫卡泰奥斯企图绘制地中海区域的地图，希罗多德曾经嘲笑过他们的想法（希罗多德，Ⅳ，36—40）。只涉及某个地区的地图（如阿提卡的地图），在公元前5世纪已经出现（阿里斯托芬：《云雀》，第200页以下）。

12. 不过，也有许多人确信从事地理学研究必须要接受渊博的教育。喜帕恰斯在自己的著作《反厄拉多塞论》中出色地证明了，[①] 对于任何人（不论是文盲还是学者）而言，如果不善于确定天象和计算观察到的日月食现象，要想获得必要的地理学知识是不可能的。例如，如果不借助"纬度"来进行研究，[②] 就无法确定埃及亚历山大城是在巴比伦城以北或者以南，在北面或者南面多远的地方。同样，我们也无法准确地确定我们东方或西方不同距离的各个地点，以及用什么方法来比较日食和月食。[③] 关于这个问题，喜帕恰斯就是这样说的。

13. 所有从事记录各国与众不同特点的人，都必须专门研究天文学与确定外形、大小、各地之间距离的几何学，研究"纬度"和冷热，总之是研究周边自然环境特征。[④] 确实，建筑工在建筑大厦的时候，或建筑师在规划城市建设的时候，都必须预见到所有这些情况，而从事研究整个有人居住世界的人，就更需要做到这一点，因为他应当比其他任何人懂得更多。在不大的区域范围

---

① 这位伟大的希腊天文学家的著作没有保留下来。在波塞多尼奥斯的著作之中有摘录。

② 喜帕恰斯以通过亚历山大城的子午线为基础子午线，奠定了测量通过赫拉克勒斯石柱和伊苏斯湾经纬线的基础。然后，他测量了通过各个著名地点的纬线，他把这些纬线称为"纬度"（本义为倾斜度），他确定了每个"纬度"的宽度，宽度的差别等等。

③ 即比较在不同地点观察到的同一次日食或月食的办法。

④ 希腊人认为当地的气候取决于地理上的纬度，也就是取决于太阳的高度和光线的"倾斜度"（Дж. О. Томсон. ИсторияДревнейгеограФии. М., 1953, стр. 176, прим. 1）。

之内，不可能形成很大的差别，不管这个地方是在北方或者南方都一样；但如果这个区域是指这个有人居住世界的范围，那它的北方延伸到了最遥远的西徐亚人（Scythians）或凯尔特人的边界，南方则一直到了埃塞俄比亚的边界，这就有可能形成巨大的差别。对于居住在印度或伊比利亚的居民而言，情况就是这样。我们知道其中一个国家位于遥远的东方，另一个国家位于遥远的西方，正如我们所知道的那样，在某种意义上它们彼此的情况正好是完全相反的。

14. 所有类似现象，都是因为太阳和其他天体的运动及其向心运动造成的，它迫使我们必须关注天空，观察我们居住的各个地区的天象。在这些现象中，存在着许多与居住区域环境相应的巨大差别。因此，有志于解释各地之间差别的人，如果连这些现象的皮相都不注意观察，还能够准确地、恰如其分地解释这个问题吗？如果这类的著作（由于大多涉及国家问题）不能完全严格遵守学术上的准确性，它当然应当尽力做到哪怕是使从事国务活动的人明白我们的思路也好。

15. 有人心里想得像天一样高，但不能把大地作为一个整体来描绘。更令人可笑的是，还有人在打算准确地描绘有人居住地区的时候，才决定要从事天象的研究，将其用于教学。但是，他既不关注大地（其中一部分组成了有人居住地区）是一个整体，也不关注它的大小、特性和世界的环境，甚至也不关注只有我们居住的一个部分或多个部分，或有人居住地区的若干部分。（即使如此）他也不关注这个世界无人居住的地区有多大，它的特性如何，它为什么没有人居住？看来，地理学这个特殊的分支，体现了气象学和几何学的统一,[①]因为它把地球和天空的各种现象结合在一起,它们彼此之间的结合是如此紧密,以至于完全无法分开:

> 有如天空高悬在大地之上。
>
> (《伊利亚特》,Ⅷ,16)

16. 我们还必须把本义上的地球历史,即由大地和海洋形成的动植物与各种有益、有害物质的历史,加入到这些无所不包的知识之中(我认为,这个定义将使我们所理解的《地球史》变得更清楚)。确实,所有这些研究对于我们获得完全的知识都是重要的,有益的;而且,我们还必须把大地的自然知识、各种动植物的知识和有关海洋的一切知识都加入到这些知识之中。因为在某种意义上我们属于两栖动物,我们不仅是陆地动物,也是海洋动物。所有拥有这种知识的人都将获得莫大的好处。这种知识显然既有古老传统的根基,也有理性的依据。无论如何,诗人们把那些曾经到过许多地方,长期在外漂泊的英雄称为贤哲;因为他们代表着巨大的荣誉:

> 拜访过许多城市,熟知许多人的想法。
>
> (《奥德赛》,Ⅰ,3)

[①] 气象学是有关天体现象的学说,包括我们所说的天文学和气象学,从亚里士多德起,他就使用了这样的术语。

涅斯托耳本人也吹牛说自己作为客人被邀请到拉皮泰人那儿住过:

> 离开了遥远的地方之后,他们亲自召唤我。
>
> (《伊利亚特》,I,270)

墨涅拉俄斯同样吹牛说:

> 我走遍了塞浦路斯、腓尼基和埃及,
> 我去过埃塞俄比亚,西顿、埃伦比,
> 还有利比亚……
>
> (《奥德赛》,IV,83)

同时,他还补充说明了这个国家与众不同的特点:

> ……那里生长着有角的绵羊,
> 那里的山羊和绵羊每年生育三胎。
>
> (《奥德赛》,IV,86)

关于埃及的底比斯城,墨涅拉俄斯说:

> ……那是一块人口众多的土地,
> 生长着各种禾本科植物……
>
> (《奥德赛》,IV,229)

还有

> 百门之城底比斯，每个城门有两百名武士，
> 士兵们乘着战车飞奔而出。
>
> （《奥德赛》，IX，383）

毫无疑问，荷马是因为丰富的经验和知识才把赫拉克勒斯称为

> 建立了奇异功绩的人。
>
> （《奥德赛》，XXI，26）

我们在开头所说过的话，现在得到了古代传统和理性的证实。而且，对于本人的这个结论而言，我认为还有一个论据显得特别重要，这就是地理学主要是服务于国家的需要。因为国家活动的舞台大地和海洋，也就是人类居住的地方。如果活动无关紧要，活动的舞台就小；如果活动比较重要，活动舞台就更大。最大的舞台包括整个大地（我们给它一个特殊的名称"有人居住世界"）。因此，它也必然是最重要的舞台。

其次，只有那些有能力统治陆地和海洋，并且能够把许多的民族和城市统一在一个政权、一个行政管理之下的统治者，才是最伟大的统治者。整个地理学直接关系到统治者的活动，这是再明白不过的事情；因为它在地图上划分大陆和海洋，不仅仅是整个有人居住地区边界的海洋，还有在这个边界之外的海洋。地理学所作的这种划分，对于那些注重了解各个国家、海洋的位置

（不管是已经知道的，还是否尚未被研究的）的人而言，有重要的作用。所以，国王了解它的大小、位置、气候和土地的突出特点，就可以更好地管理每个独立的地区。由于世界不同的地区由不同的领导者管理，在不同的中心和出发点进行各自的活动和扩张边界的时候，各国领导者也和地理学家一样不可能了解世界各个地区的情况，常常是"一知半解"。因此，即使整个有人居住世界组成了一个帝国，也未必就能同样清楚了解该帝国或者国内各个地区的情况。认为那些距离中心较近的地区就一定研究得更好，被了解得更多这种情况同样不可能。为了更充分地了解距离较近的地区，对其进行更加详细的描述是完全正确的，按照其条件可以更好地满足国家的需要。所以，印度人需要特殊的地理学家，埃塞俄比亚人需要另一种地理学家，希腊人和罗马人需要第三种地理学家，这是毫不奇怪的事情。例如，人们为什么应当给印度地理学家补充荷马所引用的、有关维奥蒂亚（Boeotia）的这些细节：

住在希里亚、多石的奥利斯、
斯科努斯和斯科卢斯各部落的战士。

（《伊利亚特》，II，496）

我们认为这些细节是重要的。然而，对于印度同样类似的描述却不能引起我们的兴趣。确实，有用的想法不能促使我们这样做，有用是我们真正认识这类事物最重要的尺度。

17. 在意义不大的事件（如狩猎）中，地理学的用处是显而易见的。猎人要想在打猎的时候顺利，就要清楚森林地带的特点和面积。同样，只有熟悉地形的人，才能够顺利地安营扎寨，布置埋伏地点或充当向导。在重大事件中，地理学的用处就更加明显。因为由于了解或不了解地理情况所造成的结果，使无论是胜利的奖赏或失败的代价都变得更加巨大。例如，阿伽门农把密细亚误认为特洛伊地区，率领自己的舰队洗劫了当地之后便可耻地回家了。波斯人和利比亚人由于认为海峡没有出口，不仅遭到了巨大的危险，而且在自己身后留下了愚蠢的纪念碑；因为波斯人在卡尔西斯附近欧罗巴的土地上建立了一座陵墓，以纪念因为带领波斯舰队由马利斯湾前往埃夫里普河而被人毒死的叛徒萨尔加内乌斯；利比亚人也为珀洛鲁斯建立了一座纪念碑，① 他也是因为同样的原因被处死的。在薛西斯远征期间，希腊布满了战船的碎片。埃托利亚人和爱奥尼亚人殖民地的历史提供了许多不幸的例子。但是也有走运的时候，由于了解地形而取得了胜利。据说由于厄菲阿尔特向波斯人指出了德摩比利的山间小路，把莱奥尼达斯的军队出卖给了波斯人，把蛮族带进了德摩比利以南的希腊腹地。不过，我们暂且不提古代的事情，我们认为罗马人远征帕提亚人（Parthians）、② 日耳曼人和凯尔特人③ 充分证明了我说过的话。因为在后一种场合，蛮族人躲入难以通行的沼泽地区、森林地带

---

① 即迦太基人。

② 斯特拉博大概是说克拉苏远征（公元前53年）和安东尼远征（公元前38年）。

③ 德鲁苏斯的远征（公元前12—前9年）和昆提利乌斯·瓦鲁斯在条顿堡森林的败死（公元9年）。

和荒原，进行游击战争；他们使罗马人不知道各地究竟是远是近，也使罗马人在某种程度上对道路、食物储备等等一无所知。

18. 总之，正如我们先前所说，地理学大部分与统治者的生活和需要有关；伦理学和政治学的大部分，同样也和统治者的生活有关。这个事实就是证据，即我们是根据帝国最高权力的政体来确定其区别的：我们把一种最高权力称为君主制，把另一种称为贵族制，把第三种称为民主制。我们也看到了相应数量的、以其最高统治者命名的治理国家形式，因为这些形式，各国的政体具有了各自基本的特点。在一种国家中，帝王的意志就是法律；在另一种国家中，上层统治阶级的意志就是法律；而在第三种国家中，人民的意志就是法律。法律决定国家制度的类型和形式。所以，有些人认为"有利于强者"就是"公正"。[①] 总之，如果说政治哲学大部分与统治者有关，而地理学是为统治者利益服务的，那么，后一种科学显然比政治哲学占有某种优势地位。不过，这种优势是与生活实践有关的。

19. 研究地理学还包括不少的理论——艺术、数学和自然科学理论，以及建立在历史传说和神话故事（尽管这种神话传说和生活实践没有任何关系）基础之上的理论。例如，假如有人想要讲述奥德赛、墨涅拉俄斯或伊阿宋游历的历史故事，那他就不要指望自己对其听众游历的实际才智会有所帮助（而实践者则是竭力要做到这一点的）。也许，只有把从上述英雄遇到的不幸之中得出的有益教训，与自己的讲述结合在一起才能做到。对于那些关

---

① 强加给诡辩学者特拉西马库斯的评论（柏拉图：《理想国》，I，12）。

注神话故事产生之地的听众而言，这些故事仍然可以使他们获得极大的享受。由于人们喜欢类似的活动，所以这些地方美名远扬，神话故事充满了迷人的色彩。不过，这些人对上述一切的兴趣不会持续很久；因为他们更关心的是实际利益，这也是理所当然的。所以，地理学应当更重视实际利益，而不是美名远扬的、充满迷人色彩的东西。对于历史学和数学而言，这个原则同样是适用的，因为这些领域一向就遵循重视实用和可靠的原则。

20. 正如以上所说，对于像地理学这类学科而言，最必需的是几何学和天文学。它们确实是必需的。因为不使用这两种科学方法，就不能精确地确定各国的几何形状、"纬度"、面积和其他类似的概念。其他作家已经证明地球的大小，本书以认同前人提出的观点为前提，我们假定地球是球形的，[1] 其表面也是球形的。最重要的是，物体有向其中心移动的倾向，这对于大多数人来说都是显而易见的。[2] 因为所有物体向其中心倾，每个物体被吸引向其重心，我们可以大概得出地球是球形的结论，这一结论又被海洋和天空所见的各种现象直接证明，这与我们的感观认识和普通观察密不可分。大海航行中的海面突面可以进一步证明这一点。当突面与视线在同一水平面时，人们无法感知远处的光线，但如果将视线抬高，就可以看见先前看不见的光线，尽管它又立刻消失

---

[1] 斯特拉博是在文学意义上，而不是几何意义上使用球形一词。在现代意义上的地图说，出现不早于公元 17 世纪。

[2] 根据斯多葛派学者的说法，地球是不动的，所有的天体围着地球从东到西运动，天空与地球的中心是同样的。安那克萨哥拉甚至宣布天体起源于向心力（普鲁塔克：《来山德传》，12）。

了。所以当视线抬高时，可以看到之前无法看到的东西。荷马曾经指出了这一点：

[正当他看见前面不远的陆地]，他向前望了一眼，
巨浪把他抬高，飞速地前进。

（《奥德赛》，V，393）

此外，当航海者接近陆地的时候，他们的眼前逐渐出现的是海岸地区，还有那些起初看来是低矮的，后来逐渐越来越高的东西。天体循环现象从许多事实可以看出，特别是在观察日晷的时候。根据这些现象，我们人类的智慧可以得出一个结论，如果大地是建立在无边的深渊之上，那就不存在天体循环现象。在有人居住地区的篇章之中，我们已经讲述了"纬度"学说。

21. 现在，我们应当立即着手从这些科学之中提取某些知识，特别是所有对国家公职人员和军事统帅有用的知识。这是因为：一方面，人们进入了一个某些众所周知的天象改变了的国家之后，不能对于天象和地理环境一无所知，否则就将左右为难、感慨不已：

朋友啊，我们不知道哪里是西方，伊俄在哪里出现，
也不知道光辉的太阳在哪里落下，
又从哪里升上天空。

（《奥德赛》，X，190）

另一方面，为了搞清星座是如何升起、运行，子午线是如何

同时穿过各个地区,或者是为了知道"极地"的高度、[1]天空中的星座和由于地平线和北极圈的改变而正在改变的现象——它们仅仅是表面变化,还是真正发生了变化,也必须要掌握这样精深的科学知识。总之,我们不应当只注意上述现象之中的某些现象,即使是从哲学的观点来看待这些现象,情况也是如此。还有一些现象,即使没有看到它们的依据也应当相信。因为解释各种现象的原因,这是属于那些研究哲学的人的职责,国务活动家是没有这么多,至少是不一定有空闲时间干这种事情的。但是,本书的读者也不一定会这么天真和愚蠢,没有看见过地球仪或地球仪上画的平行圆圈。读者也不一定教育水平如此低下,不知道回归线、赤道和黄道,太阳自身运动通过的地区,各种气候带和风带的区别。如果有人对上述这一切、对地平线和北极圈的学说以及那些在初等数学指南之中都讲过的问题都不知道,那他就不可能明白本书所讲到的内容。不过,对于那些连什么是直线,什么是曲线或圆形,连球面与平面都不知道;对天空中的熊星座或星系都分不清的人来说,他也不需要这本著作(或现在还不需要),在他不理解这些之前,就不可能懂得地理学知识。所以,那些以"港口"或"航海指南"为题写书的人,[2]如果不把应当包括在其书中的所有数学和天文学资料补充进去,他留下的研究成果也是不完整的。

22. 简而言之,这部著作总的来说应当是有用的书籍——无论

---

[1] 术语"极"最初只用来表示天体的运转,后来才用于表示运转轴的顶端——天极和地极。

[2] 《港口志》是航海的指南,《环游记》是实际航行的指南,内容包括内海和外海沿岸情况的描述。过去曾经有攸克辛海环游记和红海环游记。

是对于国务活动家或者大众而言同样都是有用的——就像本人的历史著作一样。本著作与另一本著作一样,我们所说的国务活动家不完全是没有学问的人,而是学过某些系统科学知识的人,[①]通常是指生而自由的人或从事研究哲学的人。要知道,那些对道德和实践知识问题,对这类题材不感兴趣的人,不可能做出公正的褒贬,也不可能确定本书哪些历史事实是值得提到的。

23. 在拙著《史记》出版之后,我认为这些札记对道德和政治哲学是有益的。于是,我决定写作这部著作。由于本书和前书的创作计划相同,预定是同一个读者群,主要是身居高位者。而且,正如拙著《史记》只提杰出人物的生平重大事件,而那些次要的、不光彩的事情则隐而不提一样,我在本书中肯定不会涉及那些不重要的、平平常常的现象,而会致力于研究那些光荣的、伟大的、有实用价值的、值得记忆的或令人愉快的事件,就像评价大型雕塑的优点一样,我们细心研究的不是每个单独的部件,而是评价其总体印象,尽可能从整体上来评价雕塑是否优美。对于拙著也应当如是评价,因为它在某种程度上也是一部重要的作品,触及了许多极为重要的现象和整个世界。除此之外,它也有一些不大重要,但可能会引起求知欲极强者和实践家感兴趣的事物。上面说的所有这些话,都只是为了证明本著作是如何重要,值得哲学家重视。

[①] 这个学术体系由语法学、演说术、辩证法、算术、几何学、天文学和音乐组成。

第二章　罗马人和帕提亚人对地理学的看法、对荷马和厄拉多塞的评论

1. 如果我决定要论述一个问题，而这个问题已经有许多前人进行了深入的研究，如果我不能证明我以与前人相同的方式来说明问题，我不应当受到指责。尽管不同的前辈在不同的地理学领域留下了许多杰出的著作，我认为还是有大量的工作等待我们去完成。而且，如果我能够在他们现有成果之上再增添一点点东西，那就足以证明我所开创的工作是正确的。确实，罗马人和帕提亚人的帝国辽阔，大大地充实了我们在地理学领域的实践知识。按照厄拉多塞的说法，就好像是亚历山大远征在这方面有助于从前的地理学家一样。不过，亚历山大为我们地理学家打开的大门是亚细亚大部分地区和欧罗巴直到伊斯特河的整个北部地区。[1] 罗马人打开的则是欧罗巴直到阿尔比斯河[2]（River Albis）（它把日耳曼分成两部分）的整个西部地区，还有伊斯特河到提拉斯河之间的地区；[3] 米特拉达梯·欧帕托和他的统帅使我们熟悉了位于提拉斯

---

[1]　多瑙河。
[2]　易北河。
[3]　德涅斯特河。

第二章 罗马人和帕提亚人对地理学的看法……的评论

河直到梅奥提斯湖（Maeotis）[①]以及科尔基斯海岸边的国家。[②]另一方面，帕提亚人则充实了我们有关希尔卡尼亚、巴克特里亚和生活在希尔卡尼亚、巴克特里亚北部的西徐亚人的知识。对于上述所有地区，古代的地理学家都不甚了了。所以，我敢说关于这些地区的知识，我要比我们的前辈丰富得多。这一点特别明显地表现在我记录的内容和我们的前辈是不一样的。不过，我的批评主要不是针对古代的地理学家，而是针对厄拉多塞的弟子和他本人。因为厄拉多塞及其弟子比大多数地理学家拥有更丰富的知识。后来的地理学家要发现他们的错误，相对而言确实是很困难的，即使他们说出了某些错误的见解也毫不奇怪。如果在某个场合我有时不得不批评我在其他方面非常尊敬的人，请原谅我。我不是有意要批评部分地理学家（他们的著作大部分不值得效法，我在此不做评论），只是对那些我认为其意见大体上是正确的学者进行评论。要和所有人进行哲学上的争论，确实是不必要的。但是，批评厄拉多塞、喜帕恰斯、波塞多尼奥斯、波利比奥斯和其他类似的作者，却是完全应当的。

2. 在阐明喜帕恰斯反对厄拉多塞的意见之后，我首先必须分析厄拉多塞的观点。厄拉多塞不是因为我的意见才被质疑的。例如，波莱蒙曾证实厄拉多塞甚至从来没有理解[③]过雅典城。从其他方面也反映他在某种程度上也不是那么值得信任的学者。例如，

[①] 亚速海。
[②] 南高加索。
[③] 这个希腊词汇表示在古代喜剧中合唱队的插曲，它对于戏剧主要情节而言是次要的。

有些人认为他自己经常说他和许多非常有名的人物都有交往,可能是吹牛的。虽然他说过:"因为在那个时候就像从前一样,在一个穹窿和一座城市之中聚集了那么多哲学家,我指的是阿里斯通和阿凯西劳斯时期处于自己事业高峰时期的人们。"我认为我们只看这些文字是不够的,我们还必须清楚地明白,哪些导师是值得我们效法的。厄拉多塞却把阿凯西劳斯和阿里斯通摆在处于鼎盛时期的学者们首位;对于他而言,阿佩莱斯是一位重要的人物,彼翁也一样是重要人物。他称赞彼翁说:"彼翁是第一位为哲学穿上华丽外衣的人。"但是,有些人提起彼翁时常常引用诗句:

衣衫褴褛的彼翁露出了什么样的大腿。

(《奥德赛》,XVIII,74)

实际上,厄拉多塞这些文字暴露了其主张的弱点。尽管他自己在雅典师从基提翁的芝诺,但他没有提到芝诺的任何一位弟子,相反却提到了许多与芝诺的学说相左、没有创立自己学派的哲学家,这仅仅是因为他们活动在他自己那个时期。他的文集《财富论》、《演说术研究》以及他写的所有这类文章,证明了他的倾向:他摇摆于追求哲学知识与害怕完全献身于这个职业之间,他从日常活动中抽象出某种哲学方面的东西,仅仅是为了消遣或者寻开心。在厄拉多塞的其他文集之中,也发现有同样的倾向。我们把这个问题放下暂且不谈。当下的任务就是要尽可能地纠正厄拉多塞在地理学上的谬误,首先就是我刚刚说到的问题。

3. 厄拉多塞主张,每一位诗人的目的都是为了娱乐,而不是教化。而古人则相反,强调诗歌有如某种初等哲学,它从童年时代就陪伴着我们,使我们认识生活的艺术,赐给我们欢乐,陶冶我们的性格、感情和举止。我们这个学派则走得更远,强调"只有贤哲才是诗人"。所以,希腊各个国家起初都是用诗歌来教育青年,这当然不是为了一般的娱乐,而是为了培养道德情操。这就是为什么连音乐家在教授唱歌、演奏七弦琴和长笛的时候,追求的也是懂得这门艺术。因为他们主张这种活动具有教化的意义,可以促进道德的完善。你们不但可以听见毕达哥拉斯派学者有这种主张,也可以听到阿里斯托塞诺斯发自内心的呼声。就连荷马在说到看护克莱泰姆内斯特拉的这位警卫时,也把说唱家称为道德的楷模:

当阿特柔斯之子阿伽门农前往特洛伊的时候,
严令这名警卫照料他的妻子。

(《奥德赛》,Ⅲ,267)

荷马补充说,埃吉斯托斯没能诱惑克莱泰姆内斯特拉,以至于

他把说唱家带到一个荒岛,
把他丢在那里,
至于她,他把她带回家中,一对奸夫淫妇。

(《奥德赛》,Ⅲ,270)

除此之外,厄拉多塞还有自相矛盾的地方:在他表达诗人的

目的不是教化的观点不久之前他在自己的一篇地理学论文中声称自远古时期开始，所有的诗人就力图炫耀自己的地理学知识。他说，实际上荷马把他知道的有关埃塞俄比亚人、埃及人和利比亚人的所有知识，都一股脑儿塞进了自己的诗歌之中；在描写希腊和周边地区的时候，他甚至过分迷恋细节问题。例如，他把西斯贝称为"鸽群喜爱的地方"（《伊利亚特》，Ⅱ，502），把哈利阿尔图斯称为"芳草萋萋的地方"（《伊利亚特》，Ⅱ，503），安提登是"边远的地方"（《伊利亚特》，Ⅲ，508），利莱亚则位于"喧闹的凯菲苏斯河出口"（《伊利亚特》，Ⅲ，523）。厄拉多塞补充说，荷马从来就没有滥用形容词。在这里，我要提一个问题，诗人是不是奴仆，他是供人消遣的，还是肩负着教化的任务？他说："当然，我向宙斯发誓后者是正确的，尽管如此，荷马使用这些形容词也是为了教化的目的，所有在他视野之外的东西，都被他和其他诗人塞满了虚构的神话故事。"在这种情况下，厄拉多塞就应当说："所有诗人写作的目的，有时是为了消遣，有时是为了教化。"当厄拉多塞问道：对于一位道德高尚，精通地理、军事、农业、演说或其他任何领域知识的诗人而言，还有什么头衔必须给他加上，某些人还希望为他写些什么？所以，他认为说荷马精通各个领域的知识，可以看成是人类的天性、人类的虚荣心已经超出了合理的界限。按照喜帕恰斯的话来说，任何人如果在阿提卡（Attica）的圣树枝[①]挂上苹果、梨子，或者是当地不能生产的其他任何东

[①] 圣树枝指的是装饰着献给大地的初熟的果实的橄榄树或月桂树的枝条，人们举着它到处游行，唱着感恩和祈祷的歌曲。

西，那就会出现享有荷马所有知识和才艺的怪事。到了那个时候，厄拉多塞一定会不管三七二十一，夺走荷马巨大的学问，把诗歌说成是老太婆的故事，正如他所说的，诗歌有可能是为了迎合娱乐的目的，在什么地方瞎编出来的，因为诗歌不会给那些聆听诗人演唱者的高尚人格增添任何东西。我要再次指出，诗人精通地理、军事、农业或演说——精通所有一切事情，听众当然可以把这些知识归之于诗人。

4. 不过，荷马把这些领域的所有知识都归之于奥德修斯；相对于其他所有的英雄人物而言，他更喜欢用一切豪迈的气概来美化奥德修斯。因为他的奥德修斯

> 熟知城邦的许多人和风俗习惯。
>
> （《奥德赛》，Ⅰ，3）

他

> 是一个满肚子各种阴谋诡计和复杂主意的男子。
>
> （《伊利亚特》，Ⅲ，220）

在占领伊利昂之后，他经常被人们称为"国士"：

> 施展自己的言语、主意和骗人的技巧。

连狄奥墨得斯也说他：

> 要是有他同路，我们能从烈火中
> 回到你这儿。
>
> (《伊利亚特》，X，246)

不但如此，奥德修斯还自夸善于务农。例如，他这样谈到收割：

> 要是在春天……让我们手中拿着同样
> 锋利的镰刀。
>
> (《奥德赛》，XVIII，368)

他还说到耕地：

> 你可以亲眼看见，我的犁头划破土地
> 在长长的沟垄中多么迅速。
>
> (《奥德赛》，XVIII，375)

不仅荷马在这些事情上有丰富的智慧，而且有教养的人都常常引用诗人的话作为证据，他的话与事实相符，证明了这类实践知识非常有助于智力的发展。

5. 至于与说话有关的演说，它当然也是知识。在史诗中，奥德修斯也显露出了这方面的知识：在《考验》、《祈祷》和《出使》之中，荷马说道：

> 但是他从胸中发出威严的声音时，

他的言词就像暴风雪从嘴中呼啸而出！

没有一个凡人敢跟奥德修斯比高低！

(《伊利亚特》，III，221)

如果有人认为诗人可以把其他人变成演说家、统帅或其他擅长演说艺术的角色，他自己就是一个花言巧语的骗子，只会用阴谋诡计糊弄听众，而不能对其有任何帮助。我们绝不会说诗人任何其他崇高的尊严（这种尊严根本就不存在）超过了使他得以依靠口传资料维持生计的尊严。如果一个人是个没有生活经验的傻子，他能够维持自己的生计吗？当然，我们谈论诗人的尊严，不像谈论木匠、铁匠的尊严一样。因为他们的尊严与天生的伟大崇高没有联系，而诗人的尊严却与人本身连在一起，不能成为一个好人，也就不能成为一个好诗人。

6. 这样，剥夺了荷马的修辞艺术，也就意味着彻底抛弃了我们的基本理论，因为如果没有风格的话，修辞本身又将成为什么呢？诗歌本身又成了什么呢？在风格方面又有谁能超过荷马呢？你回答说，"是的，我向宙斯发誓，但诗歌的风格不同于修辞。""确实，从表面上看来；就像诗歌本身一样，悲剧的风格不同于喜剧的风格。在散文中，史书的风格也不同于司法语体的风格。"表达各种概念的专业术语，不同于韵文或者散文的语言。最共同的语言是否就是种类的概念，演说家的语言不是种类的概念，风格真正是庄重的语言吗？但是，散文的语言（我指的是艺术性的散文）是诗歌的仿制品。因为诗歌是第一个走上舞台，第一个赢得人们尊重的艺术。后来出现了卡德摩斯、菲勒塞德斯、赫卡泰奥斯和他们的弟子及散文作品。他们在散文中抛弃了诗歌的格式，模仿了诗歌的语言，而且保留了诗歌风格具有代表性的一切特点。接着，后代的作家渐渐地抛弃了上述特点中的某些特点，并且赋予散文现代的形式，把散文贬低到一钱不值的地步。喜剧的情况也可以说是这样，它吸收了悲剧的结构，但背离了悲剧的崇高性。发展到了现在所说的"散文"风格。古人使用"歌唱"一词代替"讲述"，这个事实本身就证明了诗歌是崇尚华丽辞藻和修辞风格的源泉和起点。因为当众吟唱诗歌是要伴以歌曲的，这就是悦耳的语调或者是"颂歌"。人们从"颂歌"开始说到了叙事诗片断、悲剧和喜剧。如果"讲述"这个词最初是用来表示诗歌的"风格"，或者古人的这种风格要伴以歌唱，那么，"歌唱"这个词在古人那里表示的也就是与"讲述"完全相同的意义。后来，当他们把这两个术语中的第一个术语不准确的含义使用在散文语调中的时候，这种不准确的用法也就变成了第二个术语。此外，没有节奏的语调被称为"乏味的"语调，这个事实也证明了它已经从高高在上的地位，或者从战车上跌落到了地上。

7. 按照厄拉多塞的说法，荷马不仅谈到了与希腊本土邻近的国家，而且还提到了许多遥远的国家；荷马在讲述神话的时候，比后来的作家更准确，因为他完全不是在讲述令人惊奇的故事，而是在用寓言教导我们。他对神话故事进行了加工，努力获得听众的好感，特别是奥德修斯漫游故事。厄拉多塞在谈到这个漫游故事的时候，认为它有许多缺点。他称不仅荷马的注释者，诗人本身也是一些无谓的饶舌家。关于这个问题值得进一步详细讨论。

第二章 罗马人和帕提亚人对地理学的看法……的评论

8. 首先,我要指出的是,承认神话的可信性并不仅是一些诗人。各个国家和立法者出于利害关系的考虑,比诗人早得多就承认了神话的可信性,因为它们已经深入到了有理性的人类的天性之中。人类好学,人类喜爱神话故事的根源于此,它吸引儿童们去听故事,并且越来越多地参与到这些故事之中去。神话对他们而言是一种新的语言,这种语言讲述的不是这个现实世界,而是在这个现实世界之外的故事。情节的新颖和古怪使人感到愉快,就正好引起了人们的求知欲。如果在这里再把一些神奇的、美妙的因素加进去,就增加了故事的快感,这种感觉对于教育而言,就是一种魅力无穷的动力。在教育孩子的初期阶段,必须使用诱导手段。随着孩子们逐渐成长,应当引导他们认识事物的真相,因为他们的智力已经成熟,再也不需要迎合他们的爱好。所有无知的、没有教养的人在某种意义上来说都是孩子,或者像孩子,喜欢神话故事。教养程度不足的人也有这种特点,因为他们除了智力不够发达之外,还保留着童年时代形成的习惯。由于美妙的因素既可以给人们带来快感,也可以造成恐惧,因此我们可以利用神话故事来教育孩子和成年人。我们给孩子讲述愉快的神话故事,鼓励他们朝着良善的方面发展,例如赫拉克勒斯和忒修斯(Theseus)的丰功伟绩;给孩子们讲述恐惧的故事,引导孩子们远离不良行为,例如,拉米亚的神话故事,[1] 还有戈尔工、厄菲阿尔特[2] 和莫尔莫利斯[3] 的故事。当人们通过记载,或者通过对看

---

① 古代传说中专吃儿童的女妖。
② 被阿波罗和赫拉克勒斯挖掉眼睛的巨人。
③ 女妖精。

不见的、象征性的描绘，了解到神的惩罚、恐惧和威胁，或者相信人们将经受这种考验，这些人就会远离罪恶行为。哲学家在与妇女或者普通百姓接触的时候，不可能以明智的理由说服他们，或者在他们内心注入虔诚、笃信和信念的感情，因此，用迷信来恐吓就是必要的，但如果不诉诸于神话和奇迹，就不可能造成恐惧感。闪电、埃癸斯的神盾、三叉戟、火炬、蛇、酒神杖式的长矛——诸神的武器——全都是神话故事，古代所有关于诸神的教义同样也是神话。因为国家的创立者承认这些神话故事是神圣的，把它们变成某种震慑人的东西，为的就是使普通百姓处于恐惧之中。这就是神话故事。我们的祖先发现诗歌能够服从社会和政治生活的目的，甚至有助于认识真理时，他们坚持神话教育，从孩童到成人；他们坚信诗歌适应于每一个年龄段，足以形成对每个阶段的理解。经过漫长的历史时期才形成历史和现在的哲学。不过，哲学只是供少数人享受的东西，诗歌则更能为广大公众服务，能够把人民吸引到剧院中去，荷马在这方面非常杰出。早期的历史学家和自然哲学家都是神话故事的编造者。

9. 因为荷马把自己的神话故事列入教育领域，他常常关心的是真理。但是，荷马"往这里增添了"（《伊利亚特》，XVIII，541）虚假的东西，以便博得人民的好感，用诡计把他们拉到自己的一边。

有如一位巧匠给银器镶上黄金。

（《奥德赛》，VI，232）

荷马把神话因素和真实的事情混为一谈，给自己的风格增添了令人愉快和美丽的色彩。况且，他抱着与历史学家和讲述事实的人同样的目的。他选取特洛伊战争中的一个片断——历史事实——并且用自己的神话故事加以美化，就是这样的例子。在奥德修斯流浪的故事之中，他也是这样处理的。但是，把一些建立在虚构基础之上的、完全是胡编乱造、毫不可信的故事堆积在一起，这就不是创作的方式。毫无疑问，对于某些人而言，由于说谎好像成了天经地义的事情，他就会把某些真实的情况和谎言搅和在一起。波利比奥斯在分析奥德修斯流浪的故事时，也说到这个问题。荷马在说到奥德修斯时，指的就是这点：

他对他说了许多谎言，
就好像真事一样。

（《奥德赛》，XIX，203）

因为荷马说的不是"完全"，而只是"许多"谎话，否则，它就不可能被当成"真事一样"。这样，他就从历史之中找到了自己这些故事的基础。例如，历史告诉我们，埃俄罗斯从来没有统治过利帕拉周边各岛，库克罗普斯人和莱斯特里贡人是不好客的民族，统治着埃特纳和莱昂提内附近地区。因为这个原因，当时的人们无法通过海峡地区。斯库拉礁和卡律布迪斯海盗成群地出没。我们从历史书籍中还知道，荷马提到居住在世界其他地区的其他民族。除此之外，根据真实的资料，辛梅里安人居住在辛梅里安人的博斯普鲁斯地区，这是北方一个阴森森的地区。荷马则相应地把它搬到了与哈德斯相邻的某个阴森森的地方，以迎合奥德修斯流浪神话故事中的地点。《编年史》的作者证明，荷马知道辛梅里安人，因为辛梅里安人的入侵或者发生在比荷马略早一点的时期，或者就是在荷马时代。

10. 同样，荷马依靠科尔基斯人、伊阿宋远征埃阿的真实资料，还有一些关于喀尔刻和美狄亚的虚构或真实的故事（关于具有魔力的毒药和两人性格和生活方式相同），不顾她们居住的地方彼此距离相当遥远（一个人住在本都（Pontus）最远的地方，一个人住在意大利），虚构出她们是血亲关系，把她们两人安置在俄克阿诺斯内很远的地方；伊阿宋有可能流浪到了意大利。有证据表明，阿尔戈英雄流浪到了塞劳尼亚山区、[①]亚得里亚海（Adriatic）附近、波塞多尼亚湾，[②]还有第勒尼亚的一些海岛上。基亚尼礁[③]（有时又称辛布里加德斯礁[④]）为诗人的这个故事增添了一些补充材料，因为它们使得通过拜占庭海峡的航行变得十分困难。所以，如果把喀尔刻的埃阿伊和美狄亚的埃阿、荷马的普兰克泰[⑤]和辛布里加德斯作一番比较，那么，伊阿宋通过普兰克泰的航行同样是非常合乎情理的。显然，如果我们回忆起斯库拉和卡律布迪斯，奥德修斯通过礁石的航行也是合乎情理的。另一方面，在荷马时代攸克辛海一般认为是第二个俄克阿诺斯，并且认为在攸克辛海航行很远就超出了有人居住世界的界限，就好

---

① 阿尔巴尼亚的基玛拉山脉。
② 萨莱诺湾。
③ 深黑的岩石。
④ 碰撞的礁石。
⑤ 游离的礁石。

像那些航行到赫拉克勒斯石柱之外的人一样。由于有人认为在我们居住的这部分有人居住世界之中，本都是所有大海之中最大的海。所以，多半是因为这个原因给了它一个特殊的名字"本都"。就好像荷马简称"诗人"一样。可能正是因为这个原因，荷马把发生在本都的重大事件都挪到了俄克阿诺斯，他认为由于统治阶级代表人物的原因，这种改变对于本都而言是很容易接受的。我也认为由于索利米人占领了托罗斯山脉（Taurus）的高峰（即吕西亚直到皮西迪亚的高峰），他们的国家对于居住在托罗斯山链以北的居民，特别是对于那些居住在本都附近的居民来说，是南部一个非常引人注目的高地，那么，由于某种类似的情况，也被荷马搬到了遥远的俄克阿诺斯。因为在讲述奥德修斯划着木排的故事时，他说：

> 这时强大的震地神离开了埃塞俄比亚的边界，
> 从遥远的索利米高峰望见奥德修斯。
>
> （《奥德赛》，V，282）

荷马可能是吸收了西徐亚历史有关独眼库克罗普斯人的某些观念，因为人们知道有关独眼民族阿里马斯皮人的信息，在普罗康内斯人阿里斯蒂斯的诗歌《阿里马斯皮史诗》中，就谈到了他们。

11. 在预先做出这些说明之后，必须提出的一个问题是，荷马认为奥德修斯流浪到了意大利的西西里，其证据何在？因为这个观点可以做双重解释：比较重要的方面和不怎么重要的方面。比较重要的观点同意荷马的看法，奥德修斯流浪到过这些地区，并且认为这种假设可以看成事实，诗人对史诗进行了加工改编。要知道，这样说荷马是比较适当的。至少，人们不仅在意大利地区，而且直到伊比利亚界地区都可以发现奥德修斯和其他某些人流浪的遗迹。比较不怎么重要的观点是承认荷马加工改编的假设是历史事实，因为诗人明显是在关于俄克阿诺斯、哈德斯、公牛赫利乌斯、女神的殷勤好客和变幻无穷、关于强大的库克罗普斯人和莱斯特里贡人、斯库拉的外表、关于航行期间走过的路程及许多诸如此类的故事之中，虚构了许多荒诞无稽的东西。不过，从一方面来说，没有必要驳斥那些胆大妄为地曲解诗人的人，因为现在就有人提出奥德修斯返回伊萨卡、屠杀求婚者、和伊萨卡人在原野上进行了一场战争——所有这一切事情的发生，和诗人描写的完全一模一样。从另一方面来说，要与那些以自己的方式来解读荷马的人争论也是不明智的。

12. 不过，厄拉多塞在批驳这些观点时，态度是不公正的。他在第二个观点上的错误在于，他企图曲解那些明显是虚构的、没有长期讨论价值的故事；他在第一个观点上的错误在于，他声称所有的诗人都是饶舌者，他认为诗人熟悉地理、懂得艺术并没有给他们增长才干。除此之外，荷马不仅把神话活动的舞台安排到了现实中真正存在的地方（如伊利昂、伊达山和皮利翁山），也把这个舞台安排到了一些杜撰出来的地方（如居住着戈尔工或吉里昂的地方）。而且，厄拉多塞还说，即使是奥德修斯流浪故事中提到的上述各个地方，也都是杜撰出来的；对于有人主张那些地方不是杜撰，而是实际存在的意见，用他的话来说就是，它们已经被自身之间存在分歧的许多事实驳倒了。无论如何，有人把塞壬（Sirens）的位置确定在珀洛里亚斯角，[①]同时却有人把它放在距离这里2000多斯塔德[②]的西雷努塞（西雷努塞是把库迈湾[③]与波塞多尼亚湾[④]分隔开来的一座有三峰的礁石）。但是，这座礁石并没有三峰，一般来说也不高（没有高峰），而是又长又窄，好像一条胳膊从苏伦图姆地区伸出到卡普雷伊海峡的大海之中；在海岬多山的一面，有一座塞壬的圣所。而在它的另一面，对着波塞多尼亚湾的那面，有三个荒无人烟的、遍地岩石的岛屿，这些岛屿也叫塞壬岛；海湾本地也有一座雅典娜的圣所，被戏称为"胳膊"。[⑤]

13. 虽然如此，如果有人告诉我们当地的资料，即使他们彼此的意见不统一，那我们也不应当断然地否定，有时还应当全盘接受这些说法。例如，如果有人提出一个问题，奥德修斯是否流浪到了西西里和意大利沿岸地区，塞壬礁离哪里更近；有人把塞壬礁的位置确定在珀洛里亚斯角附近，不同意另外一个人把它确定在西雷努塞附近；但是，两个人都同意把塞壬礁确定在西西里和意大利附近；不仅如此，他们认为第三种意见是比较可信的。因为即使不能说礁石在同一个地方，但它无论如何没有超出意大利和西西里的范围。然而，如果把在奈阿波利斯发现的塞壬女妖之

---

① 西西里的法罗角。
② 1斯塔德约192米。
③ 那不勒斯港。
④ 萨莱诺湾。
⑤ 密涅瓦角。

一帕耳忒诺珀的纪念碑联系起来,那么,我们就可以获得更重要的证据,尽管它叫做奈阿波利斯,我们将把它作为第三个地点来讨论。而且,奈阿波利斯也位于这个海湾(厄拉多塞称之为库迈湾),形成了西雷努塞诸岛,这个事实更使我们深信塞壬岛就在这些地方附近。由于从诗人那里了解不到所有准确的详细情况,我们当然也无法要求他有科学的准确性;我们也不能设想荷马在编撰奥德修斯流浪故事的时候,没有研究过他们到了什么地方和怎样到的这些地方。

14. 但是,正如厄拉多塞设想的那样,赫西奥德(Hesiod)通过打听消息,知道奥德修斯流浪活动地区是西西里和意大利。他相信这些信息,他提到的地方不仅有荷马说过的地方,而且有埃特纳、奥尔提吉亚(锡拉库萨附近的一个小岛)、第勒尼亚。尽管如此,厄拉多塞认为荷马对这些地方一无所知,也不愿意把奥德修斯流浪和某些已知的地方联系起来。但是,难道他知道埃特纳和第勒尼亚,就对斯库拉、卡律布迪斯、喀耳凯乌姆和西雷努塞毫无所知?或者赫西奥德并没有胡诌的习惯,只是沿袭了主流的观念。而荷马则"大声地、不加解释地(没有条理地)说出了所要讨论的一切东西"?因为除了我在前面所说的荷马特有的神话创作方式之外,大多数作家涉及的是同样的问题,荷马和各地大量各种各样的传说,都可以证明这不是诗人或者故事家的杜撰,而是真人真事的遗迹。

15. 波利比奥斯也能正确地理解奥德修斯流浪的故事。他说,埃俄罗斯——第一位教授航海者如何在墨西拿海峡航线上行驶,那里定期的涨潮退潮形成的漩涡给航行造成了很大的危险——他被称为风的主宰，风的国王。他还提到达那俄斯（Danaüs）发现了阿尔戈斯的地下水源，提到阿特柔斯发现了太阳与天空的运动方向相反——两位预言家和占卜者——都被人们称为国王。埃及的祭司、加勒底人和麻葛都是因为在某个领域的知识超过其他人，才在古人之中获得了权力和尊重。正因为如此，波利比奥斯才说受到人民尊敬的每一位神，都是因为他发明了某种对人类有益的东西。波利比奥斯首先确定了这一点，然后强调指出不应当把埃俄罗斯看成是神话，奥德修斯流浪的故事基本上也不应该视为神话。根据他的说法，诗人加上去的神话因素是微不足道的，就像他在特洛伊战争的故事中所做的这种事情一样，整个流浪故事的活动地点被荷马和其他研究西西里和意大利地方传说的作家，安排在离西西里不远的地方。波利比奥斯不赞成厄拉多塞的这种说法："如果你能找到一个皮匠为你缝制一个鼓风的口袋，就能找到奥德修斯流浪故事的地点。"按照波利比奥斯的说法，在捕捞加莱奥泰（又称剑鱼或海狗）的时候，荷马描写的斯库拉与斯库拉礁石的情况完全相同：

它用爪子在海中礁石附近四处搜索，
捕捉海豚、海狗和水下强大的
怪物……

（《奥德赛》，XII，95）

波利比奥斯接着说："由于那时金枪鱼被洋流带走，成群地游向意大利沿岸，它们迎面遇到了海峡流出的洋流，受到了阻碍，成了更大的动物、诸如海豚、海狗和其他鲸鱼类动物的口中之食；加莱奥泰因为捕捉金枪鱼而吃得饱饱的。这里发生的事情，同样也出现在尼罗河与其他河流的泛滥期，在发生火灾或者森林失火的时候，也会出现这种情况；正是由于成群动物企图逃避水火的伤害，才成了更强大动物的捕猎对象。"

16. 随后，波利比奥斯继续描写在斯库拉附近捕捉加莱奥泰的情况：所有渔民推举一位共同的观察员，躺着躲在许多双桨渔船中，每船有两个人；一个划桨，一个手拿鱼叉站在船头。只要观察员发出加莱奥泰来了的信号（动物游动的时候有三分之一露出水面），船只就划近鱼群，而站在船头的渔夫则使劲用鱼叉刺鱼，然后拔出鱼叉杆子，把鱼叉头留在鱼的身上，因为鱼叉头做成了钩状，故意与鱼叉杆结合不牢，并且用一条长长的绳子连在一起。当鱼儿挣扎、竭尽全力，拼命逃跑的时候，渔夫放松这条绳子，跟在受伤的鱼后面。如果鱼本身不太大，人们可以把它拖到岸上或抬到船上。如果鱼叉杆掉到了水里，它也不会丢掉；因为它是用橡树或者云杉做成的，尽管橡木的一头由于重量沉入水中，其他部分却浮在水面上，很容易抓住。波利比奥斯说："有时也会出现这种情况，鱼儿从船底跳起来狠狠地刺伤了桨手，如果加莱奥泰的剑相当长，剑相当锋利，那就能够像野猪的牙齿一样造成伤害。"波利比奥斯说，依据许多事实可以假定，荷马所说的奥德修斯流浪故事就发生在西西里附近。因为荷马描写的斯库拉的这种捕鱼方式，最具斯库拉礁石的特色。这个假设也得到荷马关于卡律布迪斯报道的证实，它也符合海峡出现的现象。但使用的不是"两次"而是"三次"的表达方式：

第二章 罗马人和帕提亚人对地理学的看法……的评论

怪物每天把海水吞进吐出三次。

(《奥德赛》,XII,105)

这或者是抄写时出现的错误,或者是观察情况时出现的错误。

17. 波利比奥斯接着说,在梅宁克斯①发生的情况与荷马关于食落拓枣者的报道也是一致的。即使有某些不一致的情况,那也可能是抄写时被篡改了,或者是由于无知,或者是由于诗歌之中不合规格的现象造成的,它代表了历史事实、叙事的辞藻和神话相结合的一种方式。历史的目的是真实。例如,当诗人在《船只登记册》提到各地的地形特点时,他把第一座城市称为"多石头的",第二座城市称为"边远的",第三座称为"一群殷勤的小鸽子",第四座称为"海边的";叙事辞藻的目的是可读性。例如,当荷马把英雄们带入厮杀战场的时候,神话的目的是使人感到愉悦、惊叹,而杜撰永远都是无力的,也不符合荷马的心意。由于一切都是一致的,荷马的诗歌是一部哲学作品,正好与厄拉多塞的意见相反。他认为我们评价诗歌,应当注意诗歌的思想,而不必寻找诗歌中的历史事实。波利比奥斯认为,解释诗人的语言更有说服力的是:

我们遇上了九天的飓风。

(《奥德赛》,IX,82)

---

① 北非海岸的哲巴岛。

如果他们被风吹得不远（因为"致命的大风"不是那种"使船笔直航行的大风"），整个的故事发生地点就不比俄克阿诺斯更远。这句话就表示"经常刮着顺风"。波利比奥斯说，如果认为从马莱角到赫拉克勒斯石柱的距离是22500斯塔德，如果假定以同样的速度走了九天，那么，每天平均要走的距离是2500斯塔德。但是，有什么人在什么时候看见过什么人从吕西亚或罗德岛花两天时间就到了亚历山大城，尽管这些地方的距离只有4000斯塔德？对于那些进一步提出奥德修斯是用什么方式从来不经过海峡，能够三次到达西西里的问题，波利比奥斯回答说，这种事情的发生，与后来的航海家全都避免经过这条航线是同样的原因。

18. 波利比奥斯的原话就是这样，他说的基本上是正确的。但是，他在驳斥那些把奥德修斯流浪故事移到俄克阿诺斯、竭力要准确地计算出奥德修斯流浪九天以及相应距离的理由时，他就荒谬到了极点。因为他时而引用诗人的话：

我们遇上了九天的飓风。

（《奥德赛》，IX，82）

这就隐瞒诗人的意见。因为诗人还说了：

现在船只离开了俄克阿诺斯长河的激流。

（《奥德赛》，XII，1）

还有

身陷四面环水的奥吉吉亚岛，
大海的中央。

(《奥德赛》，I，50)

按照诗人所说，那里居住着亚特兰图斯之女；还有关于费埃克斯人的情况：

这里远离其他民族，在喧嚣的大海
最边远之处，很少有凡人造访我们。

(《奥德赛》，VI，204)

所有这一切都明确地证明，这个奇异的故事发生在亚特兰蒂斯海。但是，波利比奥斯对这些话一字不提，拒绝诗人明确的证据；因而在这个问题上他是错误的；而在把奥德修斯流浪的故事和西西里、意大利附近的地方联系起来，用这些地方的地名来证实诗人的说法方面，他又是正确的。因为有什么样的诗人或散文家有本事能劝说那不勒斯人把一块墓志铭说成是塞壬女妖帕耳忒诺珀的纪念碑，说服库迈、狄凯阿恰[①]和维苏威的居民永远保存皮里弗莱格松河、阿谢鲁西亚湖的名字，保存在阿维尔努斯湖旁奥德修斯已故同伴巴乌斯、米塞努斯的神托所呢？关于荷马故事中的西雷努塞、海峡、斯库拉、卡律布迪斯和埃俄罗斯，也可以提出同样的问题。对于所有的这些故事，我们都不应当过分苛求，

[①] 普特奥利城。

不应当把它们当作没有地方传统根基、没有依据，完全不讲真实、像历史一样没有用处的东西抛掉。

19. 同样，厄拉多塞本人也怀疑这一点，因为他自己说，有人认为诗人曾经想把奥德修斯流浪的故事安排在遥远的西方，他的意图部分是由于缺少准确的资料，部分是因为他不想要准确，而是喜欢把每个情节搞得更加惊险、更加神奇。厄拉多塞正确地说明了诗人的写作手法，但曲解了诗人的动机（内容）。因为荷马的创作不是为了空谈，而是为了经世致用。所以，为了这个问题，还有他认为荷马之所以把神奇的故事安排在遥远的地方，只是为了自己能够更方便地把一些杜撰的无稽之谈塞进故事中去，这些都应当责备他。因为与其他发生在希腊和邻近国家的神奇故事相比，它们只有少量的东西与遥远的国家有关；例如，关于赫拉克勒斯和忒修斯的功绩，故事情节发生在克里特、西西里和其他岛上的神话，发生在基塞龙山（Cithaeron）、赫利孔山、帕尔纳索斯山、皮里翁山以及阿提卡、伯罗奔尼撒半岛各地的神话故事。谁也不会责怪神话的编撰者无知。而且，由于诗人们，特别是荷马，完全不是在编撰纯粹的神话故事，而是常常把神话因素与真实的事情结合在一起。如果一位企图找出前人把什么神话因素结合进去了的研究者，不考虑他们添加的这些神话因素在那时是不是真实的，或者它现在是不是真实的，那他还不如去寻找诗人说的真实存在的地方或者人物，把它们和神话因素结合在一起，创作神话故事更好。例如，应该研究清楚奥德修斯流浪真实发生过吗？如果真的发生过，又是在什么地方发生的？

20. 总而言之，把荷马史诗和其他诗人的作品等量齐观是错误

第二章 罗马人和帕提亚人对地理学的看法……的评论

的,对于它的杰出成就,特别是那些至今仍然使我们感兴趣的成就——地理学知识,不心悦诚服是不对的。我们只要读一读索福克勒斯的《特里普托勒摩斯》和欧里庇得斯的《酒神的伴侣》,再与荷马在地理描写方面的杰出成就对照一下,二者之间的明显区别就一目了然。凡是在要求按照正确顺序列举地名的时候,不管是希腊境内的还是希腊境外的地名,荷马都尽力做到了遵守这种顺序:

> 他们要把奥萨山叠上奥林波斯山顶,
> 再把葱郁的皮里翁峰叠加在奥萨山上。
>
> (《奥德赛》,XI,315)

> 赫拉离开奥林波斯山顶,匆匆飞走了,
> 突然飞到皮埃里亚和可爱的埃马提亚,
> 迅速飞过色雷斯牧马人的雪山,
> 脚不沾地,飞越群峰之巅,
> 从圣山之巅下到了波涛翻滚的海面。
>
> (《伊利亚特》,XIV,225)

在《船只登记册》中,他没有按照顺序来登记城市,因为没有这样做的必要。但他提到部落的时候,按照了相应的顺序,即使是对待边远部落也完全一样:

> 我到过塞浦路斯、拜访腓尼基人,离开埃及之后,
> 去过黑皮肤的埃塞俄比亚人那里,在西顿人、埃伦比人

那里做客,

　　去过利比亚。

(《奥德赛》,Ⅳ,83)

　　喜帕恰斯也指出了这种情况。但是,索福克勒斯和欧里庇得斯即使是在那些必须按照正确顺序列举地名的地方——当后者叙述狄奥尼索斯访问各个民族时,前者说到特里普托勒摩斯访问已经播种的地方时,两位诗人都把彼此相隔遥远的地方放到了一起,也区分了它们之间的远近,狄奥尼索斯说:

　　我离开了产金的吕底亚和弗里吉亚沼泽,
　　访问过烈日炎炎的波斯平原,
　　巴克特里亚设防的城镇,以严寒闻名的
　　米底,还有阿拉伯福地。

(欧里庇得斯:《酒神的伴侣》,13)

特里普托勒摩斯的情况也一样。在谈到"纬度"和风的时候,荷马显示出自己具有丰富的地理学知识;他在叙述各个地方的时候,常常涉及这些地理学问题:

　　……最西边
　　是大海所包围的平坦的伊萨卡岛。
　　其他岛屿更靠近黎明和日出的地方。

(《奥德赛》,Ⅸ,25)

第二章　罗马人和帕提亚人对地理学的看法……的评论

或者

……洞中有两扇门，
一扇门朝北，另一扇朝南，
凡人可以走北门，
南门则……

(《奥德赛》，XIII，109)

或者

鸟儿向着右边、向着东方的黎明和阳光飞去，
还是向着左边、向着西方的黑暗飞去。

(《伊利亚特》，XII，239)

实际上，荷马认为不懂得这些问题就等于在各个方面一窍不通。

啊，朋友，我们不辨哪里是黑暗与黎明，
不知道太阳从哪里升起。

(《奥德赛》，X，190)

在另外一个地方，荷马说得更加准确：

从色雷斯吹来了北风和西风。

(《伊利亚特》，IX，5)

厄拉多塞没有正确地领会这行诗歌,错误地责备诗人,好像他主张西风完全是从色雷斯吹来的;但是,荷马一般并没有这样说过,而只是当两股风在色雷斯海(爱琴海的一部分)的米拉斯湾相遇的时候这样说过。由于色雷斯在南部打了一个弯,在与马其顿分界、伸进大海的地方形成了一个海角。这就使萨索斯、利姆诺斯、伊姆布罗斯、萨莫色雷斯和这些海岛周围的居民形成了这样一种印象,好像西风真的是从色雷斯吹过来的一样;这就好像阿提卡的居民觉得西风是从斯基罗礁吹来的一样;因此,西风,特别是东北风被称为"斯基罗风"。尽管厄拉多塞猜想过它的含义,但他不明白荷马在这个地方的意思。无论如何,他描述了我提到的海湾。实际上,厄拉多塞按照一般的含义来解释荷马的诗句,然后再以西风应该是从西方、从伊比利亚吹来,而色雷斯不可能延伸到西方那么远的地方为理由来指责诗人无知。难道荷马真的不知道西风是从西边吹来的吗?但荷马使西风回归了它本来的位置,他说:

> 东风和南风一起刮来,还有
> 强烈的西风和北风。

(《奥德赛》,V,295)

或者,诗人是不是不知道色雷斯不可能向西延伸到培奥尼亚山(Paeonia)和色萨利以外的地区?他知道并且能正确说出色雷斯地区和与它毗邻地区的名字——不管是色雷斯沿岸地区,还是内陆的地区:他提到了马格尼西亚人(Magnetans)、马利亚人

(Malians)、在他们后面的希腊人、塞斯普罗提亚人,还有与培奥尼亚人为邻、居住在多多纳附近直到阿谢洛奥斯河地区的多洛皮亚人和塞拉人。但没有提到更西边的色雷斯人。而且,诗人对这个距离故乡最近和最熟悉的大海有一种特殊的热爱,这反映在他的诗歌之中:

> 大海骚动起来,有如伊卡里亚海深处
> 汹涌的波浪。

(《伊利亚特》,Ⅱ,140)

21. 有某些作家认为,这里只有两股主要的风,北风和南风。其他的风在风向上和它们只有不大的区别:东风从夏天日出方向刮来,[①] 东南风从冬天日出方向刮来,[②] 西风从夏天日落的方向吹来,[③] 西北风从冬天日落的方向吹来。[④] 为了证明只有两股风,他们引用色拉西亚尔塞斯和荷马本人的证据为证。因为荷马把西北风和南风连在一起:

> 西北风—南风

(《伊利亚特》,Ⅺ,306)

---

① 东北。
② 东南。
③ 西北。
④ 西南。

他又把西风和北风连在一起：

西风和北风从色雷斯吹来。

(《伊利亚特》，IX, 5)

但是，波塞多尼奥斯认为在这个问题上，所有公认的权威（例如，亚里士多德、提莫斯提尼、占星家彼翁），没有一个人对风表示过类似的观点。他们认为从夏天日出方向吹来的是东北风，而从冬天日落方向吹来的风与它正相反，称为西南风。东风从冬天日出的地方吹来，西北风从它相反的方向吹来；在它们之间的风是东南风和西风。他还说，荷马所说的"凛冽的西风"（《奥德赛》，XII, 289），就是我们所说的西北风；荷马所说的"轻轻刮着的西风"，就是我们所说的西风；荷马所说的"西北风—西南风"，就是我们所说的南风。因为南风只能带来一些云雾，而西南风有时却能带来浓厚的乌云。

有如西风掀起强烈的风暴
驱散了西北风—西南风的云雾。

(《伊利亚特》，XI, 305)

在这里，荷马指的是"凛冽的西风"，它常常会驱散南风带来的薄薄云层。因为在这一行诗句之中，诗人用单词"西北风"作为西南风的形容词。因此，在他的《地理学》第一卷开头，他对厄拉多塞的评论必定做了这样的修正。

22. 厄拉多塞继续顽固地坚持自己对荷马不正确的解释：他认为诗人不知道尼罗河有几条支流，不知道这条河流真正的名字。尽管连赫西奥德都知道，因为他提到了这个问题。至于谈到河流的名字，在荷马时代它大概还没有使用；如果情况真是如此，如果人们真的不知道，或者只有少数人知道尼罗河有几个河口，而不是只有一个河口这个事实，那就可以假定荷马也不知道此事。但是，由于这条河流过去和现在都是埃及最著名的、最令人惊叹的名胜，毫无疑问也是历史上最值得一提的、永久的纪念（河流的泛滥与河口的支流也是一样）。那么，谁能设想那些告诉荷马有关埃及的河流、埃及的国家、埃及的底比斯城和法罗斯岛（Pharos）故事的人，或许不知道尼罗河的这些支流，或许仅仅是因为它们已经众所周知，因而认为用不着介绍它们。而且更不可信的是，荷马提到了埃塞俄比亚人、西顿人、埃伦比人、外海、① 还有埃塞俄比亚人"分成两部分"，却不知道更近和更熟悉的东西。他没有提到它们，这个事实绝不表示他不知道它们——因为他也没有提到过自己的祖国和其他的许多事情——看来，这倒不如说是荷马认为，凡是已经众所周知的事实，就不值得再向那些已经知道情况的人再提了。

23. 要是因为荷马说过法罗斯岛"位于外海之中"（《奥德赛》，Ⅳ，355），或是认为荷马这样说，就可以责备他无知，这是不公正的。相反，可以利用荷马的这个地名来证明，诗人熟悉他前面刚刚对我们讲的有关埃及一切。在这个问题上，你可以使用下列

---

① 大西洋。

方式来说服自己：所有讲述自己漂泊故事的人都是吹牛大王；墨涅拉俄斯也属于其中之一：他在沿着尼罗河溯流而上到达埃塞俄比亚之前，已经听说了尼罗河的泛滥，还有河流带给这个国家冲积泥土的数量是如何之多，尼罗河三角洲因为河水带来的冲积物而形成的巨大平原；因此，希罗多德说得完全正确，整个埃及都是"尼罗河的礼物"。[①] 对于整个国家而言，这种说法即使不够正确，但对于所谓的下埃及三角洲地区而言，至少是正确的。墨涅拉俄斯听说法罗斯岛古代位于"外海之中"。因此荷马也误以为它现在仍然在"外海之中"。实际上这个岛屿已经不在"外海之中"了。无论如何，这是诗人精心编造的故事。我们由这个故事可以推断，荷马是知道尼罗河泛滥和尼罗河口情况的。

24. 那些主张荷马不知道埃及海与阿拉伯湾之间有地峡，或者认为他说：

> 最遥远的埃塞俄比亚人被分成了两部分。
>
> （《奥德赛》，I，23）

都是错误的，都犯了同样的错误。后来的人因为这句话而指责荷马也都是错误的，因为他是完全正确的。确实，指责荷马不知道这个地峡是非常不符合事实的。我可以肯定荷马不仅知道地峡，而且用清楚明白的语言描述过它。虽然荷马说到过这个地峡，但从阿里斯塔科斯和克拉特斯开始的语法学家——批评界主要的学

---

① 希罗多德，II.5.

者——都不明白诗人说的这句话是什么意思：

最遥远的埃塞俄比亚人被分成了两部分。

(《奥德赛》，I，23)

对于下面这行诗句的读法，两位学者也有分歧。阿里斯塔科斯如是写道：

某些人居住在日落之处，
某些人居住在日出之处。

(《奥德赛》，I，24)

而克拉特斯则写道：

两者居住在日落之处
和日出之处。

(《奥德赛》，I，24)

至于引起他们之间发生分歧的问题，即这行诗歌应该写成这样或者那样，并不是重要问题。因为克拉特斯使用的纯粹是数学求证方式，认为热带被俄克阿诺斯所包围；[①] 热带的两边就是温带：

---

① 克拉特斯认为俄克阿诺斯的边界与热带的边界相符，这种假设并不完全符合真实情况。

一边在我们这边，另一边在俄克阿诺斯那边。就像居住在俄克阿诺斯我们这边的埃塞俄比亚人一样，他们面对着整个有人居住世界的南方，被称为是一个最遥远的民族集团，因为他们住在俄克阿诺斯的沿岸——克拉特斯就是这样认为的，我们同样也应当想象俄克阿诺斯的另一边也生活着某些埃塞俄比亚人，他们是生活在温带另一个最遥远的民族集团（因为他们居住在同一个俄克阿诺斯的沿岸）；他们是两个集团，并且被俄克阿诺斯"分成两部分"。荷马补充说：

> 两者居住在日落之处
> 和日出之处。

(《奥德赛》，I，24)

因为天空的黄道总是处于天顶，高于地球上相应的黄道带。所以，后者由于倾斜角[①]不会超出两部分埃塞俄比亚人居住的地界，我们应当设想太阳的整个运动路线，就在这个天体地带空间范围之内；对于不同的民族而言，发生在这个空间的日出日落也是不同的：时而在这个宫，时而在另一个宫。克拉特斯这样解释自己的观念倒更像是个占星家。但是，他在保留自己对荷马"埃塞俄比亚人分成两部分"诗句的观点同时，还可以说得更加简明一点；因为他可以说埃塞俄比亚人住在俄克阿诺斯从日出到日落的两岸。不论我们读克拉特斯或者阿里斯塔科斯所写的东西，两者在意义方

---

① 比较"黄道的倾斜度"，它现在是大约 23.5°。

面又有什么很大的区别呢？

> 某些人居住在日落之处，
> 某些人居住在日出之处。
>
> （《奥德赛》，I，24）

因为这也意味着住在俄克阿诺斯的东西两边。不过，阿里斯塔科斯反驳了克拉特斯的这种假设，认为荷马"分成两部分"的意思，是对居住在世界上我们这个地区的人而言，即对那些在希腊人看来是最遥远的南方人而言。他认为这些埃塞俄比亚人没有分成两部分，没有形成两个埃塞俄比亚；而是一部分住在东边，一部分住在西边；他说只有一个埃塞俄比亚，即在希腊人南方、与埃及边界接壤的埃塞俄比亚。阿里斯塔科斯认为，诗人不知道这个事实，就像他不知道阿波罗多罗斯在自己的著作《论船只登记册》第二卷中提过其他事情一样，他认为正是由于无知，诗人在这个问题上虚构了许多不存在的资料。

25. 为了批驳克拉特斯的意见，必须进行一次冗长的，可能与本题无关的讨论。我支持阿里斯塔科斯批驳克拉特斯备受争议的假设，认为荷马的话与我们的埃塞俄比亚有关。现在，让我们再来考查阿里斯塔科斯的其他方面。首先，我们必须注意的事实是，他热衷于琐碎的、毫无用处的争论荷马文本；因为诗句的两种形式不论写成哪种形式，文本的含义仍然是相同的。我们可以说"在俄克阿诺斯的我们这边有两个埃塞俄比亚人集团，一个在东方，另一个在西方"与"两个集团在东方和西方"，确实没有多

大的区别。其次，我们必须注意的事实是，阿里斯塔科斯维护的是站不住脚的理论，就算我们认为诗人不知道地峡的存在。他说

"埃塞俄比亚人被分成了两部分"。

(《奥德赛》，I，23)

这里提到的埃塞俄比亚就是埃及边界上的埃塞俄比亚。下一步怎么办呢？他们这不是"分成了两部分"吗？而诗人这样说是由于无知的缘故吗？难道从三角洲到赛伊尼的埃及和埃及人不也是被尼罗河分成了两部分吗？

一些人居住在日落之处，
另一些人居住在日出之处。

(《奥德赛》，I，24)

埃及不是被洪水淹没的河谷，那又是什么？这条河谷的两边就朝着东方和西方。不过，埃塞俄比亚就紧挨着埃及，它与埃及无论是在尼罗河方面，还是在该地区其他自然特点方面都完全相似。因为埃塞俄比亚和埃及一样都是狭长的河谷地带，经常遭受洪水侵害；它还有部分地区在洪涝地带之外，这是一片荒凉的、干旱的、只有东部和西部极少数地方可以居住的地区。它怎么能不分成两部分呢？再有，就算尼罗河不足以成为那些为亚细亚与利比亚划定边界者的边界线（因为该河流向南延伸长度超过10000斯塔德，它是如此之宽，河中还有许多人烟密集的岛屿；其中最

大的是麦罗埃，它是埃塞俄比亚国王的宫廷和都城所在地），难道它作为埃塞俄比亚两部分的分界线不是正好合适吗？而且，批评那些认为尼罗河是大陆之间分界线的人，提出了反对他们的极为重要理由：他们把每个国家的一部分归入利比亚，另一部分归入亚细亚，把埃及和埃塞俄比亚分割开来了；如果不想作这样的划分，那或者就根本用不着划分大陆，或者不需要把尼罗河作为大陆之间的界河。

26. 埃塞俄比亚也可以用另外一种完全不同的方法来划分。因为所有沿着利比亚海岸在海上航行的人，不论他们是从红海（埃利色拉海），还是从赫拉克勒斯石柱出发，走过一段路程之后，由于碰到许多复杂的情况，都会返回原来的地方；因此，许多人心中就形成了一种根深蒂固的看法，海洋的中间有地峡阻隔；整个亚特兰蒂斯海是个完整的水体，特别是亚特兰蒂斯海的南部更是如此。这些航海家都说埃塞俄比亚地区是他们在旅途中到过的最远地方，而且都是这样说的。如果荷马也受到这类传言的误导，由于他不知道他们之间是否还存在其他民族，因而把埃塞俄比亚人分成两个集团，一个放在东方，另一个放在西方，那又有什么可奇怪的呢？除此之外，埃福罗斯还说到另一个古代传说，并且有理由认为荷马听说过这个传说。埃福罗斯说，根据塔特斯人所说，埃塞俄比亚人曾经侵略利比亚，一直到迪里斯地区，[①] 他们之中有一些人留在迪里斯地区，而其他人则占据了大部分海岸地区。埃福罗斯推测正是由于这种情况，荷马才这样说：

---

① 阿特拉斯山的蛮族名字。

最遥远的埃塞俄比亚人被分成了两部分。

(《奥德赛》，I，23)

27. 在反驳阿里斯塔科斯及其支持者的时候，人们可以强调这些论点，也可以引用其他更有说服力的理由，使荷马免遭极端无知的责难。例如，根据古代希腊人的观念，就像他们用一个"西徐亚人"（或者是荷马所说的"游牧者"）的名字来称呼自己所熟悉的北方居民，后来又用"凯尔特人"、"伊比利亚人"或者是复合词"凯尔特伊比利亚人"、"凯尔特西徐亚人"（因为不了解情况而用一个名字来称呼不同的民族）来称呼他们所熟悉的西方居民一样，我敢这样断言，根据古代希腊人的观念，所有在俄克阿诺斯之后的南方国家，都被称为埃塞俄比亚。这种说法的证据是，埃斯库罗斯在《被释的普罗米修斯》之中这样说道：

红海由于海底红色的沙子而变得神圣，
长河岸边的浅湖闪耀着黄铜的光辉，
为埃塞俄比亚人提供各种食物，
光照万物的太阳
让它疲倦的骏马在那儿休息，
在汹涌的温水中恢复永生的体力。

(《残篇》，192，瑙克)

如果俄克阿诺斯对太阳产生了这种影响，并且在整个南部地带与太阳维持着这样的关系，埃斯库罗斯当然会把埃塞俄比亚放在这个区域的范围之内。欧里庇得斯在《法厄同》中说道，克莱梅内被赋予：

> 这片土地的国王迈罗普斯，
> 太阳神发出金色的光芒，驱赶驷马战车经过的
> 第一个国家，居住在这个国家的黑人
> 把它称为黎明和太阳闪亮的马厩。

（《残篇》，771，瑙克）

在这个片段中，欧里庇得斯把公共的马厩分配给了黎明神和太阳神，接着在后面的诗句中，他说这些马厩在迈罗普斯宫廷附近；我认为这件事被放到了整个剧本的结构之中，不是因为这是毗邻埃及的埃塞俄比亚的特点，而是因为这是整个南部地带海岸的特点。

28. 埃福罗斯谈到了古人对埃塞俄比亚的概念；他在论文《论欧罗巴》之中说道："如果把天空和大地分成四部分，印度人占据的部分是东南风吹过来的地区，埃塞俄比亚人占据的是南风吹过来的地区，凯尔特人占据的是西部，而西徐亚人占据的是北风吹来的地区。"同时，他还补充说埃塞俄比亚和西徐亚更加辽阔。他说："因为人们认为埃塞俄比亚人居住的地方从冬天日出之处一直延伸到日落之处，西徐亚则正对着北方。"荷马也赞成这种观点：

> 其他的［岛屿］则靠近黎明女神和太阳神升起的地方。

（《奥德赛》，IX，26）

荷马这样表示整个南部地区：

> 鸟儿是向右飞向东方，飞向朝霞和太阳，
> 还是向左飞向西方，飞向迷雾和黑暗。
>
> （《伊利亚特》，XII，239）

还有：

> 啊，朋友！我们不知道哪里是黑暗，哪里是黎明，
> 哪里是太阳普照的大地，哪里是他在天空升起之处。
>
> （《奥德赛》，X，190）

但是，对于荷马说到的所有地方，我将比较充分地讨论伊萨卡岛的情况。因为荷马说道：

> 因此，昨天宙斯去了俄克阿诺斯岸边，
> 去了高贵的埃塞俄比亚人那里赴宴。
>
> （《伊利亚特》，I，423）

我们必须明白这两个词汇最普通的意义，"俄克阿诺斯"表示沿着整个南部地带延伸的水体，而"埃塞俄比亚人"则表示在同一个地区的民族；由于你对这个地带某个地点非常关心，因此你经常在俄克阿诺斯和埃塞俄比亚。类似的表达、荷马写道：

第二章 罗马人和帕提亚人对地理学的看法……的评论

……离开埃塞俄比亚人的边界,
从遥远的索利米山峰看着[海中的奥德赛]……

(《奥德赛》,V,282)

这个用语与词组"从南方地区"意义是相同的。正如我先前所说,因为荷马指的不是皮西迪亚的索利米人,而是他虚构的一个名字相同的民族,他们相对于乘着木筏漂流的奥德赛和位于其南边的民族(可能是埃塞俄比亚人)而言,占据着相同的地理位置;就像皮西迪亚人相对于本都和居住在埃及南面的埃塞俄比亚人而言,占据着同样的地理位置一样。同样,荷马用一个通用的术语谈到了鹤:

它们逃离了即将到来的冬天和暴雨,
喧嚣地飞向俄克阿诺斯的水流,
给俾格米人带来了屠杀和死亡。

(《伊利亚特》,Ⅲ,3)

因此,仙鹤南飞并不是只有在希腊各地才可以看到,而在意大利、伊比利亚或里海和巴克特里亚地区就看不见。因为俄克阿诺斯一直延伸到整个南部沿岸地区,而仙鹤在冬天飞向所有这些海岸地区,我们必须设想俾格米人也位于传中说的整个南部海岸地区。如果后来的人们只把俾格米人的故事传给了与埃及为邻的埃塞俄比亚人,那就与古代的事情没有关系。因为我们现在已经不把那些参加特洛伊战争的人称为"亚该亚人"(Achaeans)和

"阿尔戈斯人",虽然荷马曾经用这些名字称呼他们。现在,我认为要把埃塞俄比亚人分成两部分,情况也与此相似。我们必须把"埃塞俄比亚人"理解为分布在从日出到日落的整个俄克阿诺斯沿岸的埃塞俄比亚人的意思。因为正是在这种意义上,埃塞俄比亚人才被阿拉伯湾(它也组成了子午圈的大部分)"分成了两部分"。阿拉伯湾像一条河流,长度约有15000斯塔德,河流最宽处不超过1000斯塔德。在这个长度之上,我们还应当加上自培琉喜阿姆(Pelusium)海被分流的支流距离,大约是三四天的路程,这个地方有一条地峡。正如许多出色的地理学家在划分亚细亚和利比亚的时候,认为这个海湾比尼罗河作为两个大陆的分界线更加天然合理(按照他们的观点,海湾几乎是从一个海延伸到另一个海,尽管从俄克阿诺斯之中分离出来的尼罗河超过它的长度几倍,因为它没有把亚细亚和利比亚彻底分开)。同样,我认为按照荷马的意见,在有人居住世界的整个南部地区,被这个海湾"分成了两部分"。那么,诗人是真的不知道这个地峡形成了阿拉伯湾和埃及海[①]吗?

29. 也有人毫无根据的假设是,诗人准确地知道距离地中海差不多将近4000斯塔德的埃及底比斯城,却不知道阿拉伯湾的源头,也不知道毗邻的地峡宽度最多不超过1000斯塔德;但是,还有一个更加毫无根据的假设是,荷马知道尼罗河有一个与这个伟大国家相同的名字埃及,但不明白这个理由;因此,人们立刻想到了希罗多德所表达的观念,即这个国家是"这条河流的礼物",[②]因

---

① 地中海。
② 希罗多德,Ⅱ,Ⅴ。

此有权利使用与河流相同的名字。不过，在某种程度上每个单独国家的这些特点，已经不可思议地广为人知。大家很清楚；埃及同样广为人知的事情还有尼罗河的泛滥和河里的淤泥被冲入大海。正如访问埃及的人们在接触这个国家的时候，首先听到的是尼罗河的自然环境特点，因为本地居民觉得关于他们国家的情况，根本没有什么更新奇、更值得注意的东西，还能比这些特点更值得告诉外来者（因为熟悉尼罗河的人也非常清楚全国的地理特点）。还有一些人是在听到这个国家的实际情况很久以前，就已经拐弯抹角、道听途说知道了一些信息。在所有这一切之上，我们还要加上荷马的求知欲和对旅行的热爱。关于这点，所有为荷马写传记的人都可以证明，在他本人的诗歌之中也可以找到诗人这种爱好的实例。因此，可以找出许多论据来证明荷马不但知道，并且清楚地说出了那些应当说出的东西，而对一些已经众所周知的东西保持沉默，或者使用形容词来暗示它们。

30. 但是，我确实对那些与我争论的埃及人和叙利亚人感到惊奇。[①] 他们不理解荷马，甚至荷马告诉他们，在他们本国发生了什么事情时，他们竟然责怪荷马无知（我有许多证据表明他们自己在这个问题上是错误的）。总而言之，沉默并不是无知的象征，因为荷马既没有提到埃夫里普河的回流，也没有提到德摩比利和希腊其他许多众所周知的事情，尽管可以保证他非常了解它们。无论如何，荷马也说了许多众所周知的事情，尽管人们对此装聋作哑，故意不想这些事情。因此，无知的责难，就应该给他们自己。

---

① 即阿里斯塔科斯和克拉特斯。

诗人把许多河流称为"天上掉下来的"(《伊利亚特》，XVI，174)，这不仅是指冬季的激流，而且是指所有的河流。因为所有的河流都由于雨水而泛滥。不过，当人们使用普通的形容词来表示与其有关的特殊事物时，它也就变成了特殊的形容词。因为人们既可以把"从天上掉下来的"解释为冬季激流的意义，也可以解释为四季长流的河水这样完全不同的意义。还有许多极其夸张的情况——如"比软木塞的碎片还轻"，"比弗里吉亚的①兔子还胆小"，"拥有一块比一封拉科尼亚书信还小的土地"②——把尼罗河称为"从天上掉下来的"，这正是极其夸张的特殊事例。由于冬季的激流超过了其他河流，而"从天上掉下来的"尼罗河，它在洪水的高峰时期不仅在水位的高度，而且在洪水持续的时间方面都超过了冬天的激流。正如我指诗人知道尼罗河变化的规律，并把这个形容词用于形容尼罗河，除了我前面已经指出的之外，我们无法再用其他方法解释。但是，尼罗河分出几条支流这个事实，也是它与其他河流共有的特点。因此，荷马主要是考虑到人们已经知道这个事实，认为它不值一提；这就正如阿尔凯奥斯(Alcaeus)没有提到那些河口一样，尽管他坚持说自己也访问过埃及。③至于谈到淤泥问题，可以推断它不仅仅是来自尼罗河泛滥时期，也来自荷马说过的法罗斯岛的原因。有人告诉荷马，准确地说是大众传言说法罗斯岛那时离开大陆非常遥远；我认为这些传言在传

---

① 弗里吉亚奴隶胆小。
② 指斯巴达人语言和书信简短(laconosm)。
③ 我们只是从斯特拉博这里才知道诗人阿尔凯奥斯到过埃及，以及他留下的诗歌残篇。

播的过程中不可能太离谱,荷马就引用了它们,说它的距离相当于船行一天的路程。至于谈到洪水和淤泥,有理由设想诗人知道这个众所周知的事实,即它们是什么样的东西。荷马由此得出结论说,在墨涅拉俄斯访问的时候,这个岛屿离大陆比自己那个时候更远,并且自作主张夸大了几倍的距离,以便为故事增添神话因素。当然,神话故事不能作为无知的证据——甚至是普洛透斯、俾格米人和魔法师药水强大威力的故事,以及诗人虚构的诸如此类故事也不能作为无知的证据;因为人们不是由于无知而讲述这些故事,而是为了使听众得到满足和快乐。怎么样才能做到这一点,这就正如荷马说法罗斯岛有水一样,而实际上当时是没有水的:

> 那里有一个优良的港口,
> 人们在那里把平稳的大船放入海中,
> 船上储满了黑色的水。
>
> (《奥德赛》,Ⅳ,358)

我现在要说明的第一点是,不能排除水源已经干涸的可能性;第二,荷马并没有说水取自岛上,而只是说下海的船只从那里出发,因为那里是优良的港口;但是,水可能是取自对岸的大陆,因为诗人用了一个并非严格的,而是夸张的、带有神话故事风格的词汇"在外海中"来形容法罗斯岛,暗示了这点。

31. 而且,由于人们认为荷马关于墨涅拉俄斯流浪的故事,恰恰是诗人不知道这些国家的证据。因此,对于由这些诗歌引起的问题预先做出说明，然后再把这些问题加以区别对待，对于正确地捍卫诗人的观点可能更加有利。墨涅拉俄斯说忒勒马科斯曾经对宫廷的装饰感到惊奇：

> 须知我是经历了无数艰辛和漂泊，
> 用船载着我的财富返回家乡，第八年才回到这里。
> 我到过塞浦路斯、拜访腓尼基人，离开埃及之后，
> 去过黑皮肤的埃塞俄比亚人那里，在西顿人、埃伦比人那里做客，
> 去过利比亚……

(《奥德赛》，Ⅳ，81)

有一个问题是，他去了什么样的埃塞俄比亚人那里，他是不是从埃及航行去的（因为无论什么样的埃塞俄比亚人都不住在地中海，船只也不可能通过尼罗河瀑布地区）？这些西顿人又是什么人（他们当然不是那些住在腓尼基的人，因为诗人不可能首先提到人种，然后再提外貌）？那些埃伦比人又是什么人[①]（因为这是个新名字）？当代语言学家阿里斯托尼库斯在其著作《论墨涅拉俄斯流浪的故事》之中[②]援引了许多作家就这个问题各个方面发表的意见，我认为这些问题值得做一个简要的说明。有些人坚持认为墨涅拉俄斯是航行到埃塞俄比亚去的，他们认为是沿着加德

---

① 这个神话中的民族，现代学者认为他们与《圣经》中的亚兰人、巴比伦的阿拉米人血缘相近；但另一部分人认为他们是阿拉比亚人。

② 他的文集没有保留下来。

斯到印度的海岸线航行的,并且准确地符合荷马所确定的旅行时间:"第八年才回到这里。"(《奥德赛》,Ⅳ,83)不过,其他人认为他是通过阿拉伯湾源头的地峡航行去的,还有人认为他是通过尼罗河许多运河中的一条航行去的。不过,最不靠谱的是克拉特斯提出的沿岸航行的假设,这倒不是因为这种航行没有可能实现(因为奥德修斯的流浪就没有实现),而是因为它既不符合克拉特斯的数学假设,也不符合流浪所必需的时间。因为墨涅拉俄斯由于航行之中遇到许多困难,不得不违背自己的意愿耽搁下来(他自己就说,他的60条船只剩下了5条),为了追逐不义之财,他在中途还有意多次停留。因此,涅斯托尔说:

墨涅拉俄斯聚集了无数的财宝和黄金,
率领他的船只在当地漫游。

(《奥德赛》,Ⅲ,301)

(墨涅拉俄斯还补充说)

我到过塞浦路斯、腓尼基和埃及。

(《奥德赛》,Ⅳ,83)

现在再来说说经过地峡或是某条运河的航线,即使荷马提到了它们,也可以认为是虚构的。但是,由于诗人没有提到这条航线,这条航线就是毫无根据的、荒谬的假设。我认为这条航线是荒谬的,是因为在特洛伊战争之前根本就不存在任何运河;有人说塞索斯特里斯曾经打算挖一条运河,[①] 由于地中海的海平面过高而放弃了这个工程。此外,地峡不容船只航行,厄拉多塞的推测也是错误的。因为他认为赫拉克勒斯石柱附近的海峡[②]当时还没有出现裂口,因此地中海的海平面更高,连接着地峡附近的外海,并且淹没了地峡;但是在石柱附近的海峡出现了裂口之后,地中海的海平面下降,露出了卡西乌姆和培琉喜阿姆附近直到红海的陆地。我们有什么历史资料证明石柱附近的裂口在特洛伊战争之前尚不存在呢?很可能,诗人在叙述奥德修斯通过石柱附近的海峡进入俄克阿诺斯(好像海峡已经存在)的同时,又派遣墨涅拉俄斯乘船由埃及前往红海(好像海峡还不存在)!而且,荷马又把普洛透斯拉扯进来,让他对墨涅拉俄斯这样说:

> 不朽的众神将把你送往
> 埃律西昂平原,送往大地的尽头。
>
> (《奥德赛》,Ⅳ,563)

拜托,"大地的尽头"是什么?在提到西风的时候,他表明这个遥远的地方在西方某个地区:

> 俄克阿诺斯时时送来清爽的西风。
>
> (《奥德赛》,Ⅳ,567)

---

① 希罗多德,Ⅱ,158;Ⅳ,39。
② 在冰河纪晚期,地中海还是陆地。后来由于冰雪融化,大西洋水由直布罗陀海峡灌入,这个地方才成了海洋。

确实，这些问题现在仍然充满了令人难解的疑问。

32. 无论如何，如果诗人知道地峡从前曾经被海水淹没，难道我们就没有更多的理由来相信埃塞俄比亚人被这么大的海峡所分开，真的"分成了两部分"？以及墨涅拉俄斯如何从居住在俄克阿诺斯沿岸、遥远的埃塞俄比亚人那里搞到那么多财宝？因为在忒勒马科斯及其同伴对墨涅拉俄斯宫廷的奢华装饰感到惊奇的时候，他们对宫廷大量的家具感到惊奇：

黄金的、琥珀的、白银的和象牙的。

（《奥德赛》，Ⅳ，73）

不过，在这些民族的财富之中，除了象牙之外，看不到什么贵重的物品。因为在所有民族之中，他们大多是最贫穷的人，何况还是游牧民族。你可能会说，非常正确，但在它们之中也包括从阿拉比亚直到印度的各个国家。在这些国家之中，只有阿拉比亚被称为"福地"。[①] 至于印度则被想象和说成是最幸福的国家，虽然没有人用这个名字来称呼它。提到印度，荷马是不知道印度的（如果他知道的话，他会提到它的）；但是，他知道阿拉比亚，它现在虽然被称为"福地"，然而它在荷马时代并不富裕。这个国家本身不仅缺少资源，而且大部分被游牧民族所占据。阿拉比亚少数地区生产香料；就是因为这少数地区使这个国家获得了"福地"的称号，因为这种商品在我们这个地方非常稀少和珍贵。现

---

① 关于阿拉伯福地，参见本书 XVI, ⅲ, 1。

在，阿拉比亚人由于广泛的、大规模的贸易活动，无疑过着富足甚至是富裕的生活。但是，他们在荷马时代可不是这个样子。至于谈到香料，商人和驼队的主人通过贩卖这种商品，可以获得一些财富；墨涅拉俄斯需要从国王或王公那里获得战利品和礼物，他们不仅有这种能力，而且为了自己的名声和荣誉也愿意赐给他礼物。然而，埃及人及其相邻的埃塞俄比亚人、阿拉比亚人，[①]不像其他那些埃塞俄比亚人，不是那种完全没有生活资料的人，他们知道阿特柔斯之子的名声，特别是考虑到特洛伊战争的胜利。所以，墨涅拉俄斯指望在自己拜访他们的时候，可以捞到好处。我们可以比较一下荷马所说的阿伽门农的铠甲：

> 铠甲是先前基尼拉斯送给他做客的礼物，
> 远在塞浦路斯的基尼拉斯听到重要的消息。
>
> (《伊利亚特》，XI，20)

此外，我们还必须强调，墨涅拉俄斯的大部分时间都花在漫游腓尼基、叙利亚、埃及、利比亚和塞浦路斯附近的地方，一般来说还有地中海沿岸和其中的各个岛屿。因为墨涅拉俄斯既可以从上述民族获得送给客人的礼物，也可以使用武力或者掠夺他们的手段使自己致富，特别是对特洛伊人那些曾经的盟友。而远离这些国家边境的野蛮人不可能使墨涅拉俄斯产生这种希望。荷马说墨涅拉俄斯"到过"埃塞俄比亚，这并不意味着他真的去过那

---

① 阿拉伯湾西部的特罗格洛迪特人。

里，而是去了它在埃及附近的边界。因为在那个时候，边界大概离底比斯很近（尽管它今天更近）——我指的是赛伊尼和菲莱附近的边界。两座城市中的第一座属于埃及，但菲莱既有埃塞俄比亚人，也有埃及人居住。因此，墨涅拉俄斯到过底比斯，到过埃塞俄比亚的边界地区，甚至深入到了更远的地方，完全没有什么可以奇怪的。这首先是因为他曾经享受过底比斯国王殷勤的接待。同样，奥德修斯说他"到过"库克罗普斯人的国家，虽然他不过是从海上走到了洞穴。因为他说"洞穴大概在（这个国家的）边境地方"。至于埃俄罗斯、莱斯特里贡人和其他的国家，他连船只也没有停靠过，只是说"到过"这个国家。所以，墨涅拉俄斯"到过"埃塞俄比亚也可以作这样的理解。同样还有利比亚，即他"停靠过"的某些沿岸据点。所以，在帕累托尼乌姆城那边的阿达尼斯港口，就由于他曾经"停靠过"而被称为"墨涅拉俄斯"港。

33. 荷马在谈论腓尼基人之后，提到住在腓尼基都城的西顿人，他使用了一种常用的表达方式，例如他说：

宙斯催促特洛伊人和赫克托耳上船。

（《伊利亚特》，XIII，1）

又说：

那勇敢的俄纽斯诸子和他本人已经死了，
金发的墨勒阿格洛斯也死了。

（《伊利亚特》，II，641）

又说：

因此他去了伊达和加尔加罗斯。

（《伊利亚特》，Ⅷ，47）

但他们占领了埃维亚，还有卡尔西斯和埃雷特里亚。

（《伊利亚特》，Ⅱ，536）

萨福在诗歌中也说：

或是塞浦路斯、帕福斯奢华的港口让你流连忘返。

不过，尽管荷马已经提到了腓尼基，也有其他的理由促使以一种特殊的方式再次提到腓尼基——这就是把西顿加入名单中去。因为只要按照他们本来的顺序来提到各个民族，就完全可以说：

我到过塞浦路斯，拜访过腓尼基人，离开埃及之后，
去过黑皮肤的埃塞俄比亚人……

（《奥德赛》，Ⅳ，83）

为了证明墨涅拉俄斯到过西顿人那里，荷马应当重复自己的故事，甚至还要给它增加一点什么情节。荷马暗示这次旅行时间很长，并且高度赞扬他们的工艺技巧，以及他们对海伦和帕里斯

的殷勤接待。所以，诗人说在帕里斯的宫廷中保存有许多西顿人的工艺产品：

> 她在那里有许多刺绣的长袍，
> 西顿妇女的产品，他们的神帕里斯
> 亲自从西顿运回……
> 在这次旅行中他把海伦带回了家中。
>
> （《伊利亚特》，VI，289）

墨涅拉俄斯对忒勒马科斯说，在墨涅拉俄斯的宫廷中，也有（许多宝贝）：

> 我将给你一只装饰精美的调缸；
> 缸体是白银制成，缸口镶着黄金，
> 赫菲斯托斯的工艺品；西顿国王
> 英雄费狄摩斯所赠，我在回国的时候，
> 曾经在他的宫中做客……
>
> （《奥德赛》，IV，615；XV，115）

不过，"赫菲斯托斯的工艺品"应当理解为夸张的说法。正如许多精美的物品被说成是"雅典娜的工艺品"、希腊人的工艺品或者缪斯的工艺品一样。因为荷马曾经用赞美欧内奥斯为吕卡昂赎身的一只调缸的方法，来明确指出西顿人是精美工艺品制造者。他说：

全世界数此调缸最精美，

由西顿工匠精心制作而成，

一伙腓尼基人把它带来出卖……

(《伊利亚特》, XXIII, 742)

34. 关于埃伦比人已经说了许多；不过，那些认为荷马在这里指的是阿拉比亚人的观点可能是正确的。咱们的芝诺[①]对原文作了相应修改，甚至写下了这段文字：

我也去过埃塞俄比亚人、西顿人和阿拉比亚人那里。

(《奥德赛》, IV, 84)

不过，他没有必要篡改文本，因为这个文本是相当古老的。更好的办法是消除这种改换民族名字的混乱状况，因为这种改换比篡改文本（实际上有些人只是在校对的时候改动了几个字母）在所有民族之中是常见的、显眼的现象。但是，波塞多尼奥斯的观点可能是最正确的，[②]因为他从这里推断出了同源民族词汇的词源，以及他们共同的特征。由于亚美尼亚人、叙利亚人、阿拉比亚人不仅在语言方面，而且在生活方式方面和体格构造方面，被发现有亲密的血缘关系，特别是他们居住在非常邻近的地区。居

---

① 斯多葛派学者的代表人物。

② 波塞多尼奥斯的观点见其著作《论海洋及其有重要关系文图》，他在书中强调有人居住世界的民族学资料缺乏，纬度对动植物的影响较大，对语言和民族关系影响较小，后者主要是由共同的民族特点决定的。

住着三个民族的美索不达米亚就证明了这点,因为这些民族的相似性是特别明显的。即使纬度不同,在美索不达米亚南北两个民族之间,比在这两个民族与占据中心位置的叙利亚人之间的差异还大,当然他们之间的共同特点仍然是主要的。而且,亚述人、阿里米人和阿拉米人既发现与上述民族有若干相似性,又发现彼此之间有若干相似性。波塞多尼奥斯认为这些民族的名字是同源的。他说,因为我们称为叙利亚人的民族,按照叙利亚语应该称为阿里米人或者阿拉米人,在这个名字与亚美尼亚人、阿拉比亚人和埃伦比人的名字之间,存在着相似性,因为古代希腊人可能用埃伦比人的名字来称呼阿拉比亚人,还因为"埃伦比人"的词源也证明了这点。大多数学者确定埃伦比人的名字源出于 eran embainen;[①] 后来,人们为了更加清楚明白起见,把这个名字改成了"特罗格洛迪特人"。[②] 这是居住在阿拉伯湾那边,靠近埃及和埃塞俄比亚的阿拉伯部落。当然,诗人提到了这些埃伦比人,说墨涅拉俄斯"到过"他们那里。同样,他还说到墨涅拉俄斯"到过"埃塞俄比亚人那里(因为他们住在底比斯地区附近);可是,他们被提到的原因不是因为他们手艺高超,也不是因为墨涅拉俄斯获得了他们的好处(因为好处不可能很大),而是因为在他们那里逗留的时间很长,并且因为与访问他们的荣誉有关;因为如此遥远的外出旅行是一件可以带来荣誉的事情。关于这一点,有诗为证:

---

① 意为"进入地下"。
② 洞穴居民。

我拜访过很多市民,知道很多风俗习惯。

(《奥德赛》,Ⅰ,3)

又

须知我是忍受了无数艰辛和漂泊,
才用船把我的财富带回家。

(《奥德赛》,Ⅳ,81)

赫西奥德在《神谱》①也说:

厚道的赫尔马昂和贝鲁斯国王之女斯罗尼雅
所生之子阿拉布斯之女。

斯特西科罗斯也说过同样的事情。因此,我们可以推测在赫西奥德和斯特西科罗斯时代,这个国家因为上述"阿拉布斯"的缘故,已经被称为阿拉比亚了。虽然在英雄时代它可能还没有叫这个名字。

35. 有些学者毫无根据地说埃伦比人是某个特殊的埃塞俄比亚部落,或者是凯菲尼亚人部落,或者是俾格米人部落——或者是其他的部落等——这些人是不大值得信任的,因为除了他们的理论不可相信之外,他们还表现出一种把神话故事与历史事实混为

---

① 指的是赫西奥德与众神有关的女性名录,该书只有残片传世。

一谈的倾向。还有一些像他们一样的作家把西顿人说成居住在波斯湾，或者是俄克阿诺斯的其他某个地方，或者是把墨涅拉俄斯流浪的故事搬到外海，又把腓尼基人置于离开俄克阿诺斯很远的地方。他们不可相信的一个重要理由是他们之间互相矛盾。他们之中有些人甚至认为邻居西顿人是俄克阿诺斯附近的西顿来的殖民者，他们实际上为现代西顿人为什么曾经被称为腓尼基人又找到了一条理由，[①] 即波斯湾海水的颜色是"红的"；但其他人坚持俄克阿诺斯附近的西顿人是现代腓尼基来的殖民者。还有些人把埃塞俄比亚在腓尼基地方，认为安德洛墨达的冒险故事发生在乔帕，尽管他们这样说不是因为不知道（这些传奇故事发生的）地点，[②] 而是因为故事的神话色彩。阿波罗多罗斯遣责荷马等作家神话化故事（他并没有解释为何将荷马与其他作家并列比较），他引用荷马关于攸克辛海和埃及的描述作为例子，指责他无知，因为他假装说出了真相，然后讲述神话，又无知地将其误认为是事实。不过，当赫西奥德说到"半狗半人"、"长头人"和"俾格米人"的时候，不会有人指责他无知；这就不应该因为这些神话故事（其中也包括俾格米人的故事）指责荷马无知；不应该因为"蹼足人"的故事再指责阿尔克曼；不应该因为"狗头人"、"胸部长眼睛的人"和"独目人"的故事而指责埃斯库罗斯。[③] 在散文作品和其有真实历史的作品中，我们经常会遇到类似叙述，我们并不会认为他们插入的是神话。因为事情不久就明白了，他们是有意识地，

---

① Phoen 意为"红色"。
② 索福克勒斯和欧里庇得斯。
③ 埃斯库罗斯在《普罗米修斯》中提到过"独目人"。

而不是出于无知（在自己的叙述中）掺进神话故事；他们虚构一些不可相信的故事，只是为了满足神奇感，使听众得到满足。然而，他们造成了这种印象，这种事情的发生是由于无知，因为他们多半是以逼真的手法来讲述这些闻所未闻的神奇故事。泰奥彭波斯公开承认，他打算在自己的历史著作中讲述神话，这比希罗多德、克特西亚斯、赫兰尼科斯和《印度历史》[①]各位作者还要高明得多。

36. 荷马以神话的形式谈到俄克阿诺斯的情况，因为以这种形式来讲述神话是诗人所追求的目的。由于他从潮汛的涨潮、落潮中借用了卡律布迪斯的神话，尽管卡律布迪斯本身不完全是荷马臆造出来的，它的形象是根据人们告诉他西西里海峡的情况来写的：

> ……卡律布迪斯
> 每日三次吞进吐出
> 黑色的海水。

（《奥德赛》，XII，105）

荷马坚信潮汛每昼夜三次（尽管它只有两次），他本来是可以这样表达的；由于我们不可能认为他这样说是出于不了解实际情况，而是为了造成一种悲剧的印象，造成恐惧的情绪：它多半是

---

① 写过印度问题的作者有戴马库斯、麦加斯提尼、奥内西克里图斯和奈阿尔科斯等人。

第二章　罗马人和帕提亚人对地理学的看法……的评论　　*115*

由于喀耳刻为了恐吓奥德修斯而说的；为了这个目的，她把谎言和真理混在了一起。无论如何，喀耳刻说了一些这样的话：

> 她每天把海水吐出，每天把海水吸进三次，
> ——多么可怕的情景！当她吸进海水时，
> 你绝不可以在那里，因为没人可以使你免遭毁灭，
> 即使是震地神也不行。
>
> （《奥德赛》，XII，105）

不过，奥德修斯后来正好在她"吸进海水时"到达那里，但他没有丧命；正如他自己所说：

> 这时她正在吸进咸咸的海水，
> 我立即向上抓住那高大的无花果树，
> 如同蝙蝠把它抓牢。
>
> （《奥德赛》，XII，431）

然后，他等到了遇难船只的碎片，跳下来抓住碎片，因此得救了；由此可见，喀耳刻说了谎话。正如她在这种情况下说谎一样，她在另一种情况下也说了谎话，即用"每天三次吸进"代替"每天两次"。同时，尽管这类夸张的手法大家都熟悉不假，正如我们常说的"非常（三倍）幸福"或者"非常（三次）倒霉"一样。诗人说：

这些达那俄斯人非常幸福。

(《奥德赛》,Ⅶ,306)

又:

欢迎,期盼渴求。

(《伊利亚特》,Ⅷ,488)

或者

破成三四块。

(《伊利亚特》,Ⅲ,363)

也许,本人可以从已经过去的这段时间得出一个结论,荷马用某种方式暗示出了一个真理;因为有一个事实是,船只的碎片这样长的时间被卷入水下,只是到后来才被冲出来给迫不及待的奥德修斯,这段时间他一直紧紧地抓住树枝,它正好在两段时间里(即白天和晚上)只有两次,而不是三次涨潮和退潮,他说:

我只好抓紧树枝,等待她
再次吐出船的桅杆和龙骨;
后来它们终于如愿出来了,
时间约在法官离开大会去用晚餐,
仲裁者处理完年轻人许多争讼案件的时候,

粗大的木料从卡律布迪斯出来了，

(《奥德赛》，XII，473)

所有这些都使人形成了一种时间过了相当长的印象，特别是诗人极力把时间延长到晚上这个事实，因为他不是一般说说："当法官离开的时候"，而且还加上了"仲裁者处理完许多争讼"显示多耽误了一些时间。另一个原因是，荷马提供给遇难者奥德修斯的救命工具，也是不足为信的。即使每次涨潮先把他冲到很远的地方，他马上又会被退潮带回到原处。

37. 阿波罗多罗斯和厄拉多塞及其学派一样批评卡利马科斯，因为这位学者认为高多斯①和克基拉是奥德修斯流浪的地方。这个观点与荷马的主要构思相抵触，它把荷马提到的奥德修斯流浪地点搬到了俄克阿诺斯地区。不过，如果在任何地方都根本就没有发生过流浪，所有这一切都不过是荷马的虚构，那阿波罗多罗斯的批评就是正确的；如果流浪发生过，但是在别的地方，那阿波罗多罗斯就应该立刻说明它发生在什么地方。从而也改正了卡利马科斯无知的观点。不过，正如我前面已经指出的，这个故事不能因为貌似真实，就被认为是彻头彻尾的杜撰；但是，由于卡利马科斯没有指出其他更值得我们相信的地点，他也逃脱不了这种指责。

38. 在这个问题上，锡普西斯的德米特里不仅是错误的，而且他的观点还是阿波罗多罗斯某些错误的起因。由于他过分热衷

---

① 西西里南部的海岛。卡利马科斯认为它是仙女居住的地方。

于批驳基齐库斯的尼安塞斯说阿尔戈英雄在前往法西斯航行的旅途中在基齐库斯附近建立了伊达母神庙,[①]而荷马和其他作家认为这次航行是有可能的。德米特里还说荷马对于伊阿宋前往法西斯的航程根本一无所知。这种观点不仅与荷马的说法相抵触,也与他自己说过的话相抵触。德米特里说过,阿喀琉斯洗劫了莱斯沃斯岛和其他地方,但由于与伊阿宋及其子欧内奥斯(他那时统治着利姆诺斯岛)的亲缘关系,没有伤害利姆诺斯岛和邻近的岛屿。诗人有可能知道阿喀琉斯和伊阿宋是同一个民族、老乡或者是邻居、某种朋友或其他关系(这种关系不应当用别的事实来解释,而应当以他们两人都是色萨利人,一个出生在约尔库斯,另一个出生在亚该亚的弗西奥提斯地区),但不知道这个色萨利人伊阿宋和约尔库斯人是怎么想的,没有在祖国留下王位继位人,却让自己的儿子做了利姆诺斯的统治者?他还知道珀利阿斯和他的女儿们,知道她们之中最高贵的阿尔克提斯和她的儿子欧墨洛斯:

……欧墨洛斯
有教养的妇女阿尔克提斯与阿德墨托斯所生,
她是珀利阿斯最美的女儿。

(《伊利亚特》,II,714)

难道他没有听说过伊阿宋的传奇故事,没有听说过阿尔戈和

[①] 即基贝勒。

阿尔戈英雄，从来就没有听说过这些普天下都知道的故事，没有任何历史依据就虚构了一个从埃特斯国王的国家前往俄克阿诺斯航行的故事？

39. 所有人都承认，由于第一次前往法西斯的航海活动是珀利阿斯下令进行的，而沿着海岸航行返回和占领各个岛屿（无论如何是相当多的），则具有一种貌似真实的性质。而且，我认为伊阿宋所经历的流浪还更远，它就像奥德修斯和墨涅拉俄斯的流浪故事一样，在某种程度上也具有貌似真实的性质。这一点已经被现存的可靠文物，以及荷马的诗句所证实。例如，埃阿城现在仍然在法西斯地区，埃特斯被认为曾经统治过科尔基斯，在那个地区的当地居民中，埃特斯的名字现在仍然很流行。[①] 女巫美狄亚是个历史人物；科尔基斯当地的财富出自金矿、银矿、铁矿和铜矿，它被认为是激发远征的真正动机，也是激发更早的时候弗里克苏斯进行航海活动的动机。这两次远征留下的纪念物至今犹存：在科尔基斯和伊比利亚的边界上有弗里克苏斯的圣所，而在亚美尼亚、米底和与其相邻的许多地区都可以看到伊阿宋的圣所。除此之外，据说在锡诺普（Sinope）及其邻近的沿海地区，在普罗庞提斯、赫勒斯滂直到利姆诺斯地区，都有许多伊阿宋和弗里克苏斯远征留下的证据。还有许多伊阿宋和追随他的科尔基斯人远征留下的遗迹，分散在远至克里特岛、意大利和亚得里亚海这片广大的地区。卡利马科斯提到了其中的一些：

---

① 科尔基斯国王的名字。

> 我看见埃格莱特斯,① 邻近拉科尼亚·特拉的阿纳费。

有一首挽歌的开始是这样说的:

> 起初我歌唱英雄们如何从基泰亚人埃特斯
> 的王国启程回到古代的海莫尼亚。②

在另一个地方,卡利马科斯又说到科尔基斯人:

> 他们止于伊利里亚海,③
> 附近是金发哈尔莫尼亚的石墓,
> 那里有一座小城,希腊人称为"流放者之城",
> 但他们的语言称为波莱。

有些人说伊阿宋和他的同伴溯流而上,沿着伊斯特河航行到了很远的地方;另外一些人则说他们到了亚得里亚海。除此之外,他们所说的没有任何不可能的或不可相信的东西。

40. 因此,荷马利用了某些对自己有利的重要事实,使自己的故事与历史资料在某些方面相符。但是,他又遵循着不仅是对于所有诗人而言,而且对于他自己而言都是共同的习惯做法,在故事之中加入了神话的因素。当他在使用"埃特斯"的名字时,当

---

① 阿波罗的别号。
② 即色萨利。
③ 即威尼斯湾。

他在讲述伊阿宋和阿尔戈的故事时，当他虚构出一个与埃阿类似的"埃阿伊"时，当他把欧内奥斯放在利姆诺斯时，当他把这个海岛描绘成阿喀琉斯喜爱的岛屿时，当他虚构出一个与美狄亚类似的女巫喀耳刻、"埃特斯邪恶的姐妹"(《奥德赛》，X，137)时，他的故事与历史是相符的；但是，当他把在埃特斯国内旅行之后的流浪故事立刻搬到俄克阿诺斯时，他就在故事中加入了神话因素。因为要是接受上述事实，那"美名远扬的阿尔戈"(《奥德赛》，XII，70)这些词语的使用就非常正确。因为远征被认为是发生在众所周知的人口稠密地区。如果事实果然像锡普西斯的德米特里所坚持的那样，他依据的是米姆奈尔姆斯的权威说法（米姆奈尔姆斯把埃特斯的宫廷确定在东方有人居住世界之外的俄克阿诺斯中，他认为伊阿宋被珀利阿斯派遣到那里，并且从那里运回了羊毛），那么，第一，为了羊毛而进行远征是难以置信的事情（因为他要去的是一些完全不熟悉的、偏僻的国家）；第二，远征经过的地区是荒凉的、没有人烟的地区，离开我们这个世界如此遥远，不可能是著名的、也不可能是"美名远扬的"。米姆奈尔姆斯说道：

> 伊阿宋从来就没从埃阿带回大量金羊毛，
> 为傲慢的珀利阿斯完成饱受折磨
> 的旅程，充满困难的任务。
> 他从来没有到过美丽的俄克阿诺斯水域。

他接着又说：

如驹的阳光来到埃特斯的城市,
在俄克阿诺斯沿岸金色的房间休息,
荣耀的伊阿宋曾经到过那里。

(《残篇》,10,贝克)

第三章 自然地理：
潮汐、火山、地震、海洋形成理论、民族迁移、关于希佩尔波里人问题

1. 厄拉多塞在这一点上也是不对的，他非常详细地提到了许多资历不足的人，在某些事情上指责他们；在另外一些事情上又信任他们，并且把他们当成权威，例如，对待达马斯特斯（Damastes）和像他一类的人的态度。即使他们所说的东西有一点真实的因素，我们也不应当把他们当成权威，或者信任他们；相反，我们应该信任那些有名望的学者，他们在许多观点上都是正确的，尽管他们遗忘了许多事情，或者处理问题不适当，但没有故意说过任何谎话。引用达马斯特斯作为权威，无异于引用贝尔盖人或者是麦西尼人欧伊迈罗斯（Euhemerus），以及厄拉多塞自己嘲笑的那些荒谬言论。厄拉多塞告诉我们一个关于达马斯特斯的荒谬故事，说他想当然地认为阿拉伯湾是一个湖泊，斯特龙比科斯之子狄奥提姆斯（Diotimus）作为雅典使团的首领，从西里西亚溯基德努斯河而上，流经苏萨（Susa），驶入乔阿斯佩斯河，经过40天时间，他们到达了首都。厄拉多塞声称，达马斯特斯是从狄奥提姆斯那里知道这一切的。接着他又表达了自己的疑问，即基德

努斯河是否真的能穿过幼发拉底河与底格里斯河以便融入到乔阿斯佩斯河？

2. 我们不仅可以因为厄拉多塞说的这些故事而责难他。他告诉我们的很多地方，他并不知道，但这些地方都曾被准确地描述过。虽然他要求我们不要过分轻易地相信一个随随便便的人，他详细地列举了许多理由，说明为什么我们不能相信那些写作关于攸克辛海和亚得里亚海各地神话故事的人，但他自己却相信了那些随随便便的人。例如，他相信伊苏斯湾（Gulf of Issus）是地中海最东的地点，即使按照厄拉多塞计算的斯塔德数，其实攸克辛海最边远的狄奥斯库里亚斯也位于更靠东方3000斯塔德。在叙述亚得里亚海北方和最遥远地区的时候，他连一个寓言故事也不放过。他相信有关赫拉克勒斯石柱以外地区的许多离奇古怪故事，提到了塞尔内岛和其他许多今天根本就在任何地方都找不到的地区；关于这件事情，我以后还会说到。尽管厄拉多塞说过，远古时期的希腊人是为了抢劫和做买卖而从事航海活动，而且确实不是在外海，是沿着海岸边进行航海活动，就像伊阿宋一样，他甚至抛下了由科尔基斯人组成的船队，进行了一次直达亚美尼亚和米底的远征。但是，后来他又说，在古代任何人也不敢在攸克辛海或者沿着利比亚、叙利亚和西里西亚海岸航行。如果他把"古人"理解为那些生活在远古的居民，那我们就完全没有必要来谈论他们是否从事了航海活动。如果他说的是传说中的人物，即使仅就这种传说而言，那也可以毫不犹豫地说古人比后来的人似乎在陆上或者海上进行了更长途的旅行。例如，荷马说到的狄奥尼索斯、赫拉克勒斯、伊阿宋、奥德修斯和墨涅拉俄斯都是这样。

很可能，忒修斯、庇里托俄斯也决心进行长途旅行，为自己留下美名，后来他们还去了地狱；狄俄斯库里兄弟（Dioscuri）以相同的方式还获得了"海洋的保护者"和"水手救星"的美名。此外，关于米诺斯（Minos）统治海洋的传说，[①] 腓尼基人的航行是众所周知的。[②] 他们在特洛伊战争之后不久就走遍了赫拉克勒斯石柱之外的地区，在那里建立了一座城市，正好在利比亚海岸中部地区。而埃涅阿斯、安特诺尔和埃内提亚人，还有由于特洛伊战争的缘故，注定要在有人居住世界忍受漂泊之苦的那些人，难道不算古人？由于长期的战争，无论是当时的希腊人还是蛮族，都不得不抛弃自己的财产或是在战争中获得财产。因此，在特洛伊灭亡之后，不仅是胜利者还有在战后保全性命的失败者，由于贫穷的缘故都开始从事海上抢劫活动。根据传说，这些失败者在希腊边境之外沿岸地区和国内某些地区建立了许多城市。

3. 在谈完亚历山大的后来者，及其同时代人在认识有人居住世界方面进步了多少之后，厄拉多塞转而谈到大地的形状问题，不过它不是有人居住世界的大地（在他的专门著作中已经讨论过这个问题），而是全部的大地。这个问题当然也应当讨论，但不应当过分。于是，他在提出了大地是一个完整的球形物体之后（确实，它不是像旋床做出来的这种球形，在球体的表面有些高低不平的东西），他又给它加上了由于水、火、地震、火山爆发和其

[①] 修昔底德讲述过克里特国王统治海洋的传说（修昔底德，Ⅰ，4）。
[②] 腓尼基人什么时候到达地中海西部不清楚。利比亚殖民地建立的时间大约在公元前12世纪，迦太基建立在公元前9世纪末。

他诸如此类因素相互影响的结果,使地球偏离正常形状的一大套理论;在这里,他同样没有遵守既定的规则。因为大地所特有的球形源自宇宙的构造,而厄拉多塞所说的那些改变决不可能导致整个大地发生改变(因为在许多巨大的物体中这类微小的变化是看不出来的),虽然这些变化可以在有人居住世界形成许多新的环境,但这种变化在不同的时候各不相同,引起变化的直接原因在不同的时候也各不相同。

4. 厄拉多塞认为有一个问题需要特别研究。在大陆内部距离海岸2000—3000斯塔德路程的许多地方发现大量双壳纲贝壳、牡蛎属贝壳和梳状贝壳,还常常看见许多咸水湖,例如,厄拉多塞说在阿蒙(Ammon)神庙周围和通往神庙的3000斯塔德道路边,[①] 发现很厚的牡蛎属贝壳沉积层、盐层,盐泉冒着气泡,在它旁还发现许多残骸碎片。据当地人说,透过某些裂缝,还可以看见刻有铭文的、有底座的,铭文写有:"昔兰尼神圣的使节。"在讲述完这些之后,厄拉多塞以赞美的口气引用了自然科学家斯特拉托(Strato)[②] 和吕底亚人桑托斯(Xanthus)的观点。他首先赞扬了桑托斯的观点,即阿尔塔薛西斯在位时期发生了严重的旱灾,以至于河流、湖泊和水井都干涸了;他自己在许多远离大海的地区——亚美尼亚、马蒂内和下弗里吉亚——都看见双壳纲贝壳和

---

① 根据亚里士多德所说,利比亚湾和阿蒙绿洲曾经是一个大湖,后来才变成陆地(《气象学》,I,14,352b)。
② 斯特拉托的理论是水成论,斯特拉博在评论他的理论时,认为在解释这些现象时,应当考虑有两种可能性,即斯特拉托的水成论和波塞多尼奥斯的火成论(K. Reinhardt, *Poseidonios*, Munchen, 1921, p. 100)。

梳状贝壳形状的石头，还有梳状贝壳和咸水湖的遗迹。他坚定地认为这些平原在某个时期曾经是大海。接着，厄拉多塞又赞扬斯特拉托的观点比较接近探讨事情的原因，因为斯特拉托认为攸克辛海起初在拜占庭没有出口，但许多流入攸克辛海的河流冲破并打开了一个通道，海水才流入普罗庞提斯最终汇入赫勒斯滂。斯特拉托认为，同样的现象也出现在地中海。由于这时石柱附近的海峡被灌满河水的大海淹没，在退潮的时候则露出了浅滩。斯特拉托认为造成这种现象的原因如下：第一，亚得里亚海和地中海的海底高度不同；第二，在石柱旁边现在仍然横着一条从欧罗巴到利比亚的海床，这证明地中海和亚得里亚海从前不可能是一个海。斯特拉托继续解释，攸克辛海的海水太浅，而克里特、西西里和撒丁海则很深，但由于从北方和东方流入的河流数量多，流量大，这些海域积满了淤泥，其他海仍然很深。为什么本都海的海水最淡，水流朝着海床斜坡的方向？① 其原因就在这里。斯特拉托继续说，如果沉积物继续增加，整个攸克辛海将会被完全淤塞。攸克辛海左边许多地区，现在就已经变浅了；例如，萨尔米德苏斯、被水手称为"乳房"的伊斯特河口和西徐亚荒漠。就连阿蒙神庙从前也可能是在海岸边上，由于海水后退的原因，它现在位于内陆的中心地区。斯特拉托认为，阿蒙神谕所之所以这样出名和荣耀，很可能是因为它位于海边；它现在的位置远离大海，无

---

① 根据现代资料，直布罗陀曾经是一条地峡，在某个时候被海水淹没。它吸收的海水比雨水与河水更多，因此它的盐分高于大西洋海水；至于黑海（攸克辛海），它吸收的雨水和河水多于海水，其含盐量相对较低。

法合理地解释它出名和荣耀的原因；古代埃及培琉喜阿姆附近的沼泽、卡西乌斯山和锡波尼斯湖都曾经被海水淹没；即使在今天挖开埃及的盐碱地，发掘出来的物质包括有沙粒和贝壳化石，似乎这个地区此前被淹没在海水之下，而卡西乌斯山周围的整个地区和所谓的格尔雷海湾曾经被浅浅的海水所淹没，因此和红海海湾连接在一起；等到海水后退之后，这些地区露出了陆地，只留下了锡波尼斯湖；后来，湖水流入大海，湖泊又变成了沼泽。斯特拉托补充说，同样，所谓的莫里斯湖岸更加类似海岸，而不是湖岸。因此，人们也可以设想在某个时候，大陆的大部分地区曾经被海水淹没了一段时期，后来才重新露出来；同样，人们还可以设想现在仍然在水下的全部土地，就跟我们所居住的海平面之上的土地一样，在海底也是高低不平的；正如厄拉多塞指出的，海底也在经常发生变化。因此，对于桑托斯的观点，人们无法在其中找到任何一点可以指责他荒谬。

5. 不过，在许多真实原因被曲解的情况下，厄拉多塞可以指责他没有发现它们，把这些不存在的原因排除在外。用他的话来说，第一个原因就是地中海和亚特兰蒂斯海海平面高度和海底深度的区别。不过，谈到海平面的升降，一些地区被海水灌满，后来又从这些地方退走，这些现象的原因不应当从海底深度的不同——有些较浅，有些较深——去寻找，而应当从海底本身是否升高或者降低，以及因此而产生的海平面升降事实中去寻找；海平面上升，海水淹没海岸；海平面下降，海水由先前的海岸后退。如果斯特拉托这种观点正确，海洋中海水突然大量增加，就必定与洪灾同时出现。例如，在海洋涨潮与河流泛滥的高峰时期，有时是海水和别的地方海水混在一起，有时只是（单纯的）海水大量增加而已。不过，河水的大量增加不会突然的、不期而遇的到来（以至于引起海平面的暴涨），由此而引起的涨潮不可能持续很长时间（它通常是有规律的发生），也不可能在地中海和其他任何地方造成洪水。所以，我们只好承认坚实的海洋基础（无论是水下的或是由海水冲积而形成的）——主要是海底，是引起变化的原因。[①]因为饱含水分的土壤比较容易流动，比较容易发生突然变化；由于气象因素是所有这类现象的主要原因，[②]它在这里就显得更加重要。但是，正如先前我已经说过的，引发这种现象的直接原因在于海底本身升降不定，而不是一部分海底高，一部分海底低。斯特拉托认可这些观点，认为在许多河流中发生的现象也会在海洋中出现；认为海流也是从高处流向低处；但他不认为海床是拜占庭海流的原因。他说，攸克辛海的海底高于普罗庞提斯海和普罗庞提斯之后的海底，同时还加上了这个原因——由于攸克辛海的深处充满各条河流带来的淤泥而变浅，海水才流到外面去了。在比较地中海与亚特兰蒂斯海的时候，他把这个观点完全照搬到地中海上。由于他认为地中海的海床高于亚特兰蒂斯海的海床；也是因为地中海充满了各条河流带来的淤泥，并且像攸克辛海一样堆积在海床上。那就必须相信在石柱和卡尔佩附近的海流（流入亚特兰蒂斯海）类似于拜占庭附近的海

---

① 即涨潮与退潮。

② 按照斯多葛派的理论，气体或大元素由"元气"——气体和火的混合物组成。涨潮与退潮的理论大概是卡纳尼特斯人雅典诺多罗斯发明的（K. Reinhardt, *Poseidonios*, Munchen, 1921, pp. 103—105, 108）。

流（流入爱琴海）。^①不过，这一点暂且不谈，因为人们会说这里出现了同样的现象，在涨潮和退潮时海流的消失不明显。

6. 我想知道的是，在拜占庭的出口被打通之前，不管攸克辛海原先是海或是仅仅比梅奥提斯湖更大的湖泊，如果攸克辛海的海床比普罗庞提斯海和它之后的海海床更低，那么是什么阻止了流入攸克辛海的河水流出去？如果这是事实，我又要问，如果它的海平面与普罗庞提斯的海平面相同，这里就不存在海水流动的动力，动力与阻力互相抵消了。但当内海水位变高之后，是不是就产生了动力，使超高的海水排出去了？如果不是这个原因，不管内海原先是海，或曾经是湖，后来才变成海，外海与内海汇合，变成同样的海平面，是否应归因于内海的汇入和海平面较高？如果承认这点，现在的海流就将照样存在，既不依赖于海床的高低，也不依赖于海床的斜坡，正如斯特拉托所强调的一样。

7. 我们应当把这些基本原理运用到整个地中海和亚特兰蒂斯海地区，发现海流的原因不是海床和它的斜坡，而是河流的原因。因为根据斯特拉托和厄拉多塞所说，整个地中海（即使同意它从前曾经是个湖泊），现在由于河水的缘故变成了一片汪洋，惊涛拍岸，通过石柱附近的海峡排出海水，形成了类似瀑布的状态，这并不是不可能的事情；而亚特兰蒂斯海由于与地中海汇合，水量就更加充蕴，与地中海形成了同样的海平面；同样，由于亚特兰蒂斯海的优势地位，地中海盆地也变成了一个海。但是，把大海与河流进行比较，是完全违背自然科学的。因为河流

---

① 地中海淤泥的多少取决于这些河流。

是顺着倾斜的河床向下流动的,而大海却没有斜坡。海峡的海流应当用别的原因去解释,而不是因为河流淤泥的冲积层填满了海底的深处。因为冲积层只能在河口形成,就像伊斯特河口的"乳房"、①西徐亚沙漠和萨尔米德苏斯(其他汹涌的河流也促进了冲积层的形成)一样;法西斯的河口、科尔基斯沙质的海岸低洼而松软;特尔莫东和伊里斯的河口,特尔米斯齐拉整个的地方、亚马孙平原和锡德内大部分地区。其他河流也是同样的情况。所有河流都像尼罗河一样,把它们前方的河道变成了陆地,有些面积较大,有些面积较小。对于那些面积较小的而言,河流带来的淤泥不多;而对于那些面积较大的而言,河流带着松软的土壤流过了大片地区,汇入了许多支流湍急的河水。皮拉姆斯河就属于后者之列,它为西里西亚增添了许多的土地,下面一个神谕谈到这个事实:

当漩涡般的皮拉姆斯将来淤塞它神圣的海滩,
直到塞浦路斯的时候,人们就可以体会到这点。

皮拉姆斯河发源于卡陶尼亚平原中部一条可以通航的河流,穿过托罗斯山脉的峡谷开辟了一条通往西里西亚的通道,流入位于西里西亚和塞浦路斯之间的海峡。

8. 河流的冲积层为什么在向前的运动中没有进入外海地区?

---

① 伊斯特河口的沙滩可能像女性的乳房(A. Forbiger, *Strabo's Erdbeschreibung*, Bd. 1, Stugart, 1856, p. 79)。

其原因在于大海自有的涨潮和退潮，把这些冲积层重新推回去了。大海像有生命的物体一样经常要呼吸，以这种方式进行某种不断的运动，不间断地前进和后退。[①]对于在大海刮起风浪时站在海滩边的观察者而言，这种情况是很明显的。海浪一会儿淹没了他的双脚，一会儿又让它们露了出来，一会儿又再次淹没了双脚，如此反复。海洋的这种搅动导致海平面产生持续的运动，即使在最平静的时候，这种运动也具有相当大的力量，可以将任何物体抛到岸边：

> ……突然黑色的波浪
> 可怕的翻腾，许多海草散在了岸边。
>
> （《伊利亚特》，Ⅸ，7）

当风吹在水面上时，这种效果当然是最显著的。但风平浪静的时候，这种运动依然存在，即使风从陆地上吹来时，海浪会正对着风的方向冲击海岸，好像海洋自身的运动。荷马也提到了这个现象，他说：

> 洪水漫没有岩石，忍受着巨浪，浪花四溅。
>
> （《伊利亚特》，Ⅳ，425）

---

① 斯特拉博在这里支持波塞多尼奥斯的活力理论，这种理论认为不仅整个世界是一个有生命力的机体，而且组成它的四种元素也是有生命力的。宇宙之中的各种运动都是由这些力量促成的（K. Reinhardt., *Poseidonios*, Munchen, 1921, p. 100）。

第三章 自然地理：……问题　　　　　　　　　　133

又说：

两岸发出咆哮的声音
回应大海的怒号。

(《伊利亚特》，XVII，265)

9. 所以，海浪的冲击力具有足够的力量把周边物体带走。实际上，他们把这种现象称为"净化"大海①——这个过程就是海浪把尸体和船只残骸冲上陆地。但是，退潮没有这么大的力量把被海浪冲到岸上的尸体、碎木头片，甚至是最轻的软木塞子，再带回大海深处。淤泥和夹杂着淤泥的河水受到海浪的冲击，由于淤泥的重力和海浪的相互作用，淤泥沉淀到了靠近大陆的海底，而没有被海浪卷入更远的深海之中。实际上，河流的力量在距离河口不远的地方就失去了作用。因此，对于大海而言，如果河流的冲积物不断地进入海滩，它有可能从海滩开始就完全被淤塞了。如果想一想波塞多尼奥斯说的攸克辛海比撒丁海更深，据说它是所有经过测量的大海中最深的海，深度约有1000拓，这也是有可能出现的事情。

10. 但是，我可不愿意接受这样的解释；我认为必须把需要讨论的问题与那些比较明显的现象紧密地结合起来，也可以说是与每天都可以看见的现象结合起来。正如我们看到的，由于海床的升高而产生的洪水、地震、火山爆发和海底升高，引起了海平面

---

① "净化"在这里有多重意义，包括宗教上的、精神上的和身体上的净化。

升高，当海底下降的时候，海平面也就下降了。如果地球内部燃烧着的岩浆不能升高到海面上来，也就不可能出现许多大大小小的海岛，没有这样形成的海岛，也就不可能形成陆地。同样，如果正如人们所说的，海床也可能出现大大小小的沉降，由于地震的结果，那就真的有可能出现了巨大的裂缝，吞没许多地区和居民点——这就像曾经在布拉、比佐内和其他许多地方所发生的灾难一样。至于西西里岛，我们同样可以推测它不仅是从意大利分离出去的一块碎片，还可能是埃特纳山深处火山爆发所喷出的物体在那里形成的；利帕拉和皮塞库萨群岛的情况可以说也是同样。[①]

11. 不过，厄拉多塞虽然是一位数学家，但有点过分简单从事，他连阿基米德的定理都不想论证，后者在论文《论浮体》中声称，[②] 在静止状态下任何液态物体水面之中，处于平衡状态下的球体有一个和地球一样的中心。所有从事数学研究的人一般都接受这个定理。厄拉多塞虽然承认地中海是一个完整的海，但他不相信它符合完整水面的规律，即使是在许多离得非常近的地方。像许多权威一样，他为了证明这个荒谬的观点求助于工程学，但数学家们指出，工程学只是数学的一个分支。他说德米特里曾经计划凿通科林斯地峡，以便为他的舰队开辟一条通道，但被工程师阻止了。因为在进行测量之后发现，科林斯湾（Corinthian Gulf）的海面高于森契雷伊（Cenchreae）的海面，如果开通了分隔这两

---

① 斯特拉博再次认为水成说与火成说的可能性是相同的。
② 论文保留下来了。

个海的条形土地，不但埃伊纳附近的整个海峡，就连埃伊纳本身还有邻近的诸岛都将被淹没，这条运河也毫无用处了。厄拉多塞说，正是由于这个原因，狭窄的海峡具有强大的海流，特别是西西里海峡，这里的海流每天昼夜变化两次，类似于俄克阿诺斯每天的涨潮和退潮。他继续说道，海流从第勒尼亚海（Tyrrhenian Sea）流入西西里海，有如由高海平面流出——它被称为"下行"海流——这股海流相当于涨潮，它开始于月亮升起和降落的时间，终止于月亮达到两个子午线之一的位置，即高于或者低于大地的子午线位置。回流也相当于退潮——它被称为"上行"海流——它开始于月亮到达两个子午线之一的位置，正如退潮一样，终止于月亮升起和降落的位置。

12. 波塞多尼奥斯[①]和雅典诺多罗斯对于涨潮和退潮的问题已经进行了充分的研究；海峡回流的问题也进行了讨论，它应当在物理学方面进行更深入的研究，以满足目前的目的。我们有充分的把握说，由于存在着各种各样的情况，对于海峡的海流没有一个原则性的解释，只有一个原则是应当区分各个海峡具体情况。正如厄拉多塞所说，西西里海峡的海流不会每天只改变两次；而科尔基斯海流也不会每天改变七次；拜占庭海流根本没有改变，它总是朝一个方向流动，从攸克辛海到普罗庞提斯海，正如喜帕

---

① 波塞多尼奥斯根据在大西洋岸边观察涨潮与退潮现象，提出这种现象与月相有关。根据他的理论，俄克阿诺斯与月亮相互影响。每日、每月和每年定期的涨潮与退潮，可以解释月亮的这种影响。最大的涨潮总是在每月的中旬；每年最大的涨潮总是在二至点，而退潮总是在春分与秋分（K. Reinhardt, *Poseidonios*, Munchen, 1921, pp. 122—123）。

恰斯所说，它有的时候甚至会停止流动。如果海流的特征真是同样的，那么，它的原因也不是厄拉多塞所说的海峡两边的海平面不同。确实，对于河流来说这也不成为其原因，除非它们遇到了瀑布；在遇到瀑布的情况下，河流不可能倒流，但它们总是朝着低处流。这种情况之所以发生，其原因是河流与其水面的倾斜特性。但是，有谁说过海平面也是倾斜的呢？特别是这个假设，即四种物体（当然，我们也把它们称为四种要素）具有球形的特征。[①]因此，海峡不仅没有倒流，即使完全没有一点海流也不会停滞不动，因为有两个海的海水在海峡之中交汇；这里不止有一个海平面，而是有两个，一个较高，一个较低。海水和坚硬的土地确实是不一样的，后者有相应的外形，遇到低地和丘陵可以保持其外形，但是，由于重力作用，水在大地上的流动具有阿基米德所描绘的那种水面特征。

13. 厄拉多塞补充说，关于阿蒙神庙和埃及，他认为卡西乌斯山曾经被海水覆盖，现在被称为格尔雷的整个地区过去曾经是一片滩涂，海水与红海相连接，在两个海交汇的时候，[②]地面露出来了。认为上述地区曾经是滩涂，且与红海相连接的描述模棱两可。"连接"的意思既可以是"靠近"，也可以是"接触"。因此，如果我们指的是水体，那么，它指的是后者，可能是一个水汇入另一个水体。但是，我认为滩涂曾经"靠近"红海湾。只要赫拉克勒斯石柱附近的海峡关闭，滩涂下的湿地会一直延伸到阿拉伯湾，

---

① 根据毕达哥拉斯派学者观点，在各种元素之中除了火之外，水、土、空气是球形的（H.L. Jones, *The Geography of Strabo*, I, London, 1917, p. 205, note 1）。

② 大西洋和地中海。

但海峡通道被强行打开后,地中海海水经由通道泻出,水位降低,地面露出变干涸。喜帕恰斯把"连接"解释为"汇入",地中海和红海"汇合在一起"。他提出,为什么地中海海水经过赫拉克勒斯石柱附近的海峡流出,水位改变了,而这同样的原因却不能使红海(它们已经汇合在一起了)改变水位?为什么红海最终保持了原有的水位,而没有像地中海那样下降?按照厄拉多塞所说,所有的外海都已经汇合成了一个整体,西海和红海当然也汇合成了一个海。因此,喜帕恰斯评论,赫拉克勒斯石柱之外的海、红海,以及地中海(已经和红海汇合在一起),海平面都是相同的,这是必然的结果。

14. 厄拉多塞回应说,他从来没有说过在地中海充满海水的时候会与红海汇合,而仅仅说过地中海接近红海,而且在同一片海洋中,其海平面未必都是一样高的。以地中海为例,在莱契乌姆(Lechaeum)和森契雷伊附近的海水高度显然不一样。[1]喜帕恰斯在自己的著作中预料到了厄拉多塞的回答,这一答案也成为他抨击厄拉多塞观点的理由。但是厄拉多塞说外海是一个整体的时候,他不应该理所当然地暗示海平面到处都是相同的。

15. 而且,喜帕恰斯认为"昔兰尼神圣的使节"写在海豚身上的铭文是伪造的,他用来证明自己观点的理由是难以令人信服的:虽然昔兰尼的建立是有历史记载的,但是没有历史学家记载它建立在海边。历史学家没有记载这个事实有什么关系?我们根据证据推测这个地区曾经在海岸边,难道我们对放置在那的海豚进行

---

[1] 科林斯湾和爱琴海。

了编号，并刻上铭文"昔兰尼神圣的使节"？虽然喜帕恰斯认为随着海床的升高，大海本身也会随之升高，并且淹没直到神谕所记载的整个地区[①]（距离大海约3000斯塔德）。为什么他认为大海升高到淹没整个法罗斯岛和埃及大部分地区是不可能的，似乎升高到这样的高度还不够淹没这些地区。所以，他说如果地中海真的在赫拉克勒斯石柱附近的海峡形成之前就已经充满了海水，达到了厄拉多塞所说的高度，那整个利比亚、欧罗巴和亚细亚的大部分地区，就必定被海水淹没了。他还补充说，攸克辛海大概在某些地方和亚得里亚海汇合了。按照他的推测，那时伊斯特河在攸克辛海附近地区分成了两条支流，由于特殊的地理位置流入各自的海洋。我们不同意的是伊斯特河并不是发源于攸克辛地区，相反，它是发源于亚得里亚海以北的山区；它不流入两个海洋，而只流入攸克辛海，只是在河口地区分成了几条支流。喜帕恰斯与许多前辈犯了相同的错误。他们认为存在着另一条与伊斯特河同名的河流，流入亚得里亚海；因为流经伊斯特部落而得名的。他们相信，伊阿宋从科尔基斯回程走的就是这条路。

16. 为了培养地理学工作者对于变化（如前所说，由于洪水或类似自然现象引起的）"不感到惊奇"的能力，[②]我已经在有关西西里、埃俄罗斯岛和皮塞库萨岛的叙述中说到这些变化了，这里有

[①] 即阿蒙神庙的神谕所（参见本书 I, iii, 4）。

[②] 按照斯多葛派学者和波塞多尼奥斯的意见，"当人们与超越他们理解力的万物打交道时，缺乏理性者将本能地对此感到惊讶"。波塞多尼奥斯认为消除"惊讶"则是自然科学的终极目的（A. Kiesling, *Horatius Flaccus. Brief*, Berlin, 1908, p. 5）。

必要引用一些在其他地区现在仍然存在，或者曾经出现过的其他与此现象类似的例子，因为大多数这种例子可以使人消除"惊奇的感觉"。同样，不熟悉的事实可以使人困惑不解，搅乱人们的认知能力，暴露我们对于自然现象和日常生活环境的无知。例如，有人就谈到位于克里特和昔兰尼港外锚地之间的特拉和特拉西亚岛（其中特拉是昔兰尼的母邦）所发生的事情，谈到埃及和希腊许多地方发生的类似事情。在特拉到特拉西亚岛的中途，海底火山爆发，持续了四天时间，整个大海周围都沸腾了，燃烧起来了，火焰造成了一个海岛，海岛像用撬棒渐渐地抬高，由燃烧着的熔岩形成，四周长约12斯塔德。在火山喷发之后，第一个敢于前往这个地方的是罗德岛人，他们当时统治着大海。他们在岛上建立了一座神庙，以纪念波塞冬·阿斯法利奥斯。[①] 波塞多尼奥斯说，在腓尼基发生地震时，一座位于西顿以北的城市消失了；西顿城本身也有将近三分之二的地方被淹没了，但整个城市并没有立即灭亡，人们的生命损失也不是特别明显。同样的自然活动也扩及到整个叙利亚地区，但是破坏力较小；它还波及了某些位于基克拉泽斯群岛和埃维亚附近的岛屿，导致阿瑞托萨的泉水（有一条流入科尔基斯）断流了，虽然过了很多天又从另外一个洞口喷出。在岛上某些地区，地震一直持续到在利兰丁平原的土地出现了裂缝，喷出了炽热的熔岩为止。

17. 虽然有许多作家收集了类似的例子，我们只要恰当地引用锡普西斯的德米特里收集的事例就已经足够了。例如，他提到了

[①] 意为"平安的保护者"，主要是指海上航行。

荷马的这些诗句:

> 他们到达两道清澈的溪流边,
>
> 两道泉水从斯卡曼德深深的漩涡中流出;
>
> 一道泉水流出热水,
>
> 另一道夏天流出冷如冰雪的泉水。
>
> (《伊利亚特》, XXII, 147)

他说,我们不必为了现在冷泉仍然存在,热泉已经看不到了而感到奇怪。关于这一点,他提到了德莫克勒斯说过的话,因为德莫克勒斯记载了某些重要的地震活动;其中一些很早以前发生在吕底亚、爱奥尼亚和特洛阿德北部,由于地震的作用,不仅是村庄被毁灭,而且连西皮卢斯山也倒了——这是在坦塔卢斯在位时期的事情。沼泽变成了湖泊,特洛伊被海啸淹没。埃及的法罗斯再次成为海中孤岛,在某种意义上,它现在是一个半岛,就好像推罗和克拉佐曼纳一样。在我访问埃及亚历山大城的时候,在培琉喜阿姆城和卡西乌斯山附近的海面升高了,淹没了这个地区,把这座山变成了海岛,使经过卡西乌斯山前往腓尼基的陆路变成了航路。因此,如果有朝一日地峡被分割成几块,或者是经历一个沉降的过程,那也用不着感到惊奇——我说的是这个把埃及海和红海分离开的地峡——这样就开辟了一条海峡,使外海和内海汇合在一起,就像赫拉克勒斯石柱海峡发生的情况一样。关于类似的情况,我已经在本书的开头讲到了;所有这些事例都可以归结为一个结果,坚定我们对大自然造化的信仰,坚信这种变化是在其他力量的影响下完成的。

18. 至于佩雷乌斯（Peiraeus），由于它先前是个海岛，"正对着"大陆，[①] 人们说它的名字就是这样来的。相反，莱夫卡斯虽然以前是地峡，由于科林斯人挖了一条穿过地峡的运河，变成了一个岛屿。确实，就莱夫卡斯而言，人们说莱尔特斯曾经说过：

> 但愿我仍然像夺取大陆海角上
> 坚固城堡的涅里库斯时一样健壮。

（《奥德赛》，XXIV，377）

这意味着人类用双手在这里挖掘了一道壕沟，又建造了堤坝或桥梁，就好像在涅里库斯附近的海岛现在还有一座桥梁，把城市和大陆连在一起，据伊拜库斯说，它从前是优等石料建成的堤坝，他把这些石料称为"精心挑选的"。那时还有布拉和赫利塞，布拉消失在地震形成的裂缝中，赫利塞被海浪毁灭。在赫米昂湾的迈索尼城（Methonê）附近，有一座山因为火山爆发而增高了7斯塔德，这座山由于酷热和硫磺气味，白天不能通行；晚上发出的亮光照亮了很远的地方，它是如此之热，以至于5斯塔德之内的海水沸腾，20斯塔德之内烟雾腾腾，山上堆满了大量比塔还大的破碎石块。还有，科佩斯湖淹没了阿尔内和米戴亚城；荷马在《船只登记册》中曾经提到它们：

> 他们占领了盛产葡萄酒的阿尔内，

---

① 希腊语是 Peran。

他们占领了米戴亚。

(《伊利亚特》,Ⅱ,507)

还有几座色雷斯人的城市显然是被比斯托尼斯湖和另外一个现在被叫做阿弗尼提斯的湖泊所淹没。有人说色雷斯人的邻居特雷兰人的许多城市也被淹没了。而埃奇纳德斯诸岛之一,通常称为阿尔忒米塔的海岛现在成了陆地的一部分。人们还说阿谢洛奥斯河口许多其他的小岛,是由于河流带来的冲积物给海洋所造成的同样变化。据希罗多德所说,[①] 其他的岛屿也正处在和大陆的融合过程之中。还有,埃托利亚的某些海角此前曾经是岛屿;荷马称为阿斯特里斯的阿斯特里亚,也发生了变化:

大海中央有一座陡峭的海岛,

阿斯特里斯小岛,有一个港口

两边的海岸可以停靠船只。

(《奥德赛》,Ⅳ,844)

不过,它现在几乎连一个优良的锚地也没有。而且,在伊萨卡岛既没有荷马所描绘的岩洞,也没有尼姆弗斯的洞穴。不过,这样描写的原因,很可能是为了更好地符合地理变化,而不是由于荷马的无知,或者是出于神话的虚构。由于这个问题尚未清楚,所以我把它留待公众去研究。

---

① 希罗多德,Ⅱ,10。

19. 正如米尔西卢斯（Myrsilus）所说，安提萨从前是个海岛，在莱斯沃斯岛正对面，当时被称为伊萨岛；现在，这个岛成了莱斯沃斯岛上的一座城市。有人认为，莱斯沃斯岛本身也是从伊达山分裂出来的一部分，就好像普罗奇塔和皮塞库萨是从米塞努姆分离出来的，卡普里是从雅典海峡分离出来的，西西里是从雷吉乌姆（Rhegium）地区分离出来的，奥萨是从奥林波斯山（Olympus）分离出来的一样。[①] 还有一个事实是，在上述地区的附近，也发生了这种变化。阿卡迪亚的拉东河还曾经断流。杜里斯（Duris）说米底拉加的得名，是因为这个地方在里海门（Caspian Gates）附近，是地震造成的一条"峡谷"。[②] 这个地区由于地震的原因，许多城市和农村被毁了，许多河流也发生了各种各样的变化。埃维亚的伊翁（Ion）在其讽刺剧《翁法勒》[③]中说：

埃夫里普河轻柔的波浪把埃维亚的土地
和维奥蒂亚分开，在海峡的中部
割出了一个突出的海角。

（《残篇》，18，瑙克）

20. 卡拉提斯的德米特里在关于希腊各地以前发生地震的记录中提到，理查德斯群岛和塞内乌姆大部分地区曾经被淹没过；在

---

① 关于雷吉乌姆，参见本书Ⅵ, i, 6；关于奥萨是从奥林波斯山分离出来的、坦佩河谷的形成（希罗多德，Ⅶ, 129）。
② 希腊语词根是 rhag。
③ 该剧本没有保留下来。

埃德普斯和德摩比利的温泉被封锁三天之后重新喷水时,埃德普斯的这些泉水又从其他地方流出来了。在奥雷乌斯,一道城墙倒向大海,大约有700座房屋倒塌。至于特拉奇斯的埃奇努斯、法拉拉和赫拉克利亚(Heculaneum),其中大部分地区不仅倒塌了,而且法拉拉的居民点被彻底毁灭,成了一片废墟。他说,拉米亚和拉里萨的居民也发生了同样的事情;斯卡菲亚也被海浪彻底毁灭,被淹死的人数不下于1700人,斯洛尼亚人死了一半以上;然后,三股海浪出现了,一股冲向塔尔费和斯罗尼乌姆,另一股冲向德摩比利,第三股冲向福基斯的达弗努斯平原;河流的源头干涸了很久,斯珀凯乌斯改变了河道,陆路变成了水路。博格里乌斯被冲出了一条不同的沟壑,阿罗佩、西努斯和奥珀斯的许多地区遭到了严重损失,奥珀斯以北的要塞俄乌姆彻底变成了废墟,埃拉泰亚(Elateia)的部分城墙倒塌了,在阿尔伯鲁斯庆祝塞斯莫弗洛斯节的时候,25名少女登上港口的塔楼观赏风景,塔楼倒塌了,她们自己也随着塔楼一起掉进了海里。在埃维亚附近的阿塔兰塔岛上,[①]由于其中部是一道峡谷,成了船只通航的运河,岛上一些平原地区因此被水淹没,宽度达20斯塔德,船坞中的三列桨船被掀起,抛过了城墙。

21. 由于希望追求自身的发展,希望获得更大的活动范围,希望培养出那种对各种事物都不感到好奇的优良品质(这种优良品质受到德谟克利特和其他所有哲学家的赞扬;因为他们把这种品质与毫不畏惧、毫不混乱、意志坚强视为同样的重要),作家应该

---

① 根据狄奥多罗斯所说,阿塔兰塔岛与大陆分离,是公元前426年地震的结果(H.L. Jones, *The Geography of Strabo*, I, London, 1917, p.226)。

第三章　自然地理：……问题

增加不同部落迁徙产生的变化。[1]例如，西伊比利亚人向攸克辛和科尔基斯地区的移民活动（根据阿波罗多罗斯所说，这些地区以阿拉斯河为界，与亚美尼亚分开。但不如说是以居鲁士河与莫西坎山为界更好）；埃及人向埃塞俄比亚和科尔基斯的移民活动；埃内提亚人向帕夫拉戈尼亚和亚得里亚海地区的移民活动。至于希腊各个部落——爱奥尼亚人、多利亚人、亚该亚人、埃奥利亚人，他们也出现了同样的情况；埃尼亚尼亚人（Aenianians）现在是居住在多提乌姆和奥萨山附近的埃托利亚人的邻居，埃托利亚人住在珀里比亚人之中，但珀里比亚人自己也是移民。本书可以说充满了这样的例子，其中有些是众所周知的事情。不过，卡里亚人、特雷兰人、透克罗斯人、加拉提亚人的迁徙活动，还有许多王公向遥远地区的远征（我指的是西徐亚人马迪斯、埃塞俄比亚人蒂科、特雷兰人科布斯、埃及人塞索斯特里斯和萨姆米提克，还有从居鲁士到薛西斯的波斯人），并不是大家都知道的事情。辛梅里安人，又称特雷兰人（或者是辛梅里安人的某个部落），常常入侵攸克辛右边各地及其邻近地区，他们有时也入侵帕夫拉戈尼亚，有时甚至入侵弗里吉亚。据说米达斯饮完公牛血之后，他的生命终于走到了尽头。[2]利格达米斯作为自己军队的首领，远征到了吕底亚、爱奥尼亚，占领了萨迪斯，在西里西亚被杀。辛梅里安人和特雷兰人经常进行这样的侵略活动。不过，据说特雷兰人和科布斯最后被西徐亚国王马迪斯赶走了。我们在这里提到的这些例

---

[1]　比较 H. Diels, *Die Fragmente der Vorsokratiker*, Berlin, 1912, p. 58。

[2]　希腊人认为公牛血毒性很强。根据传说，雅典著名国务活动家地米斯托克是用它自杀的（阿里斯托芬：《骑士》，84）。

子，是因为它包含了许多事实，它们对于整个世界各个方面都具有重要的意义。

22. 现在，我要回到先前避而不谈的问题。首先，由于希罗多德认为不存在希佩尔波里人，所以也就不存在希佩尔诺提亚人。[1] 厄拉多塞认为，这个荒谬论据类似于一种诡辩：如果有人说"不存在喜欢他人倒霉的人，也就不存在喜欢他人幸福的人"。而且，厄拉多塞还可以加上这里存在着希佩尔诺提亚人。无论如何，南风不是吹向埃塞俄比亚，而是更远的北方。由于在每个纬度都有风刮着，而只有从南方刮来的风才被各地称为南风。如果存在着某个有人居住的地方情况不是这样，那才是奇怪的事情。相反，因为不仅是埃塞俄比亚像我们一样，可能有同样的南风，而且南方远至赤道的所有地方都可能有南风。无论如何，希罗多德认为被称为"希佩尔波里人"是因为"北风"不吹往他们所在的方向，这是不对的。即使是诗人的表达方式有很大自由，但解释者总是努力为我们提供正确的观点："希佩尔波里人"是指居住在北极地区的居民。极点是北风的边界，也是南方的赤道；风没有其他限制。

23. 接着，厄拉多塞开始批驳那些似乎讲述了许多虚构的、不可能事情的人：其中有些是神话，有些是历史；这些人都不值得一提；而且厄拉多塞也不应当在这个问题上去注意那些胡说八道的人。他的论证过程，详细记录在其《札记》第一卷中。[2]

---

[1] 希罗多德，Ⅳ，36.
[2] 厄拉多塞的文集名为《地理学札记》。

第四章　政治地理：经纬度对各民族性格和风俗习惯的影响、三大洲——欧罗巴、亚细亚和利比亚的概况

1. 厄拉多塞在第二卷中对地理学的基本原理进行了某些修改，并且提出了他自己的理论，这些理论需要作进一步的修改，我必须对它加以补充。总之，他把数学和物理学原理引入了地理学——这是一件值得赞扬的事情。他认为如果地球像宇宙一样是球形的，它的四周到处都可以居住。此外，他的其他类似理论都是值得赞扬的。不过，后代作家在地球有多大以及是不是像他所说的那样大的问题上，和他出现了分歧；他们也不赞成他测量地球。[①] 而且，喜帕恰斯为若干居民点编制天象图的时候，他使用的距离正是厄拉多塞在经过麦罗埃（Meroë）、亚历山大城和波里斯提尼斯（Borysthenes）的子午线上测量所得的结果。按照喜帕恰斯所说，这个距离只是稍微偏离真实的数据。厄拉多塞在谈到地球的形状问题时，进一步做出了解释，他指出不仅是陆地和海洋部分，而且天空也是球形的。他还谈到了许多与其主题无关的问

---

① 地球赤道的周长是 252000 斯塔德（参见本书 Ⅱ，Ⅴ，7）。

题，因为他认为简短的说明就已经足够了。①

2. 厄拉多塞接着谈到了有人居住世界的纬度，他认为从麦罗埃开始，经过麦罗埃到亚历山大城的子午线长10000斯塔德，从亚历山大城到赫勒斯滂的子午线长约8000斯塔德，从那里到波里斯提尼斯长5000斯塔德；到经过极北地区（据皮西亚斯所说，那里位于不列颠北方六天海路的距离，接近冰海地区），大约有11500斯塔德。因此，我们如果加上麦罗埃以南各国的3400斯塔德，以便包括埃及人的海岛、② 盛产桂皮的地方（Cinnamon-producing country）和塔弗罗巴内，我们就得到了38000斯塔德的数据。

3. 不过，除了一个数字之外，应当认为厄拉多塞计算的其他所有距离是正确的。因为研究者对此意见是非常一致的；但是，什么样的聪明人会认为他从波里斯提尼斯到极北地区的距离是真实的呢？讲述极北地区的皮西亚斯（Pytheas），③ 被认为是一个说谎高手。而许多到过不列颠和爱尔兰（Ierne）的人，并没有提到极北地区，却提到了不列颠附近的其他小岛。而不列颠本身沿着凯尔特（Celtica）岸边延伸，长度大致与它相等，不到5000斯塔德。边界在正对着它的凯尔特尽头。这个地方东部的尽头对着凯尔特东部的尽头，西部的尽头对着凯尔特西部的尽头；它们东部的尽

---

① 斯特拉博认为地理学家应当接受这些先前的假设。
② 斯特拉博在其他地方提到这个海岛是"埃及流亡者岛"（参见本书Ⅱ，ⅴ，2）。
③ 斯特拉博引用波利比奥斯的权威观点，批驳皮西亚斯关于极北地区的报道，怀疑他到过北方地区。而厄拉多塞、喜帕恰斯和波塞多尼奥斯认为他的信息是可靠的，并且利用它来测量纬度。皮西亚斯有许多惊人的发现，但人们认为它们不可相信。

第四章 政治地理：……的概况　　　　　　　　　　　　　　　　149

头彼此非常接近，以至于一个人可以从一边看见另一边，我指的是在康提乌姆和莱茵河口。不过，皮西亚斯宣称不列颠的长度超过20000斯塔德，从康提乌姆到凯尔特有几天的航程；①他对于奥斯提米人的报道以及有关莱茵河岸边直到西徐亚各个国家的记录都搞错了。无论如何，我认为，一个对于众所周知地区都记录错误的人，对于不熟悉地区的记录我们还是不要过分相信或依赖。

4. 喜帕恰斯和其他人认为，穿过波里斯提尼斯河口的纬线，也就是穿过不列颠的纬线，根据这个事实，穿过拜占庭的纬线也就是穿过马萨利亚的纬线。至于皮西亚斯说的马萨利亚日晷和阴影的关系，②喜帕恰斯声称他在一年的同一个时间，在拜占庭观察到皮西亚斯提到的同样关系。但是，从马萨利亚到不列颠的中心地区不超过5000斯塔德。不过，如果你从不列颠中心地区朝北方走不超过4000斯塔德，你还可以看见一个有人居住的地区（这个地区离爱尔兰很近）；至于更远的、超出了厄拉多塞所说的极北地区之外的地区，就再也看不到有人居住的地区。但是，我不认为厄拉多塞推测由穿过极北地区到穿过波里斯提尼斯河的纬线距离等于11500斯塔德是正确的。

5. 他在计算有人居住地区的宽度时计算错误了，他在推测它的长度时也很有可能会出现错误。这首先是因为后代作家和最权威的古代作家一致认为已知的长度不超过已知的宽度2倍（我指

---

① 关于不列颠的资料出自皮西亚斯（W. Aly., *Strabon von Amaseia*, Munchen, 1960, p.374）。

② 关于马萨利亚日晷的高度及其阴影的长度之比是：120∶41，8 =< 19°12′+<黄道倾斜角（24°）=43°12′。

的是从印度的终点到伊比利亚的终点,双倍于从埃塞俄比亚到经过爱尔兰的纬线)。厄拉多塞又确定了已知的宽度,即从埃塞俄比亚尽头到极北地区的纬线,他扩大了应有的实际长度,以便使长度超过前面所说的宽度2倍。无论如何,他认为印度最狭窄的地方到印度河有16000斯塔德;由于印度的这个部分延伸到了海角,还要再增加3000斯塔德的长度;从这里到里海门距离为14000斯塔德;再到幼发拉底河为10000斯塔德从幼发拉底河到尼罗河5000斯塔德;到卡诺布斯的尼罗河口又1300斯塔德;到迦太基13500斯塔德;到赫拉克勒斯石柱至少有8000斯塔德。因此,他说距离总共超过70800斯塔德。厄拉多塞说,我们还应当把在赫拉克勒斯石柱外面正对着伊比利亚、欧罗巴向西倾斜的突出部分加上,其距离不少于3000斯塔德;还应当加上所有的海角,特别是被奥斯提米人称为卡贝乌姆的海角和它附近的岛屿;据皮西亚斯所说,这些岛屿中最边远的乌克西萨马,要走3天的海路。在提到这些最后的地方之后,尽管他们所有的人再努力,也没有什么可以增加有人居住世界的长度。他还把海角邻近的地区、奥斯提米人地区、乌克西萨马地区和所有他提到过的地区都加上去了。(实际上,这些地区都在北方,属于凯尔特,而不属于伊比利亚——或者说它们都是皮西亚斯捏造的地方。)他还在前述距离之外,又增加了一些长度,即西边2000斯塔德,东边2000斯塔德,以便使宽度不超过长度的一半。

6. 厄拉多塞尽可能详细地证明自己所说的从东到西的距离"符合大自然"的理论,他认为"有人居住世界从东到西的距离也是符合大自然长度的"。他说:"正如我早已以数学家的方式提出

第四章 政治地理：……的概况

的一样，整个有人居住世界组成了一个完整的圆，[①]首尾相连在一起；因此，如果亚特兰蒂斯海不存在阻碍的话，我们就可以从伊比利亚沿着同一条纬线，经过这个圆的其他地区航海到达印度，除了前面已经提过的地区之外，[②]它约占整个大圆的三分之一多；如果圆经过雅典，按照我已经测量过的从印度到伊比利亚的距离，它的周长确实就不足200000斯塔德。"[③]无论如何，厄拉多塞的这种说法是不正确的。从数学家的角度看来，因为这个理论无论是用于温带地区（即我们所在的地区），还是用于有人居住的世界（因为有人居住世界属于温带的一部分），情况都不符合——因为我们之所以把它称为"有人居住的世界"，是因为我们居住于此，我们了解它；而且很有可能的是，在这同一个温带地区实际上有两个、甚至更多的有人居住世界，[④]特别是在经过雅典直到亚特兰蒂斯海纬线的附近地区。他在强调自己关于大地是球形的理论时，可能遭到了像从前一样的批评。他没有完全停止和荷马争论这个问题。

[①] 根据古代希腊人的观念，东半球有人居住世界沿着纬度弧线延伸，如果把这条弧线从伊比利亚延伸到印度，那将获得一个完整的纬线圈。亚里士多德已经讨论过把从赫拉克勒斯到印度的纬线圈连接起来的问题（亚里士多德：《气象学》，II，5，362b）。

[②] 即有人居住世界的长度为77800斯塔德。因此，地球沿着罗德岛纬线的长度等于200000斯塔德。

[③] 人们认为厄拉多塞在赤道以北（36°21′25.5″）测得的纬线长度为25450斯塔德，必须再加纬度的700斯塔德。在这种情况下，这条纬线的长度就是202945斯塔德（H.L. Jones, *The Geography of Strabo*, I, London, 1917, p. 241, note 3）。

[④] 斯特拉博的观点显然受到波塞多尼奥斯的影响，但波塞多尼奥斯本人认为只有北温带有一个有人居住世界，其他地区居住着不同的种族，地理学家没有和他们发生过联系（参见本书II，v，13）。

7. 有些学者用河流（尼罗河和塔奈斯河（Tanaïs））来划分洲，宣布它们是海岛；有些学者用地峡（里海和攸克辛海之间的地峡、红海和埃克雷格马海①之间的地峡）来划分它们，把它们称为半岛之后，厄拉多塞说，他看不出这种研究最终能产生什么实际利益，只有那些按照德谟克利特的方式，愿意以为争论提供材料为生的人才会这样；因为如果没有明确的界限——举个科利图斯和梅利特的例子——就好像是石柱或栅栏一样，我们只能这样说："这是科利图斯"，"那是梅里特"，但我们无法指出它们的界限；这就是为什么涉及地域的问题常常引起争论的原因。例如，阿尔戈斯人和拉克代蒙人关于锡雷的争论；雅典人和维奥蒂亚人关于奥罗普斯的争论；希腊人给三大洲的名字也是错误的，因为他们没有考虑整个有人居住的世界，而只是注意到了自己的国家和他们正对面的地区，即卡里亚地区，那里现在居住着爱奥尼亚人及他们的近邻。经过一段时间之后，希腊人走得更远，知道了越来越多的国家，最终形成了现在他们对三大洲的这种划分方式。接着，又出现了一个问题，难道那些"最早"以边界把大陆划分为三大洲的人（我们由厄拉多塞最权威的论点开始讨论，它不像德谟克利特一样，为了给争论添油加醋，而是按照厄拉多塞本人的方式进行争论的），就是那些极力要把自己本国和对面卡里亚人的国家划分开来的人？或后者只知道希腊、卡里亚和他们附近一小块地区的情况，不知道欧罗巴、亚细亚和利比亚？然而，后来人们已经可走遍足够多的地方，可以获得有关有人居住世界的知识。我要

---

① 地中海西波尼斯湖的支流。

问的是，是不是这些人把大地划分为三大洲的？上天保佑，他们怎么会做出这样错误的划分？是谁把它画成三部分，并且把每一部分都称为洲，而没有注意到被他划分为各个部分的整体？如果他在分割有人居住世界的某个部分时，没有考虑到整个的有人居住世界，那时人们就要问，是亚细亚、欧罗巴或者大陆有人居住地区的哪个部分，组成了一般意义上的洲？确实，厄拉多塞这些论点的表述是很粗糙的。

8. 还有更粗糙的说法是，他看不出确定边界有什么实际利益，并且引用了科利图斯和梅里特的例子。后来，他又转到了与此相反的立场。他认为，如果是由于边界问题不明而发生了争夺锡雷和奥罗普斯战争，那以边界来划分国家还是有一定的实际利益的。厄拉多塞认为，就各个地区和若干国家而言，立即准确地划定各国的边界，实际上是有好处的。然而，对于各个洲而言，这种划分是否是多此一举呢？我的回答是，它在这里并不是没有实际价值的。因为就各个洲而言，有可能引起强大统治者之间的争执，例如，有一个统治者统治着亚细亚，另一个统治者统治着利比亚，埃及应当由他们中间的哪一位统治？这里说的是埃及的"下埃及地区"。如果有人因为这个例子少见而拒绝接受，无论如何也必须说明洲的划分应当符合的主要原则，这个原则也适用于整个有人居住的世界。根据这个划分原则，我们就不必考虑这个问题，即有人不顾那些没有划界的地区，使用河流作为分界线，因为河流并不是完全流入大海，也不可能使大陆变成海岛。

9. 厄拉多塞在自己著作的结尾中，批评了那些把所有人类分成两个集团——希腊人和蛮族的人，还批评了那些劝告亚历山大把希腊人作为朋友，把蛮族视为敌人的人。他说，区分人类最好是根据品质的优劣，因为希腊人不仅有许多粗野村夫，蛮族也有许多有教养的人（如印度人和阿里亚人）。此外，罗马人和迦太基人也有着令人钦佩的国家制度。他说，这就是亚历山大为什么不重视自己顾问的原因，他尽可能多的接受许多正直之士，对他们广施恩惠。就好像有些人把人群划分成一些人处于受到指责的地位，另一些人处于受到赞扬的地位；他们这样做不是因为有些人具有守法精神、政治天赋或者与教育和口才有关的品质，另外一些人则具有正好相反的品质，而是别有其他的原因！这也是亚历山大重视其顾问，愿意接受他们的意见，坚持按照他们的建议，而不是违反他们的建议去办事的原因；因为他善于理解向他提供建议者的真实意图。

第二卷

地理研究的数学方法、对有人居住世界的看法

第一章　对于厄拉多塞和喜帕恰斯等前辈的评价

1. 厄拉多塞在其著作《地理学》之中，描绘了一幅有人居住世界的地图，他用一根平行于赤道的线条，自西向东把这幅地图分成两部分。他把赫拉克勒斯石柱作为这根线条在西部的终点，东部的终点则是最遥远的、形成印度北部边界山脉的许多顶峰。他让这根直线从赫拉克勒斯石柱开始，穿过了西西里海峡、伯罗奔尼撒半岛和阿提卡的南端、直到罗德岛和伊苏斯湾。在这些地点之前，他说上述线条穿过了大海，连接了大陆（确实，我们的地中海完全是沿着这条直线，一直延伸到西里西亚的）；接着，这根线条几乎笔直地沿着整个托罗斯山脉一直通到印度，因为他让托罗斯山脉笔直地连接着始于赫拉克勒斯石柱的大海，并且把整个亚细亚拦腰分成两部分，一部分在北，一部分在南；所以，无论是托罗斯山脉，还是从赫拉克勒斯石柱到托罗斯山脉之前的大海，都位于雅典的纬线圈上。

2. 厄拉多塞说完这些之后，认为自己必须彻底修改一张古代的地图；因为他认为根据这张地图，东部的山区太过于靠近北方，印度本身被画在它们一起，比它实际上应该在的位置更靠北方，为了证明这一点，他首先提出了这个论点：印度最南边的海角[①]正对着麦罗埃地区，而许多作家根据气候条件和天象判断，一致同意这个论点，即从海角到高加索山区印度最北方的地区，正如帕特罗克莱斯（Patrocles，这个人由于其高贵品质，由于他在地理学方面不是那种门外汉，因而特别值得我们信任）所说，其距离是5000斯塔德。毫无疑问，从麦罗埃到雅典的纬线圈也大约是这个距离；因此，印度北边挨着高加索山脉的地区，[②]也终结于这条纬线圈。

3. 另一个能够证明这个论点的证据是：从伊苏斯湾到攸克辛海距离大约是3000斯塔德，如果你到北方阿米苏斯城和锡诺普附近地区，这座山的宽度，也被认为是这么大的距离。如果你从阿米苏斯城出发，朝着分至点的东方前进，你首先到达的是科尔基斯，然后你将到达一条通往希尔卡尼亚海[③]的通道，然后就是通往巴克特拉（Bactra）和巴克特拉边界之外西徐亚人地区的道路，山脉就在你的右边；如果这条线穿过阿米苏斯城向西，将穿过普罗庞提斯海和赫勒斯滂；从麦罗埃到赫勒斯滂不超过18000斯塔德，如果我们在15000斯塔德之上再加上3000斯塔德（这个距离一部分是山的宽度，另一部分是印度的宽度）。这个距离也相当于从印度南边到巴克特里亚附近地区的距离。

4. 为了批驳厄拉多塞的理论，喜帕恰斯极力证明其证据不可

---

① 斯特拉博经常使用的希腊语术语"正对着"，显然含有"与赤道位于相同平行线上"的意思。
② 印度的高加索山脉，即今兴都库什山脉。
③ 里海。

信。首先，他认为帕特罗克莱斯不值得信任，因为有两人以证据反对他，他们是戴马库斯和麦加斯提尼，他们说从南海到印度某些地方距离有20000斯塔德，到另外一些地方甚至有30000斯塔德。这两个人的论点就是这样，而且古代的地图与他们的意见是一致的。当然，他认为这是不可相信的事情，我们只应当相信帕特罗克莱斯一个人，不要理会那些激烈反对他的人的证据，为了彻底修改古代地图这些有争议之点，在我们获得有关这个问题的更可信资料之前，必须好好地维护它们的现状。

5. 我认为，喜帕恰斯的论据在许多方面是容易受到指责的。第一，他说尽管厄拉多塞引用了许多证据，但厄拉多塞只使用了一个证据，即帕特罗克莱斯的证据。那些坚信印度南部海角正对着麦罗埃地区的人到底是什么人？是谁认为从麦罗埃到雅典纬线圈的距离是相同的？还有，是谁确定的托罗斯山脉的宽度？是谁认为从西里西亚到阿米苏斯的距离与这座山的宽度相同？是谁认为从阿米苏斯出发，经过科尔基斯、希尔卡尼亚到巴克特里亚和巴克特里亚之后通往东海地区的距离，它是笔直地朝着分至点的东方，沿着右边的山脉？或者，是谁认为通往西方的道路笔直地通过普罗庞提斯海和赫勒斯滂？为什么厄拉多塞认为这些由各地居民提供的所有证据都是事实？正如喜帕恰斯所说的那样，这是因为他读过许多历史著作，拥有很多的书籍，手头就有一个大图书馆。[①]

6. 而且，帕特罗克莱斯的可信是建立在很多证据基础上的。

---

① 亚历山大城图书馆。

我指的是历代诸王①委任他担任如此重要的官职；还有那么多支持和反对他的人，喜帕恰斯自己提到过他们的名字；因为批驳后面这些人就证明了帕特罗克莱斯的观点正确。帕特罗克莱斯的这个说法还有点像是真的，即那些与亚历山大一道参加远征的人，获得的仅仅是各种事物的皮毛信息，而亚历山大本人做了准确的调查，因为那些非常熟悉这个国家的人为他详细地描述了整个国家的情况；（据帕特罗克莱斯所说），这些描述后来由亚历山大的司库色诺克勒斯交给了帕特罗克莱斯。

7. 在第二卷中，喜帕恰斯继续说，厄拉多塞自己也对帕特罗克莱斯的可信性表示怀疑，因为帕特罗克莱斯不同意麦加斯提尼关于印度南边的长度，麦加斯提尼认为它有16000斯塔德，而帕特罗克莱斯坚称它要短1000斯塔德；因为厄拉多塞是以某种《旅行日记》为依据，由于他们两人的分歧，他不相信他们，支持《旅行日记》的说法。因此，如果喜帕恰斯由于在这个问题上的分歧，认为帕特罗克莱斯不值得信任，虽然差距仅仅是1000斯塔德的问题，对于涉及8000斯塔德差距的问题，那就更不能相信他了。因为与这两人相比，那些人彼此还比较一致。因为这两个人认为印度的宽度有20000斯塔德，而帕特罗克莱斯认为只有12000斯塔德。

8. 我的回答是：这不仅仅是与麦加斯提尼的分歧问题，而是厄拉多塞在找岔子。他在比较他们的异同和《旅行日记》的协调、可信时，批评了帕特罗克莱斯。如果一件事情被证明比另外一件

---

① 塞琉古一世和安条克一世。

可信的事情更可信,如果我们在一件事情上相信某个人,在另外一件事情上又不相信他。这也用不着感到奇怪。因为更正确的东西就是从某些不同的资料中确立的,更可笑的是有人认为,权威之间争论的结果,将使争论双方都变得不可相信。但情况很可能正好相反,有分歧的问题可能是微不足道的;因为有分歧的问题虽然是微不足道,错误却很有可能不单是出现在普普通通的作家之中,而且还有可能出现在比其地位更高的作家之中;但是,在分歧严重的地方,一个普通人有可能误入歧途,而一个教养更好的人就不大可能这样。这就是为什么我们更相信后者的缘故。

9. 不过,所有写过有关印度问题的作家,大多数被证明是撒谎者,但是戴马库斯更加突出,仅次于他的是麦加斯提尼,然后是奥内西克里图斯、奈阿尔科斯和其他开始讲了一些真实情况,虽然语言结结巴巴的作家。当我在创作《亚历山大行传》时,[①] 我有幸注意到了这些大量的事实。但是,戴马库斯和麦加斯提尼特别不受信任。因为他们给我们讲述的人是这样一些人:"在自己的耳朵上睡觉的人"、"没有嘴巴的人"、"没有鼻子的人"、"独目人"、"长腿人"、"手指向后翻的人";他们重复了荷马关于鹤与"侏儒"相争的故事,[②] 他们说这些人身高3指距。这些人还说到蚂

[①] 它成了斯特拉博《史记》的一部分,奥内西克里图斯和奈阿尔科斯都曾经跟随亚历山大远征。斯特拉博顺便提到自己曾经在亚历山大图书馆呆过。

[②] 学者们认为这份手稿有部分佚失,但这种假设是多余的。斯特拉博在这里重现了厄拉多塞"第二个论据",本章将在第3节介绍,它的联系不明显;但他还提到了"其他证据"的可靠,显然,厄拉多塞是依靠"其他证据"建立了"第二个论据",见第5节;斯特拉博在第10节举例说明这些证据的可靠性,为的是在他们共同牵涉到的问题上维护厄拉多塞。

蚁、金矿和楔形头部的淘选盘；说到吞吃公牛和角鹿的蛇；正如厄拉多塞所说，他们在这些故事中互相攻击。因为他们是和使团一起派往帕利姆波特拉（麦加斯提尼派往桑德罗科图斯处，戴马库斯派往桑德罗科图斯之子阿利特洛查德斯处），作为对自己在国外旅行的回忆，他们留下了上述记载，至于这是出自何种激情这样做，我认为没有任何理由！无论如何，帕特罗克莱斯绝不是那种应当受到责备的人。就是厄拉多塞曾经求助过的其他证人，也不应当不加信任。

10. 例如，如果通过罗德岛和拜占庭的子午线画得准确，那么通过西里西亚和阿米苏斯城的子午线也是画得准确的；因为根据多次观察而得出的子午线平行关系是无疑的，在任何时候实验都可以证明它们在任何方向不相交。①

11. 至于从阿米苏斯沿着二分点东方的方向航行到科尔基斯，它已经被风向、季节、谷物和太阳本身的升起所证实。而且，在同一条路线上有一条通道前往里海，有一条道路从那里通往巴克特拉。因为在许多情况下，路线的问题似乎是所有证据中可以看见的、一致的，它比仪表更为可信。② 确实，即使是喜帕恰斯自己也认为从赫拉克勒斯石柱到西里西亚的直线是笔直的通向二分点东方，完全不需要依赖仪表和几何计算。但是，对于从赫拉克勒斯石柱到西西里海峡的整条路线，他相信水手。因此，他认为"由于我们不能确定最长的白天和最短的白天的关系，不能确

---

① 这是正东方。
② 西西里的。

第一章　对于厄拉多塞和喜帕恰斯等前辈的评价

定沿着从西里西亚到印度各条支脉的日晷和阴影的关系，我们就不能说山脉的斜坡是或不是平行线，①但我们必须保持这条线段不能修改，保持它的弯曲状态，就像古代地图绘制的一样"——这种意见是不正确的。其原因第一是，"不能确定"和保留意见是同一码事，而且，保留意见者不倾向于任何一方。但喜帕恰斯向我们提议保留古人画出的这条线段时，他是倾向于古人的。如果他劝我们根本不要研究地理学，他就坚持了一贯的方针；我们以那种方式"无法确定"其他山脉的位置，比如说阿尔卑斯山脉、比利牛斯山脉、色雷斯山脉、伊利里亚山脉和日耳曼山脉。但是，有谁会认为古代地理学家比近代地理学家更可靠呢？因为古人在绘制地图的时候，犯了所有一切的严重错误，厄拉多塞已经公正地批评了他们，而喜帕恰斯没有反对其中任何一个严重错误。

12. 还有，喜帕恰斯后来的论点也充满了重要的争论。例如，如果人们不驳斥这些说法：即印度南面海角正对着麦罗埃地区，如果承认从印度南部到山区有 30000 斯塔德，从麦罗埃到拜占庭海峡口大约有 18000 斯塔德，你就会发现许多荒谬的东西。首先，如果通过拜占庭的纬线圈与通过马萨利亚（Massilia）的纬线圈（正如喜帕恰斯根据皮西亚斯的证据所说）确实是同一个纬线圈，如果通过拜占庭的子午线确实与通过波里斯提尼斯是同一根子午线（喜帕恰斯也这样认为），如果他认为从拜占庭到波里斯提尼斯的距离是 3700 斯塔德，那么，这个距离也是从马萨利亚到通过波里斯提尼

---

① 这是使用工具和几何计算得出的结果。

纬线圈的距离；① 当然，就是这个纬线圈通过凯尔特沿海地区，因为你走完大约通过凯尔特这样长的路程，就可以到达海边。②

13. 我们知道南方最遥远的有人居住地区是盛产桂皮的国家，而根据喜帕恰斯本人所说，如果当地的纬线圈是温带和有人居住世界的起点，距离赤道大约有8800斯塔德；而且，因为喜帕恰斯说通过波里斯提尼的纬线圈与赤道之间的距离是34000斯塔德，那么，其余的25200斯塔德就是把热带与温带分开的纬线圈。到通过波里斯提尼和凯尔特海边的纬线圈的距离。从凯尔特向北航行的整个海路，现在被认为是北方最遥远的海路；我指的是前往爱尔兰的海路，该岛不仅在不列颠后面，而且由于寒冷非常不适于居住，以至于这些地区因为过于遥远的缘故，被认为是无人居住的世界。他说，爱尔兰距离凯尔特不超过5000斯塔德；因此，有人居住的世界的宽度总共大约是30000斯塔德，或者略多一点。

14. 接着，让我们前往一个地方，它正对着盛产桂皮的国家，而且位于东方的同一个纬线圈上，这就是塔普罗巴内岛（Taprobane）附近地区。③ 我们对塔普罗巴内非常熟悉，它是印度南部公海上的一座大海岛。它向埃塞俄比亚纵向延伸，据说超过了5000斯塔德；这个海岛有许多象牙、玳瑁和其他商品出口到印度的市场。如果我们要确定这个海岛的宽度和相应的长度，如果我们再加上它与印度之间的海上空间，距离不下于3000斯塔德，即不多于我们所确定的从有人居住世界的边界到麦罗埃的距离（如果只有印

---

① 斯特拉博常常把波里斯提尼斯河口说成波里斯提尼斯河。
② 即朝北走。
③ 锡兰。

度海角正对着麦罗埃);但它很可能大于3000斯塔德。如果你把这3000斯塔德加在30000斯塔德之上,这就是戴马库斯确定的从山口到巴克特里亚和粟特的距离。然而,上述居民全部在有人居住世界和温带地区之外。请问当人们听到古人和今人首先说到印度北部、希尔卡尼亚、阿里亚,然后是马尔吉安纳和巴克特里亚地区气候温和、物产丰富的故事时,还有谁敢于坚持这一点?因为这些地区邻近托罗斯山脉北部,巴克特里亚甚至在通往印度的山口附近;他们仍然享有如此幸福的生活,他们必定离开无人居住的地区非常遥远。无论如何,据说在希尔卡尼亚地区,葡萄藤可以长出1米特的葡萄酒。① 一棵无花果树可以出产60梅迪姆尼果实;② 小麦从麦茬地里掉落的种子中再次生长,蜜蜂在树上筑巢,蜂蜜从树叶上流下来;在米底的行省马提亚纳、在亚美尼亚的塞卡塞内和阿拉色内地区,都是这种情况。不过,在后面两个地区,这种情况不大稀奇。因为它们确实是比希尔卡尼亚更靠南方,比其他地方气候更加温和;而对于希尔卡尼亚而言,这种情况就很稀奇了;据说在马尔吉安纳常常可以见到两抱粗的葡萄树干,一根葡萄藤产出2肘尺长的葡萄串。在阿里亚也有类似的传说,而且这个地方的葡萄质量超过其他地方,因为它的葡萄酒在无树脂的容器中最少保存了三代人之久;与阿里亚邻近的巴克特里亚情况相同,除了橄榄油之外,一切产品它都出产。

15. 不过,这些高原和多山地区全部是寒冷地区,我们也用不

---

① 不到9加仑。
② 1梅迪姆约等于1.5蒲式耳。

着感到惊奇。因为即使在南部纬度带山区也是寒冷的，一般而言，所有高处的土地，即使是高原也是寒冷的。无论如何，卡帕多西亚攸克辛海附近的地区比托罗斯山脉附近的地区更靠近北方，[①]但位于阿尔盖乌斯山和托罗斯山脉之间巨大的巴加道尼亚平原，很少（如果不是完全没有）有果树。然而，在攸克辛海以南3000斯塔德的锡诺普、阿米苏斯城近郊和法纳戈里亚大部分地区种植着橄榄树。而且，巴克特里亚和粟特的界河奥克苏斯河航运非常便利，据说印度商品驮运到这里，顺流而下到希尔卡尼亚海很方便，从这里又可以沿着附近地区的河流运到攸克辛海。[②]

16. 但是，你在波里斯提尼斯和凯尔特沿海什么地区能够找到自然条件这样优越的地方？那里的葡萄甚至不能生长或者不结实。在这些地方的南部地区，如地中海和博斯普鲁斯附近地区，葡萄藤虽然结果，但葡萄串很小，葡萄藤在冬季要埋入地下。[③]在梅奥提斯湖口，冰雪是这样的坚固，以至于米特拉达梯的将领在某个地方以骑兵在冰上交战，征服了野蛮人。后来在夏天冰雪融化的时候，他又在海战中打败了同一支野蛮人。[④]厄拉多塞引用了潘提卡皮乌姆（Panticapaeum）的阿斯克勒皮俄斯神庙中的下列铭文，该铭文刻在一个由于严寒而爆裂的青铜水壶上：[⑤]

---

① 卡帕多西亚，今埃尔加斯山。
② 根据这种说法，现在流入咸海的乌浒河，过去流入里海，货物从那里通过居鲁士河和其他河流输送到西方（参见本书Ⅱ, vii, 3）。
③ 这是为了使它们免遭冰冻（参见本书Ⅶ, iii, 18）。
④ 斯特拉博提到了米特拉达梯·欧帕托的将军涅俄普托勒摩斯在刻赤的大战（参见本书Ⅶ, iii, 18）。
⑤ 今刻赤，位于亚速海口。

第一章 对于厄拉多塞和喜帕恰斯等前辈的评价

如果有人不相信在我国发生了什么事情，
那就让他看看这个水壶，了解真相；
不是向神奉献美好之物，只是证明我国冬季的严寒，
祭司斯特拉提乌斯将其奉献。

由于上述亚细亚地区的气候条件不但无法与博斯普鲁斯这些地区相比，而且也无法与阿米苏斯和锡诺普地区相比（在气候方面，这些地区被认为比博斯普鲁斯地区更温和），这些亚细亚地区未必与波里斯提尼斯附近地区和凯尔特北部的地区位于同一条纬线上。实际上，这些亚细亚地区也未必与阿米苏斯、锡诺普、拜占庭和马萨利亚地区处于相同的纬度，这些地区被认为在波里斯提尼斯和凯尔特以南3700斯塔德。

17. 不过，如果戴马库斯及其门徒把到塔普罗巴内和热带的距离（它被认为不少于4000斯塔德[①]）加到30000斯塔德之上。那么，他们就把巴克特拉和阿里亚放在了有人居住的世界之外，这些地区离开热带有34000斯塔德——这也是喜帕恰斯确定的从赤道到波里斯提尼斯的距离。因此，巴克特拉和阿里亚将被放在离开波里斯提尼斯和凯尔特以北8800斯塔德距离的地区，这段距离也是赤道到南部把热带和温带分开的纬线圈的距离。正如我们说的，这个纬线圈主要通过了盛产桂皮的国家。但现在我要指出，位于凯尔特直到爱尔兰之后的地区，是几乎没有人居住的地区，这段距离不超过5000斯塔德。不过，戴马库斯的理论表明，在爱尔兰

---

① 在第14节，斯特拉博说"不下于3000斯塔德"。

以北3800斯塔德还有一个可以居住的纬线圈！因此，巴克特拉甚至还在里海（或希尔卡尼亚海）海口以北的遥远地方；这个海口距离里海最远的地方，① 距离亚美尼亚山脉和米底山脉大约6000斯塔德（根据这些地区原先的统治者帕特罗克莱斯所说，这个地方似乎比从这里到印度的海岸线更北，而且提供了一条从印度出发航行的实际路线）。因此，巴克特拉还要向北延伸1000斯塔德距离。② 但是，西徐亚部落居住的地区比巴克特拉大得多，这个地区位于巴克特拉之后，结束于北海地区；③ 他们是游牧者，仍然过着勉强度日的生活。但是，如果连巴克特拉本身已经处于有人居住的世界之外，沿着通过巴克特拉的经线，从高加索到北海的距离有可能是4000多斯塔德吗？④ 如果把这段距离加在从爱尔兰到北方地区估计的距离之上，⑤ 通过无人居住的地区加上爱尔兰的估计距离，总共是7800斯塔德。如果减去4000斯塔德，毗邻高加索的巴克特里亚纳地区至少在爱尔兰以北3800斯塔德，⑥ 在凯尔特和波里斯提尼斯以北8800斯塔德。

18. 无论如何，喜帕恰斯说过，波里斯提尼斯和凯尔特的夏天

---

① 斯特拉博认为里海通向北海。
② 里海的海口之后是无人居住地区。这个完全违背戴马库斯及其学派的论据是一个间接证据。
③ 因此，根据斯特拉博所说，他们确实没有走多远，大概还没有到达里海的海口地区。
④ 4000的数字是取自戴马库斯及其学派，斯特拉博以自己喜欢论战的方式来批驳他们。
⑤ 即前面提到的3800斯塔德。
⑥ 这不是亚美尼亚的高加索山脉，而是阿里亚纳地区一座称为高加索的山脉。

第一章 对于厄拉多塞和喜帕恰斯等前辈的评价

整个晚上，太阳光线都是暗淡无光的。[①] 从西向东运动；在冬至的时候，太阳最多升高到地平线上 9 肘尺；[②] 而在距离马萨利亚 6300 斯塔德的部落地区（这些住在凯尔特以北 2500 斯塔德的居民，喜帕恰斯认为还是凯尔特人，而我认为是不列颠人），这种现象更为明显；这里[③] 的冬季太阳只有 6 肘尺高，而在远离马萨利亚 9100 斯塔德的部落地区，太阳只有 4 肘尺高，而在更远的居民中，太阳还不到 3 肘尺高（我认为这些人在爱尔兰以北很远的地方）。不过，喜帕恰斯相信皮西亚斯的说法，把这些有人居住地区放在不列颠以南很远的地方，[④] 他认为这里最长的白天有 19 二至时，[⑤] 而在白天最长为 18 二至时的地区，太阳只升高 4 肘尺；他说这些人[⑥] 距离马萨利亚 9100 斯塔德。所以，最南方的不列颠人比这些人更北。同样，他们或者是与居住在高加索的巴克特里亚人处于同一个纬线圈，或者是某个其接近的纬线圈。因为正如我所说的，根据戴马库斯及其门徒所说，居住在高加索附近的巴克特里亚人，

---

① 本书 II，V，34—43 与此有关。斯特拉博发现了另一个"谬论"。
② 天文学的肘尺等于 2°。
③ 在马萨利亚以北 6300 斯塔德。
④ 喜帕恰斯的这个有人居住地区，距离马萨利亚以北 9100 斯塔德。对于斯特拉博而言，这是无人居住的地区。
⑤ 古代希腊人按照巴比伦人的做法，把 1 昼夜分成 12 个双小时，由于太阳日的长度不是恒定的，希腊人使用"春分时"作为小时的单位，这个单位在现代天文学之中已经停止使用。
⑥ 在马萨利亚以北 9100 斯塔德，比较斯特拉博这个数据和其他的数据，我们发现了厄拉多塞的日如下：波里斯提尼斯河 9 肘尺，16 小时；拜占庭（或马萨利亚，喜帕恰斯把它和拜占庭放在同样的纬度上）以北 6300 斯塔德，6 肘尺，17 小时；拜占庭以北 9100 斯塔德，4 肘尺，18 小时；"有人居住世界"不到 3 肘尺，19 小时。

处于爱尔兰以北3800斯塔德；如果把这段距离加上从马萨利亚到爱尔兰的距离，我们就得到了12000斯塔德。现在还有谁会报告在这些地区（我指的是巴克特拉附近地区）最长的白天的长度或者是太阳在冬季的子午线高度呢？因为所有这些现象甚至连外行都可以观察到，不需要进行数学证明；因此，《波斯历史》古代的作者和他们现代的继承人，有许多人收集过这些资料。还有，上述地区①的繁荣如何被认为就属于那些观察到这类现象的地区？②根据以上所说，情况已经很清楚，喜帕恰斯以后者（尽管他们讨论的问题实际上是一样的）把讨论的问题变成了自己的论据为理由，非常巧妙地批驳了厄拉多塞的证据！③

19. 随后，厄拉多塞又再次提出戴马库斯在类似问题上是外行，没有经验。他说，由于戴马库斯认为印度位于秋分点与冬至点之间；④这就违背了麦加斯提尼关于在印度南部地区熊星座升起，阴影正对着相反方向的说法，⑤戴马库斯认为在印度任何地方都不存在类似的现象。厄拉多塞认为戴马库斯这种说法是不学无术的说法。认为秋分与春分离开二至点距离不同也是不学无术的，因为太阳运行的圆周和太阳的升起在分至点是相同的。而且，由于

---

① 参见本章第15—16节。

② 4肘尺，18小时。

③ 错误在于循环论证（petitio principii），至于最北方无人居住世界的纬度问题，斯特拉博认为，厄拉多塞和喜帕恰斯两人的错误在于他们把这条界限划得过于靠近北方。在其他方面，他们两人都认为马萨利亚和拜占庭一样在北方（斯特拉博认为在更南的地方）。因此，斯特拉博以讽刺的语调批评厄拉多塞。

④ 斯特拉博的"冬季热带"和"夏季热带"大体上与南回归线和北回归线相符。前者在赛伊尼的纬度为24°。

⑤ 即南方与北方，对热带各地而言都是正确的。

第一章 对于厄拉多塞和喜帕恰斯等前辈的评价

从冬至点到赤道（戴马库斯把印度放在两者之间）的距离、[①] 在测量大地时被证实大大少于20000斯塔德，[②] 这个结果根据戴马库斯本人说是精确的，但厄拉多塞认为并不是戴马库斯所说的那样；因为印度如果有20000斯塔德，甚至30000斯塔德宽度，那它就不可能位于这个空间之内。[③] 如果它的宽度真如厄拉多塞所计算的那样，那它就位于这个空间之内；戴马库斯同样不知道的是，在印度任何地方，熊星座不会升起，也不会在正好相反的方向，无论如何，只有在亚历山大城以南5000斯塔德，这种天象才能一起发生。因此，喜帕恰斯再一次错误地修改了厄拉多塞的这个说法。第一，他认为戴马库斯用"夏至"代替了"冬至"；第二，他认为不应当使用不懂天文学者的数学证据，就像厄拉多塞认为戴马库斯的证据重于其他人，不像那些说胡话的人一样对待它们。因为批驳那些发表愚蠢意见者的方法之一，就是证明他们自己的观点正确，无论它是什么，都要提出我们的理由。

20. 这样一来，现在承认的假设，即印度的最南部地区正对着麦罗埃地区——这个假设有许多人提出过，相信过——但我指出了这个荒谬假设的起源。由于喜帕恰斯至今仍然没有提出任何反对这个假设的意见，后来在其著作第二卷之中也没有承认这个问题，我必须重视他在这个问题上的论点。他说，如果有些在同一个纬线圈上的地区互相正对着，如果它们之间的距离很远，如果

[①] 即天穹的赤道。

[②] 按照厄拉多塞的说法，700斯塔德等于1°，地球的周长是252000斯塔德。24°等于赤道周长的16800斯塔德。

[③] 在回归线与赤道之间。

没有比较两个地方的"纬度",我们就无法确定这个事实本身(即上述地区是否在同一个纬线圈上);至于谈到麦罗埃的"纬度",菲洛(Philo)在其埃塞俄比亚航行记中说到,在夏至之前,太阳在天空最高处停留45天,他还指明了在分至点与二分点时日暑与阴影的关系。厄拉多塞完全同意菲洛的观点。不过,没有一个人,包括厄拉多塞本人谈到过印度的"纬度";无论如何,即使熊星座在印度升起(一般认为两者都依赖奈阿尔科斯及其门徒的证据),麦罗埃和印度角也不可能位于同一个纬线圈。不过,如果厄拉多塞附和那些在报告中声称有两个熊星座升起来的人,怎么可能没有一个人(即使是厄拉多塞本人)报道印度的"纬度"?因为这种说法牵涉到"纬度"。如果厄拉多塞不附和他们的报道,他就能够摆脱这些责难。是的,他并没有附和他们的报道;而且,即使在戴马库斯说熊星座没有升起,阴影没有正对着印度任何地方(正如麦加斯提尼设想的)时,厄拉多塞还指责他不学无术,认为各种设想的联系是虚构的,根据喜帕恰斯自己承认,其中有一个虚构的说法是,太阳正对着的方向与熊星座的升起无关。因为即使印度南方的海角不是正对着麦罗埃,喜帕恰斯显然也会想到它们至少在赛伊尼以南很远的地方。[①]

21. 在接下来的叙述中,喜帕恰斯为了证明同样的问题,再次提出了一些已经被我们驳斥过的同样问题,或者是使用了更多虚构的假设、还有许多难以理解的结论。首先,根据厄拉多塞所说,

---

① 麦罗埃正北5000斯塔德。根据喜帕恰斯所说,小熊星座由赤道向北运动在麦罗埃可以完全观察到。

第一章　对于厄拉多塞和喜帕恰斯等前辈的评价

从巴比伦到塔普萨库斯的距离是4800斯塔德，从这里向北到亚美尼亚山脉是2100斯塔德；不符合根据通过巴比伦向北的经线所测得的距离6000多斯塔德；第二，厄拉多塞没有说过从塔普萨库斯到亚美尼亚山脉的距离是2100斯塔德，而且，这段路程还有一部分没有测量；因此，由于这个没有经过证实的假设遭到接二连三的抨击，这种结论也就没有说服力；第三，厄拉多塞在任何地方都没有说过塔普萨库斯在巴比伦以北4500多斯塔德。

22. 喜帕恰斯继续以古代地图为由，没有引用厄拉多塞在第三卷之中的原话，为了满足个人的需要，他还虚构了厄拉多塞的观点，[①]以便更好地驳倒它们。由于厄拉多塞坚持自己的上述观点，即托罗斯山脉和自赫拉克勒斯石柱开始的地中海用这条直线把有人居住的世界分成两部分，其中一部分称为北部，另一部分称为南部；接着，他又试图把每个部分尽可能地分割成相应的块，并把这些块称为"斯弗拉基德斯"。例如，在把印度称为第一块之后，阿里亚纳就成了第二块，由于它们的轮廓比较容易确定，他不仅可以确定它们的长度和宽度，而且还可以像几何学家一样，画出它们的外形。首先，他说印度是一个长菱形地貌，因为它的四边有两边沐浴在海水中（南海和东海），这就造成了海岸没有非常深的海湾；其他两边一边被高山所分割，[②]一边被河流所分割。[③]这两边几乎也保持了直线形。第二，尽管他认为阿里亚纳至少有三条边，正好可以形成一个平行四边形，虽然他没有办法用数学

---

① 他在指责厄拉多塞。
② 托罗斯山脉。
③ 印度河。

方位标出西部的边界，因为那里的部落居民经常互相更换居住地，①但是，他用通过里海门到波斯湾附近卡尔马尼亚高峰的直线，画出了这条边。②因此，他把这边称为西边，而把沿着印度河的那边称为东边，但他不认为它们是平行的，也不认为其他两边（一条以山为界，另一条以海为界）是平行的，只是把它们称为北边和南边。

23. 此后，他又为第二块画了一个草图，第三块比第二块更加粗糙——这是有许多原因的。第一个原因上面已经提到，即这条边起自里海门，通过卡尔马尼亚（这条边与第二块和第三块共用）并没有明确地测定；第二个原因是，正如厄拉多塞所说，由于波斯湾切入了南边，因此他被迫接受了起自巴比伦，通过苏萨、波斯波利斯到卡尔马尼亚和波斯边境的直线，沿着这条直线，他可以找到一条经过测量的道路，其长度据说略微超过 9000 斯塔德。厄拉多塞把这条边称为"南边"，但他不认为它和北边是平行的。还有一件事情也是明显的，他所认为的西边幼发拉底河，在任何地方都不是直线；但是在它向南流过了山区之后，它接着转向了东方，然后向右转向南方，朝着入海口流去。厄拉多塞指出由底格里斯河与幼发拉底河冲积物形成的美索不达米亚外形"类似走廊"，这就清楚地表明这条河流不是笔直的。除此之外，谈到从塔普萨库斯到亚美尼亚的距离，厄拉多塞也不知道。至于西边与幼发拉底河为界的距离全部被测量了；而且他自己说他不知道与亚

---

① 他们把穿过第二部分和第三部分之间的共同边界线稀里糊涂地混在一起了。

② 数学上的虚线。

美尼亚和山区为邻的地区有多大,由此可以看出它还没有被测量过。由于上述这些原因,他只给第三块画了一个粗糙的轮廓;确实,他说自己收集的距离资料来自许多作家的旅行日记,其中有些实际上连标题也没有。因此,当喜帕恰斯以几何学的准确性批驳这些仅仅是原生状态的粗糙图形时,他看来似乎不大公正。我们应当感谢所有那些以各种方式使我们认识了这些地区自然地理的人们。但是,当喜帕恰斯不依靠厄拉多塞而提出自己的几何学假设时,当他敢于依靠自己的力量来编造假设时,他的虚荣心表现得就更明显了。

24. 因此,厄拉多塞说他知道的第三部分仅仅是"粗糙的轮廓",从里海门到幼发拉底河的距离为10000斯塔德。接着,他又把这段距离分成几部分,他在测量它们的时候,发现其他人反过来从幼发拉底河和塔普萨库斯的通道开始,已经测量过了这些地方。因此,他把从幼发拉底河到亚历山大渡过的底格里斯河渡口距离2400斯塔德,还有从这里到达下面几个地方:高加梅拉、利库斯河、埃尔贝勒和埃克巴坦那(大流士从高加梅拉逃往里海门的道路)的距离,凑满了10000斯塔德,而且还多出了300斯塔德。这就是厄拉多塞所测量的北边的距离,他起初并不认为它与山脉是平行的,也不认为它与穿过赫拉克勒斯石柱、雅典和罗德岛的直线是平行的。塔普萨库斯离开山区和山脉有很长的距离,从塔普萨库斯开始的道路在里海门交汇。这是第三部分边界的北部。

25. 在这样描绘了北边之后,厄拉多塞认为不能认为南边沿着海岸,因为波斯湾插入了大海;不过,他认为从巴比伦到苏萨、波斯波利斯、波斯和卡尔纳尼亚的边境距离是9200斯塔德。他把这边称为"南边",但他并不认为南边与北边是平行的。至于已经确定的南北两边长度的区别,他说这是由于幼发拉底河在流向南方某个地方之后,突然转向东方所造成的。

26. 在这两条横边之中,厄拉多塞首先谈到了西边,这条边是什么样子,它是一条还是两条直线,这都是有待讨论的问题。他说,由于从塔普萨库斯的通道沿着幼发拉底河到巴比伦的距离是4800斯塔德,从这里再到幼发拉底河口和特雷登城是3000斯塔德;至于从塔普萨库斯向北直到亚美尼亚门的距离都已经测量过。大约是1100斯塔德;但通过戈尔迪尼和亚美尼亚的距离还没有测量。因此厄拉多塞对这两座城市未加考虑。但东边的一部分从红海纵向穿过波斯,通向米底和北方。厄拉多塞认为其距离不少于8000斯塔德(如果从某些海角算起,甚至超过了9000斯塔德)。其余部分通过帕雷塔塞尼、[①] 米底到里海门距离约3000斯塔德。他说,底格里斯河与幼发拉底河从亚美尼亚向南流去,在流过了戈尔迪尼山区之后,它们画出了一个大圈,围出了一块相当大的地方美索不达米亚;然后朝着冬季太阳升起的方向和南方流去,特别是幼发拉底河。幼发拉底河在塞米拉米斯城墙和俄皮斯村附近(幼发拉底河离该村大约200斯塔德),非常接近底格里斯河,在流过了巴比伦之后,汇入了波斯湾。他说:"它就这样流过去了,美索不达米亚和巴比伦尼亚的外形像个走廊。"厄拉多塞的说法就是这样。

27. 对于第三部分,厄拉多塞出现了一些错误——我在这里将要讨论它们——但是他完全没有犯喜帕恰斯所指责的错误。让

---

① 关于帕雷塔塞尼的位置,参见本书 XV, iii, 12。

我们来看看喜帕恰斯说了一些什么。由于喜帕恰斯企图以自己最初的说法为依据，使我们不能按照厄拉多塞的要求把印度向南移动太多，他说厄拉多塞自己的话也非常清楚地证明了这一点。厄拉多塞首先说第三部分位于穿过里海门到幼发拉底河直线的北边（距离为10000斯塔德），又补充说南边通过巴比伦到达卡尔马尼亚边界的距离略多于9000斯塔德的长度；西边从塔普萨库斯沿着幼发拉底河到巴比伦距离是4800斯塔德，从巴比伦到幼发拉底河口是3000斯塔德；至于谈到塔普萨库斯的北边，被测量过的只有一部分，长度是1100斯塔德，其余部分尚未测量。喜帕恰斯说，在这种情况下，由于第三部分北边大约有10000斯塔德，与它平行的直线笔直地穿过巴比伦到达东边，厄拉多塞估计其长度略多于9000斯塔德。那么，情况很清楚，巴比伦位于塔普萨库斯通道以东略超过1000斯塔德。[①]

28. 我的回答是，如果里海门与卡尔马尼亚、波斯的边界正好在同一条笔直的子午线上，如果通过塔普萨库斯的直线和通过巴比伦的直线能与上述子午线直角相交，那么喜帕恰斯的结论是令人信服的。确实，通过巴比伦的直线延长到塔普萨库斯的子午线，与从里海门到塔普萨库斯的直线从表面上看来是相等的，起码是几乎相等的；因此，巴比伦似乎比塔普萨库斯更靠东边，从里海

[①] 喜帕恰斯的论据如果能够得到认可，当然是有利的。他认为厄拉多塞提到了经纬度的距离，他画出了一个矩形，它的各边由通过塔普萨库斯、里海门和巴比伦的子午线组成，他轻而易举就找到了厄拉多塞不一致的地方。他使用归谬法，把厄拉多塞的巴比伦位置确定在更远的地方。斯特拉博力图揭露喜帕恰斯的推理谬误，证明根据同样的前提，喜帕恰斯可以证明厄拉多塞更多的谬误。

门到塔普萨库斯的直线也比从卡尔马尼亚边境到巴比伦的直线更长！但是，第一，厄拉多塞没有说过阿里亚纳西边的直线位于子午线上；他也没有说过从里海门到塔普萨库斯的直线与通过里海门的子午线直角相交。他只是说山脉形成了一条直线，通过塔普萨库斯的直线与这条直线形成了一个锐角。因为后者从下方穿过那个地点，① 正是山脉开始形成直线的地方。第二，厄拉多塞没有把这条从卡尔马尼亚延伸到巴比伦的直线与延伸到塔普萨库斯的直线称为平行线，即使它是平行的，这也证明不了喜帕恰斯的结论，因为它与通过里海门的子午线就不能形成直角了。

29. 不过，喜帕恰斯不假思索地接受了这个假设，并按照自己的想法指出，据厄拉多塞说巴比伦位于塔普萨库斯以东1000斯塔德稍微多一点。喜帕恰斯毫无根据地编造了一个假设，用以证明自己的论点。他说，如果我们认为有一条直线通过塔普萨库斯向南，还有一条直线通过巴比伦与它垂直，我们就得到了一个直角三角形，它的一条边由从塔普萨库斯延伸到巴比伦的直线组成，另一条边是穿过巴比伦到塔普萨库斯子午线的垂线，还有通过普萨库斯的子午线本身。他把这个三角形从塔普萨库斯到巴比伦的一边当作斜边，认为它有4800斯塔德；而把从巴比伦到塔普萨库斯子午线的垂线略多于1000斯塔德——在这个距离，通往塔普萨库斯的直线，② 多少超过了通往巴比伦的距离；③ 由此，他计算出组成直角三角形的其余两边，几倍于上述垂线。在这条直线上，他

---

① 即倾向南方。
② 从里海门起。
③ 从卡尔马尼亚边界起。

第一章　对于厄拉多塞和喜帕恰斯等前辈的评价

又加上了从塔普萨库斯向北延伸到亚美尼亚山脉的直线，据厄拉多塞所说，这条直线的一部分已经测量，长度为1100斯塔德，另一部分他认为还没有测量。喜帕恰斯认为后面的部分至少有1000斯塔德。因此，两部分加起来共有2100斯塔德；如果把这个数字加在三角形的直角边上，①它就与从巴比伦出发的垂线相交。喜帕恰斯认为有几千斯塔德，即从亚美尼亚山脉或通过雅典的纬线圈到巴比伦的垂线——他把这条垂线放在通过巴比伦的纬线圈上。无论如何，他指出从通过雅典的纬线圈到通过巴比伦的纬线圈，距离不超过2400斯塔德，即使认为整个经线的长度就是厄拉多塞说的长度。如果就像厄拉多塞说的一样，那亚美尼亚山脉和托罗斯山脉就不可能位于通过雅典的纬线圈上。根据厄拉多塞自己所说，它在几千斯塔德以北的地方。在这一点上，除了他利用已经遭到批驳的理论来建立自己的直角三角形，他认为这一点也未经证实，即他假设从塔普萨库斯到巴比伦的直线不超过4800斯塔德。因为厄拉多塞不仅说过这条线段沿着幼发拉底河。但是，当他告诉我们美索不达米亚和巴比伦尼亚被一个由幼发拉底河与底格里斯河形成的大圈所环绕时，他说这个圈的大部分是由幼发拉底河形成的。因此，从塔普萨库斯到巴比伦的直线不可能通过幼发拉底河。也不可能有这么长的距离。这样，他的证据就被推翻了。不过，正如我先前说的，如果从里海门有两条线路，一条通往塔普萨库斯，另一条通往亚美尼亚山脉那个与塔普萨库斯相应的地

---

① 斯特拉博在第26节明确指出，厄拉多塞没有说过西边是一条直线，但喜帕恰斯认为这不成问题。

区（据喜帕恰斯自己所说，它离塔普萨库斯最少有2100斯塔德），那么，这些直线就不可能是通过被厄拉多塞称为"南边"的巴比伦的平行线。因为厄拉多塞不可能说沿着山脉的道路是测量过的，他说的只是从塔普萨库斯到里海门的道路是测量过的。而且他还加上了一句："这只是粗略地说说。"此外，由于厄拉多塞只希望确定在阿里亚纳与幼发拉底河之间的地区有多长距离，当他在测量一条道路或另一条道路的时候，不要造成太大的差距。不过，当喜帕恰斯暗示厄拉多塞说过这些直线是平行线时，他显然是在指责人们极端幼稚无知。因此，我必须驳斥他的这些幼稚论点。

30. 人们可以这样指责厄拉多塞。例如，在外科手术中，关节部分的截肢不同于随意的局部切割手术（因为前者是按照规定的方式，切除有固定外形的部分），荷马就说到这种意思：

把他的肢体一点一点地割下。

（《伊利亚特》，XXIV，409）

但后者却不按这种方式办事，正如我们根据具体的问题，重视依据时间和需要使用各种手段；当我们在研究地理学的具体问题时，也应当把它分成各个部分。但是，我们应当遵循一点一点分割的原则，而不是随意切割的原则。因为只有这样才能确定地理学家所需要的、重要的、准确的要素。当一个国家的边界可以用河流、山脉、海洋、一个或多个部落，最后还有大小和可能的形状来确定的时候，这个国家的边界就是准确的。但是在通常的情况下，以简单粗略的确定代替几何学的确定也就足够了。因此，

第一章　对于厄拉多塞和喜帕恰斯等前辈的评价

在谈到一个地方的大小时，如果能够指出它的最大长度和宽度就足够了（例如，有人居住的世界长度可能是70000斯塔德，而宽度略少于长度的一半）；在谈到形状的时候，只要把它比喻成某种几何形状（如西西里像三角形）或某种已知的其他形状（如伊比利亚像牛皮，伯罗奔尼撒半岛像悬铃木树叶）就足够了。你要分割的成片土地越大，你所分割的片就越不准确。

31. 这样，厄拉多塞用托罗斯山脉和延伸到赫拉克勒斯石柱的大海，把有人居住的世界恰当地分成了两部分。在南部地区：他用许多办法把印度的边界，如山脉、河流、海洋、还有一个种族集团的名字明确地标志出来，——厄拉多塞非常正确地把印度称为四边形和菱形地区。但是，阿里亚纳由于其西边难以分清，只有一个不容易勾画的轮廓；[①] 但是它仍然可以用三条接近直线的边、阿里亚纳的名字、一个种族集团的名字来确定。不过，第三块是一个完全没有标志的地区，无论如何被厄拉多塞确定了。这是因为第一，正如我前面所说的，它和阿里亚纳有一条共同的、难以分清的边，它的南边非常难以通行；因此没有办法描绘这块的边界，因为它通过这块的正中心，留下了许多地方在南边，也不能代表这块的最大长度（因为北边更长）；幼发拉底河没有形成它的西边（即使它的河流是直线），因为河流的两端——河源与河口——不在同一条子午线上。实际上，为什么要把这条边称为西边而不是南边呢？此外，由于位于这条直线与西里西亚和叙利亚海之间的距离不大，没有令人信服的理由说明为什么这块不延伸

---

① 参见本章第22节。

到这里，因为塞米拉米斯和尼努斯两人被称为叙利亚人（巴比伦是塞米拉米斯所建并确定为都城，尼尼微是尼努斯所建，这表明尼尼微是叙利亚的都城），而且现在幼发拉底河两岸人民的语言也是同样的。无论如何，把这个地区如此著名的民族以这样的分割线强行分离成几部分，并且把这些被分离的民族和那些属于异族的部落结合在一起，完全是错误的做法。确实，厄拉多塞不能声称他是由于考虑到第三块的面积被迫这样做的：因为如果加上这块直到海边的地区，[①] 那么，第三块的面积与印度和阿里亚纳就不相等了；虽然我们已经把直到阿拉伯福地和埃及边界的领土都加在它一起。因此，最好的办法是把第三块扩大到这些边界地区，办法是加进一小片延伸到叙利亚海边的地区，划定第三块的南边但不是像厄拉多塞的做法，也不要以直线的形式，而是要让它沿着海岸线，沿着你的右手（当你从卡尔马尼亚沿着波斯湾航行到幼发拉底河口），然后，再沿着梅塞纳和巴比伦尼亚的边界，这条边界形成了分割阿拉伯福地和大陆其他部分的地峡起点；接着，在越过地峡之后，便到达了阿拉伯湾的顶端、培琉喜阿姆，再向前走便到了卡诺布斯城的尼罗河口。这就是南边；另一条边或西边沿着卡诺布斯城的尼罗河口海岸线一直延伸到西里西亚。

32. 第四块由阿拉伯福地、阿拉伯湾、整个埃及和埃塞俄比亚组成。这块地区的长度是两条子午线之间的距离，其中一条穿过最西边的点，另一条穿过这块最东边的点。它的宽度是两条纬线之间的距离，其中一条穿过最北边的点，另一条穿过最南边的点；

---

① 地中海。

由于形状不规则，它的长度和宽度难以用各边来确定，我们同样必须确定它们的面积。一般来说，我们必须假设"长"和"宽"在整体和部分的意义中不是一样的。正相反，从整体来说，较长的距离称为"长"，较短的则称为"宽"；从部分来说，我们把与整体长度平行的条块称为长。而两个长度之中哪一个更长并不重要，而作为宽度的距离比作为长度的距离更长也并不重要。因为有人居住的世界的长度从东延伸到西，宽度从北延伸到南。它的长度沿着平行于赤道的直线，宽度沿着子午线。从部分来说，我们必须把与有人居住世界的长度平行的整个块作为长度，而把与它的宽度平行的整个块作为宽。因为用这种方法我们可以更好地确定：第一，整个有人居住的世界的面积；第二，有人居住的世界各个部分的位置和形状。因为在进行这种比较的时候，就可以搞清各个部分在哪些方面有缺陷，在哪些方面它们超过了尺寸。

33. 同时，厄拉多塞把有人居住世界的长度等同于通过赫拉克勒斯石柱、里海门、高加索山脉的一条直线；而把第三块的长度等同于通过里海门和塔普萨库斯的直线；第四块的长度等同于通过塔普萨库斯、西朗波利斯到尼罗河口地区的直线；这条直线必定结束于卡诺布斯和亚历山大城；因为尼罗河最后一个河口名叫卡诺布斯或赫拉克利奥提克河口，就位于这个地方。这样，他就把两个长度放在前后两条直线上。它们似乎在塔普萨库斯形成了一个三角形。无论如何，他自己已经说得很清楚，他不认为任何一条直线平行于有人居住世界的长。因为他画的有人居住世界的长穿过了托罗斯山脉、地中海直通赫拉克勒斯石柱，等同于穿过高加索山脉、罗德岛和雅典的直线；他认为沿着这些地方的子午线，从罗德岛到亚历山大城的距离略少于4000斯塔德；因此，罗德岛和亚历山大城的纬线正好是这个长度。而西朗波利斯的纬线几乎与亚历山大城的纬线相同，至少比后者靠南；因此，穿过西朗波利斯的纬线与罗德岛和里海门纬线的直线（不论它们是直线还是曲线），都不可能与这两条纬线之中的任何一条平行。因此，厄拉多塞认定的长度是不正确的。而且，他认为各个部分延伸到北方也是不正确的。[①]

34. 现在，让我们再回到喜帕恰斯，看看他接下来说了什么。喜帕恰斯在随意编造了一个理论之后，继续以几何学的准确性来批驳厄拉多塞所说的粗略的理论。他说，厄拉多塞声称从巴比伦到里海门有6700斯塔德距离，沿着直接通过二分点东方的直线到卡尔马尼亚和波斯边境超过9000斯塔德距离，这条直线垂直于第二部分与第三部分共有的一条边。因此，根据厄拉多塞所说，形成了一个直角三角形。它的直角位于卡尔马尼亚边境，它的斜边短于包围直角的一条边。喜帕恰斯说，因此，厄拉多塞只好把波斯当作其第二部分的一部分！关于这个问题，我已经回答过，厄拉多塞既不认为从巴比伦到卡尔马尼亚的直线位于一条纬线上，也没有说过分开这两部分的直线是子午线；因此，喜帕恰斯用这个假设不能批倒厄拉多塞。他随后的结论也是不正确的。因为厄拉多塞已经确定从里海门到巴比伦的距离就是前面所说的6700斯塔德，从里海门到苏萨的距离是4900斯塔德，从巴比伦到苏萨是3400斯塔德。喜帕恰斯根据同样的假设，再次提出里海门、苏萨

---

① 延伸到托罗斯山脉北方的地区。

和巴比伦的制高点形成了一个钝角三角形，它的钝角在苏萨，它的长度等于厄拉多塞所确定的距离。接着，他做出了自己的结论，根据这些假设，穿过里海门的子午线将与穿过巴比伦和苏萨的纬线相交于一个地方，这个地方比以直线穿过里海门到卡尔马尼亚和波斯边境纬线的交点更靠西，超过4400斯塔德；因此，这条直线通过里海门，在方位上靠近南方与二分点东方的中间；而且，印度河必定与这条直线平行；这条河后来并不像厄拉多塞所说的那样从山区流向南部，准确地说是像古代的地图描绘的那样，在南方与二分点东方之间的地区流动。请问，有谁同意喜帕恰斯的三角形是钝角三角形，而不认为把它包括在其中的三角形是一个直角三角形？[①] 有谁同意组成这个钝角三角形的一条边（从巴比伦到苏萨的直线）位于纬线上，而不认为这是到卡马尼亚的整个直线？有谁承认通过里海门到卡尔马尼亚的直线与印度河平行？如果没有这些假设，喜帕恰斯的论点将空无一物。如果没有这些假设，厄拉多塞才可以说印度的外貌是菱形；它的东边向东方延伸很远（特别是在它的顶角，它同其他的海岸相比更加偏向南方），印度河的河岸同样也向东延伸了很远。

35. 喜帕恰斯以几何学观点引用了这些论点，但他对厄拉多塞的批评是难以令人信服的。尽管他自己制定了许多几何规则，他却把自己置身这些规则之外，他声称如果他的准则出现的误差只涉及不长的距离，他将忽略这些误差。但是，由于厄拉多塞的误

---

① 如果 EB 线延伸到厄拉多塞的苏萨（他的直线从 A 到卡尔马尼亚），我们就将得到一个直角三角形 AEB，它包括一个钝角三角形 AEB。

差明显地涉及几千斯塔德距离，它们显然是不能被忽视；喜帕恰斯接着说，厄拉多塞自己也宣布过，即使在400斯塔德的范围之内，纬度的差异也是可以觉察到的。例如，在雅典和罗德岛之间的差异就是这样。但是，这种纬度差异的感觉不能只靠一种方法来检验，而是在差异较大时用一种方法，差异不大时用另一种方法；在差异大的地方，我们应当依靠观察得到的证据，或者农作物、气温，依靠我们对"纬度"的判断；在差异较小的地方，我们应当借助日晷和屈光仪器来观察差异。因此，雅典、罗德岛和卡里亚的纬线用日晷可以明显地（在距离这样遥远的情况下，这是自然的）显示出纬度的差异。不过，当一位地理学家拿一个宽3000斯塔德、长40000斯塔德的山区加在一个30000斯塔德的海洋一起，从西向二分点东方画一条直线，把这两部分称为南部和北部，并且把它们的各个部分称为"瓷砖"或者"印章"，[①] 我们就应当记住，他使用的这些术语是什么意思，以及术语"北边"和"南边"、"西边"和"东边"的意思。如果不注意极为严重的误差，那就必须要求他进行解释（因为这是正确的做法）；但是，如果涉及的只是微小的误差，即使不重视这个误差，也不会受到谴

---

① 这是厄拉多塞与古代其他地理学家常用的办法，把各个地方和部分与已知的东西相比较，以便使它们更明显，例如，把西班牙和牛皮相比，把伯罗奔尼撒半岛和树叶相比，把撒丁和人的脚印相比。在这种场合中，希腊词汇"plinthia"和"sphragides"也常常被用作描述各地的形容词，分别形容"瓷砖"和"印玺"的形状。斯特拉博仅仅把后面这个单词归之于厄拉多塞，而且，他自己在同样的场合也经常使用这个词。厄拉多塞用"sphragides"这个词表示不规则的四边形（如本书 XV，i，11所表示的那样）；不过在他更详细地叙述特定的地区印度时，他提到这个地方是"菱形的"，在提到第二部分时，他说这个地方"有三条边"，好像是"一个菱形"（参见本书 II，i，22）。

第一章 对于厄拉多塞和喜帕恰斯等前辈的评价

责。无论如何,厄拉多塞在任何方面都没有理由受到指责。因为在涉及如此巨大的纬度宽度时,人们没有提出任何有价值的地理学证据;喜帕恰斯在这里企图引用地理学证据,但他引用的不是公认的假设,[1] 而是他为了自己的需要而捏造的东西。

36. 喜帕恰斯出色地讨论了厄拉多塞的第四部分;但是,他在这里也充分地表现出自己喜欢吹毛求疵,同样或几乎同样顽固坚持假设的毛病;在这一点上,他对厄拉多塞的批评是正确的,即厄拉多塞认为从塔普萨库斯到埃及的直线就是这部分的长度——这就好像一个人把平行四边形的对角线称为平行四边形的长度一样。因为塔普萨库斯和埃及的海岸线并不在同一根纬线上,而是在彼此相距遥远的纬线上;在两条纬线之间,从塔普萨库斯到埃及的直线类似斜线倾斜地穿过。不过,当他对于厄拉多塞敢于确定从培琉喜阿姆到塔普萨库斯的距离为6000斯塔德(而它有8000多斯塔德)感到惊奇的时候,他是错误的。因为通过培琉喜阿姆的纬线在通过巴比伦[2]的纬线以南2400多斯塔德,已经得到证实,他认为(引用他自己想象的厄拉多塞的权威说法)通过塔普萨库斯的纬线在通过巴比伦的纬线以北4800斯塔德,他说在培琉喜阿姆和塔普萨库斯之间有8000多斯塔德距离。[3] 我要问的是,根据

---

[1] 根据普罗克卢斯所说,希腊语单词"Lemma"是一个先前已经证明过的命题,或者是将来要证明的命题。因此,对于手头任何命题或者假设都必须论证。

[2] 无论是厄拉多塞还是斯特拉博,都认为培琉喜阿姆纬度高于巴比伦。

[3] 喜帕恰斯认为厄拉多塞的塔普萨库斯在培琉喜阿姆以北纬度7300斯塔德之处;因此,计算位于两地之间的直角三角形的斜边,长度大约是8500斯塔德。由于喜帕恰斯的论证通常是归谬法,他的谬误再次出现。斯特拉博认为他使用了厄拉多塞关于纬线和经线的计算结果。

厄拉多塞所说，如何解释通过巴比伦的纬线与通过塔普萨库斯的纬线距离像那一样遥远？厄拉多塞确实说过从塔普萨库斯到巴比伦的距离是4800斯塔德；但他接着又说这段距离来自通过一个地方的纬线到通过另一个地方的纬线的测量结果；他确实没有说过塔普萨库斯和巴比伦位于同一根经线上。相反，喜帕恰斯自己指出厄拉多塞说过巴比伦在塔普萨库斯以东2000多斯塔德。[①]我曾经引用过厄拉多塞的说法，他说底格里斯河和幼发拉底河包围了美索不达米亚和巴比伦尼亚，而幼发拉底河是这个包围圈的大部分，在这条河自北向南流去之后，它转向了东方，最后消失在南方。这样，这条自北向南的河流就像是某根经线的一部分。不过，它向东方、向巴比伦弯曲的河道不仅偏离了经线，由于上述包围圈的缘故也不在直线上。厄拉多塞确定从塔普萨库斯到巴比伦的道路长4800斯塔德，但特意补充了一句"沿着幼发拉底河走"，目的是为了避免使人误认为这是直线距离或者是两条平行线之间的距离。如果不接受喜帕恰斯这个假设，他下面的论点也是毫无用处的，即如果在培琉喜阿姆和塔普萨库斯的制高点、在塔普萨库斯的纬线和培琉喜阿姆的子午线交叉点的制高点之间画一个直角三角形。那么，这个直角在子午线上的一条边将大于斜边，即从塔普萨库斯到培琉喜阿姆的直线。还有一个与这个论点有关的论点也是毫无用处的，因为它是根据某些不被承认的东西捏造的。[②]因为厄拉多塞肯定没有提出过这个假设，即从巴比伦到通过

[①] 喜帕恰斯使用通常的论战方式，把巴比伦向西方推进了1000斯塔德。

[②] 普罗克卢斯认为这里使用的希腊动词与正规名词一致，它包含了那些为了某些目的而必须增加的部分。

第一章　对于厄拉多塞和喜帕恰斯等前辈的评价

里海门的子午线距离是4800斯塔德。我已经证明喜帕恰斯捏造的这个假设，所用资料不被厄拉多塞所承认；但是，为了使厄拉多塞承认的东西无效，喜帕恰斯提出从巴比伦到从里海门与卡尔马尼亚边界之间画一条直线（正如厄拉多塞打算画的直线一样），长度超过了9000多斯塔德。然后又继续证明同一件事情。[1]

37. 因此，我们不是为了这点而批评厄拉多塞，而是因为他确定的面积和外形需要有某种标准的度量单位，而是因为在一种情况下允许有许多假设，而在另一种情况下只允许有少量的假设。[2] 例如，如果承认延伸到二分点东方的山脉宽度和延伸到赫拉克勒斯石柱的大海宽度是3000斯塔德，那么人们也就乐于承认在这个宽度之内，按照这条直线可以画出多条与其[3]平行的直线，而不是相交的直线；这些相交的直线也可以认为是在这个宽度之内，而不是在其宽度之外。同样，人们愿意承认在上述宽度之内的与这条直线平行的那些直线，而不是在其宽度之外的直线。愿意承认那些延伸很长的直线，而不是延伸不长的直线。因为在上述情况下，长度的不等和数量的差异都可以被忽视；例如，就整个托罗

---

[1] 斯特拉博在第34节提到了这个错误的结论。

[2] 斯特拉博内心是接受厄拉多塞的地图及其论文的，虽然它们有些不当之处。他反对喜帕恰斯建立在虚构的假设和特定场合几何计算基础之上的批评。在这一节之中，他提出地图必须有标准的度量，根据具体情况使用有伸缩性的比例，我们必须在线性方向和几何级上制定比率。这种标准的度量将使我们免于出现诸如把里海和尼罗河口放在同一个纬度的错误，也可以使我们在估算这两个地方之间的实际距离时，不至于认为它们的纵距相同。除此之外，斯特拉博用平行四边形证明了在相同的比例之下，任何两点之间的实际距离不少于它们之间的子午线之差。

[3] 即一根假设的穿过这个地带东西向的线条，这个地带的长度大约是780000斯塔德，但俄国学者认为只有70000斯塔德。

斯山脉和直到赫拉克勒斯石柱的大海宽度而言,如果假设它的宽度3000斯塔德,我们可以假设有一个平行四边形,勾画出了整个山脉和上述大海的边界。如果你想把这个平行四边形纵向分割成几个小平行四边形,塞萨洛尼卡就是这个整体及其各个部分的斜线,整体的斜线可以认为与长边相同(即平行相等的),任何一个小平行四边形的斜线都可以和相应的长边相比;越是以小平行四边形为例,这种假设越是可靠。因为在大平行四边形中,斜边的倾斜度和长度的不等性在与长边进行比较的时候不容易确定;因此,在这种情况下你应当毫不犹豫地把斜边作为平行四边形的长。但是,如果你把斜边画得很倾斜,那么它就越出两条边之外,或至少是其中的一条边之外,但这种情况同样不可能发生。这里有一个实际的问题,我指的是使用标准的度量单位来粗略地测量巨大的物体。但是,厄拉多塞从里海门开始,使用的不仅是一条通过山脉本身的直线,而且还有一条比较偏向山脉到塔普萨库斯的直线,两条直线好像在赫拉克勒斯石柱通过了一根纬线。当他让直线再次穿过更远的、从塔普萨库斯到埃及的另一条直线时,它因此而占据了一个额外的宽度;接着,他用这条直线的长度测量其物体的长度,他看来还准备用长方形的斜边测量其长方形的长度。但是,他的直线无论何时都不是斜线,而是虚线,看来他是做错了。实际上,从里海门通过塔普萨库斯到尼罗河的直线是一条虚线。我们反对厄拉多塞的意见就是这样。

38. 不过,喜帕恰斯也应当为此受到指责,当他在批评厄拉多塞的时候,他应当对厄拉多塞的某些错误做出更正——就像我正在做的事情一样。喜帕恰斯请求我们(确实,他总是想到这点)

第一章 对于厄拉多塞和喜帕恰斯等前辈的评价

重视古代地图,尽管这些地图比厄拉多塞的地图需要做更多重大的修正。他的最后努力也因为同样的缺点受到了破坏。正如我已经证明的那样,他有一个众所周知的假设,是建立在厄拉多塞不承认的虚构数据之上的,即巴比伦在塔普萨库斯以东不超过1000斯塔德;因为喜帕恰斯根据厄拉多塞所说,从塔普萨库斯到底格里斯河畔、亚历山大渡河的地方有一条捷径为2400斯塔德,并且由此得出一个正确的结论,巴比伦在塔普萨库斯以东不超过2400斯塔德。厄拉多塞还说过底格里斯河和幼发拉底河在环绕美索不达米亚之后,流向东方然后转向南方,最后彼此靠近,流向巴比伦。他证明了厄拉多塞的论点没有任何荒诞谬误之处。[①]

39. 喜帕恰斯最后的努力是,他希望证明厄拉多塞所确定的从塔普萨库斯到里海门道路的长度——这条道路据厄拉多塞估计有10000斯塔德——是根据直线距离测量的,尽管它并没有测量过,因为直线要短得多。他攻击厄拉多塞的理由如下:根据厄拉多塞自己所说,通过尼罗河卡诺布斯河口的子午线与通过基亚尼礁石[②]的子午线是同一根子午线,这根子午线距离通过塔普萨库斯的子午线有6300斯塔德;而基亚尼礁石距离卡斯皮乌斯山有6600斯塔德,这座山位于从科尔基斯通向里海的山口;因此,通过基亚尼礁石到塔普萨库斯的子午线长度在300斯塔德之内,等于从这

[①] 按照斯特拉博的说法,喜帕恰斯的"归谬法"再次失效了。首先,喜帕恰斯把不是厄拉多塞说的这个结果(1000斯塔德)强加给厄拉多塞;其次,他根据厄拉多塞计算的结果(2400斯塔德)做出了错误的结论,这从厄拉多塞对底格里斯河和幼发拉底河的叙述之中可以明显地看出。

[②] 辛布里加德斯礁。

里到卡斯比乌斯山的距离；实际上，这也就是说塔普萨库斯和卡斯比乌斯山在同一根子午线上。喜帕恰斯由此得出结论，从塔普萨库斯和卡斯比乌斯山到里海门的距离是相等的；但是，里海门与卡斯比乌斯山的距离远不足 10000 斯塔德，厄拉多塞说它等于里海门到塔普萨库斯的距离；里海门到塔普萨库斯的距离远不到 10000 斯塔德，这是直线测量得到的数字；因此，厄拉多塞依据从里海门到塔普萨库斯的距离、里海门到塔普萨库斯的直线距离，认为这条弯曲的道路长度有 10000 斯塔德。[①] 我对喜帕恰斯的回答是，虽然厄拉多塞认为其直线距离是近似的距离，这在地理学上是常见的事，而且他的子午线和通向二分点东方的直线也是近似的，喜帕恰斯仍然以几何学的观点来批评他——似乎每一条直线都要用仪器来画出。[②] 喜帕恰斯本人并没有使用仪器来画线，而是靠推测来确定垂线和平行线之间的关系。这就是喜帕恰斯的一个错误。他的另一个错误是不承认厄拉多塞确定的距离，也不检查它们是否正确，而是用自己虚构的距离来驳斥它们。举例来说，尽管厄拉多塞一开始就指出了从色雷斯的博斯普鲁斯到法西斯[③]的距离为 8000 斯塔德，再加上到狄俄斯库里亚斯城的 600 斯塔德，还有通往卡斯比乌斯山的大约五天路程（根据喜帕恰斯自己估计大约有 1000 斯塔德），因此，根据厄拉多塞的说法，总计为 96000 斯塔德；喜帕恰斯把这个数字加以四舍五入，宣布从基亚尼礁石

---

① 虽然喜帕恰斯采用厄拉多塞的距离作为子午线，但厄拉多塞明显是错误的。斯特拉博企图尽力维护厄拉多塞的错误也是明显的。
② 即观察仪器，如日晷。
③ 法西斯河口的城市。

第一章 对于厄拉多塞和喜帕恰斯等前辈的评价

到法西斯的距离是5600斯塔德，由此前往卡斯比乌斯山再加1000斯塔德。因此，他认为卡斯比乌斯山和塔普萨库斯实际上在同一条子午线上，它不是建立在厄拉多塞的理论，而是建立在喜帕恰斯本人的理论基础之上。而我们却认为这是建立在厄拉多塞的理论基础之上。由此是否可以得出结论，由卡斯比乌斯山到里海门的距离等于从塔普萨库斯到同一地点直线距离的长度？

40. 在其著作的第二卷之中，喜帕恰斯再次提到了厄拉多塞的同一个问题，即把有人居住世界沿着托罗斯山脉的直线分开。关于这个问题我已经说得足够多了；接着，他转而讨论起有人居住世界北部的问题；然后他开始叙述厄拉多塞所说的，位于攸克辛海之后的各个地方：他说有三个海角延伸过来：第一个海角是伯罗奔尼撒半岛海角，第二个是意大利海角，第三个是利古里亚海角；这三个海角形成了亚得里亚海湾和第勒尼亚海湾。喜帕恰斯在大致叙述了厄拉多塞的说法之后，企图以几何学而不是地理学的原则来检查厄拉多塞关于这些海角之中每个海角说法的准确性。不过，假如厄拉多塞和提莫斯提尼（他写了《港口记》，厄拉多塞对他的赞美超过所有其他作家，但我们发现他在许多问题上与后者有分歧）在这些海角中，如果出现这样多重大的错误，我认为无论是对这些严重偏离事实的人，还是对喜帕恰斯，如果不加以批评是不合适的。因为喜帕恰斯对他们的某些错误默不作声，对另外一些错误未加更正，而仅仅是批评和指出了它们是虚构的或自相矛盾的。我们可能应当找出厄拉多塞在这个问题上的差错，即他说欧罗巴有"三个海角"，并且把"一个海角"放在伯罗奔尼撒半岛；因为它在众多的海角中可以说只是一个分支。例如，苏尼乌姆角像拉科尼亚一样，几乎延伸到了马莱伊（Maleae）南部，环绕着一个巨大的海湾。而色雷斯的切尔松尼斯半岛和苏尼乌姆角分隔开，在它们之间形成的不仅有米拉斯湾，[①]还有在米拉斯湾之后的马其顿各个海湾。无论如何，如果我们忽视这些问题，还有更多明显是距离错误的问题，将证明厄拉多塞对这些地区的无知是如何令人惊叹。而且，这种无知不需要几何学的证据，只需要那些明显的证据立刻就可以证明。例如，从埃皮达姆努斯（Epidamnus）到塞尔迈湾的路程超过2000斯塔德，但厄拉多塞说它只有900斯塔德；从亚历山大城到迦太基的距离有13000多斯塔德，他说不超过9000斯塔德；厄拉多塞还说，如果卡里亚、罗德岛与亚历山大城在同一子午线上，西西里海峡也就与迦太基位于同一根子午线上。实际上，从卡里亚（Caria）到西西里海峡的航程一致公认不超过9000斯塔德；虽然在这两个地方之间有很长的距离，在更东方的子午线可以认为与在西方不远的子午线是同一根子午线，这根子午线在西西里海峡的西边，当我们仍然在关注4000斯塔德的问题时，这个错误就是不言而喻的。实际上，当厄拉多塞把罗马（它和迦太基一样，位于西西里海峡以西）和迦太基放在同一根子午线上的时候，他对上述地区和直到赫拉克勒斯石柱西部的一系列地区的无知，的的确确是达到了极点。

41. 这样，喜帕恰斯虽然没有写地理学方面的著作，只是批判了厄拉多塞《地理学》之中的说法，进一步说是详尽地批判了

---

① 沙罗湾。

第一章 对于厄拉多塞和喜帕恰斯等前辈的评价

厄拉多塞的错误；但对于我而言，我认为他正确地、详细地介绍了相关的讨论，其中既有厄拉多塞正确之点，更多的是其错误之点。我不仅更正了他的错误，而且我还使他在某些地方摆脱了喜帕恰斯对他的指控，在喜帕恰斯吹毛求疵地发表高谈阔论的时候，我还批评了他本人。不过，从这些事例中，我看到厄拉多塞完全背离了正道，喜帕恰斯对他的指责是公正的。我认为，如果我能在《地理学》之中用简单确定事实的办法来更正厄拉多塞的说法，就已经足够满意了。实际上，如果有什么地方错误接连不断，表现非常明显，最好的办法就是完全不要提它们，或者是少提和一般提提而已；这就是我准备在详细的叙述中打算做的事情。无论如何，现在必须说明，提莫斯提尼、厄拉多塞和前辈地理学家完全不知道伊比利亚和凯尔特；也非常不了解日耳曼和不列颠；同样也不了解盖坦人和巴斯塔尼亚人的国家；他们在相当大程度上也不了解意大利、亚得里亚海、攸克辛海和在它们之后的北方地区；虽然这样的说法可能是吹毛求疵。因为厄拉多塞曾经说过，当问题涉及非常遥远的地区时，他只能提供传说的距离，而不能替它们的真实性担保。他承认自己是通过口传的方式获得这些资料——尽管常常会加上一句"大约是直线"——因此，对这些互相不一致的距离进行严格的考察[①]是不恰当的。这就是喜帕恰斯不仅在上述场合正想要做的事情。而且，在他叙述从希尔卡尼亚到巴克特里亚和巴克特里亚之后部落地区的大致距离时，在叙述从科尔基斯到希尔卡尼亚海的距离时，都是这样做的。确实，在谈

---

① 几何学的。

到遥远地区的地理情况时，我们没有看到他像我们在叙述大陆的海岸和其他熟悉地区一样的严格；不仅如此，就像我先前所说的，当问题涉及邻近地区时，不应当使用几何学的标准，而应当使用地理学的标准来进行检验。同样，喜帕恰斯在为了批驳厄拉多塞的《地理学》而写的第二卷尾部，批评了厄拉多塞关于埃塞俄比亚的许多说法。接着，他宣布在他的第三卷之中，他的研究大部分是数学的，"在某种程度上"也涉及地理学。然而，在我看来，他并没有使他的理论"在某种程度上"属于地理学，而是使它完全成了数学——虽然厄拉多塞自己为喜帕恰斯这种做法编造了一个冠冕堂皇的理由，因为厄拉多塞也经常转而讨论这些科学问题。在讨论之后，他也没有提出严密的准确理论，只是提出了一些含糊不清的东西。请恕我直言，他是一位地理学家之中的数学家，数学家之中的地理学家；因此，他为两方面的对手都提供了批评他的口实。而厄拉多塞和提莫斯提尼给喜帕恰斯提供的理由，在第三卷中是这样的准确，以至于我无须在喜帕恰斯的评论之中再加入自己的评论，因为喜帕恰斯所说的已经足以满足我的需要了。

第二章 对于波塞多尼奥斯的评价（上）

1. 现在，让我们来看一看波塞多尼奥斯在自己的著作《论海洋》中说了一些什么。① 因为他在这篇论文中主要讨论的好像是地理学，部分是以所谓准确的地理学观点，部分是以更严格的数学观点来论述问题。我认为，对波塞多尼奥斯的某些说法加以评论是适当的。其中一些说法现在就可以评论，另外一些说法在我讨论个别的国家时加以评论，只要有机会，一定会遵守某种标准。② 例如，地理学有一个特点是假设地球是一个完整的球形，——就像我们把整个宇宙当成球形一样——并且接受由这些假设而产生的所有结论，其中有一个结论就是地球分为五个带。

2. 根据波塞多尼奥斯所说，帕尔梅尼德斯（Parmenides）是把地球分为五个带的创始人，不过，帕尔梅尼德斯描绘的热带几乎是其实际宽度的两倍。③ 因为它越出了两边的回归线之外，延伸

---

① 波塞多尼奥斯的著作《论海洋》共有三卷。第一卷为地理学历史、荷马问题、古代的航海活动和陆地表面的改变；第二卷为带的学说，论海洋、大地的测量；第三卷为地图、斯弗拉基德斯、叙述各地的情况。斯特拉博引用这部著作，只是按照学术规范，从中寻找出论战所需要的东西，如一些互相矛盾的、不可靠的和不可能的资料。

② 这个数字是标准的，斯特拉博曾经提到它（参见本书Ⅱ, i, 37）。

③ 波塞多尼奥斯和斯特拉博为热带确定的双倍宽度，即 $2 \times 17600 = 35200$ 斯塔德。同样，热带延伸宽度为 25°8′32 2/7″（每度宽度相当于 700 斯塔德）。亚里士多德与帕尔梅尼德斯之间的分歧不大。前者认为热带宽度为 24°。

到了温带地区；相反，亚里士多德认为在回归线之间的地区是热带，①在回归线与北极圈之间的地区是温带。不过，波塞多尼奥斯公正地批评了这两种说法，他认为"热带"就是那些因为炎热而无人居住的地区；②这个位于回归线之间的地带大半地区是无人居住的地区，如果我们根据厄拉多塞的推测，谁住在埃及南方——如果这是正确的话，首先是以赤道为界，热带每部分都是整个地带一半的宽度；其次，这一半从麦罗埃延伸到赛伊尼（它是夏至线上的一个点③）的这部分，宽度为5000斯塔德，而从麦罗埃到盛产桂皮国家的纬线圈（热带从这个纬线圈开始）宽度为3000斯塔德。同样，这两个部分的所有地区都已经被测量过了，因为这些地区从海上与陆上都可以通行。剩余部分直到赤道的距离，根据厄拉多塞在测量大地时计算的结果8800斯塔德。④因此，16800斯塔德⑤与8800斯塔德的比例，就是两个回归线的宽度与热带的宽度之间的比例。⑥如果现代测量采用地球已有记录的最短周长——我指的是波塞多尼奥斯测量的数据，他认为地球的周长大约是180000斯塔德——我认为这个测量结果说明热带的宽度大约相当于回归线之间距离的一半，或者是略多于一半，但无论如何与它不相等或不相同。波塞多尼奥斯再次问道，如何才能借助于"北

---

① 《气象学》，II，5。
② 波塞多尼奥斯认为希腊语 diakekaumene 的字面含义为"炎热"。
③ 北温带和南温带又称为夏季带和冬季带，夏季带即北温带就出于此。
④ 按照厄拉多塞计算的结果，地球周长等于252000斯塔德。
⑤ 北回归线与赤道之间的距离。
⑥ 即 16800∶8800；33600∶17600。比率为 21∶11，热带的宽度为17600斯塔德。

极圈"(它不是所有人都可以看到的,在每个地方也不是相同的)来确定温带地区固定的边界呢?"北极圈"不是所有人都可以看到的这个事实,绝不能成为那些人驳斥亚里士多德的借口,因为所有住在温带地区的居民应当可以看到"北极圈",但对于某些人而言,实际上只使用"温带"的术语。不过,波塞多尼奥斯指出"北极圈"并不是在任何地方同样都可以看见,而且它的外形也有变化,这是正确的。①

3. 当波塞多尼奥斯把地球分为带的时候,② 他认为把它们分成五个带对于观察天象是有利的;在五个带之中有两个带在极地之下,延伸到了回归线,这就是"北极圈"——即"佩里西"地区,③ 接着它们之后的两个带是"赫特罗西"地区,④ 延伸到居住在回归线之下的民族地区;在回归线之间的带是"安菲斯"地区。⑤ 但是,对于人类而言,重要的是在这五个带之外还有两个狭窄的带,位于回归线之下;它们被回归线分成了两部分;在这里,每年有半个多月太阳笔直地照射在人的头顶上。据波塞多尼奥斯说,这两个带具有某些特点:从字面上的本义而言,它们是干枯的、多沙的,除了罗盘草和某些由于炎热而枯萎刺鼻的果实,⑥ 什么东西也不生长的意思;因为这些地区附近没有山脉阻挡云彩,造成降雨;

---

① 希腊人称天穹上的纬度圈为极地圈,它取决于观察者的地理位置。斯特拉博认为温带的界限是不会改变的。
② 在第七个地带。
③ 寒带,夏天的阴影是椭圆形的。
④ 温带,中午阴影的方向是相反的:北温带阴影朝北,南温带阴影朝南。
⑤ 热带,在一年之中,中午阴影某些时间朝北,某些时间朝南。
⑥ 罗盘草为热带植物,其汁液可以做调料和药物。

那里的河流也不流动。因为这个原因，这些地区出产许多卷毛、弯角、长嘴、扁鼻的动物（它们的顶端因为炎热而弯曲）；在这些地带还居住着"食鱼者"。波塞多尼奥斯说，很显然，这个地带所有这些特点都出自一个事实，即这个地区的人民居住在比那些气候温和、物产丰富和水利条件良好地区更靠南方的地区。

第三章 对于波塞多尼奥斯的评价(下)

1. 波利比奥斯划分为六个带:两个带在北极圈之下,两个带在北极圈与回归线之间,还有两个带位于回归线与赤道之间。但是,我认为五个带的划分从物理学和地理学的角度看来更加协调,从物理学的角度来说,这种划分更加协调是因为它考虑了天象和气温。至于天象问题,这种划分"佩里西"、"赫特罗西"和"安菲斯"地区的办法(确定带的最好办法),同时也就确定了我们所观察的星座;因此,用这种粗糙的划分方式,[1] 就可以获得星座准确的变化;对于气温而言,这种划分也被证明是正确的。因为气温是由太阳来决定的,它有三个非常明显的不同——即酷热、寒冷和温度适当。气温严重地影响到动物和植物的组织,也严重影响到在这种气温之下或这种气温之中所有生物的部分组织。气温的准确的划分,取决于地球五个带的划分;因为两个寒带暗示寒冷,温度相同;同样,两个温带温度相同,气候温和;剩下的一个带也有自己的特点,它只有一个带——热带。显然,这种划分与地理学是协调一致的。因为地理学追求的目的是用这两个温带

---

[1] 斯特拉博像毕达哥拉斯一样,注重天体与地球相对应的地区,前者虽然不如后者那样准确,但他们为天体观察提供了坚实的基础。

之一确定我们所居住的这个部分的边界。在它的西边和东边是大海，确定了它的边界，但在南边和北边是空气；因为在这个界限之内的空气非常适合植物和动物所需要的气温。而在这两边之外的空气由于酷热或者严寒而不大适合。为了与三种气温相适应，就必须把地球分成五个带。确实，地球被赤道分成了两个半球：北半球是我们居住的地区，南半球被认为也有三种不同的气温。在赤道和热带地区因为气候炎热而不适宜居住，而在靠近北极地区——因为气候严寒而不适宜居住；只有中部地区气候温和，适宜居住。不过，波塞多尼奥斯在热带下面增加了两个带，他没有沿用五个带的划分法，也没有采用同样的标准；他显然采用了种族学的标准来表示各个带，因为他把一个带称为"埃塞俄比亚人带"，另一个称为"西徐亚凯尔特人带"，第三个称为"中间带"。

2. 在这个问题上，波利比奥斯是错误的，即他用北极圈来确定他的某些带；两个带在北极圈之下，两个带在北极圈与回归线之间；正如我已经说过的，不应当用变化的位置来测量不变的位置。我也说过，我绝不会把回归线看成是热带的边界；但是，当他把热带分成两部分的时候，这显然不是一种愚蠢的想法促使他这么干；而是有这样一种念头，即我们非常巧妙地利用赤道把整个地球分成了两部分——北半球和南半球。很明显，如果热带也用这种方式来划分，波利比奥斯就将获得一个有利的结果；即每个半球都由三个完整的带组成，每个带在形式上都与另外一个半球上相应的带相似。这种划分方法就得到了其他划分方法完全不可能得到的六个带。无论如何，如果你要用通过两极的纬线圈把地球分成两部分，你就不可能合理地把每个半球——东半球和西半球——分成六个带，最多只能分成五个带；因为由赤道组成的两个热带地区是相同的，而且彼此实际上是连在一起的；因此把它们分开不仅徒劳无益，而且是多此一举。实际上，温带与寒带彼此也类似，但它们没有联接在一起。因此，如果你把整个地球想象成由这样的半球组成，把它分成五个带就足够了。厄拉多塞说，如果有一个位于赤道之下的地区属于温带气候，这个地区（波利比奥斯同意这个观点，他还加上一点，这是地球上最高的地区，由于地中海季风时期大量云层由北方侵入，遭到这个地区山峰的阻挡，因此它经常下雨），最好是把它看成是第三个温带（尽管狭窄），而不是把它置于热带地区之下。下面的情况与此相似[①]（波塞多尼奥斯已经谈到），即在这些地区，太阳倾斜运动速度更快，并且每日从东向西同样运行；所以，那些在相同的时间里沿着最大的圈[②]完成运转的，速度最快。

3. 不过，波塞多尼奥斯反对波利比奥斯赤道之下有人居住地区是最高地区的说法。波塞多尼奥斯说，因为球面一律都是圆的，不可能有高点；实际上，这个在赤道之下的地区不是山区，而是平原地区，它大概与海平面处于同一高度；雨水灌满了尼罗河，一起从埃塞俄比亚山区流出。不过，波塞多尼奥斯在这里是这样说，在其他场合他又同意波利比奥斯的观点。他说，他认为在赤道地区的下方有山脉，从两个温带吹来的云层被挡在这些山区的两边，造成了降雨。因此，在这里出现了明显的前后不一。不过，

---

① 引用了波利比奥斯的资料。
② 赤道与相邻的纬度圈。斯特拉博认为，太阳在这三分之一的温带地区比在那个带两边的新热带运转更迅速，因此，温带的气候接近赤道。

如果承认在赤道下方的地区是山区，另外一个前后矛盾的问题似乎又出现了；因为同样是这些人，断言俄克阿诺斯是一条不断延伸的河流，围绕着整个陆地。他们怎么可能把一座山脉放在俄克阿诺斯的中央——除非他们所说的"山脉"指的是某些岛屿。但即使是这样，这个问题也超出了地理学的范畴，我们可能要把这些问题留待那些准备就俄克阿诺斯问题写论文的人去研究了。

4. 在提到那些据说环绕地中海航行者的名字之后，波塞多尼奥斯说，希罗多德认为有些人受尼科（Neco）的派遣，完成了环绕利比亚海的周航；他还补充说本都的赫拉克利德斯（Heracleides）在其著作《对话录》之中讲到某个来到格洛（Gelo）宫廷的麻古斯（Magus），声称这个人完成了环绕利比亚海的航行。他提到基奇库斯岛的圣使、珀耳塞福涅节和平的宣告者、某个欧多克索斯的故事，但他又指出这些报道都没有证据可以证实。欧多克索斯据说在奥伊尔格特斯二世在位时期来到埃及；[①] 他被介绍给国王和各位大臣，他与他们交谈时，特别谈到了溯尼罗河而上的航行；因为他是一个对各地特点非常感兴趣。而且非常熟悉它们的人。同时，波塞多尼奥斯又说了一个故事，有一个印度人偶然被阿拉伯湾口的卫兵抓住，押送给国王。押送者声称他们发现这个人的时候，他已经只剩下半条命了，一个人留在搁浅的船上。但是，他们既不知道他是什么人，也不知道他从何而来。因为他们听不懂他的语言；国王把这个印度人交给那些人，让他们负责教会他希腊语。当这个印度人学会了希腊语之后，这个印度人说，

---

① 托勒密·菲斯康（公元前146—前117年）。

在他从印度出航的时候，由于意外的不幸迷失航线，[①] 在被饥饿夺去了所有同伴之后，平安到达了埃及；他的故事遭到别人怀疑之后，他允诺为那些先前由国王挑选出来，航海前往印度的人充当向导；在这群人之中，就有欧多克索斯。

因此，欧多克索斯带着礼物启航了；他带回来的货物有香料和宝石（其中有些是河流把它们与泥沙一起带来的，有些是从地下挖出的、由液态变成固态的物质，就像我们的水晶一样）。但是，欧多克索斯的希望彻底落空了，因为奥伊尔格特斯（Euergetes）二世夺走了他的全部货物。奥伊尔格特斯二世去世之后，他的妻子克娄巴特拉（Cleopatra）继承了王位；因此，欧多克索斯再次被女王派遣出国，这一次他带了全套装备。但是在回国的途中，他被风吹得偏离了航线，来到埃塞俄比亚南部，他到了某个地方，用与当地居民共同分享（当地人没有的）食物、美酒、干无花果的办法，赢得了当地人的支持。作为回报，他获得了当地人提供的淡水、领航员，他还编了一个当地语言的单词表。他发现了船首的尖头，这是破船的一部分，船首上刻着一匹马，并且打听到这个碎片是某些从西方航行到这里的水手留下的，他带着船首的尖头部分，开始了返回祖国的航程。当欧多克索斯顺利地回到埃及的时候，由于克娄巴特拉已经不再掌权，她的儿子接替了她的王位。他再次被剥夺了一切，因为他被人告发盗窃了许多财产。不过，他把船首的尖头部分拿到市场上，拿给船东们看，并且从他们那里打听到这件东西出自加德斯；他们告诉他，加德

---

① 斯特拉博在第5节中揶揄了"意外的不幸"。

斯富有的商人有装备齐全的大船，贫穷的商人只能装备小船，由于这些船首的图案，他们把这些船称为"马"船。他们用这些小船在莫鲁西亚沿岸到利克苏斯河附近捕鱼。不过，有些船东认出这个船首图案属于某一条船，这条船走到利克苏斯河后面太远的地方，没有平安地回到家里。

由上述事实之中，欧多克索斯推断出环绕利比亚周航是可能的。他回到家里，[①]把自己的一切财产装上船只，驶入了大海。他首先到了狄凯阿恰抛锚，接着到了马萨利亚，然后依次到了沿岸各个地方，一直到加德斯；他在各个地方大肆推销自己的计划，用各种欺骗手段捞钱，他装备了一条大船，两条类似海盗使用的拖船；他把歌妓、医生和各种工匠装上船后，趁着西方的季风扬帆出海，朝着印度驶去。但是，由于他的同伴对航海已经感到厌倦，他趁着顺风驶向陆地；他做这种违背自己意愿的事情，是因为他担心落潮与涨潮。而且，他担心的事情还真的发生了。船只搁浅了，但还是平安无事，没有立即破碎。他们成功地把货物安全地搬上了陆地，还有船上的大部分木料，他用这些木料建造了第三艘拖船，大约像一艘50桨船那么大；他继续航行，一直到达他上次做过单词表的、说着同一种言语的人那里为止。他很快就打听到了那个地区的人民和其他埃塞俄比亚人属于同一个民族，他们是博古斯王国的邻居。因此，他终止了自己前往印度的航行，开始返航；在沿着海岸航行的过程中，他看见并且记下了一个海岛。它有丰富的水源和木材资源，但没有人居住。当他顺利地到

---

① 基奇库斯。

达莫鲁西亚时，他处理了自己的船只，徒步前往博古斯的宫廷，他建议国王利用自己的资金进行这种远航；但是，博古斯的朋友说服国王反对，激起他害怕莫鲁西亚可能会因此轻易地暴露在敌人的阴谋面前，如果那里的道路一旦对外国人开放，他们就想要进攻它。当欧多克索斯听到他表面上是被派去进行自己所建议的远征，但实际上将要被送往某个荒岛的时候，他逃到了罗马人统治的地方，从这里又穿过伊比利亚。后来，他又建造了一艘圆船、一艘50桨的长船。他的意图是让长船在外海航行，圆船在海岸边进行考察。他把农具、种子、木匠安置在船上，为了完成同样的周航目的再次扬帆出海。他下定决心如果航行受到阻碍，为了在岛上度过冬天，预先做好打算，在那里播种，收割庄稼，然后再完成他已经决定开始的航行。

5. 波塞多尼奥斯说："现在我已经把欧多克索斯自己的故事讲到了这个地方，后面发生的故事可能就只有加德斯人（Gaditanians）和伊比利亚人知道了。"根据上述简单的陈述，他接着继续讲解俄刻阿诺斯环绕着有人居住世界流动：

它没有大陆环绕的镣铐；
流水汹涌无边无垠，任何东西不能污染其圣洁。[1]

（《残篇》，Ⅲ，281）

在整个的故事之中，波塞多尼奥斯是个令人奇怪的人物；虽

---

[1] 这些诗篇的作者佚名。

然他认为赫拉克利德斯说的麻古斯航行的故事是一个未经证实的故事，甚至希罗多德说的尼科派遣使节航行的故事，实际上也不是确实无误的。他承认这个贝尔盖的故事近乎有理，但这个故事或者是他自己编造的，或者是从其他编造者那里接过来的。这是因为，印度人所说的"不平常的厄运"是否属实？阿拉伯湾直到同样狭窄的湾口，像一条河流那样狭窄，它的整个长度大约是15000斯塔德，所以，印度人不大可能在海湾之外某个地方航行时迷失航线，进入海湾（因为海湾狭窄的湾口将指明他们的错误），如果他们是有意地在阿拉伯湾航行，他们也没有任何理由说自己迷失了航线，或者遇上了少见的大风。但是，他们怎么能够设想所有人都因为饥饿而死，只有一个人例外？如果只有他一个人活下来，他单枪匹马怎么能驾驶一条大船在海上航行，因为无论如何他是航行在这样浩瀚的大海上？他是如何迅速掌握了希腊语，使他能够说服国王相信他有能力担任远航向导的？为什么奥伊尔格特斯缺乏有经验的向导，那个地区是否已经有很多人熟悉大海？至于谈到基奇库斯岛人的和平宣告者和圣使，他怎么可能离开自己的城邦，远航去印度？这样重要的公事怎么会委托给他去办？他回国后意料不到地被剥夺了一切，并且失宠了，他又是怎么重新获得了信任，带着这样多的礼物出航？他在第二次远航回国途中被吹离了航线，来到了埃塞俄比亚。他为什么要写下当地人的单词表，他是如何打听到散落在岸边的渔船船首消息的？发现这些碎片属于从西方航行来的人并没有什么重大意义，因为他自己正在从西方返回祖国的路上。此后，当他再次回到亚历山大城的时候，他被发现曾盗窃过财产，他怎么可能不受惩罚，还

第三章　对于波塞多尼奥斯的评价（下）

可以访问船东们，还可以向他们展示船首？而且，那些认出船首是加德斯的人，没有引起人们的惊奇吗？那些相信他的人，不是更加奇怪吗——那些怀着强烈的回国愿望，然而又把他的家搬到赫拉克勒斯石柱之后地区的人不奇怪吗？如果没有通行证，他被禁止从亚历山大城启航出海，尤其是在他盗窃了属于国王的财产之后，要想偷偷地离开港口几乎是不可能的，因为所有的港口和出城的道路都被封锁了，并且有人严格地守卫。我知道直到今天仍然是如此（因为我在亚历山大城长期居住过）。不过，在罗马人的统治下，现在的监视已经大大地放松了；而在国王统治的时期，这种守卫要严格得多。当欧多克索斯再次启航前往加德斯，并且像国王一样为自己建造多条船只继续远航，在他的船只破碎之后，他如何在荒无人烟的地方建造第三条船？为什么在他再次出海之后发现西埃塞俄比亚人说着和东埃塞俄比亚人一样的语言，为什么他不急于完成剩下的航程（鉴于他渴望到异域航行达到了痴迷的地步，以及他希望在自己航行过程中没有考察的东西尽可能地少）——放弃了这一切，只是为了一个在博古斯的帮助之下完成远征的希望？他是怎么知道陷害他的阴谋的？这样做对博古斯有什么好处——我指的是他在可以用别的方式处理这个人的时候，却要杀死这个人的原因？而且，即使这个人知道了这个阴谋，他自己又怎么能够逃到一个安全的地方去？虽然在这样的逃跑中没有什么是不可能的事情，但是其中每件事情做起来都是困难的，很少有成功的希望；为什么欧多克索斯的危险一个接一个，却总是好运相随？在他从博古斯那里逃走之后，他不害怕再次沿着利比亚海岸航行，他所拥有全套装备是否足以在一个海岛进行殖民活动?确实,这个故事与皮西亚斯和安提法奈斯编造的故事几乎完全一样。但是,我们可以原谅这些人的编造,因为他们所做的事情,严格地来说是他们的职业——就像我们原谅变戏法的人一样;但是,有谁能原谅考据高手和哲学家波塞多尼奥斯这样做?因为我们几乎把他视为声望最高的人。至少,波塞多尼奥斯这样做是不对的。

6. 另一方面,波塞多尼奥斯在自己的著作中正确地指出了陆地有时会出现升降现象,这些变化是由于地震和其他类似现象造成的结果。所有这些变化,我已经在前面一一列举了。从这个角度来说,他足以使人想起柏拉图说的关于亚特兰蒂斯岛的故事,很可能不是虚构的。[①]关于亚特兰蒂斯岛,柏拉图说梭伦(Solon)问过埃及的许多祭司,他说亚特兰蒂斯岛曾经在某个地方,但后来消失了——这是一个在面积上不比一个大陆小的海岛。[②]波塞多尼奥斯认为可以提出这样一个比谈论亚特兰蒂斯岛更合理的问题,"它的建造者让它消失了,就好像诗人对亚该亚人的城墙一样"。[③]波塞多尼奥斯推测辛布里人(Cimbri)和他们的近亲离开自己的故乡,是由于海啸突然侵袭的结果。最后,波塞多尼奥斯认为,有

[①] 在柏拉图的著作之中只有一条资料涉及这个故事的真伪,苏格拉底对克里提亚斯说,"还有其他的说法"(有关亚特兰蒂斯的故事)"对于这是事实而不是虚构更有力吗"(《蒂曼欧篇》,26E)?

[②] 在柏拉图的著作中,据信有一位埃及祭司告诉梭伦,亚特兰蒂斯比利比亚和亚细亚加在一起还要大,由于强烈的地震和海啸,它在一昼夜之中便沉入到海水中(《蒂曼欧篇》,24—25;《克里提亚斯篇》,108E,113C)。

[③] 梭伦以亚特兰蒂斯沉没为口实,使自己避免了谈论其谎言造成的历史后果。正如荷马说是波塞冬和阿波罗以洪水毁灭了在亚该亚人船只前面的城墙一样(《伊利亚特》,Ⅶ,433,441)。

人居住的世界长度为70000斯塔德，是已经测量过的整个纬线圈一半。因此，他认为如果你从西方笔直向印度前进，路程是70000斯塔德。

7.波塞多尼奥斯企图批评那些人，他们把有人居住世界按照他们的方式分成洲，而不是按照某些与赤道平行的纬线圈来划分（它们可以表明动植物和气候的变化，因为其中一些属于寒带所特有，另外一些属于热带所特有）。所以，洲实际上就好像是各个气候带。波塞多尼奥斯再次修改了自己的意见，收回自己的指责，表示支持现行的三个洲的划分方法，使这个问题变成了一个简直是毫无益处的争论问题。因为这样划分动植物和气候作为一种存在，既不是人为的结果——也不是因为种族或语言的不同，还不如说是偶然的结果或者是机会。至于说到工艺、技术和人类制度的不同，如果有人做了个开头，它们就可以在任何广阔的天地中繁荣发展，有些时候甚至会超出常规发展；因此，人们的地方特点有些是天生形成的，有些是来自于教养和习惯。例如，雅典人喜欢文学，而雅典人的近邻拉克代蒙人和底比斯人就不喜欢；这不是因为天性，而是习惯造成的。还有，巴比伦人和埃及人是哲学家，这不是天生的结果，而是教养和习惯使然。再有，品质优良的马匹、公牛和其他家畜，不单单是地方的结果，也是训练的结果。但是，波塞多尼奥斯把这些东西全都搅浑了。当他支持流行的分为三个洲的做法时，他引用这种情况做例子，印度人不同于利比亚的埃塞俄比亚人：因为印度人在体质上更加成熟，很少因为气候干燥而被灼伤。他说，这就是为什么荷马在说到整个埃塞俄比亚人的时候，把他们分为两个集团：

>……一部分居于日落之处,
>
>另一部分居于日出之处。
>
> (《奥德赛》,Ⅰ,24)

不过,波塞多尼奥斯说,克拉特斯把荷马一无所知的第二个有人居住世界引入了讨论中,把自己变成了自己假设的奴隶。[①]波塞多尼奥斯认为在荷马史诗中,这一段应当修改成"太阳神离开的地方",即太阳神离开子午线的地方。

8.总之,第一是与埃及邻近的埃塞俄比亚人本身被分成了两个集团;其中一部分居住在亚细亚,另一部分居住在利比亚,然而他们彼此完全没有任何区别;第二,荷马把埃塞俄比亚人分为两个集团,不是因为他知道印度人在体质上与埃塞俄比亚人相同(因为荷马可能根本不知道印度人,根据欧多克索斯的故事,甚至连奥伊尔格特斯也不知道印度的任何情况,更不知道通往那里的航路),而是根据我在前面已经说过的理由划分的。在谈到那个问题时,我认为克拉特斯提出的读法,无论我们这样读或那样读,都没有区别;不过,波塞多尼奥斯认为还是有区别的,最好是把这一段改成这样:"太阳神离开的地方。"不过,这种读法与"日落之处"的区别在什么地方呢?因为子午线到日落的各部分,都称为"日落",[②]就好像真地平圈半圆的得名一样。这也是阿拉托斯所指出的。他说:"在东方和西方的尽头,彼此是互相连在一起的。"

---

① 他假设埃塞俄比亚人一部分居住在赤道以南,一部分居住在俄克阿诺斯那边。
② 西部。

如果这个段落最好是按照克拉特斯的读法，那么，有人就可能会说按照阿里斯塔库斯的读法肯定更好。

　　关于波塞多尼奥斯的意见就这么多了。由于在我的详细讨论中，他的许多观点都已经进行了适当的评论，因为它们与地理学有关；由于它们也与物理学有关，我必须在其他地方对它们进行检查，或者完全不需要检查。因为波塞多尼奥斯已经对这些原因进行了许多研究，并且在许多地方模仿亚里士多德的做法——准确地说是，现代的学术界① 由于不了解原因，避免做出结论。

---

　　① 斯多葛派哲学家，比较"我们的芝诺"这种说法。

第四章　对于波利比奥斯的评价

1. 波利比奥斯在叙述欧罗巴的地理情况时，声称他忽略古代的地理学家，只审查了那些批评过古代地理学家的人，即狄凯阿科斯、厄拉多塞（他写了许多关于地理学的新著作）和皮西亚斯（因为他使许多人误入歧途）的观点；由于皮西亚斯声称自己走遍了可以到达的整个不列颠，[①]他报告说该岛的海岸线超过了40000斯塔德；他还加上了关于极北地区的故事，以及那些没有本义上的土地、海洋和空气，只有一种由上述元素混合而成的物质，类似于海上空旷的地区[②]——皮西亚斯说，在这里的土地，空气、海洋和所有物质都好像处于悬浮状态；这种物质好像整个地固定在一起，在上面既不可以步行，也不可以航行。至于这些类似于空旷地区的物质，他声称自己见过。他说的其他所有故事则是道听途说。他补充说，在他从这些地区返回的时候，他访问了从加德斯到塔奈斯河的整个沿岸地区，下面就是他的故事。

2. 总之，波利比奥斯认为首先不应当相信单独的个人——还有穷人也一样——可以在海上或者陆地上进行如此长距离的旅行；

---

① 斯特拉博批评皮西亚斯的所有论据都来自波利比奥斯。
② 栉水母类水母。

虽然厄拉多塞对于这些事情完全感到不知所措,如他是否应当相信,或是不应当相信皮西亚斯关于不列颠、加德斯附近地区和伊比利亚的报告;但是,他认为麦西尼的欧伊迈罗斯比皮西亚斯可靠得多。无论如何,欧伊迈罗斯声称他只到过潘契亚这个国家,而皮西亚斯声称自己亲自勘测过欧罗巴北部所有地区,直到世界的尽头。没有一个人相信他的话,即使赫耳墨斯[①]在谈到它的时候也不相信。波塞多尼奥斯补充说,至于厄拉多塞,虽然他把欧伊迈罗斯称为贝尔盖人,他仍然相信皮西亚斯,但狄凯阿科斯不相信皮西亚斯。最后的评论是,"但狄凯阿科斯不相信皮西亚斯"是可笑的事情;似乎厄拉多塞认为把被他批评过多次的人作为榜样是理所当然的事情。而且,我已经说过,厄拉多塞对于欧罗巴西部和北部一无所知。但是,我们应当原谅厄拉多塞和狄凯阿科斯,因为他们并没有亲眼看见过这些地区。不过,人们会相信波利比奥斯和波塞多尼奥斯吗?不,正是波利比奥斯把厄拉多塞和狄凯阿科斯关于这个地区和许多其他地区的距离称为"流行观念",虽然他自己在批评他们的时候,也不免有错误。无论如何,狄凯阿科斯认为从伯罗奔尼撒半岛到赫拉克勒斯石柱的距离有10000斯塔德,从伯罗奔尼撒半岛到亚得里亚海口的距离比这更远。而从伯罗奔尼撒半岛到西西里海峡这部分距离为3000斯塔德,因此剩下的距离——从西西里海峡到赫拉克勒斯石柱这部分距离是7000斯塔德。波利比奥斯说,这3000斯塔德的距离计算是否正确,还是一个没有解决的问题。至于7000斯塔德距离,他认为从两方面

---

① 后来作为大陆保护神的赫尔墨斯。

来说计算结果都是不正确的，即无论它是沿着海岸线测量，或是沿着通过外海的中心路线测量都不正确。他说，因为沿海的路线非常类似一个钝角三角形，它的各边分别通向西西里海峡、赫拉克勒斯石柱和顶点纳伯城（Narbo）；这就形成了一个三角形，其底边笔直地穿过外海，其他边形成了上述的角，其中一条边从西西里海峡到纳伯城，距离超过11200斯塔德，另外一条不足8000斯塔德；此外，一般认为经由第勒尼亚海从欧罗巴到利比亚的距离，最多不超过3000斯塔德。如果经由撒丁海，距离更短。波利比奥斯说，如果假定后者的距离也是3000斯塔德，再假设正对着纳伯城的海湾进深达2000斯塔德，这个进深度就是从这个钝角三角形的顶点到底边的垂线；[1] 波利比奥斯说，因此，根据基础几何学定理，从西西里海峡到赫拉克勒斯石柱的海岸线总长度超过通过外海的直线长度将近5000斯塔德。[2] 如果把从伯罗奔尼撒半岛到西西里海峡的距离加在这一起，那么总的距离（仅仅是测量过的直线距离）将超过狄凯阿科斯估计的两倍。[3] 波利比奥斯说，根据狄凯阿科斯的说法，必须认为从伯罗奔尼撒半岛到亚得里亚海口的距离超过这个长度。[4]

3. 但是，我们亲爱的朋友波利比奥斯是一个有经验的人，依据你自己的说话，就可以找出这种虚构数字的明显错误，如"从

---

[1] 即三角形的高，以纳伯为顶点到底边，假定为1000斯塔德，与到达利比亚的其他距离，即测量高度的延长线相交。

[2] 准确数字是436斯塔德。

[3] 准确数字是21764斯塔德。

[4] 即超过21764斯塔德。狄凯阿科斯认为亚得里亚海口从伯罗奔尼撒半岛开始，比赫拉克勒斯石柱更远。

伯罗奔尼撒半岛到莱夫卡斯为700斯塔德；从莱夫卡斯到克基拉岛距离相同；从克基拉岛到塞劳尼亚山脉（Ceraunian Mountains）距离又相同；伊利里亚海岸线到雅皮迪亚在你的右手边，[①]如果你测量从塞劳尼亚山脉起的距离是6150斯塔德"，像这两个不同的数字都是虚构的，包括狄凯阿科斯估计的从西西里海峡到赫拉克勒斯石柱的距离7000斯塔德，还有你认为已经证明无误的距离。由于大多数人都认为穿过大海的直线距离实测是12000斯塔德，这个估计值与根据学者们的意见确定的有人居住世界的长度数值是互相符合的。因为他们认为这个长度最大值为70000斯塔德，有人居住的世界从伊苏斯湾到伊比利亚角最西部的地区，距离不足30000斯塔德。他们是用下面的方法得到这个数据的：从伊苏斯湾到罗德岛的距离是5000斯塔德；从那里到克里特东部萨尔莫尼乌姆角距离是1000斯塔德；克里特本身的长度，从萨尔莫尼乌姆到克里乌梅托庞距离超过2000斯塔德；接着，从克里乌梅托庞到西西里的帕奇努姆角距离是4500斯塔德；从帕奇努姆角到西西里海峡超过1000斯塔德；然后是从西西里海峡到赫拉克勒斯石柱的海路，距离是12000斯塔德；从赫拉克勒斯石柱到伊比利亚圣角（Sacred Cape）最东端大约是3000斯塔德。波利比奥斯不正确地画了一条垂线，如果纳伯确实和通过马萨利亚的纬线圈大致在同一个纬线圈，而（喜帕恰斯认为）马萨利亚又和通过拜占庭的纬线圈在同一个纬线圈；通过外海的直线又和通过西西里海峡和罗德岛

[①] 波利比奥斯显然没有考虑到伊斯特河沿岸，斯特拉博认为波利比奥斯的计算结果过高。

的纬线圈在同一个纬线圈，如果认为这两个地方处于同一个纬线圈上，从罗德岛到拜占庭的距离估计是大约5000斯塔德；因此上述垂线的长度也应当是5000斯塔德。[①] 但是，有人认为从加拉提亚湾（Galatic Gulf）算起，从欧罗巴到利比亚的海路最长约5000斯塔德，我认为这种说法是错误的，或者利比亚伸出到这个地区北方很远的地方，直到通过赫拉克勒斯石柱的纬线圈。波利比奥斯认为上述垂线结束于撒丁岛附近，这又犯了一个错误；因为这条海上航线在任何地方都不靠近撒丁岛，而是在西边很远的地方，在它与撒丁岛之间不仅有撒丁海，还有几乎整个的利古里亚海。而且，波利比奥斯夸大了海岸线的长度，不过程度不严重而已。

4. 波利比奥斯继续修正厄拉多塞的错误，有时他做得正确，有时他自己还陷入了比厄拉多塞更严重的错误之中。例如，厄拉多塞认为从伊萨卡岛到克基拉岛的距离是300斯塔德，波利比奥斯认为它超过900斯塔德；厄拉多塞认为从埃皮达姆努斯到塞萨洛尼卡的距离是900斯塔德，波利比奥斯认为超过2000斯塔德；在上述几个例子中，波利比奥斯是正确的。但是，厄拉多塞认为从马萨利亚到赫拉克勒斯石柱的距离是7000斯塔德，从比利牛斯山脉到赫拉克勒斯石柱是6000斯塔德。波利比奥斯犯了一个大错误，他认为从马萨利亚的距离超过9000斯塔德，从比利牛斯山脉的距离不足8000斯塔德。在这里，厄拉多塞的估计是比较接近事实的。实际上，现代权威一致认为，如果扣除各条道路的弯曲部分，整个伊比利亚从比利牛斯山脉到它的最西边，总长度不超过

---

① 因为"在两条平行线之间的平行线相等"。

6000斯塔德；波利比奥斯确定塔古斯河（Tagus）从河源到河口长度为8000斯塔德——当然没有考虑这是一条弯曲的河（因为这与地理学无关）——而是按照直线距离来估计的。而塔古斯河的源头离开比利牛斯山脉的距离超过1000斯塔德。另一方面，波利比奥斯认为厄拉多塞对伊比利亚的地理一无所知是正确的。因为这个原因，他有时会发表互相矛盾的意见。例如，他在说过伊比利亚直到加德斯的外海岸居住着高卢人之后——如果他们真的控制了欧罗巴到加德斯的西部地区——他又忘记了这种说法，在自己对伊比利亚的记载中也从来没有提到高卢人。

5. 还有，当波利比奥斯在确定了欧罗巴的长度不及利比亚和亚细亚的总长度时，他进行了一个不恰当的比较。他说："赫拉克勒斯石柱的出口位于二分点西方，[1]塔奈斯河从夏天日出之处流出；因此，欧罗巴的长度不及利比亚和亚细亚总长度，是在夏天日出之处与二分点日出之处的距离；因为亚细亚声称对这个半圆的北部空间具有优先权，它正对着二分点日出之处。"[2]确实，除了他在讨论问题时把一些容易解释的事情搞得深奥难懂之外，他认为塔

---

[1] 在西方。

[2] 波利比奥斯的分歧可以大致恢复如下：画一条直线（PP'）平行于从赫拉克勒斯石柱到印度东海岸的赤道线，大致为纬度36.5°。在这条直线上画一根半圆的弦，它将成为穿过赤道的直线（OO'）的直径，从亚细亚西部弦上某个点（A）画一条直线到塔奈斯河口（T）；沿着这条河道到河源（河源未进行勘察）画一条东北方向的直线（T'）；然后，再画一条河流的线段（TT'）到周长的S点，它代表夏季的日出。再画一条垂线（T'B）到弦PP'。那么，我们就在半圆之中画出了一个区域（BT'SP'），它属于亚细亚。但是，我们不得不已确定了T'和B点不准确的位置，因为塔奈斯河没有进行测量。按照波利比奥斯的观点，欧罗巴的长度不及利比亚和亚细亚加在一起的长度BP'，这条线段也是可变量。

奈斯河从夏天日出之处流出的说法是虚构的;因为所有熟悉这个地区的人都认为塔奈斯河是从北方流入梅奥提斯湖的。同样,塔奈斯河口、梅奥提斯湖口和塔奈斯河本身,都已经勘探过了,它们都在同一条子午线上。

6. 不值一提的是,有些作家认为塔奈斯河起源于伊斯特河地区,从西方流出;不过,他们没有考虑到提拉斯河、波里斯提尼斯河、海帕尼斯河都是大河,它们在这两条河流之间,流入攸克辛海。其中一条平行于伊斯特河,其他的平行于塔奈斯河。由于无论是提拉斯河的发源地,还是波里斯提尼斯河、海帕尼斯河的发源地都没有人考察过,与这些地区相比,更加偏北的地区就更是不甚了了。所以,那些认为塔奈斯河穿过上述地区,然后再拐弯流入梅奥提斯湖(因为塔奈斯河口在这个湖的最北部清晰可见,它也是这个湖的最东部地区)的理论,我认为是虚构的,难以令人信服的。同样难以令人信服的理论还有,塔奈斯河穿过高加索向北流去,然后再拐弯流入梅奥提斯湖;连这样的理论都敢说出来。但是,没有人提过塔奈斯河从东方流过来;因为如果它是从东方流过来,即使是最有教养的地理学家也不认为它会流向相反的方向,在某种程度上甚至正好对着尼罗河的方向,似乎这两条河流在同一根子午线上,或者在彼此挨着的子午线上。

7. 测量有人居住世界的长度必须沿着平行于赤道的直线进行,因为有人居住的世界在长度方面,以赤道延伸的方式同样延伸;所以,我们必须认为每个洲的长度就是两条子午线之间的空间。还有,测量长度使用的度量单位是斯塔德;无论是经由陆地或与其平行的海路,我们力图走遍各个大洲,搞清斯塔德的总数。但是，波利比奥斯抛弃这种方式，采用了某种新的方法，即把位于夏天日出之处和二分时日出之处之间北部半圆某个地区的距离作为度量单位。但是，没有人使用这些度量单位，对于那些不变的物质而言，这些单位是可变的，也不会有人用来测量那些与位置有关，或者绝对不变的东西。同时，"长度"是一个不变的绝对概念；而"二分时日出之处"、"日落之处"同样还有"夏季日出之处"、"冬季日出之处"则不是绝对概念，而是一个相对的、取决于我们个人位置的概念；如果我们变换不同的位置，那么，日落和日出，还有二分点和至点的位置都将会不同，而洲的长度仍然是同样的。因此，如果把塔奈斯河与尼罗河视为洲的边界是恰当的，为此目的使用"夏季的"，或"二分点日出之处的"这些新玩意则是闻所未闻的事情。

8. 由于欧罗巴伸出了许多海角，波利比奥斯对它们的记载比厄拉多塞的记载详细得多。不过，这些记载仍然是不充分的。例如，厄拉多塞只说到了三个海角。第一个海角正在赫拉克勒斯石柱之前，伊比利亚就在这里。第二个海角在西西里海峡之前，意大利就在这里。第三个海角结束于马莱角，居住在亚得里亚海、攸克辛海和塔奈斯河之间的所有民族都在这里。波利比奥斯对前两个海角的记载，与厄拉多塞的一样；他认为第三个海角结束于马莱角和苏尼乌姆角，在苏尼乌姆角有整个的希腊、伊利里亚和色雷斯某些地区。第四个海角是色雷斯的切尔松尼斯半岛，塞斯图斯城和阿拜多斯城之间海峡在那里；当地住的是色雷斯人。第五个海角在辛梅里安的博斯普鲁斯和梅奥提斯湖口；我们必须认可波利比奥斯对前两个海角的记载，因为它们被两个普通的海湾所环绕；其中一个是位于卡尔佩、圣角之间的海湾（加德斯位于这个海湾），还有一部分是赫拉克勒斯石柱和西西里海峡之间的海洋，另一个则沐浴在上述海洋与亚得里亚海之间——当然，由于雅皮吉亚角插入大海，形成了意大利的两座高山，提出了某种与我的观点相矛盾的说法。但是，剩下的三个海角显然更复杂、更分散，需要作进一步的划分。例如，欧罗巴划分为六部分引起了类似的公开反对，因为它是依据海角来划分的。无论如何，在我的详细叙述中，我不仅将对这些错误，而且还将对波利比奥斯在欧罗巴问题和利比亚旅行中所有其他严重错误，进行适当的纠正。总而言之，我对于前辈学者的批评已经足够了，我认为其中许多人都足以作为见证人，证明我所从事工作与他们一样是正确的，也需要进行大量的修改和补充。

第五章 对有人居住的世界的看法

1. 既然评价了我们前辈的著作，自然就应当完成先前提出的任务，在重新开始叙述的时候，我想指出，如果有人打算记述天下各国的情况，作为前提条件，他就必须接受许多物理、数学的原理，就必须精心撰写自己的整个论文，使其符合这些原理的含义和权威。例如，我在前面已经说过，无论是建筑师和工程师，如果他对于有关的"纬度"、天象、几何图形、大小、冷热和其他诸如此类的问题，先前没有一点儿概念，这样的人即使连正确地选择建造房屋和城市地点也不能胜任。而能够确定整个有人居住世界居民点的人，那就更加少了。由于只需要描绘伊比利亚、印度以及位于他们之间各地同样的平面，而不问平面图本身。需要确定太阳升起时、中午时的位置。因为这些现象对全世界人民而言都是共同的现象，只有这些天空的情况、天体的运行（同意地球表面是真正的球形，它只是为了直观起见被描绘成平面图）和正确的地理学教育，人类早就知道。而对于那些没有这种学识的人来说，则什么也不知道。确实，当我们在穿越大平原（如巴比伦大平原）旅行的时候，或者在大海航行的时候，那时我们前后左右所有的东西，出现在我们的大脑中都是平坦的表面，对于我们而言，它和天体、太阳和其他星球的位置，没有任何的区别。

但对于地理学家而言，同样的现象总是代表着同样的外貌。因为航海者和平原地区的旅行者都有某种习惯性的观念（这些观念促使不管是没有教养的人，还是有实践经验的活动家都采取同样的行动，因为他不知道天体现象，也不知道有什么区别），因为他看见的日出和日落，就像在子午线运动一样，但太阳在运动的时候，他无法搞清楚。确实，知道这一切，对于他的目的而言是无所谓的。同样，知不知道它是否并排在一起也是无所谓的。很可能，就像其他地方的某些居民一样，他会搞清其中的某些问题，并且保留与数学家相反的意见。因为人们的地理位置为这类错误观点提供了借口。地理学家不是为各地居民或者这类有实践经验的活动家写作的，这些人完全不重视真正的数学科学；当然，地理学家也不是为割麦人和锄地者而写作。他是为了那些相信大地就像数学家想象的那样一个整体的人，是为了那些相信所有其他类似假设的人而写作的。地理学家教导学生从一开始就必须掌握那些基本的概念，然后才能搞清接踵而来的问题；因为他声称他只讲由基本概念推导出来的结论；所以，他的学生主要使用他的讲义，如果去听讲，必须先具备数学知识；因为他拒绝给那些没有数学知识的人讲授地理学。

2. 地理学家认为地理科学的基础在于，他必须相信测量过整个大地的几何学家；几何学家又必须相信天文学家，天文学家又必须相信自然科学家。自然科学家有着某种智慧。[①] 所谓"智慧"，

[①] Arete 本义为"高品质的、有能力的"。普鲁塔克说斯多葛派学者认为在科学中有三种高品质的学科——物理学、伦理学和逻辑学，它们对于运用哲学获取知识而言都是有用的艺术——智慧。

应当理解为那些不需要先决条件，完全依靠自身，并且自身内部包含了基本原理和基本原理证据的科学。物理学家给我们的教导如下：宇宙和天空都是球形的，有重力的物体都是向心物体，占据这个中心地位周围的物体是球体，地球和天空都是同心球体，地球是静止的，穿过它和天空的地轴是运动的。天空围着地球和地轴，自东向西运转；随着天空一起转动的有静止的星球，它们运动的速度和穹隆一样。静止的星球沿着纬线圆周转动，最著名的纬线圆周是赤道，两条回归线和极圈。然而，行星、太阳和月球是围绕着黄道带内某些倾斜的圆周运动的。天文学家首先必须完全或部分接受这些原理，然后才能解决下述问题：即天体运动、天体循环周期、天体的食、体积、各自的距离和大量其他问题。同样，几何学家在测量整个大地时，必须按照物理学家和天文学家的原理，然后才是几何学家自己的原理去工作。

3. 我们必须接受这个假设：天空有五个带，地球也有五个带，地球的带和天空的带有着同样的名字（我已经说过这样分带的理由）。带的分界线可以用赤道两边与其平行的纬度圈来确定，即两个纬度圈包含一个热带，接下来的两个纬度圈形成两个紧接着热带的温带，两个寒带又接着温带。在每个天空的纬度圈之下，相应地有地球的纬度圈，它们的名字也是也是相同的。同样，在天空的带之下，相应地有地球的带，它们称为"温带"，是有人居住的地区；其他地方则称为无人居住的地区。一个是因为炎热，另一个是因为寒冷。就热带和寒带纬度圈（这些地区有寒带纬度圈）而言，它们的运行是同样的；他们确定边界，给地球纬度圈和天空纬度圈取了同样的名字。因此，确定了位于相应的天空纬度圈之下的地球上所有的纬度圈。由于赤道把整个天空分成了两部分，所以地球也必须用赤道来分成两部分。在天空和地球的两个半球之中，一个称为"北半球"，一个称为"南半球"。同样，由于热带也用相同的纬度圈分成了两半，其中一部分称为北热带，一部分称为南热带，与它所在的半球同名，被称为北半球的半球，包括温带，当你从东向西望过去的时候，在你的右手是北极，在你的左手是赤道。或者当你向南方望过去的时候，你的右手是西方，你的左手是东方；而在被称为"北半球"的半球，情况正好相反；因此，我们显然只能处在两个半球之中的一个半球（当然是在北半球），对于我们而言，同时处于两个半球之中是不可能的事情：

> 在它们之间有许多大河，
> 首先就是大川……

(《奥德赛》，XI，157)

接着就是热带。但是，在有人居住世界的中心，可以肯定既没有把整个世界分成两半的大川，也没有炎热的地方。当然，也找不到任何地方的"纬度"正好和北温带的"纬度"相对。

4. 在这种情况下，接受这些理论，使用太阳时和天文学家发明的其他东西，借助于它们的帮助，可以为某些有人居住地区确定与赤道平行的纬线圈，以直角穿过赤道和两极的经线圈。几何学家可以通过参观访问有人居住地区来测量它们；通过计算中间距离的方法来测量其他的部分。同样，他也可以搞清从赤道到北极的距离，等于地球最大纬度圈长度的四分之一。当他获得了这个距离之后,把这个数字乘以4,这就是地球的周长。因此,人们在测量地球时采用天文学家的原理,天文学家又采用了物理学家的原理。同样,地理学家首先就必须以那些测量过整个地球的人作为自己的出发点,信任他,信任那些他曾经信任过的人。然后,他首先必须说明我们这个有人居住世界的大小、形状、特征,以及它与整个地球的关系;因为这是地理学家的特殊任务。其次,他必须以适当的方式叙述有人居住世界的各个部分,包括陆地和海岸。同时,他必须指出那些曾经被我们奉为这些问题方面最高权威的前辈,他们所阐述过的问题有哪些不足之处。

5. 我们必须接受这个假设,即大地和海洋是球形的,大地和公海的表面是同样的。这是因为大地表面的高度与它巨大的面积相比实在太小,难以引人注目,可以忽略不计。因此,我们使用"球形"来描绘这种形状,并不是说它们像出自旋床的东西,也不是说它们像几何教师用来做示范教器的球体,而只是说它们是作为辅助手段,帮助我们理解地球是球形的观念,而且是个非常粗糙的观念。下面,我们来构思有五个带的球体,让我们把赤道画成球体上的一个纬线圈,把那里的第三个纬线圈画成平行的、紧挨着北半球的寒带,把第三个圈画成穿过两极,成直角穿过其他两个纬线圈。然而,由于北半球占地球的四分之二,它由赤道和穿过两极的经线圈组成,在这四分之二个带之中,每个带都被分成四边形地区。它的北方是极地纬线圈的一半,南方是赤道的一半;剩余的两边是穿过极地经线圈的弧形,这些弧形互相对立,长度相等。而且,正如我们所说的,在这样两个四边形区域中(在一个四边形区域中显然看不出区别),有一个就是我们所居住的世界。它的四边沐浴着海水，就像海岛一样。因为正如我以前所说的，这已经被我们的感性和理性证据所证实。但是，如果有人不相信理性证据，在地理学家看来毫无区别。我们是否就能把有人居住的世界当成海岛，或者简单地认为经验就是这样教育我们的。除了中间不多的地带之外，人们是有可能从东到西环绕着有人居住世界两边航行的。① 这些地带是靠着大海还是靠着无人居住的地区没有区别；因为地理学家从事的是描述有人居住世界的已知地区，不重视有人居住世界的未知地区。同样，他也不重视有人居住世界之外的地区。我们只要用直线把沿着有人居住世界两边海岸航行到达的最远地点连接起来，就足以使我们所说的"海岛"轮廓更加丰满和完美。

6. 我们推测这个海岛可能位于上述四边形地区之中。我们认为它的大小应当是我们的理性所能接受的数据。它是从我们这个半球整个土地面积中划出来的，然后是这个地区的一半，四边形地区就在这个一半之中，我们所居住的世界就在这个四边形地区中。同样，我们必须确定这个球形海岛的概念，这个球形明显是符合我们的假设的。② 但是，由于北半球的弧形地区位于赤道和与其平行的、接近北极的纬线圈之间，是一个旋转的球盘，③ 由于子午线圈穿过北极，把北半球分成两部分，也把这个旋转球盘分成

---

① 环绕有人居住的世界周围有四条航路：北方的、南方的、从赫拉克勒斯石柱开始的和从印度开始的道路。

② 斯特拉博认为地球是球形的，有人居住世界是某个四边形中的一座岛屿。后来，斯特拉博又确定了这个球形的面积和形状。他确定的这个球形的面积和形状更为准确。

③ 近似于一个切除了顶端的圆锥体。

两半，形成了这个四边形。情况很明显，亚特兰蒂斯海位于这个四边形地区之中，它是球盘表面的一半；有人居住世界是这个四边形地区之中类似希腊男子披风形的海岛。① 因此，它在面积方面不到这个四边形地区的一半，这个事实从几何图形、从周边大海淹没大陆东西两边的末端，并使其顶端变窄收缩成尖形都可以看出来。② 第三，从最大长度和宽度之中也可以清楚地看出。有人居住的世界大部分与海洋为界，现在已经知道有人居住世界的长度是70000斯塔德，大部分与海洋为界，它还不能通航（因为它的浩瀚无边和荒无人烟），它的宽度不足30000斯塔德，与由于炎热和寒冷而无人居住的地区为界。四边形地区只有部分是由于炎热而无人居住。它的宽度是8800斯塔德，最大长度是126000斯塔德，这也是赤道周长的一半，超过有人居住的世界长度一半多。而四边形地区剩余部分还要更大。③

7. 喜帕恰斯的观点本质上与上述观点是一致的。他说，如果接受了厄拉多塞提出的地球大小作为假设，就必须从他所说的地球中减去有人居住世界的面积。因为对于有些有人居住地区而言，

---

① 在斯特拉博的时代，有人居住世界的外形一般被认为是斗篷形状。斗篷的下摆是弧状的，领子是直线的，或者是弧形的，弧度比下摆大或者小的都有。即使它的描写是比较准确的，我们认为斗篷（即有人居住世界）的边上是尖的，由斗篷的中间连接着下摆的边（H.L. Jones, *The Geography of Strabo*, I, London, 1917, p. 435）。

② 本义为"老鼠尾巴"。

③ 这个大四边形由有人居住世界、热带纬度一半的地区、180°的长度和"其他地区"组成。"其他地区"由两个小四边形组成，一个在有人居住的世界东边，另一个在西边。根据计算，热带地区大于有人居住世界的一半，其他地区更大。因此，有人居住的世界小于这个大四边形的一半。

不管是按照厄拉多塞测量的数据，还是按照近代地理学家测量的数据，对天象都没有很大的影响。因为按照厄拉多塞所说，赤道的长度是252000斯塔德，其四分之一等于6300斯塔德，这也是由赤道分成的60个区域，从赤道到极点距离的六十分之十五。[①]从赤道到夏回归线的距离是六十分之四；夏回归线是纬线，穿过赛伊尼。现在，有几个距离是根据我们认可的标准度量单位推算出来的。例如，夏回归线必须穿过赛伊尼，因为在夏至的时候，这里的日晷在正午时分没有阴影。通过赛伊尼的子午线被画成几乎紧挨着从麦罗埃到亚历山大城的尼罗河道，其距离大约是10000斯塔德。赛伊尼必定在这个距离的中间，因此从麦罗埃到亚历山大城的距离是5000斯塔德。当你继续以直线形式向着麦罗埃方向前进大约3000斯塔德，那个地方由于炎热就没有人居住了；因此，通过这些地区的纬线圈同样也穿过了盛产肉桂的国家，必须确定边界和南边有人居住世界的起点。由于从赛伊尼到麦罗埃的距离是5000斯塔德，我们在这个数字上再加3000斯塔德，从赛伊尼到有人居住世界的边界，距离总共是8000斯塔德。但是，从赛伊尼到赤道的距离是168000斯塔德（那正好是六十分之四的数字。所以，每个六十分之一等于4200斯塔德）。因此，从有人居住世界的边界到赤道的距离是8800斯塔德。而从亚历山大城则是218000斯塔德。还有，大家都同意从亚历山大城到罗德岛的海路、直线距离与尼罗河的长度相等，也和从这里沿着卡里亚、爱奥尼

---

① 厄拉多塞把地球的周长分成60等分，每分等于6°。喜帕恰斯第一个把地球的周长分成360°。

亚海岸到特洛阿德、拜占庭和波里斯提尼斯的距离相等。因此，地理学家只有接受这些公认的航海数据之后，才能着手研究在波里斯提尼斯之后，有人居住地区离这条边界的直线距离有多远，才能研究有人居住世界北部地区的边界延伸了多远。著名的、最遥远的西徐亚人部落居民罗克索兰尼人，现在居住在波里斯提尼斯之后，虽然他们比我们所知道的最遥远的北方居民不列颠人距离南方更近，但在罗克索兰尼人之后的地区就是因为寒冷而无人居住的地区；比罗克索兰尼人更靠近南方的是萨尔马提亚人，他们居住在梅奥提斯湖，还有领土一直延伸到东西徐亚人地区的西徐亚人。

8. 马萨利亚的皮西亚斯接着说，不列颠诸岛最北方的极北地区是最遥远的地区，那里的夏至线和北极圈是一样的。[①] 我没有发现其他作家对这个问题有什么论述。即使有人谈到存在着某个极北岛，也没有谈到北方地区是无人居住的地区，那里的夏至线就是北极圈。我认为有人居住世界的北方边界要比夏至线与北极圈合二为一的地方更靠近南方得多。因为现代科技作家对于在不列颠北方的爱尔兰以北任何地区，都没有任何报道。而在爱尔兰附近，则完全是野蛮人居住的地方，他们由于严寒而生活在贫困之中。因此，我认为我们这个有人居住世界北部边界就在这里，如果通过拜占庭的纬线在马萨利亚附近通过，正如喜帕恰斯依据皮西亚斯记述所说的那样（喜帕恰斯说拜占庭的日晷和阴影是同样

---

① 在极北地区，可变的北极圈有一个确定的夏季热带数值。根据皮西亚斯所说，极北地区纬度是地球热带的补充，他认为后者的纬度是 24°，而极北地区在 66°。

的，正如皮西亚斯说的马萨利亚一样），如果通过波里斯提尼斯河口的纬线离开那条纬线大约是 3800 斯塔德距离，考虑到由马萨利亚到不列颠的距离，① 通过波里斯提尼斯河口的纬线圈就将在不列颠的某地重合。不过，皮西亚斯在其他地方总是误导人们，我认为他在这里也完全是错误的；因为许多作家一致认为由赫拉克勒斯石柱到西西里海峡、雅典和罗德岛的直线位于同一根纬线上；他们还认为从赫拉克勒斯石柱到西西里海峡地区的直线，几乎从大海的中心地带通过。水手们还说，从凯尔特到利比亚最长的航道，即是从高卢湾出发的，长 5000 斯塔德，这里也是地中海最宽的地方。因此，从我们所说的这条直线到海湾的顶端有 2500 斯塔德，不下于到马萨利亚的距离；因为马萨利亚比海湾顶端更靠近南方。不过，从罗德岛到拜占庭的距离大约有 4900 斯塔德，因此通过拜占庭的纬线圈比马萨利亚的纬线圈更靠近北方。从马萨利亚到不列颠的距离可能与从拜占庭到波里斯提尼斯河口的距离相同；不过，已经确定从不列颠到爱尔兰的距离不超过已知的长度，也不知道更远的有人居住的地区究竟在什么地方。如果我们注意到赫西奥德前面所说的话，也就不必研究这个问题了。至于谈到科学，可以大胆的假设（正如在南方地区发生的情况一样），可以确定有人居住世界的边界在麦罗埃以南 3000 斯塔德（虽然这不是最准确的边界，但起码是接近准确的边界）。在这种情况下，我们必须认为这条边界的北部不超过不列颠 3000 斯塔德，或者稍微多说一点，4000 斯塔德。对于政府的需要而言，知道这些国家和他

---

① 即 3700 斯塔德。

们的居民并没有什么益处，特别是如果他们居住在这样的岛屿上，由于他们处于与世隔绝的状态，他们既不能给我们造成任何的伤害，也不能带来任何好处。罗马人虽然可以占领不列颠，但他们不屑做这种事情。因为他们知道不列颠人没有什么可怕的（他们还没有强大到可以渡过大海前来进攻我们），如果他们占领和控制了这些国家，也无法获得相应的好处。显然，如果扣除保卫海岛和征收贡赋的开支，现在的商业税收大于贡赋收入，占领这些海岛的不利之处将远远超过占领不列颠附近的其他岛屿。

9. 而且，如果我们在罗德岛到波里斯提尼斯河口的距离之上再加上由波里斯提尼斯河口到北方地区的4000斯塔德，总数就是12700斯塔德。而从罗德岛到有人居住世界南方的边界的距离是16600斯塔德。因此，有人居住的世界从南到北的总宽度不下于30000斯塔德；而它的长度从西向东估计有70000斯塔德。这是从伊比利亚角到印度角的距离，它部分是经过测量的陆路行程，部分是经过测量的海路航程。而且，这个距离在上述四边形地区之内，显然是由于纬线圈与赤道的关系。所以，有人居住世界的长度是宽度的两倍多。它的外貌大约与希腊男子的披风相似。我们在访问有人居住世界的几个地方时，都发现其末端的宽度，特别是西部末端的宽度有很大的收缩。

10. 现在，我们要在球形的表面画出一个空间，我们所说的有人居住世界就在它的范围之内。[①]有志于接近大地真实形状的人，借助艺术性的绘图手法，应当把地球画成球形，就像克拉特斯的

---

① 即四边形。

球形一样。① 然后把四边形地区绘在球体上，在四边形地区之中再绘上有人居住世界的地图。不过，这需要一个巨大的球体，以便上述部分（仅仅是这个球体的一部分）大到足以把有人居住世界清楚明确地绘制在其中。为观察者提供一个准确的地图。当然，如果有可能的话，他应当制造一个尺寸足够大的球体，它的直径不得小于10英尺。但是，如果他没有能力制造一个足够大的球体，那也不能太小。他还要在平面上绘出一幅地图的草图，尺寸最少要有7英尺。② 为了使它只有微小的差别，我们可以用直线代替大圆，即纬线圈和子午线圈，以便更清晰地表明"纬度"、风、③ 其他的特征、地球各个部分彼此之间的位置，以及它与天体的位置；以直线代表（子午线圈和纬线圈中的）平行线和垂直线。

因为我们的想象力很容易把眼睛看见的平面图形和数字转换成弧形、球形的图形和数字，正如我们所指出的那样，这同样适用于斜轴的圆形和与其相应的直线。虽然所有的子午线都穿过极地交汇于一点，但在我们的平面地图上，为了使垂直的子午线稍微地交汇，没有显出明显的不同。因为在许多场合没有必要这样做，如果把它们转换成平面图形，绘成直线也就看不到弧线和交汇的线条。

11. 接下来我不得不说明，我认为我们的地图是平面地图。而且，我还要说明我曾经亲自参观游历过的那些地方和大海，我认

---

① 在克拉特斯的地球仪上，显然在每个半球上都相应地描绘了两个有人居住世界。在各国的地球图上都反映了观念。地球被许多十字交叉的海洋横切。
② 在长度方面，比例等于70000斯塔德，这也是有人居住世界的长度。
③ 以风来表示世界各地。

为其他作家的故事和作品哪些是可靠的。我曾经由亚美尼亚向西游历到撒丁岛对面的第勒尼亚（Tyrrhenia），从攸克辛海向南到达埃塞俄比亚边境。在地理学家之中，你可能找不到其他人走过的路程比我刚才提到的远得多。确实，有些人在西方走得比我更远，但在东方没有人走很多地方；有些人在东方走得很远，在西方又不如我走得远；在南方和北方的情况也是一样。而且，无论是他们还是我本人，所获得资料大部分是道听途说的，并由此而形成了对于形状、大小和其他特征——本质的和数量特征的概念，准确地说是理性形成了我们的感性知识概念。因为我们的感性知识可以描绘出苹果的外形、颜色、大小、触觉和味道；理性根据上述一切因素形成了苹果的概念。同样，如果我们接触的是巨大的物体，我们的理性所能感知的仅仅是它的一部分，理性只能根据它所感知的部分而形成整体的概念。同样，那些求知欲强的人行动也是一样：他们依靠那些见过或者到过某些地方的人的感性报道，而不问具体的情况（一些人在一个地方，另一些人在另一个地方）对他们造成了什么影响，他们把自己对有人居住世界的想象变成了一个图形。统帅们虽然也亲自做各种各样的工作，但他并不到处现身，而是把自己的大部分工作交由其他人去完成，他相信传令兵的情报，根据收到的情报向各地下达相应的命令。有人认为只有那些真正见过某种现象，抛弃了道听途说的理性准则的人，才可以称为了解这种现象的人。然而，对于科学研究的目的而言，这种理性知识比眼见为实重要得多。

12. 特别是现代作家，对于不列颠人、日耳曼人、伊斯特南方和北方居民、盖坦人、提雷盖蒂人、巴斯塔尼亚人,还有高加索地区的居民,如阿尔巴尼亚人、伊比利亚人都有相当出色的记载。[①] 由于《帕提亚历史》的作者、阿尔忒弥塔人阿波罗多罗斯及其学派,我们还知道有关希尔卡尼亚和巴克特里亚纳的许多信息。他们比其他许多作家更加确切地标明了这些国家。另一方面,由于不久之前罗马人随着军队一起侵入了阿拉伯福地,[②] 这支军队的首领是我的朋友和同伴埃利乌斯·加卢斯。由于亚历山大城的商人早就以船只沿着尼罗河、阿拉伯湾直到印度从事贸易活动,我们对这些地区的了解远胜于我们的前辈。无论如何,当加卢斯成为埃及的地方长官之后,我陪同着他沿着尼罗河而上,到了赛伊尼和埃塞俄比亚边境地区。我知道有多达120条船从米奥斯·霍尔木兹启航前往印度。然而,从前在托勒密诸王时期,只有很少的船只敢于冒险航海前往印度,贩卖印度商品。

13. 这样,无论是为了科学的目的,还是为了国家的需要,我的第一件也是最重要的一件事情,就是力图以尽可能简明的方式描绘出我们地图上这部分土地的形状和面积,同时指明它的特征,它占整个陆地面积的多少,因为这就是地理学家本份的职责。不过,要确定整个陆地的准确数据,确定我们前面所说的"旋转轴"的准确数据,这又是另一门科学的任务。例如,提出"旋转轴"是否和对面的四分之一地区一样有人居住的问题?要是它确实有人居住,那么他们是不是像我们这个地区一样的人

---

① 比前辈更好。
② 公元前25—前24年。

类？或者我们是否应当把它称为另一个有人居住的世界？——这当然是一种似是而非的推测。现在，我应当来叙述我们这个有人居住世界情况了。

14. 正如我在前面所说的，有人居住世界有点儿像希腊男子的披风，它的最大宽度相当于穿过尼罗河的直线，这条直线开始于穿过盛产桂皮的国家和埃及流亡者岛①的纬线圈，结束于穿过爱尔兰的纬线圈；其长度相当于从西部穿过赫拉克勒斯石柱、西西里海峡到罗德岛和伊苏斯湾的纬线、穿过环绕亚细亚托罗斯山脉旁边、结束于印度和巴克特里亚后面的西徐亚人居住地区。因此，我们必须设想有一个平行四边形，其中披风形的图形应当这样描绘，披风最大长度应当与平行四边形最大长度重合并相等，它的最大宽度同样也应当与平行四边形的最大宽度相等。这个披风形的图形就是有人居住的世界；正如我说过的，它的宽度应当等于平行四边形最长的直线；它从两个方向把有人居住的地区分割开来；②这些边界是：在北方是通过爱尔兰的纬线圈；在炎热地区是通过盛产桂皮国家附近的纬线圈；所以，这些直线向东和向西都延伸到了有人居住世界这些"正对着"它们的地区。③它们和子午线一道形成了一个平行四边形地区。有人居住世界就在这个平行四边形地区之内。从这个事实可以清楚地看出，无论是它的最大宽度或最大长度，都没有超出平行四边形地区的范围，它的外形类似希腊男子的披风，显然是因为它的边缘沐浴在海水之中，两

---

① 辛布里人在反抗埃及国王萨姆米提克失败之后，逃到了尼罗河的这个岛上。
② 在北方和南方。
③ 位于同一条纬线上。

边都缩短了；这显然是出自那些在东部和西部两边都航海过的人报道。[①]这些航海家声称，这个名叫塔普罗巴内的海岛在印度南边相当远的地方，还是有人居住的海岛，而且它正对着埃及流亡者岛和盛产桂皮的国家，它的气候与后者非常相像；比印度之后最遥远的西徐亚人更靠北方的是希尔卡尼亚海口附近的地区，而爱尔兰附近地区还更靠北方。关于赫拉克勒斯石柱之外，即伊比利亚角的国家也有类似的报道，他们把伊比利亚角称为"圣角"，这是有人居住世界最西边的地区；这个海角在通过加德斯、赫拉克勒斯石柱、西西里海峡和罗德岛的直线附近。他们说，在上述所有地点日晷上的投影都是一致的。两个方向吹来的风都是顺风。[②]最长的白天和最长的黑夜是相同的，因为最长的白天和最长的黑夜都是 14.5 二分时。在加德斯附近的海岸，有时可以看到卡贝里星座。波塞多尼奥斯说，他曾经在距离上述地区 400 斯塔德之外的城市高楼中看见了一颗星星，并且断定它就是老人星；他是根据那些到过伊比利亚南部不远地区，看见过老人星的人一致的意见，以及在尼多斯进行的科学观察做出这种判断的。他说，由于尼多斯的欧多克索斯观象台不比民居高很多，据说欧多克索斯在那里观察到了老人星；波塞多尼奥斯补充说，尼多斯位于罗德岛的纬线圈上，这个纬线圈上还有加德斯和附近沿岸地区。

15. 如果你从这里航行到南方的利比亚，这个国家最西部的海岸延伸到加德斯后面不远的地方，这个海岸随后变成了一个狭窄

---

① 在北方和南方。
② 季风。

的海角，它向东南方倒退，在延伸到西埃塞俄比亚人地区的地方逐渐变宽，他们是迦太基领土以南最遥远的民族，到达了穿过盛产桂皮国家的纬线圈。但是，如果你从"圣角"朝相反方向一直航行，你将到达阿尔塔布里亚人的地方；如果你朝北方航行，在你的右边是卢西塔尼亚（Lusitania）；那时，剩下的所有道路都是前往东方的，和你从前的航线形成了一个钝角，直到你到达紧靠着俄克阿诺斯的比利牛斯海角之前。不列颠西部地区对着这些海角的北方；同样，卡西特里德斯群岛位于靠近不列颠纬度的外海，正对着北方的阿尔塔布里亚人。由此可以清楚地看出，有人居住世界东西两边的长度受到周边大海多么严重的侵蚀。

16. 有人居住世界的外形，通常应当设想为两条彼此直角交叉的直线比较合适，其中一条穿过有人居住世界的最大长度，另一条穿过最大的宽度。第一条直线是一个纬线圈，第二条直线是一个子午线圈。然后，应当想象与这两条线平行的平行线，并且用它们画出陆地和海洋比较好。我们对于它们是非常熟悉的。因此，有人居住世界的外形将更有力地证明，我以前对它的描述是正确的。如果根据不同尺寸的子午线和纬线的长宽来判断线条的长短；最好是在东方、西方、南方和北方都出现"纬度"，不过，由于这些直线应当画成穿过已知地区，其中的两条已经被画成这样（我指的上述直线，一根代表长度，另一根代表宽度），借助于这两条直线，其他的线条很容易被确定。利用这些线条作"基础"，[①] 我们可以把与它们平行的地区和有人居住地区其他的地理学、天文学

---

① 或更确切地说，"坐标轴"是常用的解析几何术语。

方位相互联系起来。

17. 大海比其他任何东西更能确定陆地的轮廓。人们可以利用海湾、汪洋大海、海峡、地峡、半岛和海角来塑造它的外形。在这方面，河流和高山对大海也有所帮助。通过这些天然的地形地物，我们对于各个大陆、各个民族优越的城市位置，以及我们的地图提供的各种各样的详细情况，都有了明确的概念。在这些详细情况中，传播最广的是位于外海和海岸附近所有岛屿的情况。由于不同的地区表现出不同的（好的或坏的）特征，有利的或不利的条件，这种结果有些是由于自然条件，另外一些则是由于人类的活动造成的。地理学家必须提到那些由自然环境形成的有利条件，它们是不变的。然而，外在的特性是会发生变化的。在这些外在的特性之中，他必须提到那些长期存在的，或者虽然不能长期存在，但有着某种知名度和荣耀的事情。这种名声和荣耀将会保留到未来，即使它们存在的时间不长，也创造了与地区有关，而不是与人类活动有关的特色。由此可以看出，提及后面这些特征的必要性是多么重要。因为对于许多城市而言，都可以重复狄摩西尼（Demosthenes）在谈论奥林波斯山及其周围城市[①]时所说的话。他说，这些城市已经被彻底毁灭了，以至于游历者甚至连它们是什么时候建立的也不知道。不过，希望访问这个或那个地方的人，由于他们渴望哪怕是看一看这些勋业名闻天下的遗迹也好。例如，他们喜欢参观著名人物的陵墓。因此，我们不得不提到许多已经不存在的风俗习惯和宪法。因为在说到他们及其

---

① 迈索尼、阿波罗尼亚和其他32座城市。

事业时，都是为了鼓励人们日后仿效，或者是避免类似事情，这种实用的念头在激励着我。

18. 现在，我们重新开始叙述有人居住的世界。我认为，我们这个有人居住的世界是被大海包围着的。靠着俄克阿诺斯的外海有许多海湾，其中有四个海湾是最大的。在这四个海湾中，北面的海湾称为里海湾（也有人把它称为希尔卡尼亚海），波斯湾和阿拉伯湾从南海涌入内陆，一个大致对着里海，另一个大致对着本都海；第四个在面积上远远超过其他三个，这是由所谓的"内海"或"我们的海"形成的，它起自西部的赫拉克勒斯石柱附近的海峡，一直向东方延伸，时而变宽，时而变窄，最后分为两部分，流入两个像大海一样的海湾。一个在右边（我们称为攸克辛海）；另一个在左边，由埃及海、潘菲利亚海、伊苏斯海组成。上述所有海湾都有狭窄的入口和外海联通，特别是阿拉伯湾和赫拉克勒斯石柱旁的海湾，其他海湾不那么狭窄。如前所说，包围着它们的陆地被分为三部分。在这三部分中，欧罗巴本身的外貌最多种多样；利比亚则正好相反，外貌端正匀称；在这方面，亚细亚在世界各部分中占据中等位置。由于海岸线的特点，造成了其外貌或是不端正匀称，或是端正匀称。然而，外海的海岸轮廓（除了上述海湾之外）是平常的，就像我说的希腊男子的披风一样；但是，那些细微的不规则现象不值得重视，因为在讨论重大事情的时候，琐碎的事情是微不足道的。而且，正如我先前指出的，我们在研究地理学的时候，不仅要研究各个国家的外貌和大小，还要研究它们彼此之间的位置。因此，对于我们而言，内海的海岸线比外海的海岸线更多种多样。同时，更重要的是我们知道这里的面积大于那里，气候温和，群山耸立，居住着有优良国家制度的人民。另一方面，我们也希望知道世界上那些传说保留着许多不朽的业绩、国家制度、艺术和各种各样有助于实用性智慧发展的东西的地区。我们的匮乏，使我们向往那里，向往与其发生商业和社会交往，可以肯定地说，这些地区都是由政府管理的国家，是由优良政府管理的国家。正如先前我所说的，我们的内海在所有这些方面拥有巨大的优势。所以，我必须从内海开始我的叙述。

19. 正如我先前所说的，这个海湾的起点是赫拉克勒斯石柱附近的海峡；据说海峡最狭窄的部分宽度是70斯塔德；如果通过这个狭窄的部分（海峡长120斯塔德），海峡两边立刻伸展开来，特别是左边的海岸。接着，海湾呈现出大海的面貌。这个大海右边以利比亚到迦太基的海岸为界，其他方向首先是伊比利亚，以及在纳伯和马萨利亚地区的凯尔特海峡；接着是利古里亚（Liguria），最后是意大利直到西西里海峡。大海的东面是西西里和西西里两边的海峡；在意大利和西西里之间的海峡宽7斯塔德，在西西里和迦太基之间的海峡宽1500斯塔德；但是，从赫拉克勒斯石柱到海峡的直线距离只是到罗德岛和托罗斯山脉直线距离的一段；它在中央部分附近穿过上述大海，据说其长度为12000斯塔德，这也是大海的长度，而它的最大宽度达5000斯塔德，这是从马萨利亚和纳伯之间的加拉提亚湾到利比亚对岸的距离。大海沿着利比亚海岸的各部分称为利比亚海，而对面的部分则依次称为伊比利亚海、利古里亚海、撒丁海，最后到达西西里和第勒尼亚海。在第勒尼亚海沿岸到利古里亚海有许多海岛，除了西西里岛之外，其中最大的是撒丁岛和科西嘉岛；西西里岛是我们这个世界所有海岛之中最大和最好的海岛，远不如这些海岛面积大小的是潘达特里亚岛和庞提亚岛，它们位于外海，靠近埃萨利亚、普拉纳西亚、皮塞库萨、普罗奇塔、卡普雷伊、莱夫科西亚和类似的其他地方。但在利古里亚海的另一边到赫拉克勒斯石柱之前的其他海岸，海岛不是很多。其中有盖姆内西伊岛、埃比苏斯岛；在利比亚和西西里岛海岸前也有几个海岛，其中有科苏拉岛、埃吉姆洛斯和利帕里群岛，有些人把它们称为埃俄罗斯群岛。

20. 在西西里岛及其两边的海峡之后，其他的海和先前的海汇合在一起，第一个海位于大西尔特湾、昔兰尼湾和两个西尔特湾本身之前；第二个海是先前我们所说的奥索尼亚海，现在称为西西里海。它和第一个海汇合在一起，并且是它的延伸部分；但是，现在西尔特湾和昔兰尼之前的海称为利比亚海，它结束于埃及海。小西尔特湾周长约1600斯塔德；但梅宁克斯岛和塞尔辛纳岛在海湾入口的两边。至于大西尔特湾，厄拉多塞说它的周长有5000斯塔德，它的宽度从赫斯珀里得斯到奥托马拉、正对着昔兰尼和这个地区利比亚其他地方的共同边界，有1800斯塔德。但其他人认定其周长为4000斯塔德，宽度为1500斯塔德，它的入口也是同样的宽度。西西里海位于西西里和意大利东部地区的前面，也在位于它们之间的一个海峡之前，正对着雷吉乌姆城到洛克里人的地区、墨西拿、锡拉库萨和帕奇努姆。它向东方一直延伸到克里特陆岬，它的海水沐浴着伯罗奔尼撒大部分地区，充满了科林斯湾。它向北方一直延伸到了亚皮吉亚角和爱奥尼亚湾入口、伊庇鲁斯到安布拉西亚湾南部地区和邻近的海岸，它和伯罗奔尼撒一起形成了科林斯湾。爱奥尼亚湾现在是亚得里亚海的一部分，这个大海的右岸由伊利里亚组成,左岸由意大利和它在阿奎利亚的顶部组成。它在一个狭长的海域中向西北延伸,长度约6000斯塔德,最大宽度为1200斯塔德。这个海域中有许多小岛:在伊利里亚沿岸之外有阿普西尔提德斯、西里克提卡、利布尔尼德斯、伊萨、特拉古里乌姆、黑克基拉岛和法罗斯岛;在意大利沿岸之外有狄俄墨得斯群岛。西西里海从帕奇努姆延伸到克里特,他们说长度有4500斯塔德,正好与到拉科尼亚的泰纳鲁姆距离一样长;而从雅皮吉亚角到科林斯湾的顶部,长度不到3000斯塔德。从雅皮吉亚(Iapygia)到利比亚的距离超过4000斯塔德;在这个海域中的海岛有克基拉岛、伊庇鲁斯海岸之外的西波塔岛;在它们附近有科林斯湾之外的凯法莱尼亚岛、伊萨卡岛、扎金索斯岛和埃奇纳德斯群岛。

21. 与西西里海连在一起的是克里特海、萨罗尼亚海和米尔图海。米尔图海位于克里特、阿尔盖亚和阿提卡之间,其最大宽度从阿提卡算起约1200斯塔德,长度不到宽度的两倍。这个海域的海岛有基西拉岛、卡劳利亚岛、埃伊纳岛;其邻近的海岛有萨拉米斯(Salamis)和基克拉泽斯群岛的某些岛屿。紧接着米尔图海之后,最近的海是爱琴海、米拉斯湾、赫勒斯滂;还有伊卡里亚海和卡尔帕图斯海,延伸到罗德岛、克里特岛和卡尔帕图斯岛和亚细亚最前面的几个地区。在爱琴海中的海岛有基克拉泽斯群岛、[1]斯波拉德斯群岛和位于卡里亚、爱奥尼亚和埃奥利斯到特罗阿德之外的海岛,我指的是科斯岛、萨摩斯岛、希俄斯岛、莱斯

---

[1] 如前所述,"基克拉泽斯群岛某些岛屿在米尔图海之中"。原文已经损坏。

沃斯岛和特内多斯岛。还有位于希腊到马其顿，紧靠马其顿之后色雷斯之外的海岛，即埃维亚岛、斯基罗斯岛、佩帕雷托斯岛、利姆诺斯岛、萨索斯岛、伊姆布罗斯岛和许多其他的海岛，关于它们，我将详细地进行介绍。这个大海的长度约4000斯塔德或稍微长一点，宽度约2000斯塔德。如果你沿着亚细亚上述地区和从苏尼乌姆角到塞尔迈湾的海岸向北航行，经过马其顿湾可以到达色雷斯的切尔松尼斯半岛。

22. 在这个切尔松尼斯半岛沿岸有一个宽7斯塔德的海峡，位于塞斯图斯城和阿拜多斯城之间。爱琴海穿过这个海峡和赫勒斯滂，向北流入普罗庞提斯海。普罗庞提斯海又流入外号叫"攸克辛（好客）"的大海。后面这个海可以说是两个海。因为在它的中间附近正好有两个海角，一个海角从北面欧罗巴伸出，另一个从亚细亚正对它的方向伸出，使它的航道变窄了。形成了两个海。欧罗巴的海角称为克里乌梅托庞，亚细亚的海角称为卡兰比斯；它们彼此距离约2500斯塔德。现在，西海从拜占庭算到波里斯提尼斯河口，宽2800斯塔德；在这个海域中的海岛有莱夫斯岛。东海是椭圆形的，尽头在狄俄斯库里亚斯城狭窄的顶部；它的长度为5000斯塔德或稍微长一点，宽度约3000斯塔德。整个海域的周长是250000斯塔德。有人把这个周长的形状比作西徐亚人的弯弓，[①]本都地区的右边像弓弦（这里也是沿着海岸由出口前往狄俄斯库里亚斯顶部的航道。除了卡兰比斯角之外，整个海岸线只有

---

① 西徐亚弓用有弹性的木料制成，弓的两端套上用金属镶嵌的山羊角，羊角开头是向内弯，末尾向上翘。

一些微小的凹凸，因此看起来好像是直线一样）。其他部分则是被他们比喻为两边弧形的弓角，上面的弧形更流利光滑，下面的弧形比较直；因此，他们说左岸形成了两个海湾，其中西面的海湾比东面的弧形更大。

23. 在东海湾的北面是梅奥提斯湖，其周长为9000斯塔德或稍微多一点。它在被称为辛梅里安的博斯普鲁斯流入攸克辛海，攸克辛海又在色雷斯的博斯普鲁斯流入普罗庞提斯海；这是因为他们把拜占庭的出口称为色雷斯的博斯普鲁斯，它有4斯塔德宽。普罗庞提斯海据说从特洛阿德起到拜占庭为止，有1500斯塔德长；它的宽度大致相同。这个海域有基奇库斯岛，在邻近的海域中有许多小岛。

24. 爱琴海北部的汛期和规模是这样的：一方面，开始于罗德岛的海湾形成了埃及海、潘菲利亚海和伊西坎海，它沿着吕西亚、潘菲利亚和整个西里西亚海岸向东延伸，直到西里西亚的伊苏斯，距离有5000斯塔德。从这里开始，叙利亚、腓尼基和埃及在西南部环绕着这个大海，直到亚历山大城。而塞浦路斯既在伊西坎湾，又在潘菲利亚湾，因为它位于埃及海的边界上。从罗德岛到亚历山大城的海路，借助于北风约有4000斯塔德，如果沿着海岸线航行则是双倍的航程。据厄拉多塞说，这仅仅是那些水手们对航线路程做出的推测，有些人说它有4000斯塔德，另外一些人坚持认为它甚至有5000斯塔德，但他们自己借助观察日晷，确定了它的距离是3750斯塔德。而且，这个大海靠近西里西亚和潘菲利亚的部分，即所谓的攸克辛海右边和普罗庞提斯海，以及紧邻潘菲利亚海之后的海岸，形成了一个巨大的半岛和一个巨大的地峡，它从塔尔苏斯附近的大海一直延伸到阿米苏斯城、亚马孙的特米斯齐拉平原。因为在这条直到卡里亚、爱奥尼亚和居住在哈里斯河这边民族界限之内的整个地区，都沐浴在爱琴海之中，或者是靠近上述半岛两边的地区。确实，我们用一个专门的名字称呼这个半岛——亚细亚，它和整个大陆的名字是相同的。

25. 简而言之，大西尔特湾的顶部在我们的地中海最南端，紧邻埃及的亚历山大城和尼罗河口；最北端是波里斯提尼斯河口，如果我们把梅奥提斯湖算作攸克辛海的一部分（从某种意义上来说，它确实是一部分），塔奈斯河口就是它的最北端。它的最西端是赫拉克勒斯石柱附近的海峡；它的最东端是上述狄俄斯库里亚斯城附近，而不是厄拉多塞说的伊西坎湾，这是错误的。因为它和阿米苏斯城、特米斯齐拉平原是在同一条子午线上——或者，如果你愿意，还可以把锡德内到法尔纳西亚的地区加进去。可以说，从上述地区向东到狄俄斯库里亚斯城的路程超过3000斯塔德，我还可以大胆地说，我对上述地区的介绍是详细的。这就是现代地中海的真实情况。

26. 我必须从我开始描述大海本身时相同的出发点上，对它周边的国家做一个基本的介绍。如果你航行进入了赫拉克勒斯石柱附近的海峡，利比亚直到尼罗河的水域都在你的右手边。正对着海峡的欧罗巴直到塔奈斯河口都在你的左手边。无论是欧罗巴还是利比亚，都结束于亚细亚。但我必须从欧罗巴开始，因为它不仅形式多种多样，而且令人惊奇地利用自然环境为人类与国家形式的优越性服务，也是因为它们对其他大陆、对整个有人居住世界做出了自己特有的最大贡献（除了少数因为寒冷而无人居住的地区之外)。这些无人居住地区以大篷车居民居住的塔奈斯河、梅奥提斯湖和波里斯提尼斯河地区为界。在欧罗巴的有人居住地区，寒冷和高山地区对于生存而言是自然条件恶劣的地区，不过即使是先前只有盗匪居住的贫困地区，现在也成了文明地区，还有优良的统治者。以希腊人为例，他们虽然居住在高山或山区，他们通常是幸福的，因为他们关心优良的政府，关心艺术，一般而言还有生活的智慧。罗马人征服了许多生性野蛮的部落，他们统治着自己居住的地区，这些地区或者多山，没有港口；或者寒冷；或者由于其他原因不适合大量居民居住，他们不仅迫使那些至今互相孤立的民族互相交往，而且教会了非常野蛮的居民如何生活在政府的管理之下。欧罗巴整个平原地区处于温带气候中，因此具有合作的天然特点；因为国家享有各种天然的财富，人民爱好和平；而在那些贫穷的国家，所有的一切都使人民变得更加尚武和勇敢；因此，这样两种不同的国家要吸收对方的优点，因为后者有助于武装力量，前者有助于农业生产、艺术和人格的培养。但是，如果他们不互相帮助，彼此受到的危害也是明显的；习惯于动武的一方力量就将占据某种优势，除非它被多数力量所控制。无论如何，这个大陆在这方面有着天然的优势：因为它在整体上可以分成平原和山区，在整个时期它的农业、文明和尚武因素是联系在一起的；在两种因素中，热爱和平的因素更加强大，因此能够统治整个人群；而且，占统治地位的民族，先前的希腊人，后来的马其顿人和罗马人维护和平，有助于和平的巩固。由于这个原因，欧罗巴在战争与和平方面是所有地区之中最独立的；因为它有许多尚武的战士，他们耕种着欧罗巴土地，保卫着城市的安全。在这方面，它也非常出色：它为日常生活生产了最优质和最必须的果实，各种有用的金属，从国外进口各种香料、宝石，这些物品使那些缺少这类物品的人生活得像那些富有者一样充满幸福。同时，欧罗巴繁殖了大量各色品种的牛，但缺少野生动物。这个大陆自然情况一般就是这样。

27. 如果我们看一看欧罗巴的各个部分，整个大陆的第一部分是从西方开始的，这就是伊比利亚，它的外形好像是一张牛皮，跌落在邻近的凯尔特境内；这个部分向着东面，在这个部分之中，伊比利亚的东部被比利牛斯山切开，但其他地区全部被大海所环绕；它的南面直达赫拉克勒斯石柱，被我们的海所环绕；在它的另一面直到比利牛斯山脉北面的陆岬，被亚特兰蒂斯海所环绕。这个地区最大长度约6000斯塔德，宽约5000斯塔德。

28. 紧接着伊比利亚之后，向东方一直延伸到莱茵河的是凯尔特。它的北边整个沐浴在不列颠海峡中（整个不列颠岛与整个凯尔特相对和平行，长约5000斯塔德）；凯尔特东边以莱茵河为界，河水的流向与比利牛斯山脉平行；它的南边与起自莱茵河的阿尔卑斯山脉部分地区，以及我们的海部分地区为界，一直延伸到所谓的加拉提亚湾。在这个区域中，有著名的城市马萨利亚和纳伯。正对着这个海湾，在对面有一个也叫做加拉提亚湾的海湾；它朝着北方的不列颠。在这两个海湾之间，凯尔特的宽度最窄，因为它在地峡之前收缩到不足3000斯塔德，只有2000多斯塔德宽。在这两个海峡之后，有一座山脉与比利牛斯山脉直角相交，名叫塞梅努斯山脉，终结于凯尔特平原的正中央地区。至于阿尔卑斯山脉（这是一座非常高的山脉，形成了一条拱线），它凸出的一边折向上述加拉提亚平原和塞梅努斯山脉，它凹进的部分折向利古里亚和意大利。除了利古里亚人（Ligurians）之外，还有许多凯尔特部落居住在这些山区。虽然利古里亚人属于不同的种族，但他们的生活方式与凯尔特人是相同的。他们居住在与亚平宁山脉相连的阿尔卑斯山部分地区，占据了亚平宁山脉某些地区。亚平宁山脉形成了一道山链，它自北向南贯穿了整个意大利，结束于西西里海湾。

29. 意大利最重要的部分是阿尔卑斯山脚下的平原地区。它延伸到亚得里亚海的顶部及其附近的地区。不过，意大利其他地区是一条狭长的，类似于半岛的地岬。正如我先前所说的那样，亚平宁山脉贯穿这个地岬，长约7000斯塔德；它的宽度各个地区不完全一样。那些使意大利变成一个半岛的海洋是：第勒尼亚海（始于利古里亚海）、奥索尼亚海和亚得里亚海。

30. 在意大利和凯尔特之后，就是欧罗巴东部的其他地区。它们被伊斯特河分成了两部分，这条河自西向东流入攸克辛海。在它的左边是整个日耳曼（它始于莱茵河）、盖蒂人的所有地区和提雷盖蒂人、巴斯塔尼亚人、萨尔马提亚人（Sarmatians）的地区，直到塔奈斯河和梅奥提斯湖；它的右边是整个色雷斯、伊利里亚、最后是希腊。关于欧罗巴前面的海岛我已经说过：在赫拉克勒斯石柱外边有加德斯、卡西特里德斯和不列颠诸岛；在赫拉克勒斯石柱里边有盖姆内西伊和腓尼基人的其他小岛，[①]还有马萨利亚和利古里亚的海岛；然后是意大利到埃俄罗斯和西西里的海岛，还

---

① 巴利阿里群岛。

有在伊庇鲁斯、希腊、直到马其顿和色雷斯的切尔松尼斯半岛附近的海岛。

31. 在塔奈斯河和梅奥提斯湖之后就是亚细亚各地——托罗斯山以南的地区，这些地区连接着塔奈斯河和梅奥提斯湖；紧接着这个地区是托罗斯山脉以北的地区，托罗斯山脉把亚细亚分成两部分，托罗斯山脉从潘菲利亚角一直延伸到印度的东海和更远的西徐亚；希腊人把这个大陆朝北的部分命名为托罗斯山脉以南地区，把朝南的部分命名为托罗斯山脉以北地区；相应地，亚细亚连接着塔奈斯河和梅奥提斯湖的地区属于托罗斯山脉以南地区。这些地区最前面的部分是位于里海和攸克辛海之间的地区，一边与塔奈斯河、外海和希尔卡尼亚海相连，另一边与攸克辛海与里海最狭窄的地峡接壤。然后是托罗斯山脉以南地区，它们朝着北方的希尔卡尼亚，直到印度的大海、西徐亚人居住的地区和伊梅乌斯山。在这些地区，一部分居住着梅奥提斯的萨尔马提亚人，和居住在希尔卡尼亚海与攸克辛海之间的萨尔马提亚人。在高加索之前是伊比利亚人和阿尔巴尼亚人的地区，还有西徐亚人、希尔卡尼亚人、亚该亚人、齐基人和赫尼奥奇人。在希尔卡尼亚海之后，部分地区居住着西徐亚人、希尔卡尼亚人、帕提亚人、巴克特里亚人和粟特人，在印度北方地区还有其他居民。在希尔卡尼亚海南部，将其与攸克辛海分开的几乎整个地峡占据了亚美尼亚的大部分地区、科尔基斯、从卡帕多西亚到攸克辛海的全部地区，以及蒂巴拉尼部落；所谓的哈里斯河以南地区包括了这些地区：首先是攸克辛海、普罗庞提斯海附近的帕夫拉戈尼亚、比希尼亚、密细亚、所谓的"赫勒斯滂的弗里吉亚"（特洛阿德是其中的一部分）；其次是爱琴海和大海形成的延伸部分附近的埃奥利斯、爱奥尼亚、卡里亚和吕西亚；第三部分是内陆地区，弗里吉亚（它的一部分组成了"加拉提亚希腊人的加拉提亚"和"埃皮克特图斯的弗里吉亚"[①]）、利考尼亚和吕底亚。

32. 紧接着托罗斯山脉以南居住的是山区居民：他们是帕罗帕米萨迪部落、帕提亚人部落、米底部落、亚美尼亚部落、西里西亚部落、卡陶尼亚部落和皮西迪亚部落。在这些山民居住地区之后，是托罗斯山脉以北地区。其中第一个地区是印度，所有民族之中最大的、最富裕的民族就居住在这里；它一直延伸到了亚特兰蒂斯海的东海和南海。在这个海的南海，印度海岸之外有一座塔普罗巴内岛，其面积不小于不列颠岛。如果我们从印度返回西部地区，保持山区在我们的右边，我们就到了一个辽阔的地方，那里土壤贫瘠，只能为人们提供少得可怜的生活资料，他们完全是野蛮人和不同的种族。他们把这个地方叫做阿里亚，它从山区一直延伸到格德罗西亚和卡尔马尼亚。紧接着阿里亚之后，接近海边的是波斯地区、苏西亚纳和巴比伦地区（它们一直延伸到波斯海）。在这些地区的边境附近还住着许多小部落，有些居民住在山区附近或者是山区之中，他们是帕提亚人、米底人、亚美尼亚人和他们邻近的部落，还有美索不达米亚人。在美索不达米亚之后是幼发拉底河这边的地区，它们是整个阿拉伯福地（它们以整个阿拉伯湾和波斯湾为界）、住帐篷的居民和酋长统治的部落占据的地区（一直延伸到幼发拉底河和叙利亚）。接着是居住在阿拉伯

[①] "相邻的弗里吉亚"，帕加马国王对这个地区的称呼。

湾另一边到尼罗河的居民,即埃塞俄比亚人、阿拉比亚人,在他们之后是埃及人、叙利亚人和西里西亚人(包括所谓的"特拉奇奥特人"),[1]最后是潘菲利亚人。

33. 在亚细亚之后是利比亚,它是埃及和埃塞俄比亚的延伸。它的海岸线正对着我们,自亚历山大城开始,几乎以一条直线直达赫拉克勒斯石柱;除了大西尔特湾之外,可能还有些海湾略微弯曲和海角凸出,这些凸出部分形成了这些海湾;不过,它的海岸线自埃塞俄比亚到某个地点,和前面的海岸线近似于平行。接着,它折向南方,形成了一个尖锐的地岬,微微地凸出在赫拉克勒斯石柱之外,并且使利比亚近似于一个不规则的四边形。根据其他人所说,更确切地说是这个地区曾经的行政长官克尼乌斯·皮索对我说过,利比亚就像是一张豹子皮,因为它在缺水干旱的沙漠中撒下了许多的居民点。埃及人把这种居民点叫做"绿洲"。尽管利比亚是这种特色,它还有其他许多特点,使它被分成了三部分。第一部分正对着我们的海岸线,绝大部分是极其肥沃的,特别是昔兰尼、迦太基到莫鲁西亚和赫拉克勒斯石柱附近的地区;第二部分,即使是俄克阿诺斯的海岸线也有适当的生活资料;第三部分,它的内陆地区出产罗盘草,只能提供少得可怜的生活资料,因为它大部分都是岩石和沙漠地区。关于这个地区一直延伸,穿过埃塞俄比亚、特罗格洛迪特人的国家、阿拉比亚和食鱼者居住的格德罗西亚的报道,同样是可信的。至于利比亚大多数民族的情况,我们都不知道;因为军队没有去过那里多少

---

[1] 崎岖不平的西里西亚山区居民。

地方，外面的人也没有去过那里多少地方；内陆地区的土著居民也很少访问我们。而且，他们所说的东西不值得相信，或者完全不可相信。不过，下面这些东西是建立在他们的故事基础之上的：他们称呼最南边的居民为埃塞俄比亚人；他们把紧挨着埃塞俄比亚北边的主要居民称为加拉曼提亚人、法鲁西人和尼格里特人；住在这些人北面的是盖图里亚人；住在大海附近的或海岸边的、紧挨着埃及到昔兰尼的居民有马尔马里迪人；然而，他们把昔兰尼和大西尔特湾之后的居民称为普西利人、纳萨莫尼亚人和盖图兰人中的某些人；然后是阿斯比斯提亚人和拜扎齐亚人（他们的领土直到迦太基地区）。迦太基的领土很大，在它之后是游牧者的领土；[①]其中最有名的部落一部分称为迈西里亚人，另一部分称为马塞西利亚人。最后是莫鲁西亚人。从迦太基到赫拉克勒斯石柱的所有土地是肥沃的，其中有很多野兽，就像在利比亚内陆一样。因此，以为某些部落被称为游牧者，是由于古代野兽太多，他们无法种地，这是不大可能的事情。不过，现在的游牧者不仅擅长于狩猎技巧（罗马人由于喜爱狩猎野兽，也和他们一起参加狩猎活动），而且也和擅长狩猎一样擅长农业。关于这个大陆，我要说的就是这些。

34. 接下来我要说的是"纬度"（这个问题同样需要作一个总体的概括），让我们从这些被称为"要素"的直线开始说起。我指的是两条划分有人居住世界最大长度和最大宽度的直线，特别是最大宽度的直线。天文学家当然要更加详尽地研究这个问题，就

---

① 努米底亚居民。

像喜帕恰斯所做的一样。因为正如喜帕恰斯自己所说的,它记录了地球各个区域天体的不同位置,这些区域位于我们这四分之一的地区,我指的是位于赤道与北极之间的地区。当然,地理学家不必研究位于有人居住世界之外的地区;如果涉及有人居住世界的区域,实务家需要的不是教给他们不同位置天体的性质或者数量,因为这些东西对于他们而言是枯燥无味的课本。但对我而言,却需要非常详细地讲解喜帕恰斯指出的重要而又简洁的区别,接受他所作的假设。地球的长度是252000斯塔德,这个数字是厄拉多塞提供的。因为这个计算结果对于天体而言,在有人居住世界的距离变差不大。然而,如果我们把地球最大的圆周分成360个部分,每个部分就有700斯塔德,喜帕恰斯就是利用这个长度来确定通过麦罗埃的子午线的。他从赤道有人居住地区开始,沿着上述子午线一个接一个地测量有人居住地区,每次的距离都是700斯塔德,并力图标明每个地区的天象;不过,我认为赤道并不是开始的起点。如果像某些学者认为的那样,这些地区是有人居住地区,那它们就是一个特殊的有人居住地区,它们通过中部炎热而无人居住的地区,形成了一条狭长地带,它们不是我们这个有人居住世界的一部分。地理学家只应当研究我们这个有人居住的世界;它的边界已经确定在南方是通过盛产桂皮国家的纬线圈,在北方是通过爱尔兰的纬线圈;记住本地理学写作的初衷,我既不需要把上述地区有人居住地区(包括上述中部地区)全部罗列出来,也不需要把所有的天象罗列出来;因此,我将像喜帕恰斯一样从南方地区开始叙述。

35. 根据喜帕恰斯所说,在经过盛产桂皮的国家纬线圈上(这条纬线在麦罗埃以南3000斯塔德,距离赤道8000斯塔德)居住着许多人,他们非常靠近从赤道到回归线(经过赛伊尼)之间的中部地区;赛伊尼距离麦罗埃5000斯塔德。盛产桂皮的国家居民是小熊星座遇见的第一个民族,小熊星座完全在北极圈内,任何时候都可以看到;由于亮星在小熊星座的尾端,是星座中最南的星座,位于北极圈中,因此它接触到了真地平圈。[1] 阿拉伯湾几乎平行于上述子午线,在它的东面;阿拉伯湾向外海倾泻海水的地方,就是盛产桂皮的国家。在古代,他们常常在这里捕猎大象。不过,这个纬线圈在有人居住的世界之外,[2] 它一边经过[3] 塔普罗巴内以南、或者经过最遥远的居民地区,另一边经过利比亚最南部地区。

36. 在麦罗埃和特罗格洛迪特人国家的托勒密城地区,最长的白天有13分至时;这些有人居住地区接近于赤道与穿过亚历山大城的纬线圈(它到赤道的距离为1800多斯塔德[4])中间。这条纬线圈穿过麦罗埃,一边穿过无人知道的地区,另一边穿过印度角。在赛伊尼、阿拉伯湾的贝勒奈西城和在特罗格洛迪特人的国家,太阳在夏至点的最高点时,白天最长有13.5分至时;几乎可以看

---

[1] 斯特拉博所说的北极圈是一个变量天体圈,可以用一个同心圆来表示,其中之一与观察者的地平线相切,在它的中心有一个可见的北极,它的半径是地平线上极点的高度。当然,观察者在赤道上看不到北极圈,对于观察者而言,北极圈在这个观察点等于不存在。如果他向北极前进,他的北极圈也在扩张,正如盛产桂皮的国家,小熊星座位于北极圈之中,而在赛伊尼,几乎整个大熊星座都在北极圈之内等等。如果观察者从赤道到南极,观察到的情况也大致相同。

[2] 即通过盛产桂皮的国家。

[3] 在东方。

[4] 从麦罗埃到赤道距离为11800斯塔德,到亚历山大城10000斯塔德。

见北极圈内的整个大熊星座，还可以看见正方形之中的一颗星星。而经过赛伊尼的纬线圈，一边通过格德罗西亚的食鱼者地区和印度，另一边通过昔兰尼以南几乎5000斯塔德的地区。

37. 在回归线与赤道之间的所有地区，阴影轮流朝着两个方向，即朝着北方或者朝着南方；不过，从赛伊尼地区开始，正午时分阴影在回归线正对着北方；前面地区的居民被称为安菲斯人（Amphissians），后面地区的居民被称为赫特罗西人。在回归线地区还有一个突出的特点，我在划分地带的时候已经提到了，即它的土地非常贫瘠、干旱，只能生长罗盘草；相反，它的南部地区水源充足，物产丰富。

38. 在穿过亚历山大城和赛伊尼的纬线圈以南约400斯塔德距离的一个地方，最长的白天有14分至时。大角位于天顶，但略微倾向南方。在亚历山大城，日晷表明在二分点白天的阴影在5—3之间。[1] 不过，这个地区在迦太基以南1300斯塔德。如果这是真的，那么在迦太基，日晷表明在二分点白天的阴影就在11—7之间。[2] 但是，我们的纬线圈通过亚历山大城，一边通过昔兰尼、迦太基以南900斯塔德的地区和莫鲁西亚中部；另一边通过埃及、叙利亚盆地、上叙利亚、巴比伦尼亚、苏西亚纳、波斯、卡尔马尼亚、上格德罗西亚和印度。[3]

---

[1] 亚历山大城的纬度是30°57′50″。相对于距离赤道21675斯塔德（这个数据显然只是近似值，喜帕恰斯确定的是21800斯塔德）。
[2] 迦太基的纬度是32°28′16″。相当于距离赤道22730斯塔德。
[3] 关于叙利亚盆地，参见本书XVI, ii, 16, 21；XVI, iii, 1。斯特拉博所说的上叙利亚指的是亚述。

39. 在腓尼基的托勒密城、西顿城、推罗城和周边地区，最长的白天有 14.25 分至时；这些地区大约在亚历山大城以北 1600 斯塔德，大约在迦太基以北 700 斯塔德。但在伯罗奔尼撒半岛、罗德岛、桑索斯的中心地区以及桑索斯略微南部地区，以及锡拉库萨以南 400 斯塔德的地区，最长的白天有 14.5 分至时。这些地区在纬度上距离亚历山大城有 3640 斯塔德。根据厄拉多塞所说，这个纬线圈通过卡里亚、利考尼亚、卡陶尼亚、米底、里海和沿着高加索的印度部分地区。

40. 在特洛阿德的亚历山大城和邻近地区，在安菲波利斯，在伊庇鲁斯的阿波罗尼亚，在罗马南部地区和那不勒斯北部地区，最长的白天有 15 分至时。这个纬线圈大约在通过埃及的亚历山大城以北 7000 斯塔德，距离赤道 28000 多斯塔德，离通过罗德岛的纬线圈 3400 斯塔德，离拜占庭南方、尼西亚、马萨利亚和附近地区 1500 斯塔德；在它不多远的北面，有一条纬线穿过利西马基亚，厄拉多塞说它还通过密细亚、帕夫拉戈尼亚、锡诺普和附近地区、希尔卡尼亚和巴克特拉。

41. 在拜占庭和附近地区，最长的白天有 15.25 分至时，而日晷表指针与阴影的比例在夏至的时候是 120—42 减去 0.2。这些地区距离经过罗德岛的纬线圈大约 4900 斯塔德，距离赤道大约 30300 斯塔德。[①] 如果你航行到攸克辛海，继续向北走 1400 斯塔德，最长的白天有 15.5 分至时。这些地区距离极地和赤道是等距离的。

---

① 纬度 43°17′9″。

极地圈就在最高点；仙后星座颈部的星星位于极地圈之上，而英仙座右肘上的星星略微在它的北边。

42. 在拜占庭以北约3800斯塔德远的地区，[①] 最长的白天有16分至时；因此，仙后星座还是在极地圈内运动。这些地区在波里斯提尼斯和梅奥提斯湖附近地区，距离赤道约34100斯塔德。在夏天的时候，太阳光几乎整个晚上阴暗地照在真地平圈的北方，阳光自西向东反向运动。[②] 因为夏季的回归线离开真地平圈相当于黄道的第7—12宫。[③] 所以，太阳在午夜时离开真地平圈距离也是同样的。在我们这个地区，当太阳离开真地平圈如此遥远的时候，已经是在日出之前或者日落之后，太阳将要照亮东方或者西方的时候。在冬季，这个地区的太阳最大高度为9肘尺。厄拉多塞说这个地区距离麦罗埃的路程为23000斯塔德略多一点。因为麦罗埃距离穿过赫勒斯滂的纬线圈为18000斯塔德，从这里到波里斯提尼斯为5000斯塔德。在梅奥提斯湖以北，距离拜占庭6300斯塔德的地方，[④] 太阳在冬季最高为6肘尺，白天最长为17分至时。

43. 更远的地区已经接近由于寒冷而无人居住的地区，它们对于地理学家而言毫无价值。但是，如果有某个人想要知道这些地区，还有喜帕恰斯已经详细研究过但被我省略的（因为它们在

---

① 相对于48°42′51″。
② 比较本书 II，i，18。
③ 即在7/12到30°或17°30′。
④ 纬度为52°17′9″。

本著作中已经研究得非常清楚）其他的天文学问题，那就请他自己去向喜帕恰斯请教这些问题。关于波塞多尼奥斯说到的佩里西人、安菲斯人、赫特罗西人，这里显然也重复提到了。不过，我必须详细地说一说这些术语，解释清楚它们的意义，指明哪些是对地理学家有用的，哪些是没有用处的。由于现在谈到太阳投射的阴影，根据我们的感觉，太阳是在围绕着宇宙作圆周运动，结果是宇宙每一转在各个地方就形成了一个昼夜（因为太阳一个时候在地球之下运动，另一个时候又在地球之上运动），各地的居民都形成了关于安菲斯人和赫特罗西人的观念，对于安菲斯人而言，正午的阴影在某个时刻完全朝着北方，即太阳从南方照射到日晷盘上（即太阳在下方垂直地照射到真地平圈的表面），而在另一个时刻，照射方向完全相反，即太阳围绕着相反的一边旋转（只有那些居住在回归线之间的人们可以看见这种现象）；对于赫特罗西人而言，阴影或者完全朝着北方，就像在我们这里一样；或者完全朝着南方，就像在其他温带地区一样。对于所有极地圈小于回归线的地区而言，[①] 结果都是这样。[②] 对于那些极地圈与回归线相同或者大于回归线的，佩里西人开始或者扩张到住在极地下方居民的地区。由于这些地区在整个宇宙的旋转运动中，太阳在地球上方运动，阴影显然也围绕着日晷盘作圆周运动；这就是为什么厄拉多塞把他们称为佩里西人的缘故。虽然对于地理学而言，他们并不存在。因为我在评论皮西亚斯的时候已经说过，所

---

① 从赤道到 66° 的所有部落有安菲斯人和赫特罗西人。
② 从 66° 到 90°。

有这些地区都因为寒冷的缘故而无人居住。因此，我没有必要去涉及这些无人居住地区的面积，而只需要承认这些地区的极地圈就是回归线，^①在宇宙旋转的时候位于黄道极地所描绘的纬线圈之下。^②也就是必须承认赤道与回归线的距离等于最大纬线圈的六十分之四。

---

① 寒带就是从 66° 开始。
② 黄道的极点每天在赤道极点附近的天空划出一个圆圈，这个圆圈在地球上的投影表示寒带，实际上就是现在所说的"北极圈"。

第三卷

伊比利亚

第一章 伊比利亚（一）

1. 现在，我对地理学已经做了初步的、笼统的概括。这对于我们下一步讨论有人居住世界的各个部分是必须的；确实，我已经答应了要做这件事。而且至今为止，我认为我的专著章节划分是正确的。不过，我必须从欧罗巴开始，从那些在此之前我已经谈到的欧罗巴地区开始，理由是同样的。

2. 正如我已经说过的那样，欧罗巴的第一部分是西部，即伊比利亚。伊比利亚大部分地区只能提供贫乏的生活资料；因为大部分有人居住地区是山区，森林和土壤贫瘠、完全没有优良灌溉系统的土地。此外，伊比利亚的北部山峦起伏，不仅气候极端严寒，而且临近海边，讨厌与其他地区交往，因此它有不好客的特点；结果，这个地方就成了一个令人极其厌恶的居住地。北部的特点就是这样。但是，伊比利亚南部整个地区是富饶的，特别是赫拉克勒斯石柱以外的地区，在我详细地叙述完伊比利亚之后，情况将会更清楚。但是，现在我首先要做的第一件事情，是简单地描述它的外形，确定它的面积。

3. 伊比利亚像一张牛皮，长度从东向西延伸，其前部朝向东方，宽度从北向南。其长度总共为6000斯塔德，最大宽度为5000斯塔德；虽然在有些地方其宽度远不足3000斯塔德，特别是在它的东边比利牛斯山脉附近。这个巨大的山脉从北向南，成为凯尔特和伊比利亚之间的分界线。由于凯尔特和伊比利亚每个地区在宽度上不完全相同，宽度最狭窄的地方在我们的海距离比利牛斯山脉最近的地区，在这座山脉的两边、在亚得里亚海和我们的海中形成了若干海湾。凯尔特湾（又称加拉提亚湾）比较大，它们形成的地峡比较狭窄，可以与伊比利亚地峡相提并论。① 比利牛斯山脉形成了伊比利亚的东部；南部由从比利牛斯山脉到赫拉克勒斯石柱附近我们的海，由石柱沿着海边直到所谓的圣角组成；第三是西边，它与比利牛斯山脉几乎是平行的，从圣角延伸到阿尔塔布里亚角，又称内里乌姆角；第四边从内里乌姆角延伸到比利牛斯山脉的北部支脉。

4. 让我们重新从圣角开始，详细地描绘伊比利亚。这个海角不仅是欧罗巴西部最大的海角，也是有人居住世界最大的海角；因为有人居住世界在西部结束于这两个大陆（一个是欧罗巴角，另一个是利比亚的尽头，伊比利亚人占领了上述地区中的一个，另一个是莫鲁西亚），伊比利亚角在利比亚更远，突出于上述海角约1500斯塔德。此外，这个海角临近地区在拉丁语中被称为"库尼乌斯"（Cuneus），意为"楔形"，表明它的外形是楔形。由于海角本身远远地深入海中，阿尔特米多鲁斯（他说自己访问过该地）把它比喻为一条船；他说，有三个小岛使它更像这种外形：其中一个小岛占据了船的冲撞角位置，其他两个拥有相当优良的锚地，

---

① 斯特拉博说有两个加拉提亚湾，其中一个朝着北方的不列颠（参见本书Ⅱ，v，28）；另一个在地中海，后者还包括两个加拉提亚湾（参见本书Ⅳ，i，6），它更加辽阔，即超过了比利牛斯、伊比利亚这边的两个海湾。

占据了锚架的位置。至于赫拉克勒斯，他说，在海角既没有看见赫拉克勒斯的神庙（像埃福罗斯瞎说的那样），也没有献给他的祭坛，或者是献给任何一位神灵的祭坛，只有许多石头，三四个一堆地放着，按照当地的风俗习惯，那些访问当地的人要围着它们打转，在倾倒奠酒之后，接着便回去了。他补充说，献祭在这里不合法，在晚上也不允许到这些地方来。据当地人说，这是因为晚上这里是众神统治的地方；但是，也有人在邻近的村庄找个地方过夜，然后在白天带着水进入这个地方，因为这个地方没有水。

5. 阿尔特米多鲁斯的这些说法是说得过去的，我们也可以相信这些说法；但是，他说的那些符合普通人口味的故事，并不意味着就是可信的。例如，根据波塞多尼奥斯所说，在沿海各地居民之中有一种普遍的说法，太阳落下的时候更大，而且它在落下的时候声音很大，因为它掉入了大海的深处，大海好像要熄灭它，被烤得呲呲作响。波塞多尼奥斯说，这是一个虚构的故事。就好像是日落之后立刻就是黑夜这种说法一样；因为黑夜并不是立刻就来到了，而是还要过一段时间才来，正如它在其他大海岸边出现的情况一样。他说，由于在许多地方太阳落山之后，白天的光线在日落之后由于间接光线的作用，还能延长很久的时间；相反，在沿海地区没有很长的空隙时间，黑夜也不像是在大平原一样，立刻就到来了。他说，对于太阳大小的直观印象，在海边的日出日落过程中同样都会增加，因为在这些时候有一团巨大的雾气从海水中升起来；这样，可见光线在通过这团雾气的时候就好像是通过透镜，[①]发

---

① 球状物之中显然有水。

生了折射作用,[①]直观印象也因此被扩大了。这就好像在太阳或者是月亮升降的时候,透过干燥的、稀薄的云彩来看,天上的星星这时是红色的一样。波塞多尼奥斯说,但他自己在加德斯停留30天时间观察日落现象时,他曾经说服自己相信上述谎言。不过,阿尔特米多鲁斯仍然认为日落的时候要比通常大100倍,而且黑夜是立刻到来的!但是,如果我们仔细地看看他的说法,我们就必须认为他自己在圣角不可能亲眼看到这些现象。因为他说过,没有一个人黑夜到过这个地方;所以,如果黑夜真的是立刻到来的话,也没有一个人在日落的时候能够到过这里。实际上,他在任何地方的海边都没有见到这种现象,因为加德斯就是在海边,波塞多尼奥斯和其他几个人人提供了反对他的证据。

6. 连接圣角的海岸线,西面是伊比利亚到塔古斯河口西部的起点,南面是直到另一条河流阿纳斯河及其河口的南部的起点。两条河流都是从东部地区流出的;塔古斯河是一条比其他河流大得多的河流,直接向西流入它的河口;阿纳斯河转向南流,成为河间地区的分界线,这个地区的居民大多数是凯尔特人,还有部分是卢西塔尼亚人,他们是被罗马人从塔古斯河对岸迁移到这里来的。但是,在更远的内陆地区居住着卡尔佩塔尼亚人、奥雷塔尼亚人和许多维托尼亚人。可以肯定,这个地区仅仅是一般的幸运。但是,在它附近东面和南面的地区与整个有人居住的世界相比,在陆地和海洋的物产丰富和产品精美方面,占有得天独厚的

[①] 据恩培多克勒所说,视力出自眼睛,亚里士多德反对这种理论(亚里士多德:《论感觉》,Ⅱ)。

第一章 伊比利亚（一）

优势。这个地区流过的河流有贝提斯河，它也是阿纳斯河和塔古斯河的发源地。在大小方面，贝提斯河大概位于其他两条河之间。不过，它像阿纳斯河一样，先是向西流，然后转向南方。而且像阿纳斯河一样流向了同一条海岸线。人们以河流的名字把这个地方称为贝提卡，或者以居民的称号把它称为图尔德塔尼亚（Turdetania）。他们也把这里的居民称为图尔德塔尼亚人（Turdetanians）和图尔杜利亚人，有些人认为他们是同一个民族，有些人认为是不同的民族。波利比奥斯就属于后者。他认为图尔杜利亚人是图尔德塔尼亚人北方的近邻；但是，现在已经看不到他们之间有什么区别了。图尔德塔尼亚人被认为是伊比利亚人之中最有文化的人，他们有自己的文字，有本民族古代历史记载，有诗歌和成文的法律条款（据说有6000年之久）。[①] 其他伊比利亚人也使用文字，但是字母不相同，因为他们的语言也不相同。现在，图尔德塔尼亚在阿纳斯河这边已经向东延伸到了奥雷塔尼亚，向南延伸到了从阿纳斯河口到赫拉克勒斯石柱之间的海岸线。我必须更加详细地叙述这个地区及其邻近地区，叙述一切有助于我们了解它们优越的自然条件和幸运。

7. 在贝提斯河、阿纳斯河汇入的这条海岸线和莫鲁西亚的边界之间，插入了亚特兰蒂斯海，并且在赫拉克勒斯石柱附近形成了一个海峡，内海和外海通过这个海峡连接在一起。在这个海峡旁有一座山脉，属于这些被称为巴斯特塔尼亚人（Bastetanians）的伊比利亚人，他们也称为巴斯图里亚人；我说的这座山就是卡

[①] 有些出版者认为原文应当改成"6000行长诗"。

尔佩山，它的周长虽然不长，但山很高，笔直地耸立着，从远处看去好像是一座海岛。如果你从我们的海进入内海，这座山就在你的右手；在这座山附近不到40斯塔德之处，有一座卡佩尔城。这是一座重要的古老城市，曾经是伊比利亚人的港口。有些人（提莫斯提尼也在其中）说这座城市是由赫拉克勒斯所建；提莫斯提尼还说这座城市在古代叫赫拉克利亚，它高大的城墙和码头现在仍然可以看见。

8. 然后到了门拉里亚城，它有许多腌鱼的企业。接着又是一座名叫贝隆的城市和河流，人们可以从贝隆乘船前往莫鲁西亚的廷吉斯城；在贝隆城有市场和腌鱼的企业。在廷吉斯城附近曾经有一座泽利斯城，但是罗马人把它迁到了伊比利亚对岸，同时也把廷吉斯一些居民一道迁走了；他们也把自己本地的居民作为移民送到那里，并且把这座城市称为"尤利娅·约扎"。再往前走是加德斯，这个海岛被一条狭窄的海峡把它与图尔德塔尼亚分隔开来，它离卡尔佩的距离大约是750斯塔德（也有些人说是800斯塔德）。这个海岛与其他的海岛没有任何区别，但是由于其居民的大无畏精神，由于他们对罗马人的友好态度，他们在各个方面都取得了成功和繁荣，尽管它位于大地的边缘，它仍然是所有海岛中最出名的海岛。在讨论其他海岛的时候，再来介绍加德斯的情况。

9. 接下来就到了梅内斯提乌斯港，然后是阿斯塔和纳布里萨的港湾（港湾得名于一块凹地，在海水涨潮时它被海水覆盖，像一条河流，由水路足以进入内陆到达沿岸的城市）。紧接着是贝提斯河口，它已经分成两个河口；两个河口环绕着一座江心岛，岛的周长有100斯塔德，或者像有些人说的还要更长。在这附近有一座梅内斯提乌斯的神谕所，在四周沐浴着海浪的悬崖上有凯皮奥（Caepio）灯塔，像法罗斯灯塔一样，这座灯塔是为了保证航海者的安全而建立的一座奇异建筑物；因为它不仅有河流冲积物形成的浅滩，而且它前面还有一个地方散布着许多礁石，因此它是一个引人注目的灯塔。从这里沿着贝提斯河水路可以到达埃布拉城和带来光明者神庙，也有人把它称为"卢克斯·杜比亚"神庙。[1] 接着是水路，可以到达许多港口；在这之后是阿纳斯河，它也有两个河口，由两个河口经水路可以进入内地。最后到达了圣角，它距离加德斯不足2000斯塔德。有些人说从圣角到阿纳斯河口有60罗马里，从那里到贝提斯河口有100罗马里，再到加德斯是70罗马里。[2]

---

[1] 斯特拉博可能是按照塔努修斯的原文，把它称为带来光明者神庙，以代替"带来黑暗者神庙"（W. Aly, *Strabon von Amaseia*, Munch, 1960, p. 127）。

[2] 1罗马里＝8斯塔德。

第二章 伊比利亚（二）

1. 不管如何，图尔德塔尼亚位于阿纳斯河这边的海岸线上。贝提斯河流过这个地区。它在西部和北部的边界是阿纳斯河，在东部边界是卡尔佩塔尼亚的一部分和奥雷塔尼亚，南部的边界是巴斯特塔尼亚人占领的卡尔佩到加德斯之间的狭长条地带，以及紧接着这个长条地带直到阿纳斯河的地区。我刚才说过这些巴斯特塔尼亚人属于图尔德塔尼亚地区。同样，这些巴斯特塔尼亚人居住在阿纳斯河之后，大多数是后者的近邻。这个地区的长度与宽度大约不超过2000斯塔德，[①]但境内城市众多——据说多达200多个。这些城市最著名的位于河边、港口边和海边；这要归功于它们的商业活动。但是，最著名和最强大的两座城市是马塞卢斯建立的科尔杜巴（Corduba）和加德斯人的城市；后面这座城市的出名是由于他们的海上贸易，以及他们作为罗马人同盟者的关系；前面这座城市则是因为土地肥沃和辽阔，贝提思河在其中起了重要的作用。这座城市最初是由精心挑选出来的罗马人和伊比利亚本地人居住着。除此之外，科尔杜巴也是罗马人在上述地区建立的第一个殖民地。在科尔杜巴和加德斯人的城市之后是伊斯帕利

[①] 指的是地理学上的长度和宽度（参见本书Ⅱ, i, 32）。

斯城，它也是罗马人的殖民地，现在是最有名的城市，至今仍然保持着商业中心的地位。贝提斯城现在有凯撒的士兵在当地殖民，虽然城市人口不多，名声已经超过它。

2. 在这些城市之后，就是意大利卡和伊利帕城，两座城市都在贝提斯河附近；离河较远的是阿斯提吉斯城、①卡莫、奥布尔科。除了上述城市之外，庞培几个儿子曾经在这些城市打过败仗，它们是芒达、阿特瓜、乌尔索、图尔齐斯、乌利亚和埃瓜城；②所有这些城市离开科尔杜巴都不远。在某种程度上，芒达是这个地区的首府。芒达距离卡泰亚1400斯塔德，格内乌斯打了败仗之后曾经逃到这里；③他从这座城市乘船逃到一个可以眺望大海的山区，在那里被杀死。他的兄弟塞克斯都逃到科尔杜巴，在伊比利亚进行了短期的战争，后来在西西里发动起义；他从这里逃往亚细亚，后来被安东尼的将领俘虏，死在米利都。④伊比利亚凯尔特人地区最著名的城市是科尼斯托吉斯；最著名的港口是阿斯塔。加德斯人通常在这里举行集会。⑤这座城市位于该岛港口之后100多斯塔德的地方。

3. 贝提斯沿岸居住着大量的居民；大海到科尔杜巴和上游不远的地方，可以通航的距离接近1200斯塔德，沿贝提斯河两岸的土地和河中的小岛精耕细作。除此之外，这里还有优美的景色，

---

① 现代学者认为这座城市与阿西迪基斯（阿西多）或者意大利卡是同一座城市。
② 或者是埃斯库阿。
③ 公元前45年。
④ 据迪奥·卡修斯所说，他死在弗里吉亚城市米代乌姆（参见 IX, 18）。阿庇安说他死在米利都（《内战史》，V, 144）。
⑤ 阿斯塔是一座地区性的司法城市，那里的居民经常召集司法会议。

农场因为培育各种各样植物的果园和花园大大地提高了产值。现在大型的商船可以沿着河流直达伊斯帕利斯城，距离至少500斯塔德；小型商船可以溯河而上，到达位于上游的许多城市，直到伊利帕城；到达科尔杜巴可以使用内河船只（现在还在制造这种船只，然而在古代，所谓内河船只仅仅是一些挖空的独木舟）；不过，在科尔杜巴之后到卡斯塔罗城的河流无法通航。在北方，有一些山脉与河流平行延伸，它们与河流时而非常接近，时而略远，山区蕴藏着丰富的矿藏。在伊利帕附近地区和西萨珀附近地区——我指的是老西萨珀和新西萨珀，白银的蕴藏量最丰富；而在科提内地区，[①]还蕴藏着铜矿和金矿。如果沿着河流乘船而上，在你的左边是这些山脉，在你的右边是一个大平原，地势高而物产丰富，有着高耸的树木和美丽的牧场。阿纳斯河也可以通航，但不能通行很大的船只，也不能航行很长的距离。在阿纳斯河之后是许多蕴藏矿砂的山脉，这些山脉一直延伸到塔古斯河。而且，这些蕴藏着矿砂的地区必然是崎岖不平、土地贫瘠的地区，正如那些与卡尔佩塔尼亚相邻的地区一样，也像那些与凯尔特伊比利亚（Celtiberia）相邻的地区一样。贝图里亚的情况就是这样，干旱的平原一直延伸到阿纳斯河两岸。

4. 图尔德塔尼亚本身蕴藏着令人吃惊的天然矿藏；它出产各种各样、品种繁多的产品，由于有许多商船，这些财富非常容易运输出口，它的过剩产品很容易用以货易货的方式出手。众多的河流与港湾对此起了促进作用，正如前面所说，类似的河流可

[①] 或者是康士坦蒂亚。

第二章 伊比利亚（二）

以让大大小小的船只从海上一直航行到内陆各个城市。因为在圣角到赫拉克勒斯石柱的海岸线之后，有很大一片内陆地区都是平原。在这里，许多地方都有从海洋进入内陆的小海湾，类似常见的沟壑或者是河床，长度达数斯塔德；这些小海湾在涨潮的时候灌满了海水，人们可以从这里乘船进入内陆，就好像在河流上航行一样顺利——实际上更顺利，因为它顺流而下，不仅没有逆流，而且还有涨潮的推力，海浪推着向前进。这个海岸的涨潮比其他海岸威力更加巨大，因为从海洋来的海浪被挤压在这个由莫鲁西亚和伊比利亚形成的狭窄海峡，在这里遇到阻碍，特别容易冲向大陆这片较低的地区。这些小海湾在退潮的时候，一些完全退干了，一些海湾没有完全退干，少数小海湾之内还有岛屿。在圣角与赫拉克勒斯石柱之间有许多这样的小海湾，它们涨潮比其他地方威力更加强大。在某种程度上，威力越强大的涨潮对海员越有利：因为它形成了更多、更大的海湾，使可以通航的距离达到100斯塔德，在某种程度上使整个地区变成了可以通航的、商品进出口方便的地方。但有些负面影响：由于涨潮的强大力量阻碍了河水的流向，对内河航运的船只造成了巨大的危险，无论船只是沿着河流顺流向下还是逆流向上行驶。海湾在退潮的时候也有危险，退潮的力量比涨潮的力量更猛烈。由于退潮去势汹涌，常常把船只带到岸上；牛群在游到河中或海湾中的小岛时，常常会被淹死，有时候它们仅仅是被海水冲散了，极力想游回陆地，但是没有力气这样做，淹死了。据说，有些熟知这种情况的母牛会等到海水退潮之后，再回到大陆上来。

5. 无论如何，人们在熟悉了这个地区的特点，知道海湾可以当作河流一样使用之后,他们就像在河岸边一样,在海岸边也建立了城市和其他居民点。在这些城市中有阿斯塔、纳布里萨、奥诺巴、奥索诺巴、梅诺巴和其他几座城市。另一方面,这里许多地方挖掘了运河,不仅大大有助于各地的人们彼此之间进行贸易往来,而且对他们和外部世界的贸易往来也大有帮助。同时,涨潮的时候海浪进入内陆深处,也是有益的。因为汹涌的海水越过分割航路的地峡,把地峡也变成了可以通航的地区;人们可以乘船从河流进入海湾,也可以从海湾进入河流。但是,这个地区所有对外贸易都是与意大利和罗马之间的。因为这里到赫拉克勒斯石柱的航路,除了在通过海峡时有些困难之外,都是通畅的。由于海路经过的地带气候良好,特别是航行在外海的时候,这对于租船的商人是很有利的。另外,外海的海风是定期的,有规律的。自从海盗被消灭之后出现了太平世界,水手们觉得非常安全。波塞多尼奥斯说,当他从伊比利亚回来的时候,看到了一个特有的事实,这个海直到撒丁湾的东风,在每年固定的时间开始刮起。这就是为什么他只花了三个月时间就到了意大利,因为他偏离航向迷路了,不仅是在盖姆尼西群岛和撒丁岛,还有正对着这些海岛的利比亚各个地区。

6. 从图尔德塔尼亚输出大量的谷物、葡萄酒,以及质量上乘的橄榄油。这里输出的商品还有蜂蜡、蜂蜜、树脂,以及大量的胭脂、[①]代赭石,质量不比锡诺普地方的差。[②]图尔德塔尼亚人用当

---

① 从胭脂虫的动物鳞片中提取的深红色颜料。
② 锡诺普地方的颜料——卡帕多西亚红,希腊通过锡诺普获得的。

地的木材建造自己的船只；他们还有岩盐，不少河流是咸水；腌制咸鱼不仅在当地，而且在直到赫拉克勒斯石柱的沿岸其他地区都是重要产业，这些咸鱼质量不次于本都地区的。先前图尔德塔尼亚出口许多纺织品，现在出口的是黑渡鸦色的羊毛。而且，羊毛确实非常美丽；不论如何，育种用的公羊买卖价格是每头1塔兰特。最美丽的、精细的纺织品是萨拉西亚人纺织的。[1]图尔德塔尼亚还有大量各种各样的公牛和野兽。这里有害的动物并不多，只有被人们称为"家兔"的穴居兔子，因为兔子吃掉植物的根部，危害到植物和种子。这种有害的动物几乎在整个伊比利亚都有，还传到了马萨利亚，侵入了许多岛屿。据说盖姆尼西群岛的居民曾经派遣一个代表团前往罗马，请求获得一块新的居住地，因为他们被这些动物赶出了家门。这些动物数量太多，他们没有办法对抗，遭到这样可怕的进攻（它并不总是这样严重，只有在大规模毁灭的情况下，如蛇和田鼠引起的鼠疫），可能就需要找出一种对付的方法。对付数量不多的田鼠，倒是有几种捕猎的办法。人们重视繁殖利比亚雪貂，用它们去寻找、搜索洞穴。雪貂可以用爪子抓住发现的所有野兔，或者把野兔逼到开阔的地方，人们守在洞口，当兔子被赶出来的时候，就逮住它们。图尔德塔尼亚出口物资数量之大，可以通过船只的大小和数量来证明；从这个地方开往狄凯阿恰和罗马海港奥斯提亚的最大船只，其数量几乎与利比亚的船只不相上下。

7. 图尔德塔尼亚内陆地区物产丰富，但沿海地区产品的价值

---

[1] 普林尼，VIII, 73。

也不逊于内陆。一般来说，这里的牡蛎和淡菜无论是在数量还是大小方面，在整个外海地区都是上品；特别是在这个地区，由于涨潮退潮威力巨大，有理由推测正是潮水的运动，造就了水产品的数量众多，体型巨大。[①]同样，这里也有各种各样的鲸目动物：独角鲸、"须鲸"和喷水鲸；当这些鲸喷水的时候，远处的观察者就好像看见了一根雾柱。康吉鳗也变成了怪物，体型上远远超过了海鳗；像这样夸张的还有七鳃鳗和其他可食鱼类。据说在卡泰亚，喇叭鱼[②]和紫色鱼的甲壳可以装10科提利[③]物品，而在离开海岸很远的地方，七鳃鳗和可食鱼重量超过80明那，[④]海水螅重达1塔兰特，[⑤]乌贼（*Loligo vulgaris*）长2肘尺[⑥]——其他动物也像类似的比例。还有大量滚圆的、肥美的金枪鱼从其他海岸，即从赫拉克勒斯石柱外海聚集到这里。它们吃的是某种生长在海底的、很矮的、结果很多的橡树果实。[⑦]这种橡树也大量地生长在伊比利亚干旱的陆地上，它的根部像高大的橡树一样，但它们还比不上低矮的灌木丛高。不过，海橡树结出的果实是这么多，以至于在赫拉克勒斯石柱外侧和内侧的海岸边，在果实成熟之后，被潮水冲来的果实覆盖了海岸。同时，在赫拉克勒斯石柱的内侧，橡

---

① 根据波塞多尼奥斯所说，海洋性动植物的"区别和特点"部分可以用海洋的影响来解释。
② 海洋软体动物，其外壳可以做号角。
③ 1科提尔＝0.2736升。
④ 1明那＝436.6克。
⑤ 1塔兰特＝26.196千克。
⑥ 1肘尺＝0.492米。
⑦ 可能是 Quercus coccifera（橡树果实）。

实常常很小，但数量很多。据波利比奥斯说，海水把这些果实一直冲到了拉丁姆（Latium）的海边，除非撒丁和附近地区也出产橡实。此外，从外海来到这里的金枪鱼由于缺乏食物，越接近赫拉克勒斯石柱就变得越瘦。因此，波利比奥斯说这些动物是海猪，因为它们喜欢吃橡实，并且因此变得十分肥美；而且无论在何时，海橡树都有许多的果实，因此也就有很多的金枪鱼。

8. 虽然上述地区拥有如此多的财富，但不少人，甚至许多人都不得不承认，他们对它拥有大量天然金属矿藏感到惊奇。由于整个伊比利亚地区盛产金属，但整个地区并不是非常富饶，也不是非常肥沃，特别是在那些盛产金属的地方。对于一个地区而言，很少有两方面都幸运的情况；对于同一个地区而言，在一个小小的区域之中拥有各种丰富的金属矿藏，这样的事情也是很少有的。至于谈到图尔德塔尼亚及其邻近地区，如果有人想要在这方面高度赞美它的长处，那就不值得说一句赞美的话。实际上，它的地面上至今既没有发现大量优质的、自然状态的金矿，也没有发现银矿、铜矿和铁矿。这个地方的黄金不仅有地下开采的矿藏，而且有淘金，即河流和洪水带来的金砂。但是，在无水的地区也常常发现金子；不过在这些地方看不见金子，只有在水淹的地方金砂会闪光。因此，他们把水灌入这里，淹没无水地区，使金砂露出光芒；他们也用挖掘矿洞的方法，发明其他淘金的方法来获得黄金；现在，所谓的"淘金点"比金矿的数量还多。加拉泰人认为他们自己的金矿，包括在塞梅努斯山的金矿和比利牛斯山脉脚下的金矿与图尔德塔尼亚的金矿相等；但是，图尔德塔尼亚出产的黄金更贵重。在金砂方面，许多被发现的天然金块重达半磅，被称为"帕利",①只需要略微进行提纯。他们还说,当矿石被粉碎之后,人们发现矿石中有像乳头一样大小的金块,这种金块在熔化和提纯的时候使用矾土,②其残留物就是"天然金银合金"。③当这种含有白银和黄金混合物的天然金银合金第二次熔化之后,白银被清除了,留下来的是黄金。这种合金类似于矿石,容易融化。④因此,黄金最好是用干草火焰熔化,因为干草的火焰温和,适合于那种容易加工和熔化的物质;相反,炭火使黄金的火耗增加,因为它的火力强烈使黄金过度熔化,并且被气化损耗掉了。矿土被运到河边,在水槽附近淘洗;或者是挖个大坑,把堆积在那里的矿土就地淘洗。他们建立了有高烟筒的银矿熔化炉,使矿砂释放出的气体可以通过烟筒传入高空,因为这些气体密度大且有毒害作用。有些铜矿过去被称为金矿,从这个事实中可以推断,从前这些矿上可能生产过黄金。

9. 波塞多尼奥斯在赞扬这些矿砂的品质和优点时,不仅使用了他平常的修辞,而且满腔热情地支持那些过分夸张的故事。有一个故事他十分确信。一次森林大火时,由白银和黄金组成的土壤熔化了,像沸水一样在地面翻滚着。正如他说的那样,因为某种特别的幸运,这里的每一座高山和丘陵都堆积着大量的金银。一般来说,任何到过这个地区的人都会说它是老天爷赐予的取之不尽、用之不竭的宝库,或者说它是帝国永不枯竭的宝库。他补

---

① 伊比利亚用语(普林尼,XXXIII,21)。
② 包括明矾和酸类。
③ 包括1份白银和4份黄金的混合物。
④ 实际上,合金比组成它的金属容易熔化。

充说，由于这个地区不仅富裕，而且还有丰富的地下资源，和图尔德塔尼亚人在一起的其实不是冥王哈德斯（Hades），而是财神普路托斯（Plutos），她就生活在这个地区的地下。[1]波塞多尼奥斯以这样夸张的语调谈到这个问题——仿佛他从这个矿藏之中吸取了许多的词汇。在谈到矿工的辛勤时，他又引用了法莱隆的德米特里的说法。他说，德米特里说过在阿提卡的银矿，人们劲头十足地工作，好像是要把真正的普路托斯从地底下挖出来似的。[2]波塞多尼奥斯同样赞扬了图尔德塔尼亚矿工的热情和辛勤，因为他们挖掘的矿井倾斜而深，至于积水问题，在矿井中出现的积水常常用埃及螺旋抽水机把它们抽出去。[3]但是，他说这里的矿井和阿提卡的矿井，整个情况完全是不一样的。实际上，阿提卡的采矿业像谜语一样："想要什么，就得不到什么；已经拥有什么，就会失去什么。"[4]但对于图尔德塔尼亚人来说，采矿业利润十分丰厚，矿工挖出来的矿砂有四分之一是纯铜。同时，有一些冒险家力求在三天之内挖到1埃维亚塔兰特白银。[5]他说，这里的地面上没有发现过锡，正如许多历史学家多次说过的，在地下深处可以挖到锡；在卢西塔尼亚以远蛮族居住地区和卡西特里德斯群岛都出产锡；不列颠诸岛出产的锡运往马萨利亚。居住在卢西塔尼亚西北最远的阿尔塔布里亚人由于有白银、锡和"白金"（因为其中混杂

---

① 文字游戏，把地下王国的冥王哈德斯视为财神普路托斯。
② 指劳里昂银矿。
③ 高大的铜螺旋抽水机。
④ 在矿藏枯竭之后，阿提卡的采矿业耗尽了所有的资本，还需要投入额外的开支。
⑤ 1埃维亚塔兰特=26.196千克。

白银），土壤"打霜"了。他补充说，河水把这种土壤冲来了，妇女们用铁铲把它们刮起来，用编成篮子形的筛子把它们淘出来。波塞多尼奥斯关于矿藏的叙述就是这样。

10. 波利比奥斯提到过新迦太基的银矿，认为其蕴藏量非常巨大；矿场距离该城大约20斯塔德，包括周长约400斯塔德的地区；矿场有400名工人，（在他那个时代）他们每天交给罗马国库的税收是2500德拉克马。至于加工过程，我把他说过的一切全部略去不讲（因为那是一个很长的故事）。此外，他说含有白银的矿砂被运到河边粉碎，在水中用筛子分离；[①]接着，沉淀物再次粉碎，再次过滤（同时把水排出），再粉碎；然后，第五次的沉淀物被熔化，在铅被清除之后，就获得了纯银。这些银矿现在仍然照常运转；它们不是国家的财产，也不归新迦太基或其他任何地方，而是转交给了私人所有者。在卡斯塔罗和其他地方，有专门开采铅的矿场；在这些铅之中也混杂有少量白银，但是，不值得为此而去提纯它。

11. 距离卡斯塔罗不远有一座山，据说贝提斯河的源头就在那里。由于山里蕴藏着银矿，这座山被称为"银山"。但是，根据波利比奥斯所说，这条河与阿纳斯河虽然彼此相距900斯塔德，都起源于凯尔特伊比利亚地区；由于凯尔特伊比利亚人的强大，他们迫使所有邻近地区都使用和他们自己一样的名字。古人大概曾经把贝提斯河称为"塔特苏斯河"，并且把加德斯和邻近岛屿称为"埃里西亚"；由于这个原因，人们推测为什么斯特西科罗斯谈到

---

① 这个使用筛子去除轻量杂质简单方法，现在仍然在使用，被称为淘汰选法。

了吉里昂的牧牛者，说他出生在：

> 几乎正对着著名的埃里西亚
> 在塔特苏斯河无穷银根的溪流附近，
> 在一片悬崖的大岩洞中。
>
> （《残篇》，Ⅲ，208，贝克）

由于这条河有两个河口，先前的城市位于两个河口之间的地带，这座城市据说以塔特苏斯河的名字命名，叫做"塔特苏斯城"；这个地区现在被图尔杜利亚人所占领，称为"塔特西斯"。而且，厄拉多塞认为这个地区连接着塔特西斯海角，埃里西亚被称为"幸运岛"。阿尔特米多鲁斯反对厄拉多塞的说法，他认为这又是厄拉多塞的谎言，就好像他说从加德斯到圣角是五天航程（虽然它不超过1700斯塔德），潮汐结束于圣角（尽管在整个有人居住世界周围都有潮汐），以及从伊比利亚北方前往凯尔特比从大海到那里容易一样；实际上，他的所有其他说法都出自皮西亚斯，[①]出自后者矫揉造作的谎言。

12. 荷马可以说是一位多声部的、博学的诗人，他使我们有理由认为他自己非常熟悉这些地区，如果我们想要从他对于这个地区的两种报道（既有错误的、也有正确的、可靠的）之中做出科学的结论：错误的报道是根据道听途说，[②]认为塔特苏斯是"西方

[①] 斯特拉博跟随波利比奥斯，对皮西亚斯持否定态度（参见本书Ⅰ，iv，3—5；Ⅱ，iv，1；Ⅲ，iv，4）。

[②] 在荷马时代。

最远的地方"。正如诗人自己说的:

> 太阳的光辉落入俄克阿诺斯,
> 黑暗覆盖了长满谷物的大地。

(《伊利亚特》,Ⅷ,485)

由于黑夜是邪恶的预兆,并且显然与哈德斯有关,哈德斯与塔尔塔罗斯有关。因此,我们有理由猜测荷马知道塔特苏斯,并且把塔尔塔罗斯称为塔特西斯地下王国最遥远的地方;他对词汇稍作更换,就增添了神话的色彩,保持了诗歌创作的想象力及熟练技巧的特征。正因为诗人知道辛梅里安人居住在博斯普鲁斯附近的北方和阴暗地区,才把他们安排在哈德斯邻近的地方,虽然他这样做可能带有爱奥尼亚人对这个部落某种共同的仇恨(确实,在荷马时代或者在这之前不久,据说辛梅里安人入侵了埃奥利斯和爱奥尼亚)。而且,诗人一贯从某些历史事实或其他方面借用神话故事,按照基亚尼礁石的模样创造了普兰克泰礁石。[①] 例如,他在讲述某些礁石是如何危险的神话故事时,就好像是在讲基亚尼礁石(根据某些事实,基亚尼礁石也称为"辛布里加德斯礁石"),这就是为什么他引用伊阿宋通过这些礁石的航海记。无论是赫拉克勒斯石柱旁的海峡、还是西西里海峡,都成了他创作普兰克泰礁石神话的动机。至于那些错误的说法,人们可以根据有关塔尔塔罗斯神话故事的暗示,确定荷马指的是塔特苏斯附近地区。

---

① 《奥德赛》,Ⅻ,61;ⅩⅩⅢ,327。

第二章 伊比利亚（二）

13. 至于谈到正确的意见，人们已经做出如下几点结论：第一，赫拉克勒斯和腓尼基人的远征都到达了伊比利亚，这使荷马想到伊比利亚人在某种程度上是富裕的，生活轻松愉快的。确实，这个民族是这样绝对地服从腓尼基人，以至于现在仍然有许多腓尼基人住在图尔德塔尼亚和邻近地区的城市中；第二，奥德修斯的远征，我认为它实际上到达了伊比利亚，荷马通过调查知道这件事，为他提供了一个历史的托词；他因此把《奥德赛》从历史事实的领域转移到了艺术创作、神话创作的领域，就好像他以前创作《伊利亚特》一样，对于诗人而言，这是驾轻就熟的事情。不仅是在意大利、西西里各地和其他地方发现了类似事件的踪迹，而且在伊比利亚也发现了一座奥德修斯城、一座雅典娜神庙还有特洛伊战争之后奥德修斯与其他英雄人物流浪的许多遗迹。这种流浪对特洛伊占领者的折磨，正好与他们对被征服者的折磨一样（因为占领者取得的胜利，仅仅是一种卡德摩斯式的胜利）。[①] 由于特洛伊人的家园已经化为废墟，每个希腊士兵只获得一点点少得可怜的战利品，结果是战后余生的特洛伊人在逃脱了战争的威胁之后，不得不转而从事海盗活动；希腊人同样也从事这种活动；特洛伊人从事这种活动是因为他们的城市已经被彻底毁灭，希腊人从事这种活动则是由于羞耻，因为每个希腊人都在想：

> 我们羞于离开亲人逗留这么久，

---

① 暗示卡德摩斯和龙牙的神话故事。

然后空着手回家去见他们。

(《伊利亚特》，Ⅱ，298)

第三，埃涅阿斯的流浪故事，还有安特诺尔、赫内提人的流浪故事；[①] 同样还有狄俄墨得斯（Diomedes）、墨涅拉俄斯、奥德修斯和其他一些流浪故事，都是传说。实际上，诗人通过调查知道了伊比利亚最遥远地区的多次远征故事，并且通过道听途说的方式知道了这个地区富裕及其他优点（因为腓尼基人已经使这些事实众所周知），凭着自己的想象力把这个幸运之地和埃律西昂平原安排在这里。普洛透斯说墨涅拉俄斯将去那里，并且把它当成自己家：

不朽的神明将把你送到埃律西昂平原，大地的边缘，
金发的拉达曼提斯居住的地方，那里生活悠闲自在，
没有冰雪，没有风暴，也没有淫雨；
俄克阿诺斯时时送来凉爽的西风。

(《奥德赛》，Ⅳ，563)

确实，这个地区空气纯净，西风宜人，由于这个地区不仅在西方，而且是温暖的地方，又是真正的"大地的尽头"，是我们所说的哈德斯"神话中居住的地方"。荷马引用的拉达曼提斯，使人想起了这个地区靠近米诺斯，诗人说到过这个地方：

---

① 《伊利亚特》，Ⅱ，852。

第二章 伊比利亚（二）

我在那里看见宙斯高贵的儿子米诺斯，

手持金权杖，正在向亡灵宣判。

(《奥德赛》，XI，568)

而且，荷马之后的许多诗人不厌其烦地在我们的耳边重复着相同的故事：如赫拉克勒斯寻找吉里昂母牛的远征，还有他寻找赫斯珀里得斯金苹果的远征——甚至还提到了某个幸运岛的名字，正如我们知道并且指出的那样，这个地方离开正对着加德斯的莫鲁西亚角不太远。

14. 我认为，腓尼基人是荷马信息来源的提供者，在荷马时代之前，这些人就占据了伊比利亚和利比亚最好的地方，直到罗马人把他们的帝国毁灭之前，他们一直是这些地区的主人。下面这些事实可以进一步证明伊比利亚的富裕：迦太基人在巴卡斯带领下远征伊比利亚，发现图尔德塔尼亚人像历史学家告诉我们的一样，使用银制的饲料槽、银酒坛。人们可以想象，正是由于当地居民特别富裕、得到了一个别名"长寿者"，特别是他们的酋长更是这样。这就是为什么阿纳克雷翁这样说的原因：

就我而言，不想要阿马尔特亚的角，

也不想统治塔特苏斯150年。

(《残篇》，81，贝克)

为什么希罗多德甚至把这位名叫阿尔甘托尼乌斯的国王名字记载下来，因为人们可能会从字面上的意思来理解阿纳克雷翁的话，或者认为它的意思是"等于国王一生的时间"，或者是更普通的意思："塔特苏斯的国王没有统治很久。"但是，也有人认为塔特苏斯就是今天的卡泰亚。

15. 图尔德塔尼亚人温和与恭谦的品质，正好与他们的国家繁荣昌盛相匹配；正如波利比奥斯所说，凯尔特人由于是他们的邻居或者是他们的近亲，也有这种品质；但是，凯尔特人的情况要稍差一点，因为他们大多住在偏远的农村。而图尔德塔尼亚人、特别是那些居住在贝提斯河附近的图尔德塔尼亚人，彻底把自己的生活方式变成了罗马人的生活方式，他们甚至连自己的语言也忘记了。他们的大多数人成了拉丁公民，[①]接受罗马的移民。因此，他们距离成为完全的罗马人已经不远了。现在共同居住的移民城市有：凯尔特地区的奥古斯都和平城、图尔德塔尼亚地区的奥古斯都光荣城、凯尔特伊比利亚附近的奥古斯都凯撒城和其他的一些居住地。上述城市公民的生活方式明显地发生了变化。此外，所有的伊比利亚人都属于名叫"托加袍"（Togati）等级。[②]他们之中的凯尔特伊比利亚人有时被认为是最野蛮的民族。关于图尔德塔尼亚人的情况，就是这么多了。

[①] 他们获得了拉丁公民权，低于罗马公民权。
[②] 穿罗马长袍。当时是和平的象征。

第三章　伊比利亚（三）

1. 如果我们再从圣角开始，朝着另一个方向，即朝着塔古斯河方向航行，首先是一个海湾，然后是巴巴里乌姆角，靠近它的是塔古斯河口，到达河口的航道直线距离是10斯塔德。①这里有几个港湾，其中一个从上述灯塔延伸到内地，②长度超过400斯塔德，沿着这个港湾直到萨拉西亚都是灌溉条件良好的土地。塔古斯河口不仅宽达20斯塔德，而且河床非常深，大的商船都可以沿河而上。在涨潮时期，潮水在河流之后的平原形成了两个港湾，形成了一个150斯塔德长度的海，把平原变成了可以航行的地区；在上面的港湾中有一个岛屿，长约30斯塔德，宽度略短于长度，这是一个有着美丽的公园和葡萄园的岛屿。岛屿正对着莫隆城，这座城市正好位于靠近河边的山区，距离大海约500斯塔德。城市周围的地区不仅以富裕闻名，而且航运便利，大部分航线可以行走大船，其余的航线只能走内河船只。在莫隆之后，这条河流还有很长一段水路可以通航。这座城市曾经被布鲁图·卡莱库斯当成与卢西塔尼亚人作战的行动基地，并且征服了这些人。布鲁

---

① 手稿的数字不可靠，可能是210斯塔德（如果从巴巴里乌姆开始）或者1000斯塔德（如果从圣角开始）。

② 在本书中，斯特拉博从来没有提到过灯塔。

图占领河坝,加固了奥利西波城,以便使内陆航运和运送给养不受干扰;因此,在塔古斯河附近的许多城市之中,这些城市最强大。塔古斯河盛产鱼类和牡蛎。它发源于凯尔特伊比利亚,流经维托尼亚、卡尔佩塔尼亚、卢西塔尼亚,流向二分点西方,它在某个地点与阿纳斯河和贝提斯河平行流着,随后与这两条河流分开,因为它们拐向了南部的海岸。

2. 在上述山区之后,[①]最南边的居民是奥雷塔尼亚人,他们的土地部分延伸到了赫拉克勒斯石柱这边的海岸;他们在北方的近邻是卡尔佩塔尼亚人,然后是维托尼亚人和瓦凯人,杜里乌斯河流经这些人的土地,在瓦凯人的城市阿库提亚形成了一个渡口;最后是卡莱坎人,他们占领了山区相当大的地方。由于这个原因,他们是很难对付的对手,他们不仅有卢西塔尼亚人征服者的绰号,而且还有能力保持到今天,以至于大多数卢西塔尼亚人被称为卡莱坎人。现在,奥雷塔尼亚最强大的城市是卡斯塔罗,还有奥里亚也是一样强大。

3. 塔古斯河北边的卢西塔尼亚是伊比利亚各国最强大的国家。罗马人反对他们的战争持续的时间最长。这个国家的边界南边是塔古斯河;西边和北边是大海;东边有卡尔佩塔尼亚人、维托尼亚人、瓦凯人和卡莱坎人这些著名的部落国家;其他的部落则不值一提,因为他们太小,没有名气。与现代人相反,也有人把这些人称为卢西塔尼亚人。这四个民族在他们的国家东部有着共同的边界,这就是卡莱坎人与阿斯图里亚人、凯尔特伊比利亚人为

---

① 参见本书Ⅲ,ⅱ,3。

第三章 伊比利亚（三）

邻，其他的仅仅与凯尔特伊比利亚人为邻。卢西塔尼亚到内里乌姆角的长度是3000斯塔德，但是它的宽度（由东边到正对着它的海岸线）要短得多。东边的地形逐渐升高、崎岖不平；低处的地方除了少数几座小山之外，直到海边都是平坦的。这就是为什么波塞多尼奥斯认为亚里士多德把涨潮和退潮视为伊比利亚和莫鲁西亚海岸特有现象是不对的原因；亚里士多德认为，大海涨潮与退潮是由于海岸线升高和崎岖不平，不仅顽强地对抗海浪，同样猛烈地把它们推回去。但情况正好相反，波塞多尼奥斯正确地指出，海岸线大多是沙滩和低平的。

4. 无论如何，我正在谈到的国家是富饶的，有几条大大小小的河流通过这个国家，所有河流都是从东部流出，平行于塔古斯河；大多数河流都可以通航，还含有大量的金砂。在塔古斯河之后最有名的河流是芒达斯河，只有一小段河流可以通航，瓦库阿河也是一样。在这两条河流之后是杜里乌斯河，它来自远方，从努曼提亚、凯尔特伊比利亚人和瓦凯人的许多居民点附近流过，大船可以通航的航程约为800多斯塔德。然后是其他的河流。在这些河流之后是莱塞河，[①]有些人把它称为利米亚斯河，其他人又把它称为贝利翁河；[②]这条河流也起源于凯尔特伊比利亚人和瓦凯人地区，在它后面的贝尼斯河（其他人称米尼乌斯河）也是这样，它是卢西塔尼亚境内最大的河流，可以通航的距离为800斯塔德。但是，波塞多尼奥斯认为，贝尼斯河发源于坎塔布里亚。在它的

---

① 遗忘河。
② 可能是一个讹用，或者是同根的拉丁语词汇，oblivio——遗忘。

河口有一个岛屿，两道防波堤为船只提供了锚地。这些河流的自然特点值得赞扬，因为它们的河岸很高，河道足以接纳涨潮高峰时期的海水，以免泛滥和淹没平原地区。这条河流现在成了布鲁托远征的界限，尽管在远处还有几条其他的河流与上述河流平行。

5. 最后提到的是阿尔塔布里亚人，他们居住在内里乌姆角附近，这里也是伊比利亚西部和北部的边界，海角周围地区居住着凯尔特人，他们与阿纳斯河的凯尔特人有亲属关系；据说这些人和图尔德塔尼亚人进行过一次远征，他们渡过利米阿斯河之后发生了争吵；凯尔特人又失去了自己的领袖，四分五裂，并且留在那里；由于这种情况，利米阿斯河又被叫做莱塞河。阿尔塔布里亚人在那个海湾有许多人口稠密的城市，水手们常常把海湾的这些地方称为阿尔塔布里亚人的海港。但是，现在人们把阿尔塔布里亚人称为阿罗特雷布里亚人。今天，大约有 39 个不同的部落居住在塔古斯河与阿尔塔布里亚人之间的地区。虽然这个地区生产各种果实，还有丰富的金银和类似金属、牲口，大多数人仍然不得不依靠土地谋取自己的生活资料，或者靠抢劫，彼此之间照顾或依靠与塔古斯河对岸的邻居进行无休止的战争度日，直到他们被罗马人制止。罗马人打垮了他们的傲气，把他们大多数城市降格为普通村庄，改善了一些城市，在那里安置移民。山区居民开创了无法无天的局面，好像这是理所当然的。由于他们居住在贫瘠的土地上，只有一点儿财产，他们觊觎他人的财产。后者为了保护自己不受山民之害，被迫放弃自己私有的地产。因此，他们也开始依靠战争而不是农业；结果这里荒芜了，已经没有栽培作物，成了一个强盗窝。

第三章 伊比利亚（三）

6. 无论如何，据说卢西塔尼亚人擅长伏击，擅长侦察，行动迅速灵活，善于部署军队。他们装备有直径2英尺的小盾牌，正面成凹形，用皮带挂在肩上（因为它既没有手环，也没有把手）。除了盾牌之外，他们还有短剑或是屠刀。他们大多数人穿着亚麻的铠甲；少数人穿着锁子甲、戴着有三根羽饰的头盔；其他人则戴着用筋条编成的头盔。步兵穿着胫甲，每个士兵有几根标枪；有些人使用长矛，长矛安装有青铜矛头；据说有些居住在杜里乌斯河附近的居民过着拉科尼亚人的生活方式——每天两次使用涂油，利用烤热石头发出的蒸汽进行蒸汽浴，在冷水中洗澡，每天只吃一种肉，为人干净、谦逊。卢西塔尼亚人喜欢献祭；他们注意观察献祭动物的内脏，不切开内脏。此外，他们也注意观察祭物旁边的血管，用触摸祭物的办法来进行占卜。他们习惯于用战俘的内脏进行占卜，首先用斗篷把战俘蒙起来，然后把牺牲品刺死，内脏被用来占卜，他们通过祭品落地推断出第一个预兆。他们砍断战俘的右手，把它作为祭品献给诸神。

7. 所有的山区居民过着一种平淡的生活，他们饮水，在地上睡觉，像女人一样让自己粗大的头发绺向下垂着。但是，他们在前去上阵作战之前，会把自己的头发绕在前额。他们主要食用山羊肉，向阿瑞斯（Ares）奉献雄山羊、战俘和马匹；他们也仿效希腊人的风俗举行百牲祭——正如品达自己说的："献祭一百头各种动物。"他们也举行轻装兵、重装兵和骑兵的比武，有拳击、赛跑、搜索、以班为单位的战斗。山民们每年有三分之二的时间以橡实为食，他们首先把橡树实晒干，打烂，磨碎，然后做成面包，面包可以储存很长时间。他们还饮啤酒，但很少有葡萄酒。他们会做葡萄酒，并且在欢乐的节日和自己的亲属一起痛饮。他们用黄油代替橄榄油。他们坐着进餐，因为他们在房间的墙边放置了舒适的座位。不过，他们在就座时要按照年龄和身份的顺序。正餐遍飨座客之后，在酒杯交错的时候人们在长笛和小号的伴奏下跳起舞蹈，舞蹈动作一致，也有跳跃和下蹲动作。但是，在巴斯特塔尼亚，妇女们也和男人混在一起，挽着他们的胳膊跳舞。所有的男人都穿着黑色的服装，大多数是粗糙的斗篷，他们穿着斗篷睡在小床上。他们使用涂蜡的船只，[1] 好像凯尔特人的一样。妇女们任何时候都穿着长披风或者是鲜艳的花裙子。居民们（至少是住在内陆腹地的居民）不使用铸币，他们以物易物，或者是从锤薄的银块上切下一小块当作货币使用。他们把那些被判处死刑的人扔下悬崖；把那些杀害尊长者在山边或者河边用石头砸死。[2] 他们结婚的仪式和希腊人一样。他们把生病的人带到街上，就像古代埃及人的方法一样，[3] 希望能够从那些得过这种病的人那里得到建议。在布鲁图时期，他们还在使用硝过的皮革做成皮艇来应付涨潮和浅水区，但现在连独木舟也很少用了。他们的岩盐是红色的，但粉碎之后又是白的。正如我说的，这就是山民们的生活方式。我指的是那些与伊比利亚北部相邻地区的居民，即卡莱坎人、阿斯图里亚人、坎塔布里亚人、瓦斯科尼亚人和比利牛斯人。因为所有这些人的生活方式都有同样的特点。我简直对上面

---

[1] "涂蜡的"疑似错误，可能是木的、铜的、角质的。

[2] 原文损坏。

[3] 希罗多德把这种风俗说成是亚述人的（I, 197），斯特拉博也同意此观点。（参见本书XVI, i, 20）。

这么多名字感到害怕,也不敢承担把他们记载下来这个吃力不讨好的任务——除非有某些人喜欢听"普勒托兰人"、"巴迪坦人"、"阿罗特里甘人"和其他比这些人更加无足轻重和没有名气的人的名字。

8. 这些民族倔强和野蛮的性格不仅仅是他们好勇尚斗的结果,也是他们居住太偏远,不论从海路还是陆路前往他们居住地区的道路都很漫长,很难打交道,已经失去了社交活动和人性本能的结果。他们这种倔强和野蛮的感情没有顽强地表露出来,是由于罗马的和平,罗马人到了他们的地区。不过,无论在哪里,这些部落都很少与罗马人交往;如果有些部落不好客只是由于他们的地区太偏远,居住在山区的居民脾气有可能更古怪。但是,正如我先前所说的那样,他们现在已经停止了战争。这是由于坎塔布里亚人(他们至今仍然比其他人更顽强地保留着自己的盗匪团伙)和他们的近邻最后终于被奥古斯都·凯撒征服了,他们都不再抢劫罗马的同盟者;无论是科尼亚坎人,[①] 还是住在伊比鲁斯河(Iberus)源头附近的普伦图桑人,[②] 都站在罗马人一边。而且,他的继承人提比略已经派遣了一支由三个军团组成的罗马军队(奥古斯都·凯撒先前已经决定派遣这支军队)来保卫这些地区。这就使他不仅有可能使某些人变得温顺,而且有可能变得开化。

---

① 词汇可能误用,应当是科尼斯坎人(参见本书Ⅲ,iv,12)。
② 不出名的部落。

第四章 伊比利亚（四）

1. 伊比利亚其他地方，就是我们的海从赫拉克勒斯石柱到比利牛斯山脉的海岸线，还有在海岸线之后的所有内陆地区。它们的宽度不一，长度略微超过4000斯塔德，而这条海岸线的长度已经证明有2000多斯塔德。据说从赫拉克勒斯石柱旁的卡尔佩到新迦太基的距离是2200斯塔德；这条海岸线居住着巴斯特塔尼亚人，他们又称为巴斯图里亚人，还有部分地区居住着奥雷塔尼亚人；从那里到伊比鲁斯河，距离大约与前者相同，这一段海岸线由埃德塔尼亚人居住；从伊比鲁斯河这边到比利牛斯山脉和庞培纪念碑，① 海岸线长1600斯塔德，这里居住着少数埃德塔尼亚人，其余部分居住着印地塞坦人，他们分成四个部落。

2. 在局部上，如果我们从卡尔佩山开始说起，我们在巴斯特塔尼亚和奥雷塔尼亚境内可以看见一座山链，它有茂密的森林，高大的树木，把沿海地区和内陆地区分割开来。在这里有许多地方蕴藏着金矿和其他金属矿藏。在这条海岸线上，第一座城市是马拉卡，它到卡尔佩的距离和到加德斯的距离相同。它现在是与对岸游牧者做买卖的贸易中心，还有许多大型腌鱼企业。有些人

---

① 记功碑在今拉戎克拉不远。

认为马拉卡与梅纳卡是同一座城市,正如有人对我们说的那样,后者是腓尼基在西方最远的一座城市;不过,这并不是真的。相反,梅纳卡过去是距离卡尔佩较远的城市,现在已经变成了一片废墟(虽然它还保留了希腊城市的遗迹)。马拉卡要近得多,它具有腓尼基人城市的特征。在这个城市之后,就是埃克塞塔尼亚人的城市,[①] 它因为从事腌鱼贸易而得名。

3. 在这座城市之后是阿夫季拉城(Abdera),它是腓尼基人建立的城市。在我们讨论的这个地区之后,可以看见山区的奥德修斯城,城里有一座雅典娜神庙。这是波塞多尼奥斯、阿尔特米多鲁斯、米尔利安的阿斯克勒皮阿德斯说的,后者在图尔德塔尼亚教授语法,发表过有关当地部落的报道。阿斯克勒皮阿德斯说,在雅典娜神庙中陈列着盾牌和战船的冲撞角,以纪念奥德修斯流浪的历程。还有一些曾经与透克罗斯一道的远征者住在卡莱西亚,那里曾经有两座城市,一座名叫古希腊人城,[②] 另一座叫做安菲罗奇城;不仅是安菲罗库斯死在这里,而且他的同伴曾经在这个国家内陆流浪。他接着说,历史告诉我们,赫拉克勒斯的某些同伴和麦西尼的移民开垦了伊比利亚的殖民地。至于坎塔布里亚,根据阿斯克勒皮阿德斯和其他人的报道,它的部分地区被拉科尼亚人所占领。他们还提到了一座由奥塞拉斯建立的城市奥普西塞拉,奥塞拉斯和安特诺尔及其子女一起走遍了整个意大利。至于利比亚,有些人相信应当留意加德斯商人讲述的故事(正如阿尔特米

---

① 据托勒密所说,这个城市叫做塞克斯都(参见本书Ⅱ, iv, 7)。
② 根据希腊人的名祖英雄赫楞命名。

多鲁斯先前说的一样),居住在莫鲁西亚之后、紧邻西埃塞俄比亚人的居民被称为食莲者,是因为他们以莲为食(某种植物和其根部),不需要饮料,或者由于整个地区缺水的缘故,没有任何饮料,虽然它的领土一直延伸到昔兰尼地区。这里还有另一个名叫食莲者的民族,他们居住在小西尔特湾两个岛屿之中的一个岛上,我说的是梅宁克斯岛。

4. 所以,诗人以这种方式来创作奥德修斯流浪的神话故事,并且把奥德修斯流浪故事的大部分情节安排在赫拉克勒斯石柱之外的亚特兰蒂斯海(因为他说的许多故事与这些事实密切相关,不管是在他想象的地点或是情节方面),一点也不令人感到惊奇;同样,有些人相信这些故事和诗人具有广博的知识,实际上把荷马史诗作为了自己科学研究的基础,就像马洛斯的克拉特斯和其他一些人所做的一样。但是,也有些人不怀好意,他们不仅要把诗人所有的这些科学知识领域,而且还把所有从事这种工作的人看成是疯子(好像他是苦工或割麦的短工一样)。但是,无论是语法学家或者其他专家,没有人敢于对这些人的观点提出任何争论、修改或者其他类似的东西。不过,至少我认为他们的观点不仅可以争论,而且有许多地方可以修改,特别是皮西亚斯的所有说法,他把那些对于西部和北部沿海地区一无所知,而且又信任他的人们引入了歧途。但是,让我们把这个问题暂且放在一边,因为它们需要专门的、长篇大论的讨论。

5. 希腊人在蛮族之中流浪可以认为是由于后者分裂成许多较小的地区和主权国家,由于妄自尊大和彼此之间毫无来往的原因;由此而产生的结果是无力对抗外来的侵略者。我认为这种妄自尊大的心理在伊比利亚人之中特别强烈，因为他们天生就具有狡诈和虚伪的本质。由于这种生活方式，他们喜欢战争和抢劫，可以为一些琐碎的小事而冒险，但从不让自己卷入更大的冒险之中，因为他们没有建立强大的军队和联盟。当然，即使他们希望彼此能够肩并肩地战斗，这也是不大可能的，首先是迦太基人凭借他们兵力上的优势，横行无阻，征服了他们的大部分地区；而在更早的时候则是提尔人这样做。此后做这些事的是凯尔特人，他们现在称为凯尔特伊比利亚人和维罗纳人。其次，无论是维里亚图斯匪帮，或者是塞多留，或者是其他任何人，都觊觎他们辽阔的领土。罗马人进行了一场反对伊比利亚人的局部战争，进攻各个分散的地区，为了取得那里的统治权花费了很长的时间，一个接一个地征服各个部落，到现在已经花了大约200年时间或者更长的时间，才使他们完全臣服。但是，现在我必须回来继续讲述伊比利亚了。

6. 在阿夫季拉城之后是新迦太基，这是汉尼拔之父巴卡斯的继任者哈斯德鲁巴（Hasdrubal）建立的城市，也是这个国家所有城市之中最强大的城市。这是因为它有固若金汤的城防工事，坚固的城墙、港口、湖泊和银矿。关于银矿，我从前已经说过了。在这个地方和邻近地区有大型的腌鱼企业。新迦太基也是一个交易中心，不仅可以为内陆地区居民从海外输入物资，而且可以为外界从内陆地区输出物资。从新迦太基海岸到伊比鲁斯河，大约在这两个地区的中间有一条苏克罗河，苏克罗河口和一座与这条河同名的城市。这条河流发源于与山链相连的一座山中，该山链位于马拉卡以远与新迦太基地区之间；河流可以蹚水渡过，大致与伊比鲁斯河平行流过,距离新迦太基比伊比鲁斯河略微近一些。现在,在新迦太基与苏克罗河之间,距离这条河不远的地方有三座马萨利亚古希腊移民的小城市。这些城市之中最著名的是赫梅罗斯科佩乌姆,它最受尊敬的地方是其海角上有一座以弗所人的阿尔忒弥斯神庙;被塞多留用来做海军基地。因为它是一座天然的要塞,便于进行海盗活动,发现远处的正在驶近的航海者。它也被人们称为"狄安娜神庙",这与"阿尔忒弥斯神庙"是同一个意思。它附近蕴藏着丰富的铁矿,还有两个小岛,即普拉尼西亚岛和普拉姆巴里亚岛,海角上有一个咸水湖,周长约400斯塔德。接下来,距离新迦太基较近的是赫拉克勒斯岛,由于这里可以捕捉到鲭鱼,人们把这个海岛称为斯康布拉里亚岛(鲭鱼岛),这里制作的鱼沙司品质最好。它距离新迦太基24斯塔德。在苏克罗河的另一边,当你向前走到伊比鲁斯河口,就是扎金托斯人建立的萨冈图姆,汉尼拔不顾他与罗马人之间的条约,把这座城市毁灭了。这就点燃了第二次迦太基战争的烈火。[①] 在萨冈图姆附近还有切罗内苏斯、奥利斯特鲁姆、卡塔利亚斯城;在伊比鲁斯河的渡口有德托萨城。伊比鲁斯河发源于坎塔布里亚,向南流过与比利牛斯山脉平行的大平原。

7. 在伊比鲁斯河拐向大海的拐弯处和比利牛斯山脉的高峰之间,有庞培建立的纪功碑,第一座城市是塔拉科。它确实没有港口,但它位于海湾边,由于各种有利条件使它能够满足各种需要;现在,它的人口并不比新迦太基少。确实,它天生适合于充当罗

---

① 第二次布匿战争(公元前218—前201年)。

马行政长官驻节地。它不仅是伊比鲁斯河这边的首府,也是伊比鲁斯河以远大部分地区的首府。盖姆尼西群岛位于海岸附近,还有埃布苏斯岛,所有这些岛屿都享有城市的有利地位。厄拉多塞认为城市有开敞的锚地,但阿尔特米多鲁斯反驳他的说法,认为城市假若不是特别走运,就没有锚地。

8. 而且,从赫拉克勒斯石柱到塔拉科的整个海岸线很少有港口。但是,从塔拉科继续前行到恩波里乌姆的海岸线,有许多优良的港口,不管是利塔尼亚人的土地,还是拉托利坦人和其他人的土地都一样,土地非常肥沃。恩波里乌姆是马萨利亚人所建;它距离比利牛斯山脉和伊比利亚与凯尔特的共同边界大约200斯塔德;这条海岸线总的来说非常富饶,拥有许多优良的海港。这里有一座属于恩波里坦人的小镇罗杜斯,但有人说它是罗德岛人建立的。无论是罗杜斯还是恩波里乌姆,两座城市都祭祀以弗所的阿尔忒弥斯;其原因我将在有关马萨利亚的叙述之中加以解释。恩波里坦人原先居住在海岸边的一座小岛上,这座小岛现在叫做老城。他们现在居住在大陆上。他们的城市是双子城,因为这座城市先前接受了邻近的印地塞坦人,但他们仍然保留了自己的政府,只是为了安全的目的希望与希腊人建立一道共同的防御城墙,把两部分围起来——因此,城市被一道城墙从中间分开。但是,随着时间的推移,两个民族统一在一部宪法之下,这部宪法是蛮族法律和希腊法律的混合物——这种情况在许多其他的民族之中也出现过。

9. 附近有一条河发源于比利牛斯山脉;[①] 它的河口是恩波里坦

---

① 克洛地安河。

人的港口。恩波里坦人擅长制造亚麻纺织品。由于他们占领的内陆地区盛产亚麻，而其他地区生产的大米草或灯芯草之类的各种植物则没有用处。这部分地区称为"灯芯草"平原，① 有些恩波里坦人居住在比利牛斯山脉高地到庞培纪功碑之间的地区，有一条从意大利到所谓的外伊比利亚和贝提卡的道路通过这里。这条道路时而靠近海洋，时而远离海洋，特别是在西部地区。它穿过灯芯草平原和维特雷斯，它在拉丁语中被称为"茴香平原"（因为它盛产茴香），② 从庞培纪功碑到达塔拉科。这条道路从塔拉科通往德托萨城的伊比鲁斯河渡口；过了渡口之后，经过萨冈图姆和塞塔比斯城，道路就渐渐地离开了大海，与所谓的大米草平原——或者我们说的"灯芯草"平原连在一起。③ 这是一个辽阔而缺水的平原，只出产大米草，这种草适合用来编成绳索，并且出口到各个地区，特别是出口到意大利。从前，这条道路通过平原的中部和埃格拉斯塔，道路崎岖不平而且漫长；但现在人们使道路通过沿海地区，只挨着灯芯草平原，像原先的道路一样通向相同的地方，即卡斯塔罗和奥布尔科周边各地。经过这些城市之后，道路通向科尔杜巴和最大的贸易中心加德斯。从科尔杜巴到奥布尔科的距离大约是 300 斯塔德。许多历史学家说凯撒曾经从罗马来到奥布尔科，在这里驻扎了 27 天，准备要在芒达进行一场大战。④

10. 从赫拉克勒斯石柱到伊比利亚和凯尔特共同边界的整个海

---

① 出自拉丁词语 iuncus——芦属植物。
② 本义为"马拉松平原"。
③ 拉丁语为 Campus Spartarius。
④ 公元前 45 年。

岸地带，就是这样的特点。在海岸之后的内陆地区（我指的是被比利牛斯山脉封闭的地区、伊比利亚和阿斯图里亚北边），被两座山脉分开了。粗略地说，其中一座山脉平行于比利牛斯山脉，起于坎塔布里亚，终结于我们的海（他们把这座山称为伊杜贝达山）；而另外一座山起于前一座山的中央，向西延伸，略微偏向南边和赫拉克勒斯石柱的海岸线。后面这座山最初仅仅是一座丘陵，没有树木，通过所谓的大米草平原；然后和新迦太基之后的森林地带，与马拉卡周边各个地区链接在一起；这座山名叫奥罗斯佩达；在比利牛斯山脉和伊杜贝达山之间流过的伊比鲁斯河与两座山脉平行，这条河因为从山中流出的河水和其他降水而水势浩荡。伊比鲁斯河边有一座奥古斯都·凯撒城；还有一个殖民地塞尔萨，那里有一座渡河的石桥。这个地区是几个部落共同居住的地方，其中最著名的部落是雅塞塔尼亚人。他们的土地最初在比利牛斯山脚下，后来扩张到与伊莱尔达和奥斯卡附近地区相连的平原地区。这个地区属于伊莱尔格坦人，距离伊比鲁斯河不远。塞多留从凯尔特伊比利亚被赶出来之后，在这两座城市，在卡拉古里斯城（雅塞塔尼亚的城市），在海边的塔拉科和赫梅罗斯科佩乌姆城，进行了自己最后的战斗；但是，他在奥斯卡的战斗中阵亡了。[1] 在伊莱尔达城下，庞培的将领阿弗拉尼乌斯和佩特雷乌斯最终被神圣的奥古斯都击败。[2] 伊莱尔达距离伊比鲁斯河160斯塔德，如果走靠近西方的路线，从塔拉科到南方大约是400斯塔德；

---

[1] 塞多留于公元前72年阵亡。

[2] 公元前49年。

从奥斯卡到北方是540斯塔德。这条道路通过这些地区,从塔拉科到瓦斯科尼亚人最边远的沿海地区,即他们居住的庞佩罗和奥阿索城附近(大海边上),距离是2400斯塔德,到达了阿奎塔尼亚和伊比利亚真正的边界地区。雅塞塔尼亚不仅是塞多留与庞培作战的地方,而且是日后庞培之子塞克斯都与恺撒的将领作战的地方。[①] 在雅塞塔尼亚的北方住着瓦斯科尼亚人,他们的城市名叫庞佩罗或者庞贝奥波利斯。

11. 对于比利牛斯山脉而言,在伊比利亚这边生长着各种各样四季常青的树木;而在凯尔特那边却是光秃秃的。尽管它的中心地区有许多峡谷,可以提供良好的生活条件。这些峡谷居住着许多卡雷塔尼亚人,他们是伊比利亚人的一支;他们擅长烤制品质优良的火腿,足以与坎塔布里亚火腿媲美,并且为居民提供了一笔不小的收入。

12. 翻越伊杜贝达山之后,你立刻就进入了凯尔特伊比利亚地区,这是一个辽阔而又崎岖不平的地区。它的大部分地区高度不同,有许多河流灌溉;因为通过这个地区的河流有阿纳斯河、塔古斯河和几条次于它们的河流,这些河流发源于凯尔特伊比利亚地区,流入西部的大海。在这些河流之中,杜里乌斯河流过努曼提亚和塞尔冈提亚;贝提斯河发源于奥罗斯佩达,流过奥雷塔尼亚和贝提卡地区。首先,在凯尔特伊比利亚人的北方各地,居住着维罗纳人,他们是坎塔布里亚的科尼斯坎人的邻居,他们把自己的起源归之于凯尔特人大迁徙时期;他们有一座城市瓦里亚,

---

① 奥古斯都。

位于伊比鲁斯河渡口；他们的领土与巴迪坦人的领土互相挨着，巴迪坦人现在被称为巴杜利亚人。其次，在西部各个地区居住着阿斯图里亚人、卡莱坎人、瓦凯人，还有维托尼亚人和卡尔佩塔尼亚人。第三，在南部地区居住的不仅有奥雷塔尼亚人，还有巴斯特塔尼亚人和埃德塔尼亚人的所有其他部落，他们居住在奥罗斯佩达。第四，东部是伊杜贝达山。

13. 在凯尔特伊比利亚人的四个部落之中，一般认为最强大的是阿尔瓦坎人，他们居住在东部和南部，领土与卡尔佩塔尼亚和塔古斯河的源头相连，那里有一座非常有名的城市努曼提亚。在反抗罗马人的凯尔特伊比利亚战争之中，他们表现出了自己的勇气，这场战争持续了20年之久；确实，许多士兵、军官都被他们消灭了。最后，努曼提亚人在城市被包围之后一直坚持战斗直到阵亡，只有少数人交出了他们的要塞。卢索尼亚人同样住在东部，他们的领土也和塔古斯河相连。阿尔瓦坎人有两座城市：塞格达和帕兰提亚。努曼提亚距离我说的位于伊比鲁斯河边的奥古斯都·凯撒城800斯塔德。塞戈布里加城和比尔比利斯城属于凯尔特伊比利亚人，在这些城市附近，梅特卢斯和塞多留曾经进行过一场大战。波利比奥斯详细地列举了瓦凯人和凯尔特伊比利亚人的各个部落和区域，包括塞格萨马和英特卡提亚两座城市。波塞多尼奥斯说，马可·梅特卢斯向凯尔特伊比利亚索取600塔兰特贡赋，由此可以推断凯尔特伊比利亚人居住的土地虽然比较贫瘠，但人口众多且富裕。由于波利比奥斯认为提比略·格拉古毁灭了300座凯尔特伊比利亚城市，波塞多尼奥斯讥笑他说，说这种话的人只是为了讨好格拉古，因为他把要塞当作了城市，就好像他们在举行凯旋仪式一样。很可能,波塞多尼奥斯的说法不是不可信的。因为不仅是罗马的将军,还有历史学家都很容易沉浸在这类虚假的谎言中,以便美化他们自己所记载的事实。实际上,那些坚持说伊比利亚有1000多座城市的人,在我看来也有类似的夸张,把大村庄说成了城市。这是因为,首先,这个地区的自然环境——土地贫瘠,或者是过于遥远、野蛮无法容纳这么多城市;第二,居民(除了那些居住在我们的海沿岸的居民)的生活方式不允许有任何这种猜想,居住在农村的居民都是野蛮人(大多数伊比利亚人也是如此),即使他们的城市也不容易驯服当地居民,如果居住在森林地区的居民超过城市居民,他们就会企图危害自己的邻居。

14. 紧接着凯尔特伊比利亚人之后,往南方就是居住在奥罗斯佩达山和苏克罗河周围地区的居民,即埃德塔尼亚人,他们的领土一直延伸到了新迦太基;然后是巴斯特塔尼亚人和奥雷塔尼亚人,他们的领土几乎延伸到马拉卡。

15. 说实在的,伊比利亚人都是珀尔塔斯特人,[①] 由于他们过着抢劫的生涯,穿着轻甲(好像我说的卢西塔尼亚人一样),使用标枪、弹弓和短剑。他们的骑兵和步兵混合在一起,因为他们的战马训练得善于翻山越岭,任何时候使用马匹时,它们都能够按照命令迅速地跪下。伊比利亚有各种鹿和野马,在许多地方还有充满着生物的湖泊;这里有鸟、天鹅,还有大量的鸭。这里的河还生活着河狸,但是,这里的河狸香功效不如本都的河狸香;因为

---

① 珀尔塔斯特人意为"轻装步兵"。

本都的河狸香药用品质像其他许多东西一样,具有自己独特的品质。例如,波塞多尼奥斯认为塞浦路斯的红铜是唯一出产炉甘石、蓝矾和骨炭的红铜。[1]据波塞多尼奥斯所说,伊比利亚还有一个奇怪的事情,这里的乌鸦不是黑色的。凯尔特伊比利亚的马略微有些斑点,当它们被送到外伊比利亚之后,马的颜色就变了。他说,凯尔特伊比利亚的马像帕提亚的马,因为它们不仅比其他的马跑得快,而且比其他的马跑得平稳。

16. 伊比利亚也出产大量用于制造染料的根茎植物。至于说到橄榄树、葡萄藤、无花果树和诸如此类的植物,在地中海伊比利亚沿岸和外海岸,[2]这类植物非常多。但是,由于北方的海岸地区气候寒冷,就没有这些果树生长。在其他地区,人们懒惰,道德水平低下,他们认为生活不是为了理性,而是为了满足自身的需要和兽性的本能。除非某些人承认这些人过的也是理性生活:这些人用储存在罐子中的尿液洗澡、刷牙,不论是他们自己,还是他们的妻子。据说坎塔布里亚人和他们的邻居就是这样做的。不过,这种风俗和在地上睡觉的风俗是伊比利亚人和凯尔特人的共同的风俗。有人认为卡莱坎人没有神,但是在月圆的夜晚,凯尔特伊比利亚人和他们北方的邻居会在自家的门前向无名的神献祭,全家人一起跳舞唱歌,直到天亮。维托尼亚人第一次前往罗马人的营房参观,看见了某些军官只是为了游戏而在路上操练前进后退,认为他们是发疯了,并指给他们通往营房的道路,认为他们

---

[1] 炉甘石——锌矿、蓝矾——硫酸盐、骨炭——氧化铜渣。
[2] 即亚特兰蒂斯海。

应当安安静静地坐着，或是去战斗。

17. 阿尔特米多鲁斯告诉我们，蛮族男子在打扮上像女人。他说在有些地方，他们在脖子上戴着铁护圈，连接着从头顶一直到前额弯曲的铁条；他们可以随意松开这些铁条覆盖物使它张开，好像把阳伞。他们把所有这些都看成是打扮。在另外一些地方，妇女们头上围着"小铜鼓"，①一直围到脑后的耳垂，紧紧地绑在头上，逐渐地折回顶部和两边；其他的妇女拔掉头上紧挨着前面的头发，②以便使它比前额更加发亮；还有的妇女在头上插着一根大约1英尺高的棍子，头发缠在棍子上，然后再用一块黑纱盖上。除了这些真实的报道，作家们还记录了他们看到的其他许多东西，转述了伊比利亚各个部落一些添油加醋虚构的故事，特别是伊比利亚北方部落的故事——我指的不仅是有关他们的勇气，还有他们的凶残和野兽般的无情。③例如，在坎塔布里亚战争中，④母亲在被俘之前杀死自己的儿女；甚至有一个小孩，他的父母和兄弟已经成了战俘，戴上了脚镣，他获得了一把短剑，按照他父亲的命令把他们全部杀死了；有一名妇女把被俘的同伴全部杀死了；还有一个坎塔布里亚人，当他被召唤去醉酒的士兵之前，投入烈火之中自焚。凯尔特人的这些特点与色雷斯人、西徐亚人是共同的；他们的勇气也是共同的——我指的是妇女的勇气与男子汉的勇气一样。例如，这些妇女种地，当她们生了小孩之后，便让丈夫躺

---

① 像铃鼓状的头盔（或头饰）。
② 或使用化学方法清除。
③ 或者说不惧痛苦。
④ 公元前19年，坎塔布里人被彻底被征服。

在床上，伺候他们；① 常常有妇女在田间工作的时候走到某个小河边去，小孩出生之后，就在那里洗浴和包扎。波塞多尼奥斯说，在利古里亚，马萨利亚人查尔莫利昂告诉他，自己曾经雇佣一群男女挖沟，有一名妇女忍住由于生产而引起的剧痛，走到她干活地方的旁边，生下了她的孩子，立刻又回来工作，以免自己失去报酬。他亲眼看见她工作是如何痛苦，直到这天晚上才明白其中的原因，他让她拿着工钱走了。她带着婴儿来到一条小溪边，给他洗澡，用她所有的东西给他包裹好，然后抱着他安全地回家了。

18. 下面这些风俗并不是一部分伊比利亚人的特点：成双成对地骑马，但是在战斗时两个战士中有一个步行作战；老鼠成群也不是一部分伊比利亚人的特点，② 由于老鼠，经常引发致命的疾病。在坎塔布里亚的罗马人也经常出现这种情况。不过，由于发布了一个公告，凡是捕捉老鼠者，将按照捕捉的数量分成等级获得奖励，罗马人才成功地消灭了它们；除了这个灾难，还出现了短缺现象，不仅仅是其他物资，粮食也出现了短缺；由于道路崎岖不平，罗马人难以从阿奎塔尼亚得到给养。至于谈到坎塔布里亚人的残酷无情，这里可以举一个例子说明，当许多被俘的坎塔布里亚人被钉上十字架的时候，他们继续唱着自己的胜利赞歌。当然，类似的特点只能在某种程度上证明他们的野蛮。还有其他的东西尽管很难证明他们的文明，至少也不能证明他们的野蛮。例如，在坎塔布里亚人有一个风俗，丈夫赠给他们的妻子财产；女儿可

---

① 这种风俗习惯在许多不发达的部落之中都可以看到。
② 田鼠。

以被指定为继承人；姐妹可以娶她们的兄弟。实际上，这种风俗包含着母系原则——但它完全不是文明的标志。伊比利亚人还有一个风俗，随身带着自己用芳草制成的毒药，这种芳草非常像皱叶欧芹，[①] 毒药服用时毫无痛苦，在遇到任何不幸时可以随时服用；伊比利亚人还有一个风俗，他们甘愿把自己的生命献给和自己结盟的任何人，甚至为了盟友而去死。

19. 正如我说过的，尽管现在有人认为这个地区分成四部分，但也有其他人认为它分成五部分。在这种情况下，如果我们要提出一种科学的、准确的划分方是不可能的事情。这是因为这些地区发生了太多的变化和不可知的情况。因为只有在众所周知的、出名的地区，移民运动、地区的划分、名称的改变和其他各种类似的事情才有可能清楚明白。确实，我们的耳朵边充斥着许多民族特别是希腊人的文化和习惯，希腊人是所有民族之中最最擅长记录和表达的。至于谈到遥远的、领土小而分散的蛮族部落，[②] 他们的记载既不可靠，数量又少；当然，对于所有距离希腊人非常遥远的民族而言，我们不知道的事情就更多。虽然罗马历史学家追随希腊人的脚步，但他们的模仿并没有走多远。他们的记录大多是由希腊史料翻译而成的，自己很少研究；因此，每次都是希腊人出现漏洞，罗马人去做不重要的补充——特别是大多数最流行的名字都是希腊文。让我们以伊比利亚为例来说明这个问题。据说，先前的历史学家把罗达努斯和地峡（包括两个加拉

---

① 可能是某种有毒的野生欧芹（Apiaceae）之中的一种。
② 小的、独立的领地。

第四章 伊比利亚（四）

提亚湾之间的）之后的所有地区都称为伊比利亚，[1]而今天的历史学家把比利牛斯山脉称为伊比利亚的边界，并且认为这地区的名字"伊比利亚"和"西班牙"是同义词。他们在习惯上只是把伊比鲁斯河这边的地区称为伊比利亚，[2]尽管历史学家很早就把这个地区的居民称为"伊格莱特人"。[3]根据米尔利安人阿斯克勒皮亚德斯所说，他们的领土不大。不过，罗马人虽然也用"伊比利亚"和"西班牙"两个同义词来称呼整个地区，但他们把一个地方称为"彼岸"，把另一个地方称为"此岸"。而且，他们在不同的时期，用不同的方式划分过这个地区，以适应当时统治这个地区的需要。[4]

20. 现在，一些行省被宣布为罗马人民和元老院的财产，另外一些行省是属于罗马皇帝的财产，贝提卡是属于罗马人民的财产；他们派遣行政长官前来统治这里，行政长官手下还有度支官和省督；它的东部边界与卡斯塔罗相邻。但是，伊比利亚的其他部分是凯撒的财产，他向这里派遣了两名省督，分别代理行政长官和执政官；具有行政长官身份的省督和凯撒的省督一起，被派去管理卢西塔尼亚人的司法，他们的土地从贝提卡一直延伸到杜

---

[1] 最早提到伊比利亚的是赫卡泰奥斯（约公元前540年）和希罗多德（I,163）。厄拉多塞把伊比利亚与凯尔特分开（参见本书Ⅲ, ii, 11）。据波利比奥斯所说，公元前2世纪末，伊比利亚的称号在整个比利牛斯半岛尚不流行。

[2] 即位于伊比鲁斯河与比利牛斯山之间。

[3] 据希罗多德所说，拜占庭的斯蒂芬把这个部落的方位确定在伊比利亚西南部地区。

[4] 两个西班牙之间的边界沿着伊比鲁斯河边，但不是固定的，在凯撒时期，它扩张到了西班牙地区，除了贝提卡和卢西塔尼亚之外，几乎囊括整个伊比利亚地区。

里乌斯河及其河口（现在专门以卢西塔尼亚来表示这个地区）；奥古斯都光荣城就在这个地方。凯撒的其他领土，也就是伊比利亚的大部分地区，由具有执政官身份的总督治理，他不仅统治着一支强大的军队，相当于三个军团，而且还有三位副将。这三位副将之一指挥两个军团，守卫着从杜里乌斯河之后到北方的全部地区；这里的居民先前被人们称为卢西塔尼亚人；现在的人把他们称为卡莱坎人。与这个地方相连的是北方的山脉和阿斯图里亚人、坎塔布里亚人。梅尔苏斯河流过阿斯图里亚地区，在它的不远处是诺加城。在诺加城附近有一个海湾，它是阿斯图里亚人和坎塔布里亚人之间的边界。在接下来的地区，沿着山脉直到比利牛斯，由三位副将之中的第二位副将和剩下的一个军团守卫。第三位副将监视着这个地区的内陆，保卫那些被称为"穿托加袍者"（或"爱好和平者"）[1]的利益，这些人已经改变，穿上了罗马人的托加袍，他们代表了罗马人的绅士风度和罗马人的意大利生活方式；这些后来者是凯尔特伊比利亚人和他们的邻居，居住在伊比鲁斯河两岸直到沿海地区的居民。至于总督本人，他主持司法审判，在海滨地区过冬，特别是在新迦太基和塔拉科城；而在夏天的时候，他巡视行省，对一些必须改正的事情进行审查。凯撒的财务官也住在这里，他属于骑士等级，他向士兵分发各种维持生活所必需的物品。

---

[1] 参见本书Ⅲ, ii, 15。

第五章　伊比利亚诸岛：巴利雷斯群岛、卡西特里德斯群岛和加德斯群岛

1. 位于伊比利亚之前的诸岛有：皮提乌萨群岛的两座海岛和盖姆内西伊群岛的两座海岛，后者也叫做巴利亚里德斯群岛，[1] 它们位于塔拉科和苏克罗河之间的海岸线之前，萨冈图姆就在那里；这些岛屿都位于外海，但皮提乌萨群岛比盖姆内西伊群岛更倾向西方。[2] 其中一个海岛叫做埃布苏斯岛，岛上有一座同名的城市。岛的周长为400斯塔德，长度与宽度大致相等。另一座奥菲乌萨岛与埃布苏斯岛并排，这是一座荒无人烟的小岛。在盖姆内西伊群岛之中，大岛有两座城市——帕尔马和波伦提亚城。两座城市之中的波伦提亚在岛的东边，另一座城市在岛的西边。岛的长度不到600斯塔德，宽度不到200斯塔德，但阿尔特米多鲁斯说的长度和宽度都大两倍。小岛离开波伦提亚大约270斯塔德。尽管在面积上它比大岛小很多，但在土地的肥沃方面毫不逊色。两座岛屿都以土地肥沃和具有良好的海港而闻名，不过，在海港的入口布满了礁石，因此进港的时候要特别小心。这里的土地肥沃，

---

[1] 第一个名字是希腊的，第二个是罗马的。
[2] 地球表面。

居民像埃布苏斯岛居民一样爱好和平。但是，由于他们之中的某些犯罪分子，确实是为数不多的少数人和外海的海盗有联系，他们所有人都受到了怀疑。梅特卢斯·巴利阿里对他们进行了一次远征（也是他建立了这些城市）。① 由于岛屿肥沃，居民们尽管以爱好和平出名，仍常常成为仇恨阴谋的牺牲品。他们也是最优秀的投石手。据说，从腓尼基人占领这些岛屿时，他们就开始苦练这种技巧。据说腓尼基人是第一个穿宽边束腰外衣的民族，他们在战斗中常常不系腰带，一只手上缠着山羊皮，② 或者拿着淬火的标枪；另一只手在特有的情况下拿着铁制的小尖状物；在头领的旁边有三架用灯芯草（可以用来编织粗大的绳索）做的投石器，有三个黑色的流苏。菲雷塔斯（Philetas）在自己的诗歌《赫尔梅尼亚》③ 中说到它们：

  可怜的长衣污点斑斑；
  纤细的滑车缠绕着黑色的灯芯草。

这里说的正是灯芯草编织的系绳。他们或使用毛或筋编成的投石器；一个投石器连着长长的皮带，以便把东西投出很长的距离，另一个投石器连着短皮带——以便把东西投出到近距离。中间的投石器投射距离中等。他们从儿童时代起就训练使用投石器投射，如果孩子们打不中目标，就不给他们吃饭。因此，当梅特卢斯带

---

① 公元前121—前120年。
② 代替盾牌。
③ 菲雷塔斯诗集已佚，这首诗歌仅见于斯特拉博本书。

着舰队驶近各个岛屿时,下令在甲板上支起皮革,以防投石器射击。他从伊比利亚带领了3000名罗马人移民各个海岛。

2.与土地肥沃相连的还有一种情况,在盖姆内西伊群岛很难找到一种有害的生物。因为这里据说连家兔也不产:公的和母的子畜都是某个好事者从对面大陆带进来的;家兔的子畜最初非常之多,以至于兔子毁坏房屋和树木,在它们底下挖洞。正如我先前说的,当地居民不得不向罗马人请求帮助。当然,现在捕捉家兔轻而易举,阻止了这种灾难泛滥;农夫确实可以从地里获得丰收。这些岛屿位于赫拉克勒斯石柱的这边。

3.在赫拉克勒斯石柱附近有两个海岛,其中一个叫做赫拉,也有人把这些海岛称为赫拉克勒斯石柱。① 在赫拉克勒斯石柱那边是加德斯。加德斯距离卡尔佩大约750斯塔德,即位于贝提斯河口附近,关于它们的传说比其他城市都多。例如,有人说这里的居民装备了许多巨大的商船,在我们的海和外海航行;不过,他们居住在一个不大的海岛上,也没有在对面的大陆占有大片土地;此外,他们也没有占领其他许多岛屿,他们主要是生活在海上,只有不多的人留在家里或者是在罗马生活。就居民的数量而言,这个城市除了罗马之外,不逊于任何城市。无论如何,我听说在我们自己这一代进行的人口普查中,有500人被确定为加德斯的骑士——即使在意大利,除了帕塔维乌姆城(Patavium)之外,也没有哪一座城市有这么多骑士。尽管加德斯人数众多,他

---

① 在斯特拉博时代,赫拉克勒斯石柱被称为卡尔佩山和阿比利克斯山。至于这些岛屿则不清楚,因为在卡尔佩海峡没有海岛。

们居住的海岛不到100斯塔德长，宽度在某些地方甚至只有1斯塔德。至于谈到城市，起初他们居住在自己的小城之中，但是巴尔布斯·加德斯获得了举行凯旋仪式的荣誉，[1]为他们建立了另外一座城市，名叫"新城"，城市由两部分组成，他们称为狄杜梅；[2]尽管它周长不过200斯塔德，甚至人口也不多。一般来说他们全部都在海上，只有少数人呆在城里的家中，也有些人住在海岛对面的大陆，特别是住在加德斯前面的一座小岛上，[3]因为它具有天然的优势。他们喜欢它的地理位置，使它变成了一座具有竞争性的城市，正如它的名字"双城"一样。但是，只有少数居民经常住在这个小岛上或者是城市的港口中，[4]这是巴尔布斯在大陆的对岸为他们建立的城市。加德斯城位于海岛的西部；在海岛的边缘和靠近小岛之处，与城市相邻的是克罗诺斯的神庙。而赫拉克勒斯的神庙位于另一边，朝向东方，位于海岛最接近大陆的地方，只留下一条1斯塔德宽的海峡。据说神庙距离城市12罗马里，它的里数正好与赫拉克勒斯建立的功绩数相等；不过，这个距离数字太大，几乎相当于这个海岛的长度；海岛的长度是从西向东的长度。

4. 许多神话作家把吉里昂的冒险活动安排在埃里西亚岛，但菲勒塞德斯显然指的是加德斯。不过，其他人认为埃里西亚岛与这个城市平行，并且有一个1斯塔德宽的海峡使它与这座城市分

---

[1] 庆祝公元前19年战胜加拉特曼人和其他阿非利加人。
[2] 意为双城。
[3] 有些学者认为这座海岛现在已经消失。
[4] 罗马人称 Portus Gaditanus。

离，这是一个肥沃的牧场。那里的羊群所产的羊奶没有乳浆，当人们制作干酪的时候，由于羊奶中的脂肪太多，首先要用大量的水搅和羊奶。在接下来的50天之内，这些家畜将会窒息而死，除非你割开它们的血管，给它们放血。他们放牧的地方草是干的，家畜非常肥，有人认为，有关吉里昂牛群的神话，就是根据这个事实编造的。整个海岸线上民宅相连。①

5. 下面要讲的是加德斯建立的故事。加德斯人记得有一个神谕，据说是提尔人给他们的，命令他们前往赫拉克勒斯石柱建立殖民地；一批男子被派去查看地形，这就是故事的开始。当他们走到卡尔佩海峡附近，他们认为形成海峡的两个海角就是有人居住世界的尽头和赫拉克勒斯远征结束之地，海角本身就是神谕所说的"石柱"，于是他们进入狭窄的海峡内部某个地方，② 即现在埃克塞塔尼亚人城市的所在地。他们在那里向神献祭，但是由于献祭的兆头不好，只好折回家中。后来派出去的男子走出海峡大约1500斯塔德之外，来到了位于伊比利亚奥诺巴城附近的一座祀奉赫拉克勒斯的海岛，他们认为这里就是石柱，他们向神献祭，但献祭还是没有获得好兆头，也回家了。第三次派出去的人发现了加德斯，并且在岛的东部建立了一座神庙，而城市在西部。因为这个原因，有人认为海峡边的海角就是石柱；而其他人认为加德斯就是石柱；还有人认为石柱在海峡之外、比加德斯更远的地方；还有人认为卡尔佩和阿比利克斯就是石柱，阿比利克斯是利比亚

---

① 提尔人和伊比利亚人。
② "内"表示朝向东方，"外"表示朝向西方。

境内的一座山，它与卡尔佩正对着。根据厄拉多塞所说，它位于梅塔戈尼乌姆境内，这是一个游牧部落的地区。其他人认为在每个河口附近的小岛中，有一个名叫赫拉的海岛就是石柱。阿尔特米多鲁斯谈到赫拉岛和它的神庙时说这里有第二个小岛；不过，他没有说到阿比利克斯山和梅塔戈尼亚部落。还有些人把普兰克泰礁石和辛布里加德斯礁石搬到这里，因为他们认为这些礁石就是石柱，即品达所说的"加德斯之门"，他坚持认为它们就是赫拉克勒斯所到达的最远边界。狄凯阿科斯、厄拉多塞、波利比奥斯和大多数希腊人认为石柱在海峡附近某个地方。相反，伊比利亚人和利比亚人认为石柱就在加德斯。因为与海峡邻近的地区完全不存在，也没有类似石柱的东西。还有人认为所谓的石柱就是陈列在加德斯的赫拉克勒斯神庙中的一根长达八肘尺青铜圆柱，铜柱上刻着神庙建筑花费开支的铭文，它被人们称为"柱子"；那些在航行结束之后前来朝拜这些柱子向赫拉克勒斯神献祭的人，是他们把这里是大地和海洋尽头的传闻传遍了各地。波塞多尼奥斯也认为这种说法最可靠；不过，他认为神谕和提尔几次派人去勘察殖民地是腓尼基人虚构的。至于多次勘察殖民地之事，人们要有把握地确定它们是伪造的事实，需要看两种相反的意见是否符合逻辑思维。不过，要否定小岛或者山脉类似石柱，寻找石柱旁有人居住世界的边界，或者是勘察石柱旁的赫拉克勒斯，严格地说来都是明智之举。因为确定类似地标是古代的风俗习惯。例如，雷吉乌姆的居民在海峡边建立了一个纪念柱——类似一座小塔。正对着这根纪念柱的是珀洛鲁斯塔。而在大小西尔特湾中途的土地上，有一座菲莱尼人的圣坛。① 可以提到的还有先前在科林斯地峡建立的纪念柱，这是爱奥尼亚人在他们被赶出伯罗奔尼撒半岛，占领了阿提卡和迈加里斯之后，和那些占领伯罗奔尼撒半岛的部落共同建立的，② 他们在纪念柱朝着迈加里斯的一面写着："这里不是伯罗奔尼撒半岛，而是爱奥尼亚。"在背面写着："这里是伯罗奔尼撒半岛，不是爱奥尼亚。"③ 亚历山大也建立了圣坛，④ 作为他远征印度的边界，在他所到达的印度东部最遥远的地区，用这种方式仿效赫拉克勒斯和狄奥尼索斯。因此，这样的风俗习惯确实是存在的。

6. 而且，有些地方使用同样的名字也是合情合理的。特别是当这些过去建立的地标被消灭之后。例如，菲莱尼人的圣坛已经不复存在，但这个地方还是使用这个地名。在印度也是一样，据说那里已经没有纪念柱，不管是赫拉克勒斯的，还是狄奥尼索斯的纪念柱都看不见了。但是，当人们向马其顿人说起或指明某个地方的时候，他们认为只有纪念柱是那些地方有关狄奥尼索斯或者赫拉克勒斯故事的某种标志。同样，人们毫不怀疑在加德斯，最早的来访者也建造了通常所说的"人工制造的"地标——圣坛、塔或者纪念柱——把它们放置在他们所到达的最遥远地方、最显眼的地点（这些最显眼的地方标志着各个地区的尽头和开端，如

---

① 在另一个地方（参见本书 XVII, iii, 20），斯特拉博把这个地方确定在大西尔特湾，神坛建立在迦太基和昔兰尼边界上，为的是纪念菲莱尼两兄弟，他们为了确立对迦太基有利的边界，自己活埋在边界的沙土下（Sallust, *Jugurtha*, 79）。

② 即埃奥利斯人和多利亚人。

③ 参见本书 IX, i, 6—7。

④ 据狄奥多罗斯所说（XVII, 95），亚历山大建立了12座神坛，祭祀12位神。

所在地的海峡、山脉和海岛)，[①]在这些人工制造的纪念物消失之后，它们的名字转归了这些地区，即转归了那些海岛、形成海湾的海角。因此，很难确定应当用"柱子"来称呼海岛或是海角，或者两者都适用。我说"适用"是因为它们都位于这样的地区，这些地区清楚地标明了界限，而且，根据海峡曾经被称为"海口"的事实——不仅仅是这个海峡，还有某些其他海峡也一样；因此，驶入海口的时候，海口就是起点；驶出海口的时候它就是终点。因此，有人把位于河口的小岛比作柱子并不可笑，因为它们具有外形明显，标志显眼的特点；同样，把海峡旁边的山脉比作柱子也不可笑，因为它们突出的外形正好类似纪念柱或柱子。同样，品达说"加德斯门"的时候，也许是正确的。因为柱子可以想象成大门；因此，海峡的海口就像是门口。不过，加德斯不在象征着尽头的地理位置，它位于一条长长的海岸线中间，形成了一个海湾。我认为更加不合情理的是把加德斯城赫拉克勒斯神庙陈列的铜柱说成是赫拉克勒斯石柱。这里说法之所以貌似有理，是因为"赫拉克勒斯石柱"的名望太大，这个名字的产生不是由于商人，而是由于军队指挥官，正如印度的纪念柱一样。除此之外，他们提到的"铭文"[②]没有说明奉献祭物的仪式，[③]而是支出的账本，提供了反对这种观点的证据；因为赫拉克勒斯石柱应当是其伟大功绩的纪念碑，而不是腓尼基人的支出账本。

---

① 即卡尔佩山和阿比利克斯山。
② 在青铜柱上（参见第5节）。
③ 青铜柱是为了纪念赫拉克勒斯的功绩。

7. 据波利比奥斯所说，在加德斯的赫拉克勒斯神庙[①]有一股泉水（味道非常好），要下到水边只消几步路，而且泉水对大海的涨潮和落潮现象会做出相反的反应。它在涨潮的时候水流变小，退潮的时候水流充足。他解释这种现象的原因时说，气体由大地深处排出到地面，如果地面在涨潮的时候被海水淹没，气体原有的通道就被封住了，并且转而阻碍了泉水的流出，使得水流减少；当地面没有水的时候，气体的流通管道畅通，使泉水的泉眼畅通，泉水因此汹涌而出。至于阿尔特米多鲁斯，他不但反对波利比奥斯的说法，同时还提出了一些自己的说法，令人想起了历史学家西拉努斯的观点。但是，我认为他说的任何东西不值得一提。因为他和西拉努斯两个人都可以说是外行。但是，波塞多尼奥斯认为泉水的故事是虚构的。他说，在赫拉克勒斯神庙有两眼井，在城里还有第三眼井。如果不断地从赫拉克勒斯神庙的两眼井中的小水井取水，它立刻就干了，如果停止取水，它又会再次满水。如果白天不停地从大水井中取水（当然，它像所有其他水井一样，水也会减少），一旦不再取水，晚上它又会灌满；但由于退潮的时间与井水满的时间一致，当地人就毫无根据地相信了泉水有反作用的说法。[②] 当然，不仅是波塞多尼奥斯告诉我们的这个故事可靠，而且我之所以知道这个故事，是因为它传播得越来越似非而是。[③]

---

① 赫拉克勒斯神庙和附属的圣域。
② Antipetheia 的本义。波塞多尼奥斯以自己的理论解释这种现象。这种理论建立在古代相信自然界内部各种事物之间的联系的基础上，这些事物彼此可以感觉到相互之间的关系。
③ 悖论是斯多葛派理论的重要组成部分。

我也听说过当地还有其他的水井，一些在城市前面的公园中，另外一些在城里；但是，由于水质不好，城里流行使用水库。不过，我不知道这些水井是否能证明反作用的推测属实。至于上面所列举的理由，如果情况确实如传说的那样属实的话，我们将认为这个问题是我们所遇到的最难解释的问题之一。因为也有理由认为情况正如波塞多尼奥斯所说的一样，同样也有理由认为某些泉水的水脉是由于外界的滋润而减少了水量，水流入了旁边而不是从前泉水的渠道（当这里被涨潮的海浪淹没时候，泉眼必定会得到滋润）。还有，如果事情真的像阿尔特米多鲁斯说的那样，涨潮与退潮现象就像呼吸一样，那就有可能存在着某些流水，它们肯定是通过一条通道流出地面（当然，我们把泉口称为喷泉或者泉水），通过另一条通道流入大海深处；当涨潮的时候海平面抬高，就好像是大海在呼气，它们离开了自己通常的渠道，当退潮的时候它们又再次回到自己原先的渠道。

8. 我不知道波塞多尼奥斯为何在别的地方说腓尼基人是聪明人，[①] 在这里又说他们是蠢蛋，不机灵。首先，利用太阳的循环（它有时在大地之下，有时在大地之上）可以测量昼夜的长度。波塞多尼奥斯认为海洋的运动是周期性的，就像天体运行的周期一样。它的运转与月球的周期一致，第一是显示昼夜的周期，其次是月的周期，第三是年的周期；当月亮升到地平线上黄道宫的高度时，[②] 大海开始波涛汹涌，可以感觉到它在涌向陆地，直到月亮

---

① 即加德斯居民。

② 30°。

到达最高点位置为止；但是，当天体开始倾斜的时候，海水开始一点一点地后退，直到月亮到达黄道宫高度的落点为止；大海停留在这个位置，直到月亮接近落点，甚至落到了大地之下，距地平线仅有一宫的高度；海水再次涌向陆地，直到月亮从大地之下到达最高点为止；又是后退，直到月亮运动到它升起的位置，也就是地平线上一宫的高度为止；大海重归安静，直到月亮达到黄道宫的高度，然后再涌向陆地。波塞多尼奥斯继续说，这就是昼夜的周期。至于月的周期，波塞多尼奥斯认为这就是涨潮和退潮大约在合的时期威力最大时候，[1]然后威力逐渐削弱，直到新月的时候；[2]接着，涨潮和退潮重新加强，直到月圆的时候，接着又是逐渐削弱，直到月亏出现新月的时候。[3]在合之前逐渐加大，持续时间和速度加大。[4]至于年的周期，波塞多尼奥斯说，他是从加德斯人那里知道的。他们告诉他说，无论是海水的涨落，都是在达到夏至时期最大。他由此推测由至点到二分点涨落逐渐削弱，[5]到冬至则逐渐加强，然后到春分又逐渐减弱，再到夏至又逐渐加强。但是，这几个周期本身都重复着每一个单独的白天和黑夜，在每一个白天和黑夜结合在一起的时间海水都涨落两次。按照正常的规律是在白天和黑夜，它怎么可能"常常"在退潮的时候把水井灌满。而不是常常使它减弱？或者虽

---

[1] 即太阳和月亮相遇或走过黄道同样的度数。
[2] 四分之一。
[3] 四分之三。
[4] 即从四分之三到新月这段时间是在涨潮（或落潮）之间，速度也是同样的变化。
[5] 秋分。

然是常常，却仍然像从前一样？或者即使是常常相同，但加德斯人却没有办法看到这种每天都会发生的现象，却只能观察到每年只发生一次的年周期？而且，从推论中可以明显地看出，波塞多尼奥斯实际上相信这些加德斯人，他补充他们的故事说，这种定期减弱或者加强的现象，只发生在从一个至点到另一个至点期间，而周期性的发生，只有在从后一个至点回到前一个至点的时候。不过，波塞多尼奥斯其他的推测是毫无道理的。虽然他们是观察力敏锐的居民，他们并没有看见所发生的现象，并且相信了那些不存在的事物。①

9. 波塞多尼奥斯继续说，来自埃利色雷海地区的塞琉古谈到，这些现象的不正常或正常，取决于黄道宫的不同；如果月球在二分点宫，潮水的影响是正常的，月球在夏至宫，潮水无论在大小或是速度方面是不正常的。② 各个宫之间的关系都与月球与它们的远近成比例。③ 不过，按照他自己说的，他在夏至大约是满月的时候，曾经在加德斯的赫拉克勒斯神庙住过几天，但是，他无法分清在潮水时期年的区别；不过，在这个月接近合的时候，他在伊利帕城观察到贝提斯河涨潮之后水位升高的重大变化，与之前河水消退的变化相比，水位几乎差了一半。水源充足，使士兵④可以在伊利帕汲取饮用水（当地距离大海700斯塔德）。据波塞多尼奥

---

① 斯特拉博力图证明波塞多尼奥斯理论的不一贯性。一方面，他指责加德斯人愚蠢，一方面他又使用加德斯人的资料来建立自己关于涨潮、落潮的理论。
② 即涨潮理论的相对正确或谬误。
③ 即二至点和二分点出现的标志，塞琉古由此确立了印度洋涨落潮时间不符的理论。
④ 即罗马士兵。

斯所说,尽管附近靠海30斯塔德[1]的平原在涨潮的时候被海水淹没很深,形成了许多小岛,然而赫拉克勒斯神庙所在的高地和加德斯港口前的高地,他自己亲自测量过,只剩下10肘尺高度没有被潮水淹没。如果我们将当时的数字额外增加两倍,就可以描绘出潮水在平原上造成的宏伟景象。根据他的说法,潮水的这种现象,在所有海洋的沿岸地区都是普遍现象,而伊比鲁斯河出现的现象,对于这条河而言则是"新奇的、特殊的"。它不依赖降雨和融雪,灌溉了这个地区若干地方,无论何时都刮着北风。其原因就是有一个湖泊,河水从湖泊中流出,北风驱赶着湖水与河水一道从湖泊中流出。

10. 波塞多尼奥斯也谈到加德斯的树木,[2]它的树枝一直垂到地面,常常有剑形的树叶,长1肘尺,宽仅4指。他说在新迦太基附近,有一种树[3]的荆棘可以制成鞣料,可以制造最美丽的纺织物。我知道在埃及也有这种树木,[4]类似于加德斯的枝条下垂的树木,但不同于它的树叶,不结果实(他说的那种树在加德斯是结果的)。荆棘的纺织物在卡帕多西亚也有;它不是树木,出产做鞣料的荆棘,但它只是一种草本植物,紧挨着地面。至于加德斯的树木,还可以补充一些详细的情况:如果把它的树枝折断,树枝中会流出浆液,如果把它连根砍断,就会流出红色的液体。关于加德斯的情况,我已经说得足够多了。

---

[1] 有些手稿的数据是50斯塔德。
[2] 可能是 Dracaena Draco。
[3] 大概是欧洲的矮小棕榈树。
[4] 大概是柳科树木。

11. 卡西特里德斯群岛共有10个岛屿，位于阿尔塔布里亚人港口以北的外海，彼此互相靠近。其中有一个是荒岛，其他的岛屿有人居住。他们披着黑色的斗篷，穿着长及双脚的短袖束腰外衣，胸部缠着带子，散步拿着手杖，类似于悲剧之中的复仇女神。他们过着游牧生活，大部分依靠畜群为生。他们有锡矿和铅矿，把金属和畜皮卖给海外的商人，交换陶器、食盐和青铜制品。在古代，只有腓尼基人独自进行这种商业活动（从加德斯出口），因为他们隐瞒了所有到达这里的航路。一旦罗马人紧跟某个船长，以便探听市场的位置时，这位船长出于妒忌的心理，便会故意使自己的船只偏离航线，进入浅水区；企图引诱跟踪者同样进入毁灭的境地，他自己则乘着失事船只的残片逃走，还可以从国家获得他所损失货物价值的赔偿。罗马人经过多次努力，终于知道了所有的航线。后来，当帕布利乌斯·克拉苏（Publius Crassus）渡海见到这里的人民，看到矿藏从不深的地下挖掘出来，这里的人民爱好和平，他立即向所有愿意与他们进行海上贸易的人发布了一个重大的消息，这个海比那个把不列颠与大陆分开的海更辽阔。关于伊比利亚及其前面的岛屿，我已经说得足够多了。

第四卷

凯尔特、不列颠、阿尔卑斯

第一章 山北高卢：纳伯尼西斯

1. 按照顺序，[1] 接下来是山北凯尔特（Transalpine Celtica）地区。[2] 我已经叙述了这个地区大致的形状和面积；但是，现在我要更加详细地谈谈这个地区。我知道有些人把这个地区分成三部分，把它的居民称为阿奎塔尼人、贝尔盖人和凯尔特人。[3] 据说，阿奎塔尼人（Aquitani）无论是在语言方面还是在体质方面完全不同，他们更像是伊比利亚人而不是加拉提亚人；其他居民在外貌上是加拉提亚人，尽管他们说的不完全是同一种语言，但他们在语言方面只有略微的不同。而且，他们的政府和生活方式也只有略微的不同。现在，他们使用"阿奎塔尼人"和"凯尔特人"表示两个居住在比利牛斯山脉附近的民族（彼此被塞梅努斯山脉所隔开）；因此，正如我先前所说的，凯尔特地区西边以比利牛斯山脉为界，这座山脉两边与海相接，即内海域外海；东边以雷努斯河（Rhenus）为界，它与比利牛斯山脉平行；至于北方和南方地区，北方地区（起自比利牛斯山脉北角）直到雷努斯河口被大洋所包围；它对面的地区被马萨利亚和纳伯附近的大海、还有阿尔卑斯

---

[1] 在伊比利亚之后。
[2] 罗马人称为阿尔卑斯山北高卢。
[3] 参见本书Ⅳ, i, 14。

山脉（起自利古里亚）到雷努斯河源的大海所环绕。塞梅努斯山脉与比利牛斯山脉直角相交，它通过平原的中部，直到这个平原的中心地带，接近卢格杜努姆（Lugdunum），总距离约2000斯塔德。至于阿奎塔尼人，他们指的是居住在比利牛斯山脉以北，从塞梅努斯到海边的地区和加鲁姆纳河这边的地区；他们称为"凯尔特人"的居民，领土向另一个方向延伸，直到马萨利亚和纳伯附近的大海，与阿尔卑斯山脉某些地区相连；"贝尔盖人"指的是其他居住在雷努斯河与阿尔卑斯山脉的居民。神圣的凯撒在自己的著作《高卢战记》里也记载了这些事情。奥古斯都·凯撒把山北凯尔特地区分成四部分：他把凯尔特人标明在纳伯尼提斯行省；阿奎塔尼人地区与凯撒先前划定的一样，但是，他给他们增加了14个居住在加鲁姆纳河与利格河之间的部落；他把其余地方分成两部分：一部分包括卢格杜努姆到雷努斯河上游地区，[1]另一部分在贝尔盖人境内。[2] 如果有些部落值得提到，地理学家就应当说明他们的体质和人种区别。至于统治者所做的不同行政区划（因为他们要使自己的政府适应特定的情况），这里将进行充分的概括性介绍，至于科学的讨论则留待他人去完成。

2. 这个地区全部有河水灌溉：其中有些河流源自阿尔卑斯山脉，另外一些源自塞梅努斯山脉和比利牛斯山脉；一些河流流入大洋，另外一些流入我们的海。它们所流过的这个地区，大部分是平原和可以靠运河通航的丘陵地区。由于自然环境的原因，河

---

[1] Gallia Lugdunesis，卢格杜努姆的高卢。
[2] Gallia Belgica，贝尔盖人的高卢。

第一章 山北高卢：纳伯尼西斯

道的距离彼此非常合适，商品可以由一个海运送到另一个海；由于商品运送距离很短，通过平原比较顺利，而且大部分都是水路：一些是溯河而上，另外一些是顺流而下。在这个方面，罗达努斯河具有某种优越的地位。正如我已经说过的那样，[①] 因为它不仅有许多不同方向的支流，而且还与我们的海相连（这个海比外海更安全），它流过的是这个世界上最富裕的地区。纳伯尼提斯全省出产的果实和意大利一样的丰富。如果你向北方、向塞梅努斯山脉走，可以看到这个地区没有橄榄树和无花果树生长，但生长其他的果树。葡萄树在遥远北方很难长出葡萄。其他所有地区出产大量的麦子、小米、橡实和各种品种的家畜；除了沼泽和密林无法耕作之外，这个地区全部都被开垦出来了。这些地方人口密集，与其说是人们的辛勤劳动，不如说是人口过剩的原因。妇女不仅生育众多，而且以善于抚养孩子闻名，相反，男子与其说是战士，还不如说是农夫。现在，他们被迫放下武器，从事农业劳动。我说的这些是外凯尔特地区的一般情况；现在，我准备把这四个地区之中的每个地区单独地说一说，讲一讲它们的基本特点。我们首先从纳伯尼提斯（Narbonitis）开始。

3. 这个地区的外形近似平行四边形，因为它的西面以比利牛斯山脉为界，北面以塞梅努斯山脉为界；至于其他两边，南边由比利牛斯山脉和马萨利亚之间的大海形成，东边是阿尔卑斯山脉的一部分，一个中间地带，它与阿尔卑斯山脉和塞梅努斯山麓之间的阿尔卑斯山脉成直线，一直延伸到罗达努斯河，与上述由阿

[①] 错误，斯特拉博在第14节之中谈到这个问题。

尔卑斯山脉出发的直线形成了一个直角三角形。在南面，除了上述地区，它直接与马萨利亚古希腊移民、萨利斯人和利古里亚人居住的海岸相连，直到意大利那边和瓦鲁斯河地区。正如我以前说过的，[①]这条河是纳伯尼提斯和意大利之间的边界。夏天的时候这条河不大，冬天的时候它的宽度是7斯塔德，海岸线从这条河一直延伸到海岸边比利牛斯山脉的阿弗罗蒂忒神庙。这座神庙是纳伯尼提斯行省和伊比利亚地区的分界线，但是有些人认为庞培纪功碑所在地是伊比利亚和凯尔特地区的分界线。由这里到纳伯的距离是63罗马里，由这里到内马乌苏斯是88罗马里，从内马乌苏斯经过乌戈努姆、塔鲁斯科到马萨利亚附近的所谓塞克斯都温泉[②]距离是53罗马里，由这里到安提波利斯和瓦鲁斯河是73罗马里。海岸线总长度等于277罗马里。但是有些人认为从阿弗罗蒂忒神庙到瓦鲁斯河的距离是2600斯塔德，由于在距离方面存在分歧，另外一些人还增加了200斯塔德。而另一条通过沃康提人和从科提乌斯的地区的道路，从内马乌苏斯到乌戈努姆和塔鲁斯科是同一条道路，从这里它通过德鲁恩提亚河、通过卡巴利奥到达沃康提人的边界和越过阿尔卑斯山脉的起点是63罗马里；由这里再走99罗马里到达埃布罗杜努姆村；然后通过布里甘提乌姆村、辛戈马古斯村和阿尔卑斯山口再走99罗马里到达科提乌斯的边境指挥所奥赛卢姆。从辛戈马古斯村开始的地区，也叫做意大利，由这里到达奥赛卢姆为28罗马里。

---

① 斯特拉博先前没有谈到过这个问题。
② Aquae Sextiae.

4.马萨利亚是福西亚(Phocaeans)人建立的,位于陡峭的地方。它的港口位于一块类似舞台的山岩脚下,面向南方。不仅是这块岩石本身设防坚固,整个城市也一样坚固,而且面积很大。在它的海角有以弗西乌姆神庙,还有德尔斐的阿波罗神庙。后者是所有爱奥尼亚人共同的神庙,而以弗西乌姆神庙则是专门奉祀以弗所阿尔忒弥斯神庙:据说这是因为福西亚人在乘船离开他们的故乡时,曾经得到一个神谕,要他们在航行中使用一名以弗所阿尔忒弥斯神庙的向导;因此,他们有些人在以弗所暂作停留,询问他们应当用什么方式从女神那里获得使自己梦想的神谕,据说女神出现在该城最有威望的女性之一阿里斯塔查的梦中,命令她随身带着一幅圣像的复制品和福西亚人一道去远航;这件事情完成之后,殖民地终于建成了,他们不仅建立了神庙,而且给予阿里斯塔查特别的荣誉,任命她为阿尔忒弥斯神庙的女祭司;而且在这座殖民城市之中,人民任何时候都把这位女神放在最高的荣誉地位,保存着同样精美的"圣像复制品",① 还有他们在母邦时严格遵守的其他所有风俗习惯。

5.马萨利亚古希腊移民生活在贵族统治的政府之下,所有的贵族政府都是管理最优秀的,因为他们建立了一个600人的议会,这些人拥有终身的荣誉职务;人民把这些人称为"提莫科伊"。② 在这个议会之上还有15位议会成员,他们被授予了管理政府日常事务的责任。还有3位成员掌握主要权力,领导这15位议会成

---

① 古典时代的木质雕像。这里是模特的意思。
② 本义为"担任名誉职务的人"。

员。无论如何，一位提莫科斯除非拥有众多的子女，或者是3代公民的后裔，才能成为这3人之一。他们的法律是爱奥尼亚的法律，并且公之于众。他们居住的地区种满了橄榄树和葡萄藤，这是因为土地高低不平，不长庄稼；因此，马萨利亚古希腊移民仰赖大海甚于仰赖土地，他们乐于把自己天生的才赋用于航海生涯。后来，他们的成就使他们得以依靠武力占领了周围平原的某些地区，并且以武力建立了许多自己的城市。我指的是他们的要塞城市。[①]首先，他们在伊比利亚建立了对抗伊比利亚人的要塞城市（他们也把在祖国实行的以弗所阿尔忒弥斯神庙宗教仪式教给了伊比利亚人，因此他们用希腊的仪式献祭）；其次，他们还建立了一个设防的城市罗·阿加特，防守生活在罗达努斯河周围的蛮族居民；第三，他们建立了陶罗恩提乌姆城、奥尔比亚城、安提波利斯城和尼西亚城，以防萨利斯人部落和那些生活在阿尔卑斯山区的利古里亚人。马萨利亚古希腊移民有干船坞和军械库。从前，他们有许多船只、武器和用于航海以及攻城的装备；他们依靠这些设施不仅抵抗住了蛮族的进攻，而且赢得了罗马人的友谊；在许多时候，他们不仅为罗马人提供了有力的援助，而且在自己的壮大过程中也得到了罗马人的援助。无论如何，塞克斯都打败萨利斯人之后，在离开马萨利亚不远的地方建立了一座城市，[②]并且用自己的名字把这座城市命名为"温泉城"（据说其中有些温泉变冷了），他不仅在当地驻扎罗马守军，而且把蛮族驱赶出从马萨

---

① 参见本书Ⅲ，iv，6—8。
② 这座城市建立于公元前122年。

利亚到意大利的海岸边，因为马萨利亚古希腊移民不能完全抵抗蛮族的进攻。不过，塞克斯都的影响不超过这个范围，他只能迫使蛮族从那些有优良港口的地方后撤12斯塔德，从多山岩的地方撤退8斯塔德。至于其他由蛮族占领的地区，他交给马萨利亚古希腊移民去处理。在他们的城堡之中，保存了许多一流的战利品，这是他们打败那些经常不正当地与他们争夺海上霸权的人之后，夺取的战利品。因此，从前马萨利亚古希腊移民不仅是在一切事情上特别的幸运，而且从他们和罗马人结成了盟友关系也可以看出很多的迹象；在阿芬丁山阿尔忒弥斯的"圣象复制品"精美图案，是罗马人按照马萨利亚古希腊移民同样精美的"圣象复制品"复制的。但是由于他们在庞培发动反抗凯撒的叛乱中，加入了失败者一方，因此大大地损害了自己的繁荣昌盛。同时，人民仍然保存了古代勤劳的传统，特别是在制造战争机器和船舶装备方面。不过，由于罗马的征服活动，住在马萨利亚古希腊移民以北的蛮族人随着时间的推移，越来越驯服；公民生活和农耕代替了战争；由于这种情况，马萨利亚古希腊移民对他们以前的行业，也没有了以前的执着精神。他们现在的生活方式明白地说明了这种情况；因为所有的文化人都已经转向了演讲术和研究哲学；所以，城市虽然只是在不久之前才变成培养蛮族人的学校，它却把加拉泰人培养成了极其喜欢希腊人的朋友，他们甚至使用希腊语来制作自己的契约；现在，这座城市已经引起了最显赫的罗马人重视，如果你渴望知识，可以到这里来学习，而不必前往雅典留学。加拉泰人欢迎这些人，同时与他们一起过着和平的生活，他们喜欢这种安逸的生活方式，不仅是个人，还有公共生活也是这样。无论如何，他们喜欢诡辩派，①私人花钱雇用某些人，其他人由城市按照通常的规定支付报酬，就好像是雇佣医生一样。关于马萨利亚古希腊移民简朴的生活方式、自治精神，下面有一个可能是并非毫不重要的证据：在他们之中，最高嫁妆的限额是100金币、5条裙子和5件金首饰；超过这个数量则不允许。无论是凯撒还是后继的皇帝，都牢记先前的友谊，以谦恭的态度对待那些在战争期间犯过错误的人，保留了城市自一开始就拥有的自治权；因此，无论是马萨利亚还是它的城市，都服从派到这个行省来的行政长官。②关于马萨利亚的情况，就讲这么多了。

6.同时，萨利斯人的山区越来越从西向北延伸，一点一点地远离海边，海岸线弯曲地向西方延伸；但是，在从马萨利亚古希腊移民城市延伸了一小段距离、大约是100斯塔德之后，就到了一个相当大的海角，附近有一些采石场。接着，海岸线由此开始转向弯曲的内陆，和阿弗罗蒂忒圣地（它在比利牛斯山脉的海角）一起形成了加拉提亚湾，这个海湾又称马萨利亚湾。这个海湾是一个双湾，因为在同一个弧形地带，塞提乌姆山和附近的布拉斯康岛正好把这个海湾分成了两个海湾。罗达努斯河口流入这两个海湾之中较大的海湾，它也是本来意义上的"加拉提亚湾"；较小的海湾正对着纳伯，一直延伸到比利牛斯山脉。同样，纳伯位于阿塔克斯河口和纳伯尼提斯湖旁，它是这个地区最大的商业中心之一。但是，在罗达努斯河附近还有一座阿雷拉特城，也是个不

---

① 即哲学家、哲学教师和演说家。
② 参见本书Ⅳ, ii, 2。

小的商业中心。这些商业中心与上述海角彼此距离大致相等：纳伯到阿弗罗蒂忒圣地、阿雷拉特城到马萨利亚的距离。在纳伯的两边有其他河流流过；一些从塞梅努斯山脉流出，另外一些从比利牛斯山脉流出；这些河流旁边有许多城市，乘小船到这些城市只有不长的距离。从比利牛斯山脉流出的鲁齐诺河和伊利比里斯河，每条河边都有一座同名的城市；至于鲁齐诺河，它附近不仅有一个湖泊，而且在离海不远之处还有一片沼泽和许多的咸水河，河中"可以挖到胭脂鱼"；[①] 人们只要挖两三英尺深，把他的鱼叉插进浑水之中，就有可能刺中一条大鱼；它像鳗鱼一样喜欢在烂泥之中生活。这些河流从位于纳伯和阿弗罗蒂忒圣地之间的比利牛斯山脉流出；在纳伯的另一边，从塞梅努斯山脉流入大海的有阿塔克斯河、奥尔比斯河和阿劳里斯河。在上述河流的前一条河流旁边，有一座安全的城市贝特拉，它距离纳伯很近；而在另一条河边，马萨利亚古希腊移民建立了阿加特城。

7. 在上述沿海地区不仅只有一个"可以挖到胭脂鱼"的沼泽，还有另一个可以说比它大得多的沼泽，我现在就来说说它的情况：在马萨利亚和罗达努斯河口之间，有一个圆形的平原，这个平原距离海边100斯塔德，直径与此相同。这个平原名叫石头平原，[②]这是因为它有许多你可以搬得动的大石头，石头底下长着一种野生的牧草，为当地的牲畜提供了丰富的牧草。平原的中心有泉水、咸水河和盐堆，所有位于北方的地区都与这个平原一样，统统都

---

① 出自 Mugil 种 Mullitiadae 族的鱼类（大头鱼类）。
② 今拉克罗平原。

暴露在风的影响之下，可怕的北风，凛冽而又寒冷，猛烈地刮向这个平原，据说有些石头被大风吹得乱跑，满地打滚，有人被风暴从车上吹下来，武器和衣服被吹走。亚里士多德认为这些石头是由于地震的原因喷到地面上来的，名叫"布拉斯泰"，[1] 在一个凹陷的地方打转。但是，波塞多尼奥斯认为由于这里[2]曾经是一个湖泊，在波涛滚动的时候，它固化了，固化的物体被粉碎成许多石头，类似河底的石子和海边的卵石；由于来源相同的原因，后者与前者一样，两种石头都是圆滑的，大小也相同。这就是这两个人列举出来的理由。但是，这两种理由有一种似是而非；因此有必要把两种同样难以分别的石头收集到一起，或者是使它们由液体变成固体，或者是使它们从大块的石头经过不断的破碎变成小石子。但是，埃斯库罗斯基本上研究出这个原因，或者从其他的渠道知道这个原因，提出了这个难以解释的现象原因，并且把它用到了神话的领域。至少，在埃斯库罗斯的悲剧中，普罗米修斯在向赫拉克勒斯讲述从高加索到赫斯珀里得斯道路的路线时，他说：

> 你将前往勇敢的东道主利古里亚人之国，
> 你在那里不会有战争，虽然我知道你是莽撞的战士；
> 战争是命中注定，甚至你自己的投射物将打倒自己，
> 你在地面上再也找不到石头，因为整个地面都是柔软的。

---

[1] 亚里士多德把这些现象称为地震，地震时地面发生垂直的升降。
[2] 即"多岩石的平原"。

第一章 山北高卢：纳伯尼西斯

> 但是，宙斯看见你没有战斗工具，对你大发慈悲，
> 送来乌云和冰冷的、滚圆石头的暴雨，悄悄降落在地上；
> 你可以捡起这些石头，轻易地通过东道主利古里亚人地区。
>
> （《被释的普罗米修斯》，《残篇》，199，瑙克）

波塞多尼奥斯说，对于宙斯而言，向利古里亚人投石头，埋葬所有的东道主，可以说并不比提供这样多石头给赫拉克勒斯更好。至于数量（"这样多"），如果它真是必须的话，诗人指的是一支庞大的军队；因此，神话的收集者在这方面至少比神话的修订者更值得信任。[①] 而且，诗人用"命中注定"的说法，禁止人们以吹毛求疵的方式寻找这个段落中任何其他毛病。我认为在"天命"和"定数"的讨论中，无论在人类活动还是在自然现象之中，人们都可以找到许多"吹毛求疵"的例子，对于这些例子，可以说这件事情的发生似乎比那件事情更好。例如，对于埃及而言，如果有雨水灌溉，那比埃塞俄比亚灌溉它的土地要好。对于帕里斯而言，如果他在前往斯巴达的途中因为船只遇难而灭亡，也比他拐走海伦，受到被害者的处罚，并且使所有希腊人和蛮族人都遭到毁灭要好，欧里庇得斯把这种毁灭归之于宙斯：

> 众神之父宙斯决意使特洛伊人不幸和
> 希腊人痛苦，决意惩罚所有这些人。
>
> （《残篇》，1082，瑙克）

---

① 波塞多尼奥斯。

8. 波利比奥斯批评提迈乌斯关于罗达努斯河口的报道，他认为罗达努斯河没有5个河口，只有2个河口；阿尔特米多鲁斯认为有3个河口；后来，马里乌斯（Marius）看见由于冲积物增加，河口淤塞严重，难以通行，下令挖了一条新运河；以此贯通了这条河流的大部分河道，他把这条河交给马萨利亚古希腊移民，以奖赏他们在与安布罗尼人和托伊格尼人战争中表现出的英勇。[①] 由于有了这条河流，他们向所有在罗达努斯河航行的船只征收航运税，获得了大量的财富。不过，罗达努斯河口现在仍然很难通行船只，这不仅是因为河水湍急，淤塞严重，而且还因为这里地势低下，在天气恶劣的时候，人们即使在很近的地方也很难看清陆地。因此，马萨利亚古希腊移民建立了许多塔楼作灯塔，用各种方法表明这个地区是他们自己的。的确，他们在这里建立了以弗所的阿尔忒弥斯神庙，在河口围起一块土地之后，河口使它变成了一个小岛。在罗达努斯河口之后有个海边的沼泽，名叫"斯托马林内"，[②] 沼泽中有许多牡蛎和鱼。这个沼泽被某些人（特别是那些认为罗达努斯河有7个河口的人）认为是罗达努斯河的河口。但是他们的观点是彻头彻尾的错误，因为在沼泽与河流之间有一座山把它们分开了。从比利牛斯山脉到马萨利亚海岸线的自然情况和距离，大致就是这样了。

9. 在从马萨利亚到瓦鲁斯河和土著利古里亚人地区的海岸线上，有许多马萨利亚古希腊移民的城市，它们是陶罗恩提乌姆城、

---

① 公元前102年，老马里乌斯在马萨利亚古希腊移民的帮助之下，打败了这些部落。

② 本义为"河口的沼泽"。

第一章 山北高卢：纳伯尼西斯

奥尔比亚城、安提波利斯城和尼西亚城，还有奥古斯都·凯撒的海军基地——尤利乌斯场。这个海军基地位于奥尔比亚城和安提波利斯城之间，距离马萨利亚大约600斯塔德。瓦鲁斯河位于安提波利斯城和尼西亚城之间，距离后者大约20斯塔德，距离前者大约60斯塔德；因此，根据现在划定的边界，[1]尼西亚城虽然属于马萨利亚古希腊移民，但它成了意大利的一部分；由于马萨利亚古希腊移民建立这些城市是为了把它们作为对抗北方蛮族人的据点，至少是希望能够自由地控制海洋，因为蛮族已经控制了陆地。由于它是山区，防守坚固，虽然马萨利亚附近有一条不大宽的平原地带，当你朝着东方走的时候，山脉一直把平原和大海挤压在一起，几乎没有留下可以通行的道路。现在，上述地区之中的第一个地区居住着萨利斯人，最后一个地区居住着利古里亚人，他们的领土一直连接着意大利。关于他们的情况，我随后再说。现在我必须补充的是，虽然安提波利斯位于纳伯尼提斯地区之中，尼西亚位于意大利地区之中，尼西亚仍然服从马萨利亚古希腊移民管理，并且属于这个行省。[2]在安提波利斯被列为意大利希腊移民城市之后，[3]根据法律判决脱离了马萨利亚古希腊移民，得以摆脱了他们的统治。

10. 在这条狭窄的海岸线之外，如果我们从马萨利亚开始算起，斯托查德斯群岛有五个岛屿：[4]其中有三个大岛，两个小岛；

---

[1] 沿着瓦鲁斯河（参见本书Ⅳ，i，3）。
[2] 往纳伯尼提斯。
[3] 斯特拉博对意大利希腊城市的称呼。
[4] 本义为"按照顺序"。

马萨利亚古希腊移民在岛上耕种。从前，马萨利亚古希腊移民在岛上还有驻军，他们驻扎在岛上是为了防备海盗的袭击。因此，这些海岛也是装备良好的海港。在斯托查德斯群岛之后，紧接的是普拉纳西亚和莱罗岛，岛上有移民的村落。在莱罗岛上有一座纪念英雄莱罗的神庙；这个海岛位于安提波利斯对面。除此之外，这里还有一些不值一提的小岛，一些海岛在马萨利亚的前面，其他的在上述海岸线前面。至于海港，在海军基地附近有一个大海港，另外一个是马萨利亚古希腊移民的；其他的海港规模中等，其中有一个名叫奥克西比乌斯港，得名于奥克西比乌斯的利古里亚人。关于这条海岸线的情况，我要说的就是这些了。

11. 至于海岸线以远的地区，它们的地理边界一般以其周围的山脉与河流为界——特别是罗达努斯河，因为它不仅是最大的河流，而且通航路程也最长，它还有众多的支流，水势浩荡。下面，我就按照先后顺序来讲一讲所有这些地区。如果从马萨利亚开始，朝着位于阿尔卑斯山脉和罗达努斯河之间的地区走去，直到距离500斯塔德的德鲁恩提亚河地区，居住着萨利斯人；如果你乘船渡过这条河，进入卡巴利奥城，接下来附近的整个地区直到伊萨尔河与罗达努斯河合流之处，属于卡瓦里人；塞梅努斯山脉和罗达努斯河在这里几乎连接在一起；从德鲁恩提亚河到这个地方的距离是700斯塔德。现在，萨利斯人居住在他们自己的地区，不仅是平原，还有平原后面的山区。在卡瓦里人后面居住的是沃康提人、特里科里人、伊科尼人和梅杜利人。在德鲁恩提亚河与伊萨尔河之间还有其他的河流，从阿尔卑斯山脉流入罗达努斯河，有两条河流环绕卡瓦里人的瓦里城流过，[1]然后流入一条河道，汇入了罗达努斯河；第三条河流是苏尔加斯河，它在温达卢姆城附近与罗达努斯河汇合成一条河流，[2]格内乌斯·阿赫诺巴布斯（Gnaeus Ahenobarbus）在这里发生的一场大战之中曾经迫使无数凯尔特人逃跑。在这个中间地区还有阿维尼奥城、阿劳西奥城和埃里亚城。阿尔特米多鲁斯说："实际上，埃里亚城的地势并不高。"[3]不过，整个地区都是平坦和适合放牧的地方，只有从埃里亚城到杜里奥城地区有一条狭窄的、长满树木的山间通道。但是，在伊萨尔河、罗达努斯河与塞梅努斯山脉相会的地方，昆图斯·费边·马克西穆斯·埃米利安努斯（Quintus Fabius Maximus Aemilianus）[4]以不足3万人的兵力打败了超过20万人的凯尔特人；他在这个地方用白色大理石建立了一座纪功碑和两座神庙：一座神庙祭祀阿瑞斯，另一座祭祀赫拉克勒斯。从伊萨尔河到阿洛布罗克斯人位于罗达努斯河畔的大都会维也纳，距离是320斯塔德。在维也纳附近和它的后面，是卢格杜努姆城，阿拉尔河与罗达努斯河在这里汇合成一条河流；如果你徒步穿过阿洛布罗克斯人的领土前往卢格杜努姆城，距离大约是200斯塔德；但是，如果你乘船沿河而上，路程略微长一点。从前，阿洛布罗克斯人曾经与无数的人作战；现在，他们耕种自己的平原和阿尔卑斯的谷地，他们所有的人都居住在村落之中，他们当中只有最显赫的贵族住

---

[1] 这个地方已经毁灭。
[2] 或者是温达卢姆城。
[3] 本义为"空中的"。
[4] 公元前120年举行凯旋式，获得了荣誉称号"阿洛布罗格斯"。

在维也纳(它先前也是村庄,不过被称为这个部落的"大都会"),并且把它建成了一个城市。这座城市位于罗达努斯河畔。这条巨大、湍急的河流从阿尔卑斯山脉流出,当它流过莱蒙纳湖的时候,这条河流在许多斯塔德之外就非常显眼。在它流入了阿洛布罗克斯人和塞古西亚维人地区的平原之后,它和阿拉尔河在塞古西亚维人的城市卢格杜努姆附近汇合了。阿拉尔河也发源于阿尔卑斯山脉,它把塞卡尼人、埃杜伊人和林贡人分割开来;然后,它又接纳了杜比斯河的水量——这是一条可以通航的河流,发源于同一座山脉——它因为自己的名字而战胜了杜比斯河,虽然是两条河流汇合在一起,却是作为"阿拉尔河"汇入罗达努斯河的。这回又轮到罗达努斯河占上风,流向了维也纳。这样,首先是三条河流向着北方流去,然后向着西方流去,接着它们汇合成一条河流,这条河流再次转向南方流去,直到它的河口(虽然在这之前它接受了其他的河流),从这里开始,它将走完前往大海的剩余路程。关于阿尔卑斯山脉到罗达努斯河之间地区的自然情况,大致就是这样。

12. 至于位于河对岸地区的情况,它们大部分被称为阿雷科米希人的沃尔凯人居住着。据说纳伯是这些人唯一的海军基地。不过,如果能加上"还有其他凯尔特人的(海军基地)"可能更正确。这个城市在人数上大大超过了其他所有城市,人们把它作为商业中心。虽然沃尔凯人居住在罗达努斯河畔,而萨利斯人和卡瓦里人与他们平行地居住在这条河的对面。但是,卡瓦里人的名字占了上风,它被用来称呼这个地区所有居民,虽然他们不再是蛮族,而且大部分人已经按照罗马人的方式加以改造,无论是在

第一章 山北高卢：纳伯尼西斯

语言方面还是在生活方式方面都一样，还有些人甚至在公民生活也一样。与阿雷科米希人一起居住在比利牛斯山脉的，还有其他不出名的小部落。阿雷科米希人的都城是内马乌苏斯，尽管它在外国人和商人的数量上远逊于纳伯城，但它的公民人数超过了纳伯，因为内马乌苏斯管理着24个村落，它们有大量的、由同一个部落组成的、以勇敢著称的居民，并且向它缴纳赋税；这座城市享有所谓的"拉丁权"。[1] 因此，那些被认为可以担任内马乌苏斯市政官和度支官的人，也被提升为罗马公民；所以，这个部落甚至不归罗马派来的行政长官管理。[2] 这个城市位于从伊比利亚到意大利的道路上，这条道路夏季通行比较便利，冬季和春季河流泛滥，道路泥泞。同时，有些河流要乘船渡过，有些河流上有木头或者石头的桥梁可以通过。但是，由于阿尔卑斯山脉冰雪融化而造成的山洪，直到夏季还在引发各种各样的困难。不过，上述道路有一条直接通向阿尔卑斯山区的支线，正如我以前说过的那样，它是通过沃康提人居住区域的捷径，而通过马萨利亚和利古里亚海岸线的道路则很长。因为这里的山脉都比较低，它有一条通往意大利的便道。从罗达努斯河到内马乌苏斯的距离，如果从河对面塔鲁斯科城的据点算起，大约有100斯塔德，但从纳伯算起则有720斯塔德。在与塞梅努斯山脉相连的地区，包括山区的南部和顶峰，居住着那些名叫特克托萨吉人的沃尔凯人和一些其他的人。关于这些其他人的情况，我随后将要讲到。

---

[1] 参见本书Ⅲ，ⅱ，15。
[2] 参见本书Ⅳ，ⅱ，2。

13. 特克托萨吉人（Tectosages）居住在比利牛斯山脉附近，但是他们也占据了塞梅努斯山脉北面一小块地区；他们居住的地区盛产黄金，他们显然曾经有过势力强大和人口众多的时期，在他们之中发生了一次叛乱之后，他们把自己的大多数同胞赶出了家乡；其他部落的居民和这些流亡者联合在一起；他们之中有些部落占领了弗里吉亚与卡帕多西亚和帕夫拉戈尼亚相邻的部分地区。① 这件事情的证据就是现在仍然存在一个名叫特克托萨吉人的部落；因为那里有三个部落，一个部落住在安西拉城附近，名叫"特克托萨吉人部落"，其他两个部落是特罗克米人和托里斯托波吉人部落。谈到后面这些部落，他们和特克托萨吉人是同族，这个事实虽然已经被他们是来自于凯尔特地区的移民所证实，我仍然无法说出他们是从什么地区来的；因为我没有听说过在阿尔卑斯山以北，或者在阿尔卑斯山区之内，或者在阿尔卑斯山这边，现在还居住着什么特罗克米人或者托里斯托波吉人。但是有理由认为他们在凯尔特地区没有留下任何遗迹，是因为他们彻底移民出去了——就像其他许多民族发生的情况一样。例如，据说曾经进攻德尔斐的布伦努斯二世② 是一位普罗桑人。但是我就无法说清普罗桑人从前住在世界上的什么地方。还有传说特克托萨吉人也参加了进攻德尔斐；罗马统帅凯皮奥在托洛萨城内发现了他们的宝库，储藏着这些人从神庙之中掠走的部分珍宝，虽然人们想

---

① 移居到大弗里吉亚的加拉提亚人三大部落之一，他们保留了从凯尔特带来的名字特克托萨吉人（参见本书Ⅻ, v, 1）。

② 公元前278年，加拉泰人在布伦努斯的率领之下进攻巴尔干半岛，占领了德尔斐；100年前，他们在另外一个布伦努斯的率领之下，曾经占领过罗马。

把它们奉献给神灵祈福,并且加上了他们自己个人的财产;但是,这批珍宝却被凯皮奥掠走了。他也因此悲哀地结束了自己的生命,因为他被自己的祖国当成洗劫神庙的罪犯流放了。[1]根据提马格尼斯所说,他死后留下一些女继承人,她们最后成了一群娼妓,死于耻辱之中。不过,波塞多尼奥斯的说法似乎更有道理:他认为在托洛萨城内发现的宝藏总计约1500塔兰特(部分保存在圣湖之中),它们是未经加工的金银块;那时的德尔斐神庙宝库已经空空如也,因为它在神圣战争时期[2]已经被福西亚人洗劫一空,即使有什么东西留下,也被许多人分光了。我们没有理由认为他们顺利地回到了自己的故乡,因为他们在离开德尔斐之后可耻地逃走了,由于互相不和而分道扬镳,一些人朝着这个方向,另外一些人朝着另一个方向走了。不过,根据波塞多尼奥斯和许多作家的说法,由于这个地区盛产黄金,属于那些敬畏神灵的、生活方式简朴的人们。在凯尔特地区许多地方都有宝库,但是保藏珍宝最安全的地方是湖泊,因此人们把沉重的银块或者金块丢入湖泊。无论如何,罗马人在统治了这个地区之后,为了增加国库的收入出卖了这些湖泊,许多买主在湖泊中发现了锤打过的沉重银块。在托洛萨城,神庙是神圣的,因为周围地区的居民非常崇拜这座神庙。因此,在神庙中积聚了大量的珍宝,这是因为有许多人奉献珍宝,却没有人胆敢伸手盗窃珍宝。

14. 托洛萨城位于地峡最狭窄之处,这个地峡在纳伯附近把

---

[1] 公元前106年凯皮奥任罗马执政官,公元前95年被流放。
[2] 公元前354年。

大洋和大海分割开来。根据波塞多尼奥斯所说,这个地峡宽度不足3000斯塔德。正如我先前已经提到的,首先应当注意的是这个地区的特点——这个地区的合理安排,不仅是各条河流还有外海与内海;①因为如果他的思想专注于这个问题,就会发现这个地区的各种优点并不是最后的因素,我指的是这个事实,即交换个人生活必需品非常方便,因为由此而带来的好处对大家都是有利的;特别是在今天,人们已经铸剑为犁,开始辛勤地耕种土地,悠然自得地安于自己的平民生活。因此,这些情况可以认为是天意眷恋的证据。因为这些地区的安排不是偶然的,而是符合某些精心设计的方案的。首先,罗达努斯河提供的内陆航运是重要的,即使是载重量大的船只也可以通航,到达这个地区许多地方;因为有许多可以通航的河流汇入这条河,同样承担了最大的运输量。第二,在罗达努斯河之后是阿拉尔河、杜比斯河(这条河汇入阿拉尔河);然后,货物由陆路运输到达塞卡纳河;货物从这里开始由水路运输到大洋,运输到莱克索比人和卡莱提人那里。②从这些部落居住的地区前往不列颠,不足一天的路程。但是,罗达努斯河由于河水湍急,溯河而上航行比较困难,有些货物在这里宁愿采用车辆由陆路运输,③也就是所有运输到阿维尔尼人地区和利格河的货物,即使罗达努斯河部分地段距离这些地区很近,但由于陆路平坦,路程又短,总共大约有800斯塔德,④陆路比较便利,

---

① 即海洋。
② 前者住在南方,后者住在塞卡纳河口以北。
③ 在卢格杜努姆附近罗达努斯河与阿拉尔河交汇之处。
④ 从卢格杜努姆开始,但不知道斯特拉博所说的终点在何处。

第一章　山北高卢：纳伯尼西斯

这种情况造成了人们不愿意溯河而上航行。[①] 从这里开始，这条道路接下来自然是利格河；它发源于塞梅努斯山脉，流入大洋。第三，从纳伯起，货物有一段水路经由阿塔克斯河进入内陆，然后大部分经由陆路到达加鲁姆纳河；最后这段路程大约长 800 或 700 斯塔德。加鲁姆纳河也流入大洋。接着，我应当讲一讲居住在纳伯尼提斯地区的居民，他们先前被人们称为"凯尔特人"。我认为根据凯尔特人的名字，希腊人把所有加拉泰人作为一个整体，都称为"凯尔特人"——这是由于凯尔特人的名声响亮，或是因为马萨利亚古希腊移民像其他希腊邻居一样，由于他们与凯尔特人的密切关系造成了这种结果。

[①] 阿拉尔河。

第二章　山北高卢：阿奎塔尼亚

1. 接下来，我应当说一说阿奎塔尼人和那些居住在他们境内的部落，①即居住在加鲁姆纳河与利格河之间地区的14个加拉提亚部落（Galatic tribes），其中有些部落甚至到了罗纳河流域与纳伯尼提斯平原。一般说来，因为阿奎塔尼人无论在他们的体型还是语言上，都与加拉提亚人不同，也就是说他们更像是伊比利亚人。②他们地区的边界是加鲁姆纳河，因为他们居住在这里与比利牛斯山脉之间的地区。阿奎塔尼人有20多个部落，但他们都是小部落，也没有名气；这些部落大多生活在沿海地区，其他部落则分布在内陆地区，直到塞梅努斯山脉顶峰和特克托萨吉人地区。但是，由于这个地区面积过于狭小，③罗马人又把加鲁姆纳河与利格河之间的一块土地加在它一起。这两条河流几乎与比利牛斯山脉平行，并且与比利牛斯山脉一起形成了两个平行四边形地区，它们其他两边的边界就是大洋和塞梅努斯山脉。据说每条河流的航程有2000斯塔德。加鲁姆纳河在接受了三条河流的水量之后，它的河水流入了外号叫"维维西人"的比图里吉人与桑托

---

① 这是罗马人为了行政管理的目的而实行的。
② 参见本书Ⅳ，i，1。
③ 本义为行政区划。

第二章 山北高卢：阿奎塔尼亚

尼人之间的地区——这两个部落都是加拉提亚人。由于这些比图里吉人部落是居住在阿奎塔尼人之中的异族部落，他们不向阿奎塔尼人缴纳赋税，而且有一个商业中心伯迪加拉，①它位于一个由河口形成的泻湖边。无论如何，利格河把它的河水倾泻到了皮克托内人和南尼泰人之间的地区。从前在这条河边有一个商港科尔比洛。关于这个港口，波利比奥斯引用了皮西亚斯令人难以置信的故事。他说："在曾经与西庇阿交谈过的马萨利亚古希腊移民之中，没有一个人②对于他提出的有关不列颠问题，能说出一点值得记载的东西，无论是纳伯的居民还是科尔比洛的居民都一样，尽管这是这个地区最好的两个城市。但是，皮西亚斯确实有胆量编造出有关不列颠的各种谎言。"桑托尼人的城市是梅迪奥拉尼乌姆（Mediolanium）。现在，阿奎塔尼人的海岸线大部分是沙砾和贫瘠的土地，居民只能种植小米，其他禾本科植物产量很低。这里有一个海湾，它和加拉提亚湾一起，位于纳伯尼提斯海岸边，形成了一个与海湾名字相同的地峡——加拉提亚地峡。这个海湾居住着塔尔贝利人，在他们居住的地区，金矿是最重要的；因为人们在矿洞中只要挖一点儿深，就可以找到像手掌那么大的金板，有时只需要稍微提纯；其他的是金砂和天然金块，天然金块也不需要费很大力气加工提纯。不过，在内陆和山区有肥沃的土地，是靠近比利牛斯山脉的"康弗内人"（Convenae）③地区，这个地区有卢格杜努姆城和奥内西人的温泉——它是最适合饮用的优质泉水。

---

① 或市场。
② 不清楚西庇阿与什么人交谈过，可能是老阿非利加努斯。
③ 意为"乌合之众"。

奥思齐人的地区也有肥沃的土地。

2. 居住在加鲁姆纳河与利格河之间、属于阿奎塔尼人的部落如下：埃卢伊人（他们的地方从罗达努斯河开始），在他们之后是维拉维人，他们曾经被包括在阿维尔尼人之内，但现在被承认有自治权；①接下来是阿维尔尼人、勒莫维塞人和佩特罗科里人；最接近后者的是尼提奥布里吉人、卡德齐人以及被称为"立方体"的比图里吉人；靠近大洋边是桑托尼人和皮克托内人。我已经说过前者居住在加鲁姆纳河边，后者居住在利格河边。鲁特尼人有许多银矿，加巴利人也有许多银矿。罗马人授予某些阿奎塔尼人"拉丁权"，②例如奥思齐人和康弗内人。

3. 阿维尔尼人居住在利格河边，他们的主要城市内莫苏斯位于利格河边。这条河流过卡尔努特人共同居住的港口塞拉本（位于这条道路的中间），③最后流入大洋之中。为了证明自己昔日的强大，阿维尔尼人指出，他们常常派出200000军队和罗马人作战，有的时候甚至派出双倍的军队；例如，在与神圣的凯撒作战最后阶段，韦辛格托里克斯率领的军队就是这样；到这个时候他还带领了200000军队和马克西穆斯·埃米利亚努斯作战，他和多梅提乌斯·阿赫诺巴布斯作战的兵力也是一样。反抗凯撒的战争发生在阿维尔尼人的热尔戈维城附近。这座城市位于高山上，韦辛格托里克斯就出生在这里，它在曼杜比人的阿莱西亚城附近，这个部落和阿维尔尼人有共同的边界。这座城市位于一座高高的山丘

---

① 这些部落享有一定的自治权，不归罗马行政长官指挥。
② 参见第12节。
③ 罗马人与加拉泰人。

第二章 山北高卢：阿奎塔尼亚

之上，周围有群山和两条河流环绕。这里不仅是首领被俘的地方，也是战争结束的地方。与马克西穆斯·埃米利亚努斯的战争发生在伊萨尔河与罗达努斯河汇合的地方，也是塞梅努斯山脉靠近罗达努斯河的地方；与多梅提乌斯·阿赫诺巴布斯的战争发生在罗达努斯河的下游，在苏尔加斯河与罗达努斯河汇合的地方。阿维尔尼人不仅把自己的帝国扩张到了纳伯和马萨利亚古希腊移民的边界，而且他们还成了直到比利牛斯山脉、大洋和雷努斯河各个部落的统治者。比退图斯之父卢埃里乌斯曾经与马克西穆斯和多梅提乌斯作战。据说他以特别有钱和奢侈而闻名，有一次他为了在朋友面前炫耀自己的财富，乘着车子穿过一个平原，到处漫撒金币和银币，让他的同伴去捡。[①]

[①] 这是斯特拉博引自波塞多尼奥斯的故事。

第三章　山北高卢：卢格杜尼西斯

1. 在阿奎塔尼亚和纳伯尼提斯之后，接下来的地区一直延伸到了从利格河和罗达努斯河的整个雷努斯河地区，在有一个地方，罗达努斯河从发源地流出，到达卢格杜努姆。这个地区的高处邻近两条河流（雷努斯河与罗达努斯河）的河源，几乎延伸到这个平原的中央，服从卢格杜努姆治理；其余部分，包括沿海地区则归另一个地方管理，我指的是原来贝尔盖人居住的地区。[①] 我将用比较一般的方式来叙述各个独立的地区。

2. 然而，卢格杜努姆本身（建立在一座山丘的山脚下，位于阿拉尔河与罗达努斯河汇合之处）已经被罗马人所占领。它是凯尔特地区除了纳伯之外，所有城市之中人口最多的城市。它不仅是商业中心，也是制造银币和金币的地方。除此之外，在城市的前面、两条河流交汇之处有一座奥古斯都·凯撒的神庙，受到所有加拉泰人的共同崇拜。神庙之中有一个引人注目的圣坛，上面刻着铭文，记载了60个部落的名字，还有这些部落的外貌，每个部落有一尊雕像，这里还有一座更大的圣坛。[②] 卢格杜努姆是塞古

[①]　斯特拉博没有提到政治分界，只提到了自然和种族的区别。

[②]　原文有脱漏，应按照迈内克的读法。

西亚维人的主要城市,这个部落居住在罗达努斯河与杜比斯河之间的地区。在塞古西亚维人之后,接下来有许多部落,他们的地方一直延伸到雷努斯河,部分以杜比斯河为界,部分以阿拉尔河为界。正如我以前说过的,[①]这些河流发源于阿尔卑斯山脉,后来汇成了一条河流,向下流入了罗达努斯河;这里还有一条塞卡纳河,同样发源于阿尔卑斯山脉。它与雷努斯河平行流入大洋,通过了一个名字相同部落的地区;这个地区的东部与雷努斯河相连,西部与阿拉尔河相连;质量最好的腌猪肉就是从这个地区用船运到罗马去的。在阿拉尔河与杜比斯河之间居住着埃杜伊人部落,他们在阿拉尔河畔有一座卡比利乌姆城和一座比布拉克特要塞。埃杜伊人不仅自称是罗马人的亲属,而且是这个地区第一个与罗马人签订友好同盟条约的部落。在阿拉尔河对岸居住着的塞卡尼人,实际上自古以来就是罗马人和埃杜伊人的对头。这就是为什么他们经常和日耳曼人组成联军进攻意大利的原因。原来,他们是要证明自己不是一股寻常的力量。日耳曼人由于与他们结盟变得更加强大,而在与他们分离之后则变得弱小。塞卡尼人对于埃杜伊人,不仅因为同样的原因仇视他们,而且这种仇视还因为界河的争执而日益强烈。因为每个部落都认为阿拉尔河是自己的财产,认为航运税应当归自己所有。但是,现在一切都归罗马人所有了。

3. 在雷努斯河地区居住的所有居民之中,最重要的是埃尔夫提人(Elvetii),他们居住的阿杜拉山地区是河流的发源地。阿杜

---

① 参见本书Ⅳ, i, 11。

拉山是阿尔卑斯山脉的一部分，阿杜拉河就发源于这个山区，朝着相反的方向流入阿尔卑斯山南的凯尔特地区，注入拉里乌斯湖（在它的附近有科姆城），然后由拉里乌斯湖流出，使自己的河水与帕杜斯河水汇合在一起（关于这条河流，我稍后再来叙述）。雷努斯河也造就了一个大沼泽和一个大湖，这个大湖靠近雷提人（Rhaeti）和温德利奇人（其中有些人居住在阿尔卑斯山区和阿尔卑斯山以外）的领土。阿西尼乌斯认为[1]这条河的长度有6000斯塔德，但它没有那么长。如果根据直线距离，实际上它只有上述长度的一半多，弯曲部分最多再加上1000斯塔德就足够了。由于这条河流水流湍急，因此很难架桥。但是，在它由山区奔流而出之后，平缓地、倾斜地流入了平原地区。如果这种平缓和倾斜再加上许多漫长的弯道，它的河水会不会再次变得湍急和汹涌呢？他继续说，雷努斯河只有两个河口，认为那些说它有许多河口的人是错误的。因此，这条河流与塞卡纳河弯曲的河道环绕了这个地区的某些部分，但没有那么大的范围。两条河流从南部流向北部；在它们的对面就是不列颠，它离雷努斯河很近，因为从河口可以看见这个岛东面的坎提乌姆角，塞卡纳河离不列颠的距离稍微远点。神圣的凯撒在前往不列颠的时候，在这里[2]建立了一个军用造船厂。对于那些从阿拉尔河获得货物的人而言，塞卡纳河的航程可能比利格河与加鲁姆纳河略微有点儿远；但是，从卢格杜努姆到塞卡纳河的距离是1000斯塔德，从罗达努斯河口到卢格杜

---

[1] 即阿西尼乌斯·波利奥。
[2] 这里不是指河口，而是伊提乌姆港。

努姆的距离不到这个距离的两倍。据说埃尔夫提人虽然有很多黄金，但他们看见辛布里人的财富之后，还是变成了强盗；在战争之中，他们有两个部落（共有三个部落）被消灭了。不过在与神圣的凯撒作战时，显示出他们遗留下来的人口仍然很多，在这场战争之中大约有400000人被消灭了，凯撒允许剩下的8000人逃走，为的是不让他们的邻居日耳曼人得到一块无人居住地区作为战利品。

4. 在雷努斯河沿岸的埃尔夫提人之后，居住着塞卡尼人、梅迪奥马特里齐人，在他们的土地上，还居住着一个日耳曼部落特里波奇人，他们是从故乡渡河来到这里的。侏罗山也是塞卡尼人的土地；它也是埃尔夫提人和塞卡尼人的边界线；在埃尔夫提人和塞卡尼人之后再向西方走，居住着埃杜伊人和林贡人；在梅迪奥马特里齐人之后是莱夫斯人和部分林贡人。但是，在利格河与塞卡纳河之间的那些部落，那些在罗达努斯河与阿拉尔河那边的部落，他们和北方的阿洛布罗克斯人、卢格杜努姆周围的居民共同居住在一起；这些部落中最重要的是阿维尔尼人和卡尔努特人，利格河穿过这两个部落的土地流入大洋。从凯尔特地区的河流到不列颠的路程是320斯塔德；如果你在黄昏乘退潮的机会出海，你在第二天的8点钟可以登上这个海岛。在梅迪奥马特里齐人和特里波奇人之后，沿着雷努斯河居住的是特雷维里人，在他们附近有一座罗马军官建立的桥梁，这些人当时正在指挥日耳曼战争。[①] 在雷努斯河对岸，

---

① 不明白这里讲的是哪一次战争，是德鲁苏斯·日尔曼尼库斯、昆提利乌斯·瓦鲁斯、还是小日尔曼尼库斯进行的远征。

正对着这个地方居住着乌比人，根据他们自己的意愿，他们被阿格里帕迁移到了雷努斯河的这边。在特雷维里人之后是内尔维人，他们也是日耳曼人部落。最后一个部落是梅纳皮人，他们居住在这条河的两岸，靠近河口的沼泽和森林地带（树木不高，但茂密而有刺）。在他们的对面住着苏冈布里人，他们也是日耳曼人部落。但是，在整个这条河的区域之后便是那些被称为苏伊维人的日耳曼部落，他们在力量和人数上超过了所有其他部落（那些被苏伊维人驱赶出来的部落，现在仍然逃往雷努斯河这边寻求庇护）。其他日耳曼部落在不同的地区，也表现出自己的强大势力，时常挑起战火，虽然他们先前总是被罗马人镇压下去。

5. 在特雷维里人和内尔维人的西边，居住着塞农人、雷米人，再向前走是阿特雷巴提人和埃布罗内人。在梅纳皮人之后，海边的居民按顺序是莫里尼人、贝罗瓦奇人、安比亚尼人、苏伊西奥内人和卡莱提人，直到塞卡纳河口地区。莫里尼人、阿特雷巴提人和埃布罗内人的地区与梅纳皮人的地区类似。正如历史学家所说，它的大部分地区，虽然不是那么大，延伸的距离约有4000斯塔德，生长着不高的茂密森林，这个森林被称为阿尔杜恩那。在敌人进攻的时候，由于树枝有刺，他们把砍下的树枝捆成堆，以此阻挡敌人前进的道路。[①] 在有些地方，人们甚至在地上打桩，自己则带着全家逃进森林深处，因为他们在沼泽地带有一个小岛可以躲藏。同样，虽然他们在雨季可以安全地躲藏在那里，但是在旱季就比较容易被敌人俘虏。现在，所有部落都住在雷努斯河这

---

① 凯撒：《高卢战记》，Ⅱ，17。

边，在罗马人的统治之下过着和平的生活。帕里斯人居住在塞卡纳河附近，他们有一座江心岛，有一座名叫卢科托西亚的城市。在塞卡纳河地区还居住着米尔迪人和莱克索维人，后者居住在大洋边。这个地区最重要的部落是雷米人。他们的首府是杜里科托拉城，它拥有最密集的人口，也是罗马行政长官经常驻骅的城市。

第四章 山北高卢：
西卢格杜尼西斯和贝尔吉卡

1. 在提到上述部落之后，剩下的部落还有居住在大洋边的贝尔盖人（Belgae）。在他们之中，第一个是维内提人，他们曾经和凯撒进行过海战，因为他们早已准备阻挠他在不列颠登陆，占领了这个商业中心。但是，凯撒在海战之中轻而易举地打败了他们，甚至没有使用舰首的冲角（一根粗大的木梁）；[①] 但是，当维内提人利用风势追赶上他之后，罗马人使用长弯刀降下了自己的风帆；由于风力猛烈的缘故，用皮革做成的风帆已经被船舷侧支索的扣板、而不是缆绳吊了起来。由于退潮的缘故，他们把自己的船造成宽底、高船尾和高船首；他们用橡树做船（他们有很多橡木），这就是为什么他们不把船板拼接在一起，而是留下许多豁口的缘故；他们用海草填塞豁口，因此，当船只被拖上岸来之后，木料可能就不会因为缺乏湿气而干燥，因为这些海草天生就比较潮湿。船板是干燥的，却不需要涂油保护。我认为这些维内提人曾经在亚得里亚海地区建立了殖民地（因为住在意大利的其他所有凯尔特人，就像博伊人和塞农人一样，都是阿尔卑斯山南地区移居过

[①] 凯撒说到他们军舰甲板厚达 1 英尺（凯撒：《高卢战记》，Ⅲ，13）。

来的),由于名字相同,人们把他们称为帕夫拉戈尼亚人。[①]但是,我不敢肯定地说。因为对于这些问题,有一种可能性的解答就已经足够了。在维内提人之后是奥西斯米人(皮西亚斯把他们叫做奥斯提米人),他们居住在深入大洋遥远的海角,但是也没有他自己和相信他的人说的那么远。居住在塞卡纳河与利格河之间的部落,一些与塞卡纳河为邻,一些与阿维尔尼人为邻。

2. 现在所有名叫高卢的部落和加拉提亚的部落,都是战争狂人,作战的时候士气高昂,行动迅速;此外,他们虽然头脑简单,但行为并不粗鲁。如果他们激动起来,他们会立刻坦然而义无反顾地一起参加战斗。因此,对于那些想要以阴谋诡计打败他们的人而言,他们是比较容易对付的(实际上,如果你愿意,在任何时候和任何地方只要用一个偶然的借口都可以触怒他们,你会发现他们在准备应付威胁他们生命的危险时,除了自己的力量和勇气,没有任何东西可以帮助他们进行战争);然而,如果劝导他们,他们也乐意考虑他们将获得的实际利益,不仅仅是一般的教育,还有语言学习等等。谈到他们的实力,它部分取决于强壮的身体结构,部分取决于他们的人数众多。由于他们头脑简单,为人正直,他们很容易一呼百应,因为他们总觉得邻居受到的苦难是不公正的。现在,他们生活在和平环境之中,因为他们已经被变成了奴隶,被迫按照其征服者罗马人的命令生活。但是,我说的这些有关他们的情况是古代的情况,这些风俗习惯直到今天仍

[①] 斯特拉博指的是帕夫拉戈尼亚部落的埃内提人(参见本书 I, ⅲ, 2; I, ⅲ, 21; V, i, 4)。

然被日耳曼人保留着。因为这些部落不仅在体质和社会制度方面相同，而且彼此的血缘关系也相同；他们居住在雷努斯河划定的，具有共同边界的一个区域之内。如果把一个国家的南部地区和另一个国家的南部地区相比，北部地区同北部地区相比，他们的地区大多数也是相同的（虽然日耳曼人更加靠近北方）。由于具有这些特点，① 他们迁徙比较容易，因为他们是成群地迁徙，军队和大家在一起行动，更准确地说，他们是带着家庭和所有东西一起逃走。有时，他们也被比他们更强大的部落驱逐出去。还有，罗马人征服这些人比他们征服伊比利亚人要容易得多。实际上，罗马人从开始与伊比利亚人进行战争到后来停止战争，在这一段时间他们征服了所有的伊比利亚人，我指的是居住在雷努斯河与比利牛斯山脉之间的所有部落。由于高卢人进攻对手时每次总是倾巢出动，他们立刻就被打败了。相反，伊比利亚人善于调配自己的力量，让他们以匪帮的形式分散斗争，不同的人在不同的时间、不同的地区单独作战。尽管他们全体天生就是战士，他们是优秀的骑兵而不是步兵，罗马人的精锐骑兵就来自这些部落。但是，居住在更靠近北方大洋沿岸上的部落更加好战。

3. 据说，上述部落之中的贝尔盖人是最勇敢的（他们分成15个部落，居住在雷努斯河和利格河之间的大洋边）；因此，只有他们可以独自抵抗日耳曼部落的辛布里人和托托尼人侵略。据说在贝尔盖人之中最勇敢的是贝罗瓦奇人，仅次于他们的是苏伊西奥

---

① 即天真和坦率的特点。

第四章　山北高卢：西卢格杜尼西斯和贝尔吉卡

内人。至于他们人口众多的证据是：有消息说[1]贝尔盖人从前可以提供300000名手持武器作战的士兵，我已经说过埃尔夫提人、阿维尔尼人及其盟友的人数，[2]从上述这些数字中显然可以确定他们的人口众多。还有一件事情，我也已经讲过：这就是妇女在生育和教养孩子方面的特长。高卢人穿着"萨古斯"[3]，留着长长的头发，[4]穿着紧身的裤子。[5]他们穿的不是短袖束腰外衣，而是开口束腰外衣，这种衣服有袖子，长达私处和屁股。他们用羊毛纺织自己的粗斗篷（他们把它叫做"利尼"），它不仅粗糙，而且有很长的毛刺。但是，罗马人在最远的北方地区也养着成群的细毛羊。高卢人的武器适合他们高大的身材：悬挂在右边的长军刀、长椭圆形的盾牌、与此相称的长矛和"短剑"，[6]一种特殊的投枪。但是，他们也有人使用弓箭和弹弓。他们还有一种木头的武器，[7]类似于"格罗斯福斯"（这种武器用手投出，而不是用皮带弹射，射程甚至超过弓箭），他们特别喜欢用它来射鸟。他们大多数人至今仍然睡在地上，坐在麦秆做的床上用餐。他们的食量非常大，同时还有乳制品和各种肉类，尤其喜欢猪肉，不管是新鲜肉还是腌肉。他们的猪在野外放养，以身高体大，活跃和善跑著称；无论如何，它们对靠近它们的陌生人，甚至对狼都构成了一种威胁。

---

[1] 凯撒：《高卢战记》，II，4。
[2] 参见本书IV，i，2。
[3] 用粗糙材料做的斗篷。
[4] 因此，罗马人把山北高卢称为长发高卢（Gallia Comata）。
[5] 用皮革做的（波利比奥斯，II，30）。
[6] 凯尔特语，拉丁语为matara。
[7] 波塞多尼奥斯所说，这种长矛有木制的把手。

谈到他们的住房，房子很大，有圆拱形房顶。他们用木板和枝条造房子，房顶上盖着厚厚的茅草。他们的羊群和猪群数量非常巨大，以至于他们可以向罗马和意大利大部分地区供应大量羊毛纺织品和腌肉。他们的政府成员大部分是贵族①——但在古代每年要选举产生一个首领；同样，在战争时期也要由全体人民任命一位统帅。现在，他们大多数服从罗马人的命令。在他们的大会上出现了一种特别的习惯做法：如果有人打断发言者的话并且责问他，那么就会有武装的仆人走近这个人，拔出刀剑威胁他住嘴；如果他不停嘴，武装的仆人将会再重复一遍同样的动作，甚至重复第三遍，最后，他们会撕碎这个人的"萨古斯"，让它以后毫无用处。至于与他们的男子和女子有关的风俗习惯（我指的是他们的任务互相交换了，正好与我们的相反），这也是他们与其他许多蛮族共同的习惯。

4. 一般来说，在所有高卢人之中有三部分人最受尊敬，他们是巴兹人、瓦特人和德鲁伊兹人。巴兹人是歌手和诗人；瓦特人是预言家和天生的哲学家；德鲁伊兹人在研究自然哲学之外，还研究道德哲学。德鲁伊兹人被认为是所有人之中最公正的人，因此他们被委以解决私人争端和社会争端的重任；而在从前的时候，他们甚至可以裁决有关战争的争端，在对立的双方已经准备互相厮杀的时候，迫使双方停止战争；特别是谋杀案件，大多归他们判决。他们认为大量这类案件的发生，与国内出现的大量土地问题有关。但是，不仅是德鲁伊兹人，还有其他人都认为，②人类的

---

① 在凯撒时期，普通加拉泰人不能够参与管理（凯撒：《高卢战记》，Ⅵ，13）。
② 如帕夫拉戈尼亚人。

灵魂和天地万物是不可毁灭的；[①]虽然火与水在某些时候胜过它们。

5.除了头脑简单和勇敢之外，他们在许多事情上愚蠢透顶，喜欢自吹自擂和打扮；因为他们不仅戴着许多金首饰，脖子上有金项链，手臂和手腕上有臂镯和手镯；而且，他们的显要人物还穿着织金的花衣服。由于这种轻佻的特点，他们在胜利的时候看起来令人难受，在失败的时候则把人吓得灵魂出窍。除了愚蠢之外，他们在北方的各个部落之中还有一个野蛮和奇怪的风俗习惯——我指的是当他们离开战场的时候，他们会把敌人的首级挂在自己的马头上，当他们返回自己家里的时候，他们会把敌人的首级钉在自己家门口炫耀。无论如何，波塞多尼奥斯说他自己亲眼看到过许多地方有这种现象，他起初虽然非常厌恶这种现象，后来也对此习以为常，可以平静地接受了。而且，他们把敌方贵族的首级用松脂防腐之后，用来向外人炫耀，不屑为了同等重量黄金的赎金而把首级归还。但是，罗马人终止了这种风俗习惯，以及违背我们习惯的所有祭祀和占卜的风俗习惯。他们通常用人献祭，[②]从背后用刀把他杀死，然后根据其死亡的情况进行占卜。不过，他们不用德鲁伊兹人献祭。[③]但是，人们告诉我们，他们用其他种族的人献祭；例如，他们会用箭射死牺牲品，或者在神庙之中刺死他们，或者设法做一个麦秆或木料的庞然大物，把牛、各种野兽，甚至还有活人投进这个庞然大物，然后把这些全部烧光。

[①] 据凯撒（《高卢战记》，Ⅵ，14）和狄奥多罗斯（Ⅴ，28）所说。德鲁伊兹人教导人们转变思想。

[②] 参见本书Ⅲ，ⅲ，6；Ⅺ，ⅳ，7。

[③] 凯撒：《高卢战记》，Ⅵ，6，13。

6. 波塞多尼奥斯说，在大洋之中有一个小岛，它位于利格河口，离开外海不太远；这个海岛居住着萨莫奈人（Samnitae）的妇女，她们信奉狄奥尼索斯，她们用神奇的方式和其他献祭方式来取悦这位神灵。没有一位男子曾经涉足这个岛屿，尽管他们的妻子答应与他一起去岛上，并且立刻就返回。他认为这是她们的风俗习惯，每年一次拆掉神庙的屋顶，并且在同一天日落之前给它再盖好，每个妇女都要带上自己加盖屋顶的麦秆；如果某个妇女的麦秆失手了，她就会被其他人撕成碎片；她们拿着牺牲品的碎片围着神庙一边高喊"哎呀"，[①]一边不停地走着，直到他们的疯狂劲头消失之后才不再这样。他认为常常有人鼓动处决这名注定要死亡的妇女。但是，接下来阿尔特米多鲁斯讲的有关乌鸦的故事，就更加是编造了；他的故事从在大洋边有某个海港开始，海港的外号叫做"两只乌鸦"，这个港口可以看见两只乌鸦，它们右边的翅膀是白色的；有些争论某件事情的人来到了这里，把木板铺在高处，留下了大麦面包，双方各自分开走了；许多鸟儿飞来了，吃掉了一些大麦面包，撒掉了剩下的面包；那个面包被撒掉的人赢得了争论的胜利。虽然这个故事显然是编造的，他说的关于得墨忒耳和科雷的故事还是比较可信的。他说，在不列颠附近有一座海岛，这个岛上献祭的仪式像是萨莫色雷斯献祭得墨忒耳和科雷的仪式一样。下面这件事是许多事情中的一件，也是可信的。在凯尔特地区生长着一种类似无花果的树木，它的果实类似

---

① "哎呀"是酒神的信徒在庆祝酒神节时的欢呼声，他们的许多仪式之中有一个就叫做"哎呀"。

科林斯型圆柱的柱头，如果在果实上刻一刀，它就会流出一种致命的毒液，通常用于涂抹箭头。所有的凯尔特人不仅是喜欢争吵的人，[①]被反复提及，而且他们不认为浪费自己的青春年华是可耻的事情。埃福罗斯在自己的记载中认为凯尔特地区面积非常辽阔，他把直到加德斯的许多地区列入了凯尔特地区，这些地区现在被称为伊比利亚；他甚至声称这里的居民是希腊人的朋友。他谈到他们许多奇怪的、不符合现在实际的事情，比如，他们千方百计不让自己长胖，不让自己大腹便便；任何年轻人如果超过了正常的腰围标准，就要受到处罚。关于山北凯尔特地区的情况，就讲这么多了。

---

① 狄奥多罗斯，V，28。

第五章 不列颠:爱尔兰和极北地区

1. 不列颠的形状像三角形;它最长的一条边与凯尔特地区平行,其长度既不超过,也不短于凯尔特地区;每边的长度大约是2300斯塔德或者4000斯塔德;凯尔特的长度自雷努斯河口延伸到比利牛斯山脉最北端,靠近阿奎塔尼亚的地区为止;而不列颠的长度自坎提乌姆(正对着雷努斯河口),也是不列颠的最东面起,延伸到海岛最西面的顶端,正对着阿奎塔尼亚的比利牛斯山脉。当然,这是从比利牛斯山脉到雷努斯河最短的距离,正如我先前所说的,最长距离大约是5000斯塔德;有理由认为,河流与山脉彼此平行的位置出现了某种偏差,因为它们都拐了一个弯,最终都接近了大洋。

2. 习惯上,从大陆到不列颠岛经常使用的有四个渡口,这些渡口起自雷努斯河、塞卡纳河、利格河和加鲁姆纳河的河口。但是,居住在雷努斯河附近地区的有些人,出海的路线不是起自河口,而是从莫里尼人的海岸线出发,他们与梅纳皮人有共同的边界。(在他们海岸边的伊提乌姆,是神圣的凯撒渡海前往不列颠的海军基地,他渡海的时候是在晚上,大约在第二天白天4时登陆,航行了320斯塔德航程,[①] 他发现地里还长着庄稼。)海岛大部分

---

① 40罗马里。

是平坦的,长满了树木,还有许多地方是丘陵地区。它出产谷物、牲口、黄金、白银和铁,还有皮革、奴隶和纯种的猎狗。当然,这些物品是输出海岛的。但是,凯尔特人也把这些狗和本地的狗用于战争之中。不列颠人比凯尔特人身材更加高大,头发不太黄,但他们的身体比较胖。他们身材高大有下列证据:我自己在罗马城曾经看见许多不列颠少年,虽然他们弯着腰,身体也没有挺直,还是比城里最高的人要高出半英尺。他们的习惯部分像凯尔特人,部分更简朴、更具有蛮族的特点。[1]以至于由于他们缺少经验,许多人虽然有丰富的乳类,却不会做干酪;不列颠人也不擅长园艺和其他农业活动。他们的国家有强大的部落首领。他们就好像某些凯尔特人一样,在战争中大多使用战车。森林就是他们的城市,因为他们用砍下的树木围成一块广阔的圆形场地,[2]他们在这块场地之中建立自己农舍和牲口圈——但不是为了长期地居住的目的。他们这里下雨的时候比下雪多,天晴的时候一整天也有很长时间布满浓雾,只有中午时分可以看见三四个小时的太阳。在莫里尼人、梅纳皮人和后者所有的邻居之中,都可以看到这种现象。

3. 神圣的凯撒两次来过这个岛上。虽然他很快就回去了,没有完成任何重大的事情或者是深入内陆,这不仅是因为凯尔特人地区蛮族和他自己的士兵发生了争执,[3]而且也因为在满月的时候,他在退潮和涨潮高峰时期损失了许多船只。[4]但是,他在对不列颠

---

[1] 狄奥多罗斯(V,21)说,不列颠有许多部落首领,他们都能够和睦相处。
[2] 凯撒:《高卢战记》,V,21。
[3] 凯撒说到"高卢突然起义"(凯撒:《高卢战记》,V,21)。
[4] 这次失败在凯撒第一次从岛上回师之前(凯撒:《高卢战记》,Ⅳ,28—29)。

人的战斗中获得了两三次胜利,尽管他只有两个军团的士兵;他回去的时候带走了人质、奴隶和其他许多战利品。现在,许多部落首领和奥古斯都·凯撒签订了友好条约,[①]向他派去了使节表示敬意,他们不仅向卡皮托贡献祭物,而且设法使整个海岛实际上变成了罗马人的财产。他们恭顺地缴纳沉重的商业税收,不管是运进还是输出凯尔特物品的税收(后者出产象牙的项链、项圈、琥珀、宝石、[②]玻璃容器和其他的这类小物件)。这个海岛不需要驻军守卫;但至少需要一个军团和若干骑兵向人们征收贡赋,军队的支出就用贡金来抵消;[③]实际上,如果向居民征收了贡赋,就必须减少税收。同时,如果使用武力,就将引起危机。

4. 不列颠周围除了一些小岛之外,还有一个大岛爱尔兰岛,[④]它在不列颠北方,与之平行,它的宽度大于长度。[⑤]关于这个海岛的情况,除了它的居民比不列颠人更野蛮之外,我没有什么确定的东西可以说的。因为他们是食人者,而且非常贪吃;[⑥]还因为他们认为最荣耀的事情是当他们的父辈死后,把他们父辈的尸体吃光;以及不仅公开地与其他女人,而且公开与自己的母亲、姐妹发生性关系。我在说这些事情的时候,我也知道自己没有可靠的证据来证明它们。至于吃人的事情,据说西徐亚人之中也有这样

---

① 奥古斯都在《安基拉纪功碑》(*Monumentum Ancyranum*)提到两位不列颠首领作为祈求和平者来见他。

② linguria,本义为利古里亚用红琥珀做成的凹雕艺术品。

③ 参见本书Ⅱ,v,8。

④ 参见本书Ⅰ,iv,3。

⑤ 即地理宽度(从北到南)和长度(从东到西)。

⑥ 有些人认为应当用 poephagoi(吃草)代替 poliphagoi(贪吃)。

第五章　不列颠：爱尔兰和极北地区　　*371*

的风俗习惯。据说在被包围的紧急情况之下，[①] 凯尔特人、伊比利亚人和其他一些民族也有过吃人事情。[②]

5. 关于极北地区（Thule），[③] 我们还没有确定的历史资料，因为它极其的遥远。[④] 极北地区在所有已知地区之中被认为是在最北的地方。但是，皮西亚斯关于极北地区（以及这个地区的其他地方）的故事，都是他自己编造的。我们从自己所知道的各个地区获得确凿证据，[⑤] 说明在大多数情况下，这些故事是他编造的。正如我以前说过的，[⑥] 关于有人居住世界最遥远地方的报道，他更明显是虚构的。至于谈到天体现象[⑦]和数学理论，他显然是充分地利用了自己掌握的靠近寒带地区居民生活的资料，他谈到家畜和果实极端缺乏和不足，谈到那里的人们靠谷子、某些家畜、果实和根茎为生；那里也有谷物和蜂蜜，人们用这些东西制作饮料。[⑧] 至于谷物，他说，由于他们缺少晴朗的天气，他们首先把谷穗收拾进一个大仓库，然后在那里磨谷子；由于这个地区晴天很少，雨天很多，打谷场没有什么用处。

---

① 凯撒：《高卢战记》，Ⅶ，77。
② 例如，在围攻波提戴亚的时候（修昔底德，Ⅱ，70）。
③ 参见本书Ⅰ，iv，2。
④ 斯特拉博坚持认为有人居住世界的北方边界是爱尔兰，极北地区在有人居住世界的范围之外（参见本书Ⅱ，v，8）。
⑤ 参见本书Ⅰ，iv，3。
⑥ 参见本书Ⅰ，iv，3。
⑦ 参见本书Ⅰ，i，15。
⑧ 大概是啤酒之类饮料（雅典尼乌斯，Ⅳ，36；狄奥多罗斯，Ⅴ，26）。

第六章　山南高卢（意大利北部）

1. 在阿尔卑斯山北凯尔特地区和居住在这里的各个部落之后，我应当说一说阿尔卑斯山脉本身和居住在这里的居民，然后再来叙述整个意大利，按照同样的顺序来叙述这个地区的自然环境。阿尔卑斯山脉的起点，不是某些人说的莫诺埃库斯港（Monoecus），而是在亚平宁山脉起点的同一个地区，盖努阿城（Genua）的附近。这个城市是利古里亚人的商业中心，号称"萨巴托鲁姆的瓦达"（意为"浅滩"）；因此，亚平宁山脉开始于盖努阿城，阿尔卑斯山脉开始于萨巴塔；从盖努阿城到萨巴塔的距离是260斯塔德；然后从萨巴塔到阿尔宾高努姆城（其居民利古里亚人被称为因高尼人）的距离是370斯塔德；由此到莫诺埃库斯港是480斯塔德。再向前走，最后是一个相当大的城市阿尔比乌姆·因特梅利乌姆城，这个城的居民称为因特梅利人。实际上，作家们正是根据这些名字，证明阿尔卑斯山脉开始于萨巴塔的，因为阿尔卑斯山脉先前被称为"阿尔比斯山脉"，就像"阿尔卑奥山脉"一样；实际上，许多作家今天仍然用这个名字来称呼雅波德人（Iapodes）地区的一座高山。这座山几乎与奥克拉山和阿尔卑斯山脉连在一起，名叫"阿尔比乌斯山"，以这种方式暗示阿尔卑斯山脉延伸到了这座山。

第六章 山南高卢（意大利北部）

2. 由于利古里亚人有一部分称为因高尼人，部分因特梅利人可能是根据他们在海边的居住地命名的，其中一个叫做阿尔比乌姆（即阿尔卑乌姆）·因特梅利乌姆，另一个名字简短，叫做阿尔宾高努姆。但是，波利比奥斯在上述两个利古里亚人部落之外又加上了奥克西比人和德西泰人两个部落。一般来说，从莫诺埃库斯港到第勒尼亚的这条海岸线不仅毫无避风之处，也没有港口，只有一些浅水停泊地和锚地。在海岸线后面是群山高大突出的悬崖，在海边只留下一条狭窄的通道。这个地区的居民是利古里亚人，他们大多依靠羊群、羊乳和大麦做成的饮料为生；他们在靠近海边的地方放牧，但主要是在山区放牧羊群。他们的山区有许多适合造船的树木，有些树木的直径达到了 8 英尺之粗。许多树木在纹理方面的多样化不下于侧柏，[1] 适合于做面料。因此，人们把这些木材、畜群、皮革、蜂蜜运到盖努阿城，换回橄榄油和意大利葡萄酒（他们在本国饮用的一点儿酒是掺了松脂的，[2] 非常难吃）。这个地区不仅出产所谓"金尼"——马和骡子[3]，还有利古里亚的短袖束腰外衣和"萨吉"。[4] 他们的地区还有大量的琥珀，[5] 有人把它们称为"天然金银合金"。他们在战争中虽然不是优秀的骑兵，但他们是装备优良的重装兵和散兵；由于他们使用青铜的盾牌，有人据此推断他们是希腊人。

---

[1] 参见本书 XVII，iii，4。
[2] 狄奥斯库里得斯（V，48）给出了葡萄酒和松脂混合的配方。
[3] 驴骡是公马和母驴的杂种。
[4] 参见本书 IV，iv，3。
[5] 参见本书 IV，v，2。

3. 莫诺埃库斯港是一个锚地,可以停泊不大的船只和不多的船只;它有一座和它一样名字的"莫诺埃库斯"[①]赫拉克勒斯神庙。根据它的名字,[②]可以认为马萨利亚古希腊移民沿着海岸航行到过莫诺埃库斯港。[③]从莫诺埃库斯港到安提波利斯距离超过200多斯塔德。由此直到马萨利亚略远的地方,是萨利斯人居住在阿尔卑斯山脉,他们和海岸线后面的希腊人混居——还有某些部分在同一条海岸线上。不过,古代希腊作家把萨利斯人称为"利古人",[④]把马萨利亚古希腊移民居住地区称为"利古斯提卡";近代作家把他们称为"凯尔特利古人",并且把直到卢埃里奥和罗达努斯河的整个平原地区都划入他们的领土,这个地区的居民分为10个部分,通常要提供军队,不仅有步兵,还有骑兵。在这些部落之中,首先被罗马人征服的是山北凯尔特人,但这是在罗马人与他们和利古里亚人进行了长期战争之后才获得的胜利。因为后者封锁了所有通往伊比利亚直到海边的山路。实际上,他们在陆上和海上进行抢劫活动,他们的实力如此强大,以至于使这条道路变成了连强大的军队也难以通过的道路。罗马人经过18年战争之后,才得以艰难地开辟了一条12斯塔德宽的道路,以供负责公共事务的人员通行。在这之后,罗马人打败了他们所有部落,强迫他们交纳贡赋,建立政府管理他们。

---

① 希腊语词汇 monoikos 意为"隐士",这是赫拉克勒斯的别号,这个词用于离群索居的场合。
② 原文希腊语。
③ 斯特拉博认为莫诺埃库斯港处于马萨利亚古希腊移民的势力范围之内。
④ 罗马人把他们称为利古里亚人。

4. 在萨利斯人之后是阿尔比恩斯人、阿尔比奥西人和沃康提人，他们居住在这座山脉的北部地区。但是，沃康提人的土地延伸到了其他地方，与阿洛布罗克斯人住在一起。他们居住在自己山区的腹地，面积很大，不下于阿洛布罗克斯人的土地面积。现在，阿洛布罗克斯人和利古里亚人都是属于纳伯尼提斯行政长官管理的臣民，但沃康提人（内马乌苏斯地区的沃尔凯人）是有自治权的居民。① 居住在瓦鲁斯河与盖努阿城之间的利古里亚人之中，那些住在海边的人与意大利南部古希腊移民享有同等权利。② 对于山民，派去了骑士等级出身的长官管理，完全是像对待其他蛮族部落一样。

5. 在沃康提人之后是伊科尼人和特里科里人，在他们之后是梅杜利人，他们居住在最高的山上。无论如何，这些陡峭的山峰有一条上坡路，据说有100斯塔德高。等于从这里下到意大利边界的距离。在某个低洼的地方有一个大湖，两条溪流彼此相隔不远。一条溪流是德鲁恩提亚河的河源，这是一条湍急的河流，它奔流而下，汇入罗达努斯河之中；它也是杜里亚斯河的河源，③ 它的流向相反，因为它起初流过萨拉西人的地方，进入阿尔卑斯山南的凯尔特地区，然后与帕杜斯河汇合在一起。帕杜斯河发源于高度大大低于上述地方的另一条河流，它是一条大河，水流湍急，在流动的过程中河流越来越大，流速越来越和缓；当它进入平原

---

① 参见本书Ⅳ, i, 12; Ⅳ, ii, 2。
② 有拉丁权的自治（参见本书Ⅲ, ii, 15; Ⅳ, i, 9）。
③ 有两条名叫杜里斯（大、小）的河流汇入帕杜斯河，斯特拉博只谈到了小杜里斯河。

的时候，由于汇合了许多支流，水势更大，河流更宽；由于河水外溢，水流的力量受到了限制和削弱；在成为仅次于伊斯特河的欧罗巴最大河流之后，它汇入了亚得里亚海。梅杜利人居住的地方，大多高于伊萨尔河与罗达努斯河交汇的地方。

6. 在上述山区的另一部分（我指的是朝着意大利的山麓地区），居住着利古里亚部落的陶里尼人和其他利古里亚人；被称为唐努斯和科提乌斯的土地属于后面这些人。[①] 在这些居民和帕杜斯河之后是萨拉西人；[②] 在他们后面的山顶上是修特罗涅人、卡托里吉人、瓦拉格里人和南图阿特人，还有莱蒙纳湖（罗达努斯河穿过该湖）和罗达努斯河的河源。离这个地方不远是雷努斯河的河源和阿杜拉山，从这里流出的不仅有朝北方流去的雷努斯河，还有方向相反的阿杜亚河，它流入了科姆城附近的拉里乌斯湖。科姆城位于阿尔卑斯山麓，在它的后面，朝东一边的是雷提人和文诺内人；而在它的另一边是勒蓬提人、特里登提尼人、斯托尼人和其他许多小部落，他们是专门从事土匪活动和贫穷的部落，从前曾经占领过意大利；现在，有些部落被彻底消灭了，其他部落完全被征服了。因此，经过他们山区的道路过去少而难以通行，现在多而安全；因为它已经摆脱了人为的危害，变得通畅无阻——就像人们当初设计时的想法一样。奥古斯都·凯撒不仅消灭了盗匪，而且全力以赴修建了许多道路。由于不是任何地方都可以靠人力战胜自然环境，开辟通过巨大岩石和高悬峭壁上的山

---

① 唐努斯是科提乌斯之父（参见本书Ⅳ，i，3）。
② "和帕杜斯河"的用法表示萨拉西人居住在这条河的北方。

路，这些悬崖峭壁有时在道路的上方，有时在道路的底下，因此，人们只要在路上走错一小步，就不可避免要出危险，掉下万丈深渊。在有些地方，道路非常狭窄，使所有步行路过的人都感到头晕眼花，——不仅是对他们，而且还有载货的驮畜都不习惯走这种道路。不过，本地的牲口可以驮着货物安全地走过。因此，这些地方的危险是无法排除的。同样无法排除的还有从高而下的流动冰川，巨大的冰川有可能阻止整个商队的前进，甚至把他们全部推入张开大口的万丈深渊之中；由于许多冰层互相靠着，冻雪像冰一样一层压着一层，在阳光的照耀之下，表面上的雪层还没有完全融化之前，常常很容易和底下的雪层分开。

7. 萨拉西人居住的地区大多位于一条峡谷的深处，两边被高山所隔开，他们的土地有一部分延伸到了高山顶上。因此，有一条从意大利翻山而来的道路通过这条峡谷。然后，这条道路开始分岔；一条岔道经过所谓的波尼努斯（这条道路靠近阿尔卑斯山脉的顶峰，车辆难以通行），另外一条道路比较靠西，通过修特罗涅人地区。萨拉西人地区拥有金矿，从前萨拉西人强大的时候，他们占有金矿，也控制了道路。杜里亚斯河对他们的采矿事业有巨大的帮助——我指的是在淘金方面；因此，他们在许多地方修建了支渠，以至于主河道完全干涸。但是，虽然它有助于萨拉西人淘金，却给下游耕种土地的农夫带来了巨大的苦难，因为它们的土地已经无法灌溉了；而在那时因为河床高于土地，河水可以灌溉这个地区。因为这个原因，两个部落彼此不停地打仗。但是在罗马人取得了统治权之后，萨拉西人被赶出了采金行业和自己的土地；由于他们仍然控制着山区，他们向承包金矿的人出售河水；不过，由于贪婪，萨拉西人也总是和他们发生争吵。这样，在罗马人之中有一些人总想带一支军队前往上述地区，制造各种借口挑起战争。确实，萨拉西人和罗马人在不久之前，战争还经常打打停停。他们还有足够的力量从事传统的盗匪活动，给翻过高山进入他们地区的人造成巨大的危害。他们甚至还迫使从穆蒂纳逃跑的德西默斯·布鲁图（Decimus Brutus）向他们交纳每个人1德拉克马的买路钱；[1] 当梅萨拉在他们附近地区过冬的时候，他也不得不为买木材付现钱，不仅是为木材燃料付钱，还要为制造标枪的榆木和制造体操器材的木料付钱。[2] 有一次，这些人甚至盗窃了凯撒的金钱；这些人还向他的军团掷石块，理由是他们正在修桥铺路。但是，奥古斯都后来彻底征服了这些人。他把这些在战争中被抓获的战利品带到罗马人的殖民地埃波雷迪亚，作为奴隶出售；虽然罗马人把这座城市变成了殖民城市，[3] 希望它成为抵抗萨拉西人的坚强据点，但是在他们没有被完全消灭之前，居民不可能顽强地抵抗萨拉西人。因此，虽然被俘的其他人证实有36000人，战俘的人数却只有8000人，他们的征服者罗马统帅泰伦提乌斯·瓦罗（Terentius Varro），把他们全卖了。[4] 凯撒派遣3000罗马人在瓦罗驻营的地方建立了奥古斯都城。[5] 今天，邻近地区直到高山上的翻山道路，都维持着和平局面。

---

[1] 公元前43年。
[2] 木剑可能是用于格斗练习事宜的（波利比奥斯，X，20）。
[3] 该城在公元前100年成了罗马人的殖民地（普林尼，III，21）。
[4] 拉丁语 subhasita 翻译成公开出卖商品。"其他人"战俘指没有拿武器的战士。
[5] 奥古斯都城建立在公元前24年左右。

8. 接下来，按照顺序应当转向山区的东部和南部；雷提人和温德利奇人（Vindelici）居住在这里，他们的土地和埃尔夫提人、博伊人的土地连在一起；因为他们的土地高耸于这些部落的平原之上。现在，雷提人已经下到意大利部分地区，这个地区在维罗纳和科姆城的后面（而且，"雷提"葡萄酒的声誉不下于意大利各地的著名葡萄酒，它是在雷提人居住的阿尔卑斯山麓酿造的），他们还到了雷努斯河流过的各个地区；勒蓬提人和卡姆尼人都属于这个部落。不过，温德利奇人和罗里齐人居住在这个山区之外更大的地方，他们和布罗尼人、格劳尼人居住在一起。[①] 后两个部落后来都被称为伊利里亚人。所有这些部落经常侵略邻近地区，不仅是侵略意大利邻近地区，而且还侵略埃尔夫提人、塞卡尼人、博伊人和日耳曼人的地区。利卡提人、克劳特纳提人和文诺内人被认为是所有温德利奇人之中最勇敢的战士，就像鲁坎提人和科图安提人是所有雷提人之中最勇敢的战士一样。埃斯提奥内人和布里甘提人也属于温德利奇人，他们的城市有布里甘提乌姆城、坎波杜努姆，还有利卡提人的卫城达马西亚。关于这帮盗匪对待意大利古希腊移民如何残酷的故事，有这样一些说法：在他们占领一个村庄或者一座城市时，他们不仅会杀死所有青年男子，而且他们还会杀死男性的未成年人，然而他们并不会就此善罢甘休，他们还会杀死所有孕妇，因为他们的预言家说她们怀的是男孩。

9. 在这些部落之后是居住在亚得里亚海北部和阿奎利亚附近地区的各个部落，即卡尔尼人和罗里齐人的一部分；陶里齐人也

---

① 公元前17年，这两个部落被德鲁苏斯征服。

属于罗里齐人。提比略和他的兄弟德鲁苏斯在一个夏季的战争之中迫使他们全部停止了无法无天的侵略活动。现在，时间已经过去了33年，他们仍然生活在和平之中，照常交纳贡赋。今天，在整个的阿尔卑斯山区，不仅是丘陵地区有精耕细作的农业，就是山谷地区的居民也细心地耕种土地。但是，大部分地区（我们知道特别是山顶附近的地区，是盗匪成群的地方）是贫穷的不毛之地，这既有天气严寒的原因，也有土地崎岖不平的原因。因此，由于缺乏最必须的食品和其他物品，他们常常宽容平原地区的居民，为的是让他们可以提供自己需要的物品；作为交换，他们可以提供树脂、松脂、松明子、蜂蜡、蜂蜜和干酪——由于有这些物品，他们得到了充足的供应。在卡尔尼人后面是亚平宁山脉，①山上有一个湖泊，湖水流入伊萨拉斯河，②它在接受了另一条河流——阿塔吉斯河③的水源之后，汇入了亚得里亚海。但是，这里还有一条名叫阿特西努斯河的河流，④它由同一个湖泊中流入伊斯特河。实际上，伊斯特河也发源于这些山脉之中，因为它们分成许多部分，有许多座山峰；由于阿尔卑斯山脉的高山从利古里亚一直延伸到这个地方，完全没有中断；然后它发生分支，降低高度；然后又再次升高，形成越来越多的分支，越来越多的山

---

① 不清楚具体是哪一座山。
② 伊萨尔河汇入伊斯特河，而不是汇入亚得里亚海。河流的名字在手稿中脱漏。
③ 斯特拉博或者手稿抄写员把这两条河搞混了，不知道它们之中哪条是阿塔吉斯河。
④ 一些学者认为这条河是阿特西努斯河，而另外一些学者认为它是埃努斯河。

峰。这些山脉中的第一座位于雷努斯河和这个湖泊的那边,[1] 偏向东方——这座山脉海拔不高;伊斯特河的河源,就在靠近苏伊维人和海西森林(Hercynian Forest)附近的地方。还有许多山脉朝向伊利里亚和亚得里亚海方向,其中就有前面已经提到的亚平宁山脉、图卢姆和弗利加迪亚,这些山脉位于温德利奇人的后面,杜拉斯河、克拉尼斯河和其他几条水流湍急的河流就发源于这里,最后汇入了伊斯特河。

10. 接下来是居住在这些地区附近的雅波德人[2](我们现在就来谈谈这个伊利里亚人和凯尔特人混合的部落);[3] 奥克拉山就在这些部落附近。雅波德人先前人口众多,英勇善战,统治着山脉两边自己的故乡,并且依靠抢劫活动取得了这些地区的统治权。但是,他们后来被奥古斯都·凯撒战败并且被彻底征服。他们的城市有梅图卢姆城、阿努皮尼城、莫内提乌姆城和文多城。在雅波德人之后,平原上的城市是塞格斯提卡城,索斯河从城边流过,汇入伊斯特河。这座城市的位置正好可以用来与达契人作战。奥克拉山是阿尔卑斯山脉那个地区最低的地方,阿尔卑斯山脉在那里与卡尔尼人居住的地区相连,用货车装着的各种货物从阿奎利亚经过这里运往诺波图斯(整个路程 400 多斯塔德);然后从这里又通过河流把它运到伊斯特河和这个地区的各地;实际上,有一条河流通过诺波图斯;[4] 它从伊利里亚流过来,是一条可以通航的河流,

---

[1] 康斯坦茨湖。
[2] 或者是雅皮迪人。
[3] 参见本书Ⅶ, v, 2。
[4] 科科拉斯河(参见本书Ⅶ, v, 2)。

汇入索斯河。因此，货物运送到塞格斯提卡城和潘诺尼人（Pannonii）、陶里齐人地区比较便利。[1]科拉皮斯河与索斯河在这座城市附近汇合。[2]两条河流都发源于阿尔卑斯山脉，都可以通航。阿尔卑斯山区有牛和野马。波塞多尼奥斯说，阿尔卑斯山区还有一种特殊的动物：[3]它的外表类似鹿，除了脖子和长头发之外（在这方面他认为它像野猪）。在它的下巴之下有个囊，长约1指距，顶端有毛发，像马尾巴一样的浓密的毛发。

11. 在从意大利前往凯尔特地区的外部或北方的山口之中，有一个通过萨拉西人地区前往卢格杜努姆的山口，这个山口有两条支路：一条支路通过修特罗涅人地区，道路大部分地段可以通行货车；另外一条道路通过波尼努斯，道路陡峭狭窄，但是不长。卢格杜努姆过去曾经是卫城，位于这个地区的中心，这不仅是因为河流在此交汇，也因为它离这个地区各个地方都很近。由于这个原因，阿格里帕在卢格杜努姆时开辟了许多道路，一条道路通过塞梅努斯山脉直到桑托尼人居住的地区和阿奎塔尼亚；另外一条通往雷努斯河；第三条通往大洋（这条河通过贝罗瓦奇人和安比亚尼人的地方）；第四条道路通往纳伯尼提斯和马萨利亚的海岸线。实际上在波尼努斯本地（如果你让卢格杜努姆在你的左边，这个地区就在它后面），也有一条辅助道路，它通过罗达努斯河和莱蒙纳湖，通往赫尔维蒂人居住的平原；这里又有一个山口通过

---

[1] 参见本书Ⅶ，v，2。
[2] 塞格斯提卡城。
[3] 波利比奥斯指的可能是麋鹿（Cervus alces），它在阿尔卑斯山脉已经不存在；也可能是指岩羊（Capra ilex）。

侏罗山，前往塞卡尼人和林贡人居住的地区；而且，通过这些地区的大路分成两条路线，两条路线都通向雷努斯河和大洋。

12. 接着，波利比奥斯又说，在他那个时代，在阿奎利亚对面的罗里齐人——陶里齐人地区发现了非常适合开采的金矿，只要挖开表层2英尺厚的土壤，立刻就能找到，挖掘出金矿，任何地方的金矿都不到15英尺深；他继续说，部分黄金简直就是纯金，体积有蚕豆或羽扇豆大小，在熔化的时候火耗只有八分之一的重量，虽然剩下的部分还要进一步精炼，精炼也是非常有利可图的；在意大利古希腊移民和他们一起开采金矿两个月之后，整个意大利的黄金价格突然下降了三分之一，当陶里齐人知道这件事情之后，他们赶走了自己的伙计，自己垄断了经营。但是，现在所有的金矿都归罗马人控制了。在这里，还有在伊比利亚也一样，除了挖掘出来的金矿，还有河流带来的金砂，但没有那里的数量那么多。波利比奥斯在谈到阿尔卑斯山脉的面积和高度的时候，把它们与希腊最大的山脉相比：如泰格图斯山（Taÿgetus）、利凯乌斯山、帕尔纳索斯山、奥林波斯山、皮利翁山（Pelion）、奥萨山；也和色雷斯山脉的相比：如海姆斯山、罗多彼山、杜纳克斯山。他说，对于一个轻装的登山者来说，要在同一天之内攀登上这些山峰之中的任何一座山峰都是可能的，但是，即使在五天之内，他要登上阿尔卑斯山峰也是不可能的；它们的长度是2200斯塔德，[①]这只是沿着平原一边的长度。[②]但是，他只说到四个山口：通过利古里

[①] 波利比奥斯，II, 14。
[②] 即意大利平原。

亚的山口（最接近第勒尼亚海的山口）；汉尼拔曾经通过的陶里尼人地区的山口；①通过萨拉西人地区的山口；第四个是通过雷提人地区的山口。所有这些山口都是陡峭的山口。至于湖泊，他说到山中有几个湖泊，但只说了三个大湖泊：其中第一个是贝纳库斯湖，长500斯塔德，宽30斯塔德，②它是明齐乌斯河的发源地；第二个是韦尔巴努斯湖，长400斯塔德，宽不及前者，湖水流入阿杜亚河；第三个是拉里乌斯湖，长约300斯塔德，宽30斯塔德，③湖水流入一条大河提齐努斯河；所有这三条河都汇入帕杜斯河。关于阿尔卑斯山脉的情况，我要说的就是这些了。

---

① 波利比奥斯没有说汉尼拔从那里翻越阿尔卑斯山，但他说汉尼拔下山后到了因苏布里人地区的帕杜斯河谷。因此，汉尼拔可能是从小森贝尔纳翻过阿尔卑斯山的（参见Ⅲ，56）。

② 有些手稿的数字是50。

③ 有些手稿的数字是50。

第五卷

意 大 利

第一章　意大利北部

1. 在阿尔卑斯山麓之后，就是现代意大利了。虽然它从西西里海峡一直延伸到塔伦图姆湾和波塞多尼亚湾，但古人通常把意大利称为俄诺特里亚（Oenotria），后来意大利的名字才占了上风，并且一直延伸到阿尔卑斯山麓；此外，这个名字不仅包括利古斯提卡、第勒尼亚直到瓦鲁斯河和大海交界的地区，而且还有伊斯特里亚到波拉之间的地区。可以认为，正是最早被称为意大利人的那些人，由于他们的兴旺发达，才把这个名字传给了邻近的居民，他们用这种方式逐渐地扩张，直到罗马征服时期。后来，在罗马人赐予意大利南部古希腊移民平等的公民权之后，他们也决定赐予居住在阿尔卑斯山南加拉泰人和赫内提人同样的光荣，[①] 把他们全部称为意大利南部古希腊移民和罗马人。接着，罗马人又在他们之中建立了许多殖民地，有的殖民地建立早些，有的晚些，要说其中哪个殖民地更好，是件不容易的事情。

2. 要从地理学的角度来描绘出现代意大利轮廓，同样不是一件容易的事情。作为一个整体，用一个独一无二的形象来表示，

---

① 手稿讲述了赫内提人和埃内提人。

有人说它像一个三角形的海角,[1]一直延伸到了南部冬季日出之处,它的顶部在西西里海峡,它的底边在阿尔卑斯山脉。我不得不承认,这个三角形的有一条边终结于西西里海峡,沐浴在第勒尼亚海中。但是,三角形在本义上是称呼直线组成的图案,而在这里,底边和一条边都是曲线。因此,我只能说"我不得不承认"。我不得不承认底边和一条边是曲线,不得不承认这条斜边朝向日出之处。[2]至于这些作家的其他说法,那是不恰当的。因为他们认为从亚得里亚海口到西西里海峡只有一条边。因为我们所说的"边"是没有角的直线,它的部分或者完全不与其他直线相交,或者相交不多。但是,从阿里米努姆到雅皮吉亚角的直线与从海峡到同一个海角的直线相交很多,我认为可以肯定经过亚得里亚海顶端的直线和经过雅皮吉亚角的直线情况也是一样;因为它们在阿里米努姆和拉韦纳(Ravenna)附近地区相交,形成了一个角,即使它不算是角,最少也是一条重要的曲线。因此,如果这段距离可以看成是一条边(我指的是从亚得里亚海顶部航行到雅皮吉亚角的沿海航线),但这条边绝不是一条直线;由此到西西里海峡剩余的距离可以看成是另一条边,但这条边也绝不是一条直线。在这种情况下,人们应当把这种形状称为"四边形"而不是"三角形",无论如何它绝不是"三角形",除非是滥用术语。而且,我们最好是坦白地承认,非几何形的图形是难以准确地描绘的。

3. 至于各个地区的情况,我们可以说到如下地区:阿尔卑斯

---

[1] 波利比奥斯,Ⅱ,14。

[2] 冬季日出之处。

第一章　意大利北部

山脉，它的底边是弯曲的、海湾形的，朝着意大利方向还有许多缺口。海湾的中部在萨拉西人附近，两端拐弯：一端在奥克拉山[①]和亚得里亚海的顶部，另一端在利古里亚海岸到盖努阿城（利古里亚人的首府），这是亚平宁山脉与阿尔卑斯山脉相连的地方。但是，紧接阿尔卑斯山的底边有一个大平原，长宽大致相等，将近2100斯塔德，它的南边与赫内提人居住的海岸线、亚平宁山脉附近的阿里米努姆和安科纳地区相连；因为这些山脉从利古里亚一直延伸到第勒尼亚，只留下一条狭窄的海岸线。然后，它们逐渐地缩回内陆地区，直到比萨地区的对面，转向东方和亚得里亚海，直到阿里米努姆和安科纳地区，在那里与赫内提人的海岸线连成一条直线。同样，阿尔卑斯山南凯尔特地区的边界就在这个范围之内。它的海岸线与山脉的长度大约是6300斯塔德，宽度略少于2000斯塔德。[②]但是，意大利其他地区狭窄而细长，终止于两端，一端在西西里海峡，另一端在雅皮吉亚；它被局限在这两条边界之内，一边是亚得里亚海，另一边是第勒尼亚海。亚得里亚海的外形和面积类似于意大利的那个部分，这个部分以亚平宁山脉、两边的大海直到雅皮吉亚，以及塔伦图姆和波塞多尼亚湾之间的地峡为界。由于每个海最大宽度大约为1300斯塔德，长度略少于6000斯塔德。[③]至于意大利其余部分，这些地区居住着布雷

---

①　参见本书Ⅳ, vi, 1；Ⅳ, vi, 10。

②　手稿数字为1000。波利比奥斯称意大利这个地区为三角形，他确定的数字是：北边2200斯塔德；南边3600斯塔德；底边（从塞纳到亚得里亚海顶部的亚得里亚沿岸地区）2500斯塔德。

③　参见本书Ⅱ, v, 20。

提人（Brettii）和某些莱夫卡尼人。波塞多尼奥斯说，[①]如果你走陆路，从雅皮吉亚到西西里海峡的海岸线长度大约是3000斯塔德，这条海岸线连接着西西里海；如果你走海路，这个距离还不到500斯塔德。亚平宁山脉与阿里米努姆和安科纳附近地区连接之后，确定了意大利这个地方从一个海到另一个海的宽度，然后又拐弯，划定了整个地区的长度。亚平宁山脉直到普斯提人和莱夫卡尼人的地区，距离亚得里亚海不远，但是，它们和莱夫卡尼人地区连接之后，拐向了另一个海，然后穿过莱夫卡尼人和布雷提人的中心地区，走完剩下的路程，结束于雷吉乌姆城名叫"莱夫克佩特拉"的地方。[②]关于现代意大利的基本特点，我已经说得足够多了。现在，我准备开始详细地叙述各个地区的情况，首先是亚平宁神庙附近地区的情况。

4. 这个地区土壤肥沃，有平原和盛产各种水果的丘陵地区。帕杜斯河几乎从平原中心流过，把它一分为二；这两部分一部分称为帕杜斯河这（南）边，另一部分称为帕杜斯河那（北）边。[③]在帕杜斯河南边，整个地区位于亚平宁山脉和利古里亚附近；在帕杜斯河北边是其他所有地区。后面这个地区居住着利古里亚人和凯尔特人，部分居住在山区，部分居住在平原；前面的地区居住着凯尔特人和赫内提人，这些凯尔特人和山北凯尔特人确实是同一个种族。至于赫内提人，有两种不同的意见：有些人认为赫内提人也是殖民者，他们与那些居住在海边的凯尔特人名字相

---

① 波塞多尼奥斯，XXXIV，11。
② 本义为"白岩"。
③ 罗马人称为 Gallia Cispadana 和 Gallia Traspadana。

同；① 另外一些人认为赫内提人是和安特诺尔一起从帕夫拉戈尼亚逃过来的特洛伊战争难民。② 他们举出赫内提人热衷于养马事业作为这种观点的证据。这种热情现在确实已经完全消失了，但以前他们是非常重视的，因为他们在古代竞相繁殖母马，以繁殖马骡。荷马也提到了这件事情：

> 它们出自赫内提人的土地，那里有成群的野骡。
>
> （《伊利亚特》，II，852）

而且，西西里僭主狄奥尼修斯③从那里搜罗优良的马群，后来它不仅因为赫内提人的繁殖方式闻名于希腊人，而且其品种也长期受到希腊人的高度重视。

5. 这个地区河流众多，沼泽遍布，特别是在赫内提人居住的地区。而且，这个地区还深受海洋因素的影响；由于我们的海只有部分地区出现类似海洋的现象，退潮和涨潮在这里造成了和海洋类似的现象。由于这些原因，这个平原大部分地区布满了咸水湖。平原上运河与堤坝交错，类似于所谓的下埃及；还有部分地区被排干积水，开垦出来；另外一些地区则提供了航运之利。这里的城市有些完全是海岛，另外一些部分被水所包围。奇怪的是，所有这些城市都位于内陆沼泽之上，由各条河流提供内陆水运，特别是帕杜斯河；因为它不仅是这些河流之中最大的河流，

---

① 参见本书 IV, iv, 1。
② 参见本书 III, ii, 13；V, i, 1。
③ 老狄奥尼修斯（公元前430—前367年）。

而且常常在降雨和下雪的时候水势浩荡。但是，由于它在河口附近分成了几条支流，因此河口淤塞严重，很难通行。不过，再大的困难也难不倒有经验的行家。

6. 正如我在前面所说的，[①]有许多凯尔特人自古以来就居住在帕杜斯河附近地区。凯尔特人最大的部落是博伊人、因苏布里人，还有塞农人，他们和盖扎泰人曾经在第一次袭击的时候占领过罗马人的领土。确实，后来罗马人彻底消灭了这两个部落，把博伊人赶出了他们所占据的地方；他们在移居到伊斯特河附近地区之后，和陶里齐人住在一起，他们和达契人一直战斗到整个部落灭亡为止——他们在伊利里亚留下的土地，成了邻人放牧羊群的牧场。但是，因苏布里人现在仍然存在。他们的首府梅迪奥拉尼乌姆城从前曾经是一个村庄（因为他们大家习惯于住在村里），现在成了一座重要的城市；它是帕杜斯河的渡口，而且几乎与阿尔卑斯山脉连在一起。在阿尔卑斯山脉附近是维罗纳（这也是个大城市），比这两个城市小些的城市有布雷夏城、曼图阿城、雷吉乌姆城和科姆城。[②]科姆城原先是个不大的居民点。但是，它被居住在它后面的雷提人洗劫之后，大庞培之父庞培·斯特拉博（Pompey Strabo）重新在这里建立了罗马的殖民地。后来，盖尤斯·西庇阿（Gaius Scipio）向这里增派了3000移民。再后来，神圣的凯撒在这里安置了5000移民，移民之中有500人是希腊显贵。对于后面这些人，他不仅赐予他们公民权，而且把他们列入移民之中。不

---

① 参见本章第4节。
② 可能是贝尔格，而不是 Regium Lepidum。

第一章　意大利北部

过，虽然希腊人并没有住在这里，他们至少给这个居民点留下了一个名字。确实，所有的移民都被称为"新共同体成员"，如果翻译成拉丁语就是"Novum Comum"。靠近这个地方有一个拉里乌斯湖，它的湖水由阿杜亚河补充，这条河后来汇入帕杜斯河之中。阿杜亚河发源于阿杜拉山脉，雷努斯河也发源于这座山脉。

7. 这些城市大多位于沼泽之上；靠近它们的是帕塔维乌姆城（Patavium），这是这个地区所有城市之中最好的城市；因为在最近的一次人口普查中，[1]据说这座城市有500名骑士，而且自古以来就能提供一支120000人的军队。帕塔维乌姆城提供了大量手工制造的产品给罗马市场——各种各样的衣服和其他各种物品——显示了它的人口众多，人们手艺精湛。帕塔维乌姆城有一条从大海经过河流通向内陆的航道，穿过沼泽地区，距离一个大港口250斯塔德；这个港口像一条河流，名叫梅多亚库斯。不过，沼泽中最大的城市是拉韦纳，这座城市完全建在木桩上，河流从中穿过，交通只能靠桥梁和渡船。在涨潮的时候，城里进来了大量的海水，因此所有肮脏之物都被海水与河水冲洗干净，城市污浊的环境被净化。无论如何，这个地方被发现非常有益于健康，统治者下令在这里培养和训练角斗士，确实，这也是拉韦纳沼泽地区许多奇异的事情之一，我指的是沼泽地区空气是无害的（与埃及亚历山大城比较，那里的湖泊在夏季由于尼罗河的泛滥和死水的消失，有害的物质也消失了），[2]葡萄藤的特点非常适合沼泽地区。因

---

[1]　公元14年，根据 Res Gestae divi Augusti 所说，这次人口普查的公民数量为4937000人。

[2]　马雷奥提斯湖（参见本书XVII, i, 7）。

为沼泽地区有利于葡萄藤生长,结果快,产量高,可是在4—5年之内就会死亡。阿尔提努姆城也在沼泽中,它的情况有一点类似拉韦纳。在这两座城市之间是布特里乌姆城,这座城市属于拉韦纳。还有斯皮纳城,它现在虽然只是一个小村落,但在很久之前却是一座著名的希腊城市。无论如何,人们认为斯皮纳人的宝库在德尔斐。[1] 历史告诉我们,有许多事实证明他们曾经是大海的主人。而且,据说斯皮纳过去位于海边,虽然现在这个地方位于内陆,距离大海约90斯塔德。此外,据说拉韦纳是色萨利人建立的;不过,由于他们无法抵挡第勒尼亚人无休无止的暴行,他们不得不自愿地接受了某些翁布里齐人(Ombrici),后者现在仍然统治着这座城市,而色萨利人自己则回国了。由于这些城市大多被沼泽所包围,因此它们经常被洪水淹没。

8. 不过,俄皮特吉乌姆城、康科迪亚城、阿特里亚城、维塞提亚城和其他一些类似于它们的小城市,虽然通过一些小水道和大海有联系,却很少受到沼泽的影响。据说阿特里亚城过去曾经是一座辉煌的城市,亚得里亚海湾就得名于它的名字,[2] 只是在拼音方面略有变化。阿奎利亚城最接近形成亚得里亚海湾的顶部,它是罗马人建立起来对抗居住在其后蛮族的要塞。那里有一条通过纳蒂索河的内陆水道可供商船行走,航程60多斯塔德。[3] 阿奎利亚城是那些居住在伊斯特河附近的伊利里亚人部落的商业中

---

[1] 公元1892—1897年,法国考古学家在德尔斐发现了宝库的遗迹(Frazer, *Pausanias*, t.v., p.258)。

[2] 海湾的希腊名字是Adrias。

[3] 普林尼,Ⅲ,20。

第一章　意大利北部

心；① 后者从那里运载海货、以木质容器储存的葡萄酒、② 橄榄油，前者则使用奴隶、③ 牲口和皮革交换。阿奎利亚城位于赫内提人的边界之外。这两个民族的分界线是一条发源于阿尔卑斯山脉的河流，④ 这条河流可供内陆航运的航程是1200斯塔德，直到罗赖亚城。在这座城市附近，格内乌斯·卡波与辛布里人发生了冲突。⑤ 这个地区有许多地方天生适合于淘金和冶铁。在亚得里亚海顶部有一座值得一提的狄俄墨得斯神庙，"即提马乌姆神庙"，它有一个港口、一个很大的广场，7处可饮用的泉水汇合成了一条又宽又深的河流，直接流入大海。⑥ 据波利比奥斯所说，除了一眼泉水之外，所有的泉水都是咸水。更有甚者，当地人把这个地方称为泉水和大海之母。但波塞多尼奥斯说，提马乌斯河从山中流出，流入一段峡谷，接着在地下潜行大约130斯塔德，然后在大海附近流出地表。

9. 狄俄墨得斯统治这个大海的周围地区，不仅有"狄俄墨得斯群岛"作为证据，还有多尼人和阿尔戈斯·希皮乌姆的历史记载，关于这些，我在下面将要作为有用的历史资料说到。不过，我将忽略那些神话和虚构的故事。例如，法厄同和海利亚德斯的故事，说他们变成了埃里达努斯⑦ 附近的杨树（据说它虽然在帕杜

---

① 参见本书IV, vi, 10；VII, v, 2。
② 参见本书V, i, 2。
③ 不仅是阿奎利亚的居民，还有亚得里亚海口附近城市的居民。
④ 不清楚斯特拉博说的是什么河。
⑤ 公元前113年。
⑥ Timavi Fons（今提马沃）。
⑦ 关于阿提卡的埃里达努斯，参见本书IX, i, 19。

斯河附近，但地球上任何地方都不存在埃里达努斯）；还有埃莱克特里德斯群岛的故事，它位于帕杜斯河口之外；还有岛上珍珠鸡的故事；[1]因为在这个地区根本就没有发生过这种事情。但是，赫内提人的某些荣誉传给了狄俄墨得斯，这是一个历史事实。确实，现在仍然在向他奉献一匹白马，两个广场也仍然可以看见——其中一个献给阿尔戈斯的赫拉，另一个献给埃托利亚的阿尔忒弥斯。不过，这里当然添加了某些神话因素。[2]例如，在这些神圣的广场上，野兽是驯服的，鹿和狼群一起放牧；它们允许人们接近并且抚摸自己，野兽只要在这里找到了庇护所，猎狗就不再追踪它们。据说有一个身份显要的人物以乐于助人而闻名，并且常常为此遭人讥笑，他偶然遇见一些猎人，他们的网中有一头狼，猎人开玩笑如果他愿意帮助这条狼，赔偿这条狼造成的所有损失，他们愿意把这条狼从罗网中放掉，他同意了这个建议；这条狼被放走之后，赶来了大群没有烙印的马匹，把它们赶进了这位乐于助人者的马厩；这个人获得了这些礼物，不仅给所有母马烙上了狼的标记，而且把它们称为"狼种"——这些母马以速度而不是美观世所罕见；他的后代不仅保留了这个商标，而且还有这种马的名字，并且规定不得把母马卖到外地去，为的是使纯种的马保存在他们家族。因此，这种马变得非常出名。不过，正如我先前所说的，现在这种马已经完全绝迹了。在提马乌姆神庙之后直到波拉，是伊斯特里人的海岸线。这条海岸线属于意大利；在提马乌姆神庙

---

[1] 根据神话故事，法厄同和海利亚德斯姐妹变成了珍珠鸡，她们的眼泪变成了琥珀。

[2] 参见本书 I, ii, 15。

第一章　意大利北部

和波拉之间有一座特尔格斯特要塞，距离阿奎利亚城180斯塔德。波拉位于一个类似港口的海湾，海湾有一个小岛，岛上有优良的锚地，肥沃的土壤。它是古代那些被派出去寻找美狄亚的科尔基斯人建立的。他们没有完成任务，因此被判处流放。正如卡利马科斯所说：

> ……一座小城，
> 希腊人称为"流放城"，
> 用他们的语言就是波莱城。[1]

在帕杜斯河之后的地区居住着赫内提人和伊斯特里人，他们居住的地区一直延伸到波拉；在赫内提人之后居住着卡尔尼人、塞诺马尼人、梅多亚齐人和辛布里人；[2] 这些民族有些曾经是罗马人的敌人，但塞诺马尼人、赫内提人不仅在汉尼拔战争之前（我指的是在罗马人与博伊人和辛布里人作战的时候），而且在那以后也常常在战争中帮助罗马人。

10. 帕杜斯河以北的居民占领了亚平宁山脉直到阿尔卑斯山脉、盖努阿城和萨巴塔所环绕的整个地区。从前，这个地区大部分地方居住着博伊人、利古里亚人、塞农人和盖扎泰人；但是，由于博伊人已经被驱赶出去，盖扎泰人和塞农人已经被彻底消灭，[3] 这里只留下了利古里亚人部落和罗马移民。而且，罗马人已

---

[1] 参见本书 I, ii, 39。
[2] 可能是因苏布里人。
[3] 参见本书 V, i, 6。

经和翁布里齐人部落混合在一起，在一些地方又和第勒尼人混合在一起。这两个民族在罗马人大扩张之前，为了争夺霸权相互进行了某种竞争，由于他们之间只隔着一条台伯河，很容易过河互相混战。我认为，如果这两个民族有一个出发去和第三个民族作战，另外一个民族就会想出一个好斗的计划，不失时机加入同一个地方的远征；因此，第勒尼人派出一支军队前去与帕杜斯河的蛮族作战，并且取得了胜利。后来，由于他们自己的生活骄奢淫逸，重新被赶出来了。另一方进行了一次远征，进攻这些把他们赶出来的部落。接着，双方首先为占领这些地方发生了争论，他们把许多居民点变成了第勒尼人的，也有许多变成了翁布里齐人的——但大部分是翁布里齐人的，因为翁布里齐人更靠近这个地方。罗马人也占领了这些居民点，并且向许多地方派去了移民。帮助保护早期移民的后裔。现在，他们虽然都成了罗马人，还是一些人被称为"翁布利人"，一些人被称为"第勒尼人"，就像赫内提人、利古里亚人和因苏布里人的情况一样。

11. 在帕杜斯河以南和帕杜斯河附近有许多著名的城市：首先是普拉森提亚城和克雷莫纳城，它们大致位于这个地区的中心，彼此距离很近；其次是在这两座城市和阿里米努姆城之间的帕尔马城、穆蒂纳城、博诺尼亚城（博诺尼亚离拉韦纳城很近），在这三座城市之间分布着许多城镇，它们位于通往罗马的道路旁边——我指的是安卡拉、雷吉乌姆、李必杜姆，马克里·坎皮每年举行公共庆典活动，还有克拉特纳和科尼利乌姆城；接着是法文提亚、萨皮斯河和鲁比孔河附近的凯塞纳，已经到了阿里米努姆城的边界。阿里米努姆城是翁布利人的居民点，拉韦纳城同样

第一章　意大利北部

也是，但每个城市都接受了罗马移民。阿里米努姆城有一个港口，一条相同名字的河流。从普拉森提亚城到阿里米努姆城的距离是1300斯塔德。在普拉森提亚城之后，距离普拉森提亚城36罗马里，在科提乌斯领土的边界上有一座提齐努姆城（还有一条名字相同的河流经过城市，与帕杜斯河交汇），在路旁不远有卡拉斯提迪翁、德通和阿奎·斯塔迪莱。但是，通向奥赛卢姆的道路沿着帕杜斯河和杜里亚斯河行走，它的大部分经过沟壑地带，因为除了这两条河之外，还要穿过其他许多河流，其中就有德鲁恩提亚河，[①]长度大约是160罗马里。[②]从奥克拉山起，就是阿尔卑斯山脉和凯尔特地区开始的地方。在这些山脉附近，位于卢纳城之后有一座卢卡城，还有些居民住在这里的农村之中。由于这个地区人口众多，罗马帝国的军队大多从这里招募，主要是骑士等级的成员，元老院因为这个等级而得到加强。[③]德通是个大城市，位于从盖努阿城到普拉森提亚城的道路中间，距离两座城市都是400斯塔德。在这条道路上还有阿奎·斯塔迪莱城。关于普拉森提亚城到阿里米努姆城的距离，我已经说过了；这里还有一条由帕杜斯河到拉韦纳城的水路，航程需要两昼夜的时间。帕杜斯河以北地区大部分遍布沼泽（虽然汉尼拔在冒险进攻第勒尼亚时，勉强通过这里）；但是，斯考鲁斯在帕杜斯河到帕尔马城之间修建了许多条可以通航的运河，[④]排干了平原的积水；由于在普拉森提亚城附近

[①] 可能有误，代替了杜里斯河。
[②] 多数出版者用这个数字取代了手稿上的数字60。
[③] 迈内克认为句子的结尾是注释，把它清除出正文之外。
[④] M.埃米利乌斯·斯考鲁斯（公元前163—前89年）。

特雷比亚河汇入了帕杜斯河,而在此之前已经有几条河流与其汇合,这就使帕杜斯河的水势非常浩荡。这个斯考鲁斯就是埃米利安大道(Aemilian Way)的建筑者,这条道路通过比萨、卢纳和萨巴塔,从那里到德通;但是,还有另一条埃米利安大道,我指的是接着完成的弗拉米尼乌斯大道(Flaminian Way)。由于马可·李必达(Marcus Lepidus)和盖尤斯·弗拉米尼乌斯(Gaius Flaminius)同时担任执政官;[1] 在征服了利古里亚人之后,后者修筑了从罗马经过第勒尼亚、翁布里卡到阿里米努姆地区的弗拉米尼乌斯大道,[2] 而前一条道路则把它延伸到了博诺尼亚,从那里沿着阿尔卑斯山麓通往阿奎利亚城,绕开了沼泽地带。我们称为阿尔卑斯山北凯尔特的这个地区,它和意大利其他地区的分界线,从前是以亚平宁山脉位于第勒尼亚后面的那个地方,还有埃西斯河为界,后来则是以鲁比孔河为界,这两条河流都汇入了亚得里亚海。

12. 这个地区的高度成就,可以由它的人口众多、城市面积之大和财富来证明;在所有这些方面,居住在这个地区的罗马人都超过了意大利其他地区。确实,精耕细作的土地生产出了大量各种各样的果实,森林出产大量的橡实,罗马大部分地区食用当地出产的猪肉,小米产量很高是因为土地灌溉良好;小米在预防饥荒的时候是非常重要的,因为它能够抵抗各种恶劣的天气,即使在各种谷物都歉收的时候,它也绝不会歉收。这里还有出色的干馏树脂产品;至于葡萄酒,它的产量可以用酒器来证明,因为有

---

[1] 公元前187年。

[2] 根据其他资料,埃米利安大道是由老弗拉米尼乌斯在公元前220年修建的(弗拉米尼乌斯大道,p. 2493)。

的木质容器比房子还大；大量的树脂大大有助于酒桶的涂抹。至于羊毛，柔软的（最优质）羊毛出自穆蒂纳城和斯库尔坦纳河附近地区；利古里亚和辛布里人地区出产粗羊毛纺织品，大部分供意大利南部古希腊移民家庭做衣服；中等质量的羊毛纺织品出自帕特维乌姆，这里还出产珍贵的地毯、毯子和各种各样的羊毛制品，有的是两面用的，有的是一面用的。至于采矿业，现在不如以前那么认真经营了，其原因可能是山北凯尔特和伊比利亚的采矿业更加有利可图；[①] 不过，它们先前曾经认真地开采过，因为维尔切利附近曾经有一个金矿。维尔切利是伊克图姆利（也是个村庄）附近的一个村庄，两个村子都在普拉森提亚城附近。到此为止，我对意大利第一部分的地理描叙就是这么多了。

---

① 参见本书Ⅳ, i, 13。

第二章　第勒尼亚和翁布里亚

1. 我们把第二部分叫做利古里亚，它位于亚平宁地区，位于我已经说过的凯尔特和第勒尼亚之间。除了那些居住在农村里的人辛勤耕种和挖掘那崎岖不平的山地，或者像波塞多尼奥斯所说的开采石料之外，这个地区没有什么值得详细叙述的东西；第三部分接着第二部分，这就是第勒尼人居住的平原地区，一直延伸到台伯河。这个地区东边直到河口地区，大多受这条河影响，另外一边则受第勒尼亚海和撒丁海的影响。台伯河发源于亚平宁山脉，因为汇合了多条河流而水势浩荡。它的部分河道通过第勒尼亚本地，继续往前，首先把第勒尼亚、翁布里卡分开，接着又把罗马附近萨宾人（Sabini）地区和拉丁姆部分地区分开，一直延伸到海边。后面三个地区在它们的宽度上大致与这条河流和第勒尼亚平行，在长度上它们彼此平行；它们延伸到了亚平宁山脉接近亚得里亚海的一条支脉，按照顺序首先是翁布里卡，在翁布里卡之后是萨宾人地区，最后是拉丁姆——整个地区从这条河流开始。现在拉丁人地区位于自奥斯提亚港到锡纽萨城的海岸线和萨宾人地区之间（奥斯提亚港是罗马海军的军港，港口位于台伯河，在流过罗马之后汇入大海），它的长度延伸到了坎帕尼亚（Campania）和萨莫奈人山区。但是，萨宾人地区位于拉丁人和翁布里卡人地区之间,延伸到了萨莫奈人的山区,或者说它和亚平宁山脉部分地区相连,这就是维斯提内人、佩利格尼人和马尔西人的地区。翁布里卡人地区位于萨宾人地区和第勒尼亚之间,延伸到了阿里米努姆城和拉韦纳城的山区。第勒尼亚开始于它本身的海和台伯河附近,[①]结束于这座山的山麓地区,包括从利古里亚到亚得里亚海的区域。下面,我将详细地叙述各个部分,首先从第勒尼亚本身开始。

2. 罗马人把第勒尼人称为"伊特鲁斯坎人"(Etrusci)和"托斯卡尼人"(Tusci)。但是,希腊人据说是以阿提斯(Atys)之子第勒努斯(Tyrrhenus)的名字来称呼他们的。阿提斯曾经派人从吕底亚到这里来移民,那时正是饥荒和庄稼歉收时期,赫拉克勒斯和翁法勒的后裔阿提斯有两个儿子,根据抽签的结果留下了一个儿子吕杜斯,另一个儿子第勒努斯和召集起来的大多数人受命出发。当他来到之后,不仅把这个地区以自己的名字命名为第勒尼亚,而且任命塔尔科负责"殖民化"工作,他建立了12座城市;我认为有一座城市塔尔奎尼亚就是用他的名字命名的。[②]根据讲述神话故事的人说,他出生的时候就是灰色的头发,从小就非常聪明。起初,第勒尼人只服从一位统治者的命令,非常强大;有理由认为他们统一的政府后来瓦解了,第勒尼人被迫屈服于邻人的暴力,分成了几座孤立的城市。此外,他们不应当抛弃自己肥沃的土地,从事海盗活动,不同的团伙在外海不同的地方活

---

① 第勒尼亚海。
② 希腊语为 Tarqunia。

动。确实，他们在任何情况下都是一致行动，他们不仅可以保卫自己不受他人侵犯，而且可以进攻别人，进行远征。但是，在罗马建城之后，德马拉图斯（Demaratus）来了，①还带来一大群科林斯人；他被塔尔奎尼城所接纳，娶了一个本地妇女为妻，和她一起生了卢库莫（Lucumo）。因为卢库莫成了罗马国王安库斯·马基乌斯的朋友，他也被任命为国王，连自己的名字也改成了卢西乌斯·塔尔奎尼乌斯·普利斯库斯（Lucius Tarquinius Priscus）。②他尽可能地美化第勒尼亚，就像他的父亲在他之前已经做过的那样——不过他的父亲靠的是与自己一同从祖国来的众多工匠提供的帮助，而他则是靠罗马提供的资源。更有甚者，还有人说凯旋的仪式、执政官的装饰，一言以蔽之，统治者所有的一切礼仪，都是塔尔奎尼人传授给罗马的，诸如罗马人在国务活动中使用的法西斯、战斧、号角、祭奠的仪式、占卜术和音乐。这位塔尔奎尼乌斯之子，就是"暴君"塔尔奎尼乌斯二世，他是最后一位国王，并且被驱逐了。③第勒尼亚城市克卢西乌姆的国王波尔西纳斯企图用武力使他复位，但没有成功。他结束了个人的敌对行动，作为罗马人的朋友走了，并且获得了大量的礼物。

3. 第勒尼人的光荣历史就是这么多了。下面记叙的是凯雷塔尼人（Caeretani）的成就；因为他们在战争之中打败了那些曾经占领罗马城的加拉泰人。④当时加拉泰人在萨宾人地区，正在回国

---

① 他成了城市的统治者（参见本书Ⅷ, vi, 20）。
② 根据传说，卢库莫于公元前615年担任国王。
③ 公元前509年。
④ 公元前390年。

的途中，凯雷塔尼人进攻加拉泰人，不顾他们的反对，夺走了罗马人心甘情愿地送给他们的战利品。除此之外，他们还接纳了所有从罗马逃到他们那里寻求庇护的人、圣火和维斯太（Vesta）的女祭司。显然，由于当时统治者的过错，罗马人没有以感恩的精神铭记凯雷塔尼人给予他们的帮助。确实，他们给了凯雷塔尼人公民权，但是又不把这些人列入公民之中，① 甚至把不享受平等权利的所有其他人，贬入到"凯雷塔尼人登记册"之中。② 但是，在希腊人之中，这个城市因为勇敢和正直获得了很好的名声。因为这座城市不仅拒绝一切海盗行为，而且在皮托③建立了所谓"阿吉拉人的宝库"（Treasury of the Agyllaei）。④ 因为现在的凯雷，过去就叫阿吉拉，它据说是来自色萨利的佩拉斯吉人（Pelasgi）建立的。不过，当那些已经改名为第勒尼人的吕底亚人进攻阿吉拉人的时候，他们之中有个人到了城墙之下询问这座城市的名字，当时在城墙上的一个色萨利人没有回答他的问题，而是向他说了一句问候的话"喀雷"，⑤第勒尼人接受了这个预兆，在占领这座城市之后，据此更改了它的名字。这座城市曾经如此的光辉灿烂，但现在只保留了一些过去的遗迹；附近的温泉被称为"凯雷塔尼温泉"，⑥ 人口比这座城市还多，这是因为有许多人来这个温泉治疗疾病。⑦

---

① 投票权（ius suffragii）。
② 被监察官除名和丧失投票权的罗马公民被登记入《凯雷塔尼人登记册》。
③ 德尔斐。
④ 参见本书 IX, iii, 8。
⑤ 希腊语，相当于我们的问候语"你好！"（本义为"高兴"）。
⑥ 现在的 Bagni del Sasso。
⑦ 参见本书 V, ii, 9。

4. 至于佩拉斯吉人，大家一致认为这是某个古代部落的名字，这个部落遍布整个希腊，特别是在色萨利的埃奥利亚人之中。埃福罗斯说，他个人认为他们是最早的阿卡迪亚人，他们选择武士的生活，并且使其他许多人转向了同样的生活方式，他们使自己的名声传遍了所有的人，不仅是在希腊人之中，而且在其他所有民族之中都获得了巨大的光荣，无论在哪里都可以遇到他们。确实，正如荷马所说，他们还曾经是克里特的居民。无论如何，奥德修斯对珀涅罗珀说：

> 那里①的人们互相混杂；有亚该亚人、
> 家族古老而傲慢的克里特人、基多尼亚人，
> 还有卷头发的多利亚人、漂亮的佩拉斯吉人。
>
> （《奥德赛》，XIX，175）

色萨利也被称为"佩拉斯吉人的阿尔戈斯"（我指的是它的一部分，位于佩尼乌斯河口、德摩比利和品都斯山区之间），这是因为佩拉斯吉人曾经统治过这些地区。而且，诗人自己就把多多纳人的宙斯称为"佩拉斯吉人的宙斯"：

> 多多纳人的、佩拉斯吉人的主神宙斯啊！
>
> （《伊利亚特》，XVI，233）

---

① 在克里特。

许多人也把伊庇鲁斯部落称为"佩拉斯吉部落",因为他们认为佩拉斯吉人也统治过这个部落。而且,由于许多英雄用"佩拉斯吉人"的名字来称呼,后来许多人把这些英雄的名字命名了许多部落;例如,他们把莱斯沃斯岛称为"佩拉斯吉亚",荷马把西里西亚人的邻居、特洛阿德的居民称为"佩拉斯吉人":

> 希波托乌斯率领使用长矛的佩拉斯吉部落,
> 这些佩拉斯吉人住在土壤深厚的拉里萨。
>
> (《伊利亚特》,Ⅱ,843)

不过,埃福罗斯关于这个部落最初起源于阿卡迪亚的说法,是引自赫西奥德的权威说法,因为赫西奥德说道:

> 神样的吕卡昂所生的子女,
> 他是佩拉斯古斯所生……

除此之外,埃斯库罗斯在《请愿者》或《达那伊得斯姐妹》[①]之中也说到佩拉斯吉人起源于阿尔戈斯,大约在迈锡尼(Mycenae)附近。埃福罗斯认为,伯罗奔尼撒半岛也曾经被称为"佩拉斯吉亚"。[②]欧里庇得斯在《阿基劳斯》[③]也说道:

---

① 这个剧本没有保留下来。
② 还有阿尔戈斯。
③ 这个剧本没有保留下来。

50位女儿之父达那俄斯，

在阿尔戈斯伊纳库斯城建立了自己的居所，

他在希腊推行法律，

所有以前叫做佩拉斯吉人的，

现在都叫做达那俄斯人。

(《残篇》，228，瑙克)

安提克利德斯还说，他们最初是住在利姆诺斯岛和伊姆布罗斯岛附近地区，他们之中有些人确实和阿提斯之子第勒努斯远航去了意大利。历史著作《阿西斯的土地》[1]的编者也说到佩拉斯吉人，认为他们确实到过雅典。[2]据这些编者说，因为他们是流浪者，就像鸟儿一样听任命运指点来到了这里，所以被雅典人称为"佩拉尔吉人"。[3]

5. 第勒尼亚最大长度——这条海岸线从卢纳到奥斯提亚——大约是2500斯塔德，它的宽度（我说的是靠近山区的宽度）不到长度的一半。从卢纳到比萨距离超过400斯塔德；由此到沃拉特雷，距离280斯塔德；由此到波普洛尼乌姆，距离270斯塔德；由波普洛尼乌姆到科萨，距离接近800斯塔德，也有人说是600斯塔德；不过，波利比奥斯说整个的距离不到1300斯塔德，[4]这是错误的。在这些居民点之中，最重要的是卢纳城和港口。希腊

---

[1] 阿西斯是阿提卡古代的名字，得名于神话传说之中国王克拉劳斯之女。
[2] 参见本书IX, i, 18；IX, ii, 3。
[3] 本义为"鹳"。
[4] 由卢纳到科萨。

第二章 第勒尼亚和翁布里亚

人把这座城市和港口称为"塞勒涅港"。确实,这座城市不大,但海港大而漂亮。因为它内部包括几个港口,都是靠岸的深水港口。这个地方天生是那些长期充当海洋霸主者的海军基地。港口周围是高山,从山上可以观察到外海和海岸两边大多数地方。这些采石场有白色的,灰蓝杂色的大理石,产量很大,质量很高(因为它们出产巨大的厚石板和石柱),罗马和其他城市大量杰出的工艺品[1]都是使用这里开采的石料做成的。确实,大理石比较容易运输,因为采石场位于海岸的后面,靠近海边,从海边运走的货物可以通过台伯河运入罗马。从第勒尼亚运来建筑房屋的横梁大多又直又长,因为它们可以通过河流直接从山区运到这里。在卢纳和比萨之间是马克拉斯河,许多历史学家把这条河流看作是第勒尼亚和利古里亚的分界线。比萨是那些居住在伯罗奔尼撒半岛的比萨泰人建立的,他们曾经与涅斯托尔一道远征伊利乌姆,在回国的途中迷失了航向,一些人到了梅塔庞提乌姆(Metapontium),另外一些人到了比萨地区。但他们都被称为皮卢斯人。比萨位于两条河流之间,距离它们的汇合之处很近,这两条河流是阿努斯河和奥萨河。其中前一条河流从阿伦提乌姆流出,水势浩荡(不是一条河流,而是分成三条河流),后一条河流从亚平宁山脉流出;当它们汇合成一条河流之后,由于水流互相激荡,河水上涨很高,以至于站在对岸的两个人无法看见彼此;因此,沿着河流溯河而上航行,不可避免要克服许多困难,这一段航程大约是20斯塔德。据说有这样一个神话故事:这些河流最初从山区流出的

---

[1] 参见本书 V, iii, 8。

时候，它们的河床被当地居民堵住，因为他们害怕这些河流将来汇合成一条河流，使这个地区洪水泛滥，这些河流答应不会淹没这个地区，并且遵守了它们的诺言。显然，比萨在过去由于繁荣兴旺而非常出名，因为它的富裕、它的采石业和造船木材，它现在也不是无名之辈。确实，他们在古代需要使用木材来应对自己面临的来自海洋的威胁（因为他们从来就比第勒尼人好战，而他们的好战精神又由于他们附近愚蠢的邻居利古里亚人而得到加强）；但是，现在大多数木料被用于罗马城的建筑物和别墅，因为人们正在设计波斯式的豪华宫廷建筑。

6. 关于沃拉特拉尼人（Volaterrani），他们的地区沐浴着大海，他们的居民点在一个深山沟里。这个山沟里有一座高高的山丘，山丘四边陡峭，顶部平坦，这个居民点就建在山丘上，并且有城墙。从山脚到山顶有 15 斯塔德，整条道路非常陡峭，难以攀登。这里聚集着一群被苏拉剥夺了公民权的第勒尼人；依靠着临时招募的四个军团，[①] 他们顶住了两年的围攻，最后签订了休战协定，离开了这个地方。至于波普洛尼乌姆，它位于一个高高的海角，陡峭地向下延伸到海中，形成一个半岛；大约与沃拉特雷城同时，它也遭到了围攻。现在，这座城市除了神庙和少数居民住宅之外，已经彻底被抛弃了。这个港口小城在山脚下有一个小港口、两个码头，适合人群居住。我认为这是古代第勒尼亚城市中唯一位于海边的城市；其原因是这个地区缺少海

---

① 本义为 Tagmata，该术语用于罗马军团不一定适合。被苏拉剥夺了公民权的人，围攻在公元前 79 年开始。

港——严格来说是因为建城者基本上是有意回避大海，或者是有意放弃保卫海防的责任，这样它就不可能毫无保护，成为那些海上来的进攻者唾手可得的战利品。还有，在海角之下有一个地方可以观察金枪鱼的行动。从城里向下望去，虽然是很远，很困难，你可以看见萨多岛和附近的西尔努斯岛（距离萨多岛大约60斯塔德），比这些看得更清楚的是埃萨利亚岛。埃萨利亚岛比较靠近大陆，因为它距离大陆仅有300斯塔德，与到达西尔努斯岛（Cyrnus）的距离相同。这个地方是从大陆前往上述三个岛屿最适宜的地方。当我前往波普洛尼乌姆城的时候，亲自参观过这些岛屿，还有周边地区一些被废弃的矿场。我看见工人在冶铁，铁是由埃萨利亚岛运来的，因为它不能在岛上的熔炉中用高温熔化成整块，被直接从矿场送往大陆。但是，这并不是这个海岛唯一引人注目的事情。还有一件事情是，许多已经衰竭的矿场随着时间的推移又再次充满了矿藏。①据说在罗德岛的岩层、帕罗斯岛的大理石矿也出现过这种情况。克莱塔库斯（Cleitarchus）说印度的岩盐矿也出现过这种情况。厄拉多塞说从大陆看不见西尔努斯岛和萨多是对的；阿尔特米多鲁斯说这两个岛屿都在外海1200斯塔德距离之内是不对的。确实，即使某个人可以看见它们，我在这样远的距离是不可能看见它们的，起码是看不清楚的，特别是西尔努斯岛。在埃萨利亚岛有一个阿尔戈斯港，据说是以"阿尔戈"船的名字命名的。传说由于美狄亚

---

① 亚里士多德（《奇物》，93卷）说这个岛上耗尽了铜矿，过了很长时间之后又充满了铁矿。

希望见到这位女神,当伊阿宋前去寻找喀耳刻居住的地方时,曾经到过这个港口;除此之外,阿尔戈英雄用来刮汗的刮擦器已经凝结,海边色彩斑斓的鹅卵石至今犹存。这些神话故事就成了我所说的证据;荷马自己讲述的故事,通常并不全都是虚构的。但是,由于他反反复复听到许多这类的故事,他通常也会在自己的讲述之中把距离夸大,把活动的地点变得更加遥远。例如,他把奥德修斯活动的地点放在了大洋上,同样,他又把伊阿宋的活动地点也放在那里。因为伊阿宋的流浪生活就像奥德修斯在墨涅拉俄斯那里一模一样。① 关于埃萨利亚岛的情况,就讲这么多了。

7. 不过,罗马人把西尔努斯岛称为科西嘉岛。岛上的生活很贫穷——不仅因为它是一个岩石嶙嶙的岛屿,而且它的大部分地区完全无法通行。因此,那些居住在山区的居民以盗匪为生,凶残甚于野兽。无论如何,罗马统帅在那里进行了一次围剿,用奇袭攻下了一个要塞,把许多人作为奴隶抓走;在罗马,你可以看到,并且会对他们所表现出来的凶残和下贱天性感到惊奇;由于他们无法适应不自由的生活,或者他们即使可以生活下来,由于他们的冷淡和麻木不仁,也极容易触怒自己的主人,以至于买主即使已经为购买他们付出一笔微不足道的金钱,他们可能还在后悔这桩买卖。但是,这个岛上还有一些可以居住的地方和可以被称为小城市的地方,如布莱辛翁、查拉克斯、伊尼科尼亚和瓦帕

---

① 斯特拉博在这里再次回到了自己喜爱的题目。比较本书 I, ii, 9; I, ii, 38; III, ii, 30。

第二章　第勒尼亚和翁布里亚

尼斯。根据地志编写者[①]说，这个岛的长度是160罗马里，宽度是70罗马里；撒丁岛的长度是220罗马里，宽度是98罗马里。但是，根据其他人的说法，西尔努斯岛的周长大约是3200斯塔德，撒丁岛的周长达4000斯塔德，撒丁岛大部分地区崎岖不平，而且不安全。虽然它的土地出产各种果实，特别是谷物。至于城市，这里确实有几座，但只有卡拉利斯城和苏尔奇城值得一提。不过，这个地区的缺点与优点相比，缺点是严重的。因为这个海岛夏季不利于健康，特别是在高山地区。更确切地说，这些地区经常被现在名叫迪亚戈斯贝人的山民洗劫一空；但是，他们以前自称为伊俄莱人；据说伊俄拉俄斯到这里来的时候，带来了赫拉克勒斯的一些子女，他和占据该岛的蛮族（后者就是第勒尼人）居住在一起。后来，迦太基的腓尼基人成了他们的主人，和他们一起对罗马人作战；不过，在腓尼基人失败之后，所有人又都成了罗马人的臣民。这里的山民有四个部落：帕拉提人、索西纳提人、巴拉里人和阿科尼特人，他们居住在巨大的洞穴之中；尽管他们有一些土地适于耕种，但他们懒于耕种；相反，他们抢劫农夫的土地——不仅是岛上的农夫，他们居然还渡海去抢劫对岸的农夫，特别是比萨泰人的土地。有时候，派往岛上的罗马军政长官会与山民发生对抗，有时候他们非常厌烦这事——当在有害健康的地区继续保持一支军队无利可图的时候，那时他们唯一的办法就是

[①] 斯特拉博在这里和在其他五个地方提到这个人（参见本书 V, ii, 8；VI, i, 11；VI, ii, 1；VI, ii, 11；VI, iii, 10）是地志编写者。大多数学者认为这就是奥古斯都的战友阿格里帕，绘制了所谓的《阿格里帕地图》。但后人对此表示十分怀疑（W. Aly, *Strabo von Amaseia*, München, 1960, p. 427）。

使用计谋。例如，他们注意到蛮族的一个风俗习惯（他们在进行抢劫活动之后要共同庆祝几天）。于是，他们在那个时刻袭击蛮族，打败了许多人。萨多岛出产的绵羊，长着山羊毛而不是绵羊毛；这种羊被称为"姆斯莫内"；① 人们用它们的皮革做成铠甲。他们也使用小皮革盾牌和短剑。

8. 从波普洛尼乌姆城到比萨之间的海岸线上，可以清楚地看见这些岛屿；它们一共是三个长方形的岛屿，几乎是平行的，正对着南方和利比亚；但是，埃萨利亚岛在面积上明显不及其他两个海岛。而且，根据地志编写者的意见，从利比亚前往萨多最短的路程有300罗马里。② 在波普洛尼乌姆城之后是科萨城，城市在大海之后的一点儿地方；在海湾顶部有一座高丘，居民点位于这座高丘上；在它的下面是赫拉克勒斯港，在它的附近有一个潟湖，在海角旁边海湾的高处有一个金枪鱼观察站；因为金枪鱼不仅是为了追逐橡实，③ 而且为了追逐紫鱼④从外海、甚至是从西西里开始了它们的航程，一直来到海岸边。如果沿着海岸线从科萨到奥斯提亚港，路上有几座小城市：格拉维齐城、皮尔吉城、阿尔西乌姆城和弗雷格纳城。到格拉维齐城距离是300斯塔德；途中有一个地方叫雷吉斯离宫，传说这里曾经是佩拉斯吉人马来奥斯的宫廷，据说他统治过上述地区，后来他和帮助他在这里殖民的佩拉斯吉人一道前往雅典去了，属于这个部落的佩拉斯吉人至

---

① 欧洲盘羊（Ovis musimon）。
② 普林尼（Ⅲ，13）确定的数字接近于事实——200罗马里。
③ 蔓足目的甲壳类软体动物（Balanus tubicinella）。
④ Purpura murex.

今仍然统治着阿吉拉。从格拉维齐城到皮尔吉城距离不足180斯塔德；这是凯雷塔尼人港口，距离城市30斯塔德。皮尔吉城有一座埃雷图娅的神庙，它是由佩拉斯吉人建立的；它曾经很富有，在西西里僭主狄奥尼修斯远征西尔努斯岛的时候，它遭到了洗劫。还有，从皮尔吉城到奥斯提亚距离是260斯塔德，途中有阿尔西乌姆城和弗雷格拉城。第勒尼亚沿岸的情况就是这么多了。

9. 除了上述城市之外，在这个地区的中心还有其他的城市，如阿伦提乌姆城、佩鲁西亚城、沃尔西尼城和苏特里乌姆城。除此之外，它还有许多小城镇，如布莱拉、费伦提努姆、法利斯库姆、内佩塔、斯塔托尼亚和其他几座城镇。其中有些从一开始就组成了同盟，还有些被罗马人殖民化或征服了，如经常与罗马人作战的维爱和菲德内。但是，有些人认为法莱里人不是"第勒尼人"，而是一个特殊的、不同的部落法利斯齐人；另外一些人认为法利斯库姆城是一座拥有自己独特语言的城市；第三部分人认为法利斯库姆城是位于奥克里克利和罗马[①]之间，弗拉米尼乌斯大道旁的埃库姆·法利斯库姆城。费罗尼亚城位于索拉克特山的山脚下，它与一位深受周边居民崇拜的本地女神名字相同，她的圣地在这个地方。她有许多重要的宗教仪式，对于那些崇拜这位女神的人而言，要光脚走过一个余火未尽的大柴堆，而且毫无损伤；许多人在同一个时间走到一起，目的不仅是为了参加每年一

[①] 古代作家通常把法利斯库姆的部落和城市分开，城市叫做法利斯库姆或者法利里。

度的宗教节日聚会，也是为了观看前面所说的奇迹。不过，阿伦提乌姆靠近山区，是内陆地区最遥远的地方，距离罗马1200斯塔德，而克卢西乌姆城距离罗马仅800斯塔德；佩鲁西亚城靠近这两座城市。众多的湖泊对第勒尼亚的繁荣也做出了贡献，这些湖泊既大，数量又多；它们既可以通航，又可以为大量鱼类和沼泽的鸟儿提供食物，大量的香蒲、纸莎草和芦苇的羽饰，[1] 通过河流运往罗马——这些河流从湖泊中流入台伯河。在这些湖泊之中，有西米尼亚湖、靠近沃尔西尼城的湖泊、靠近克卢西乌姆城的湖泊和最靠近罗马与大海的萨巴塔湖。最遥远的湖泊是阿伦提乌姆附近的特拉苏蒙纳湖，湖边有一个山口，军队通过它可以从凯尔特前往第勒尼亚，[2] 汉尼拔就曾经使用过这个山口；这里有两个山口，这是一个，另一个是通过翁布里卡到阿里米努姆城附近的山口。阿里米努姆城附近的山口比较好，因为这里的山比较低。由于这个山口守卫很严密，汉尼拔不得不选择更难行走的山口，由于他占领了山口，他在大战中打败了弗拉米尼乌斯。第勒尼亚有许多温泉，它们离罗马很近，它们接待的人数不比最著名的贝伊（Baiae）温泉接待的人数更少。

10. 与第勒尼亚并排，东边是翁布里卡地区，它从亚平宁山脉一直延伸到遥远的亚得里亚海。翁布里卡人占领的地方，自拉韦纳城附近开始有如下各地：萨尔西纳、阿里米努姆城、塞纳和卡马里努姆。[3] 这里有埃西斯河、齐古卢姆山、森提努姆山、梅托鲁

---

[1] Tafa Latifolia——莞属植物。
[2] 凯尔特这边。
[3] 或者是卡梅里努姆。

斯河和命运女神庙。① 实际上，从前意大利和凯尔特的分界线就通过这些地区附近（我指的是亚得里亚海附近地区的分界线）。但是，这条分界线经常被统治者改变；起初他们是以埃西斯河为界，后来是以鲁比孔河为界。埃西斯河流过安科纳和塞纳之间的地区，鲁比孔河流过阿里米努姆城和拉韦纳之间的地区，两条河流都汇入了亚得里亚海。实际上，现在直到亚平宁山脉的整个地区都成了意大利的，我们已经不再重视这些分界线，但大家都同意翁布里卡本身一直延伸到拉韦纳，因为这些人就居住在拉韦纳。据说从拉韦纳到阿里米努姆城的距离是大约300斯塔德；如果你从阿里米努姆城前往罗马，沿着弗拉米尼乌斯大道经过翁布里卡到奥克里克利和台伯河，你的整个行程是1350斯塔德。这就是翁布里卡的长度，但它的宽度参差不齐。在亚平宁山脉这边的城市之中值得一提的首先是位于弗拉米尼乌斯大道旁的城市：台伯河与拉罗隆河边的奥克里克利城，纳尔河流过的纳尔纳城（它在奥克里克利后面不远之处与台伯河交汇，可以供小船通航）；然后是卡苏利城、梅瓦尼亚城，特内斯河流过该城（这条河把平原上的产品用小船运往台伯河）；除此之外，这里还有一些人口众多的居民点，他们与其说是政治组织，不如说是因为弗拉米尼乌斯大道的缘故；这些居民点是福伦弗拉米尼乌姆、努塞里亚（这个地方出产木器）、福伦森普罗尼乌姆。其次是弗拉米尼乌斯大道右边的城市，如果你从奥克里克利前往阿里米努姆城，有因特拉姆纳、斯波莱提乌姆、埃西乌姆、卡默特斯（在深山之中，是皮森提尼人

---

① 拉丁语是 Fanum Fortumae。

(Picentine）地区的边界）；在大道的对面有阿梅里亚、图德尔（一座防守坚固的城市）、希斯佩努姆、伊古维乌姆；最后一座城市位于翻越大山的山口。翁布里卡整个地区以富裕闻名，尽管它是一个小山区，只能用二粒小麦而不是小麦养活自己的民众。在翁布里卡之后是萨宾地区，它也是个山区，一直延伸到翁布里卡，并且和翁布里卡一起延伸到第勒尼亚。再往前是拉丁地区各个部分，它们靠近上述地区，靠近亚平宁山脉，地势高低不平。有两个部落居住在台伯河、第勒尼亚直到稍微斜向内陆的亚得里亚海滨亚平宁山区，正如我在前面已经说过的，翁布里卡延伸到亚得里亚海那边的山脉。关于翁布里卡人，我要说的就是这么多了。

第三章　萨宾地区和拉丁姆

1. 萨宾人居住在一个狭窄的地区，这个地区从台伯河和诺蒙图姆小镇一直延伸到维斯提内人的地区，长度为1000斯塔德。他们的城市不多，有些城市由于持续不断的战争而衰败了，这些城市是阿米特努姆城、雷特城（在它附近有一个英特罗克里村，还有一个科提利伊冷泉，当地的居民用它来治疗自己的疾病，不仅是喝泉水，并且坐在泉水中浸泡身体）。福鲁利也属于萨宾人——这是一片岩石的高地，天生地适合于用来造反而不是居住。至于库雷斯，它现在仅仅是个小村庄，但它过去曾经是一个重要的城市，它是罗马两位国王——提丢斯·塔提乌斯和努马·庞贝利乌斯（Numa Pompilius）的故乡。因此，公众演说家在向罗马人演说时，要把他们称为"库里特人"。① 特雷布拉、埃雷图姆和其他的居民点可能只能算是村庄而不是城市。萨宾人整个地区都非常适合种植橄榄和葡萄，它还出产大量的橡实；它还有各种驯养的牛群，特别著名的雷特马骡得到了普遍的推广，这也是很重要的。总而言之，意大利全国各地都非常适合繁殖各种驯养牲畜、果实。但是，不同的地区有不同的种类占据优势。萨宾人不仅是一个非

---

① 拉丁语是 Quirites。

常古老的民族，而且也是一个土生土长的定居民族（皮森提尼人和萨莫奈人都是萨宾人之中的殖民者，莱夫卡尼人出自萨莫奈人，布雷提人出自莱夫卡尼人）。萨宾人古老的生活方式可以从他们的勇敢和其他优秀品质得到证明，由于这些品质，他们一直坚持到了现在。[①] 历史学家费边说罗马人第一次认识到他们的财富，只是在他们成为这个部落的统治者之后。通过他们境内修建的道路，不仅有萨拉里亚路（Via Salaria，这条道路不长），还有诺门塔纳路（Via Nomentana），[②] 它在埃雷图姆村与前一条道路连接在一起（这是位于台伯河之后萨宾地区的一个村庄），这条道路开始于同一座大门——科利纳门（Porta Collina）之后。

2. 接下来是拉丁地区。这个地区先前有一座罗马城市，现在它包括许多先前不属于拉丁地区的城市。例如埃齐人、[③] 沃尔西人、赫尔尼齐人、居住在罗马附近的阿博里吉内人、居住在古老的阿尔代亚的鲁图利人，还有许多其他大大小小的集团，当这座城市刚刚建立的时候，他们那时就与罗马人比邻而居，共同生活；其中有些部落由于地位低于共同体部落，被允许独立地生活在自治村落中。据说埃尼阿斯与其父安喀塞斯、其子阿斯卡尼乌斯来到位于奥斯提亚和台伯河附近岸边的劳伦图姆之后，在大海后面不远之处，大约24斯塔德距离的地方建立了一座小城；阿博里吉内

---

① 萨宾人的愚蠢和严厉反映在歇后语之中。由于他们的这种特点，有些作家（如波塞多尼奥斯等）认为萨宾人出自拉科尼亚人。
② 公元前17年，奥古斯都把公路延续到了亚得里亚海。
③ 拉丁语是Aequi；斯特拉博在其他地方把他们称为埃魁人（参见本书V, iii, 4）。

人的国王拉丁努斯（Latinus）就住在现在罗马城所在的地方，他前去拜访他们，和埃尼阿斯及其部落结成盟友，反对居住在阿尔代亚的鲁图利人（从阿尔代亚到罗马的距离是160斯塔德），他在取得胜利之后在附近建立了一座城市，并且用其女儿的名字拉维尼亚命名这座城市；当鲁图利人再次发动战争的时候，拉丁努斯阵亡了，但埃尼阿斯获得胜利，成了国王，并且把他的臣民称为"拉丁人"；在埃尼阿斯与其父安喀塞斯去世之后，阿斯卡尼乌斯在阿尔班（Albanus）山建立了阿尔巴城（Alba），这座山距离罗马与阿尔代亚距离罗马的路程相同。罗马人与拉丁人在一起——我指的是他们的官员在一起聚会，在这里向宙斯献祭。然后，大会任命了一位年轻贵族在祭祀时期担任城市的统治者。但是，这都是400年之后才编成的关于阿莫利乌斯[①]及其兄努米托的传说，这些故事部分是虚构的，部分接近事实。起初，两兄弟从阿斯卡尼乌斯的后裔手中继承了阿尔巴的统治（该地延伸到台伯河）；但是，弟弟阿莫利乌斯把其兄排挤出去，自己一个人统治；不过，由于努米托有儿有女，阿莫利乌斯在狩猎的时候奸诈地暗杀了其子，为了使其女不可能有后裔，他任命她担任维斯太女神的祭司，这样使她保持童贞（她名叫瑞亚·西尔维娅）；后来，人们发现她失贞了（因为她生了双胞胎），他没有处死她，只是把她监禁起来，为了使其兄满意，他按照古代的风俗习惯，把双胞胎露天放在台伯河岸边。但是，神话故事告诉我们，这两个孩子是战神阿瑞斯所生，他们被放在空旷之地，人们看见一头母狼在哺育他

---

① 拉丁语是Amulius。

们；附近的一个猪倌福斯图卢斯把他们抱去抚养了（不过我们必须认为这是阿莫利乌斯手下一个有影响的人物，把他们抱去抚养了），并且把他们一个叫做罗慕路斯（Romulus），另一个叫做雷穆斯（Romus）；① 他们长大成人之后，进攻阿莫利乌斯和他的儿子，并且打败了他们，恢复了努米托的统治地位，他们回家后建立了罗马城，这是一个必然的、别无选择的合适地方。② 因为没有一个地方天生有如此坚固，也没有一个地方周围有如此广阔的土地可以满足建城的需要，以及罗马人和其他居民居住的需要；因为周围的人们习惯于按照自己的方式居住（虽然他们的土地几乎与已经建成的城墙相连），他们也毫不关心阿尔巴尼人。这里还有科拉提亚、安坦内、菲德内、拉比库姆和其他一些地方——那时还是一些小城镇，现在仅仅是村庄，或者是公民私人的地产——所有这些地方距离罗马 30 斯塔德或者略微多一点。无论如何，在标志罗马里程的第五和第六石柱之间，有一个名叫"费斯提"的地方，这个地方据说是当时罗马领土的边界；在这里和在其他几个过去曾经是边界的地方，祭司们在同一天要举行献祭活动，③ 这个仪式称为"安巴维亚"（Ambarvia）。④ 据说，在建城的时候发生了争执，结果是雷穆斯被杀。⑤ 城市建成之后，罗慕路斯开始召集一伙乌合

---

① 最好的手稿是 Romus，而不是 Remus。
② 参见本书 V，iii，7。
③ 所谓的"阿尔瓦尔兄弟会"，即"农夫兄弟会"，由 12 位祭司组成，据说由罗慕路斯管理。
④ 拉丁语是 Ambarvalia。节日庆典活动在罗马历 5 月 27、29 和 30 日举行。节日得名于祭品要"绕着田地一周"行走。
⑤ 李维，I，7。

之众，在要塞和卡皮托之间划定一块圣地作为避难所。[①]并且宣布所有周边居民前来这里避难都是公民。不过，他没有为自己的公民获得不同种族之间的通婚权，他宣布向波塞冬奉献一匹种马，这个仪式现在仍然在举行；但是，当大量的人群、主要是萨宾人聚集起来之后，他下令所有想要结婚的人前去抢劫已经达到生育年龄的少女作为妻子。库里特人的国王提丢斯·塔提乌斯前来以武力报复这种暴行，[②]但后来在共享王位和国家的基础上与罗慕路斯达成了妥协。后来，提丢斯·塔提乌斯在拉维尼乌姆被人奸诈地暗杀了，罗慕路斯得到库里特人的同意，独自一人统治。罗慕路斯死后，塔提乌斯的同乡、公民努马·庞贝利乌斯继承了王位，他是由他的臣民挑选而取得王位的。这就是有关罗马建城最可靠的故事。

3. 但是，还有另外一个更古老的、虚构的故事，这个故事说罗马是埃万德（Evander）建立的阿卡迪亚人殖民地；当时赫拉克勒斯正在追赶吉里昂的牛群，受到埃万德的招待；由于埃万德从其母尼科斯特拉特（传说她善于占卜）那里听到赫拉克勒斯在完成他的功业之后注定要成为神，埃万德不仅把这件事告诉了赫拉克勒斯，而且把一个院落作为圣地给他，并且按照希腊人的仪式向他献祭。这种仪式到现在仍然在举行，以祭祀赫拉克勒斯。罗马历史学家科埃利乌斯则把这件事情作为是希腊人建立的证据——在罗马世代相传按照希腊仪式来祭祀赫拉克勒斯。罗马人

---

① 圣域又称为"庇护所"，或者某神的神庙。进入圣域的罪犯和奴隶都不可侵犯。

② 参见本书 V, iii, 7。

也把埃万德的母亲作为仙女来祭祀，不过她的名字被改成了卡尔门提斯。①

4. 即使如此，拉丁人数量最初并不多，大多数人也不重视罗马人。但是，他们后来被罗慕洛及其之后历代国王的英勇精神所打败，全部成了罗马的臣民。在征服埃魁人、沃尔西人、赫尔尼齐人之后、加上早已征服的鲁图利人、阿博里吉内人（此外还有某些雷齐人、阿吉卢西人② 和普雷费尼人），属于这些人的整个地区被称为拉丁姆。庞普提内平原位于拉丁人的边界上，还有被塔尔奎尼乌斯·普里斯库斯所毁灭的阿皮奥拉城，原来都属于沃尔西人。埃魁人是库里特人最近的邻居；他们的许多城市也被塔尔奎尼乌斯·普里斯库斯洗劫了；他的儿子占领了沃尔西人的首府苏伊萨城；赫尔尼齐人通常居住在拉努维乌姆、阿尔巴和罗马城附近；不远的地方有阿里西亚、特利内和安提乌姆。阿尔巴人最初与罗马人和睦地居住在一起，因为他们说着同样的语言，同样是拉丁人；虽然他们像过去一样，都由各自的国王管理，单独地居住，同时，在他们之间存在着互相通婚，在阿尔巴举行共同的祭祀，还有其他共同的公民权利和义务。但是，后来他们之间发生了战争，结果是除了神庙之外，阿尔巴被毁灭，阿尔巴人被承认为罗马公民。至于邻近的其他城市，其中有些被毁灭了，有些由于不忠顺被征服了，还有些城市由于他们的忠诚变得比过去更加强大了。现在，由奥斯提亚到锡纽萨城（Sinuessa）的海岸地区

---

① 或者是 Carmentis。
② 原文可能有脱漏错讹。

被称为拉丁姆,但在更早的时候拉丁姆的海岸线只到喀耳凯乌姆。而且,从前拉丁姆只包括内陆一块不大的地方,后来它一直延伸到了坎帕尼亚、萨莫奈人和佩利格尼人的地区以及其他居住在亚平宁山脉的居民的地方。

5. 整个拉丁姆地区是一个富裕的地方,盛产各种物品,除了少数海岸地区之外——我指的是沼泽和多山的地区(诸如阿尔代亚泰人的地区、在安提乌姆、拉努维乌姆之间到庞普提内平原的地区、塞提亚地区的某些地方、塔拉齐纳和喀耳凯乌姆附近地区),或者是山区和多岩石的地区;而且,即使是这些地区也不是完全无法耕种和毫无用处的,因为它可以提供良好的牧场、木材或者沼泽和多岩石地区出产的某种果实(凯库班平原虽然是沼泽地区,它生长的葡萄可以酿造优质葡萄酒,我指的是葡萄树)。[①]下面是属于拉丁人的海滨城市:第一个是奥斯提亚,这是一个没有港口的城市,因为汇合了多条河流的台伯河带来了大量的冲积物,因此商船只能冒着风浪的威胁在外海抛锚,以求获得暴利;实际上,人们用大量辅助船只接走货物,送来交换的货物,使得商船可以在触底河流之前迅速地离开,或者是卸下船上的部分货物之后,它们可以驶入台伯河前往罗马,航程为190斯塔德。奥斯提亚是安库斯·马基乌斯建立的。从那时起,这座城市就是这样。接下来是安提乌姆城,它也是一座没有港口的城市。它位于一片岩石之上,距离奥斯提亚大约260斯塔德。现在,安提乌姆城已经成了统治者休闲的地方,使他们有机会摆脱国务活动,为

---

① 缠绕着树木生长的葡萄藤。

了这个目的，在城里建造了许多豪华的宫廷；从前，安提乌姆城的居民有船只，他们经常和第勒尼人一道从事海盗活动，那时他们已经成了罗马人的臣民。因此，亚历山大从前派人前来控告；后来的德米特里在把捕获的海盗送还罗马人时，[1]声称他虽然以送还被俘者的方式对罗马人表示了友好，这是因为罗马人与希腊人是亲属关系，但他认为意大利统治者派人去当海盗，或是修建狄俄斯库里兄弟神庙广场，崇拜那些被称为救星的人，同时又派人到希腊洗劫狄俄斯库里兄弟的祖国，是不对的，罗马人应当停止这类活动。在这两座城市的中间是拉维尼乌姆，它有一座拉丁人共同祭祀的阿弗罗蒂忒神庙，阿尔代亚泰人通过特别的服务人员来关照它。然后就到了劳伦图姆。在这些城市之后是阿尔代亚，这是鲁图利人的居住地，距离大海70斯塔德。在阿尔代亚附近也有一座阿弗罗蒂忒神庙，拉丁人在那儿举行宗教节日仪式。不过，这些地方已经被萨莫奈人破坏了；虽然只留下了城市的遗迹，这些遗迹也非常有名，因为埃涅阿斯曾经在此停留，因为这些宗教仪式据说是从那时候传下来的。

6. 在安提乌姆城之后290斯塔德，是喀耳凯乌姆山，它被海水和沼泽所包围，是一座岛屿。据说喀耳凯乌姆是一个出产根茎的地方，这大概是因为人们把它和喀耳刻的神话联系在一起。[2]它有一座小城市、一座喀耳刻神庙和一座雅典娜祭坛。这里的人们会指给你看一个碗状的物品，据说那是奥德修斯的遗物。斯托拉

---

[1] 德米特里·波利奥尔塞特斯。
[2] 古代的巫师、巫婆利用这些根茎做成"各种药水"（如春药），女巫的保护神就是喀耳刻。

第三章　萨宾地区和拉丁姆

斯河从安提乌姆与喀耳凯乌姆之间流过。在河的附近有一个锚地。然后是沿岸地区，朝向西南方向，除了喀耳凯乌姆有一个小港口之外，海岸上没有港口。在海岸线之后的内陆地区，是庞普提内平原，先前奥索尼人居住的地方和这个地区比邻，他们还占领过坎帕尼亚；在这些人之后是奥西人；坎帕尼亚也有一部分属于他们；但正如我所说的，[1] 现在这一切直到辛纽萨城都属于拉丁人。在奥西人和奥索尼人之中发生了一些特别的事情。虽然奥西人已经消失了，他们的方言仍然保留在罗马人之中，以至于在某些传统的竞赛时，以那种方言写成的诗歌被搬上舞台上，像滑稽戏一样演出。[2] 而且，奥索尼人虽然从来就没有在西西里海边居住过，还有一个海被称为"奥索尼海"。接着，距离喀耳凯乌姆100斯塔德是塔拉齐纳，[3] 它从前根据自己的实际特点叫做"特拉钦内"。在塔拉齐纳前面有一个先前由两条河流形成的大沼泽；较大的那条河叫做奥非杜斯。[4] 阿庇安大道（Appian Way）在这里第一次接近大海；这条大道从罗马一直通往布伦特西乌姆，是所有道路之中最常行走的大道；道路经过如下几个海边的城市：塔拉齐纳，在它之后的是福尔米伊、明特内、锡纽萨和最遥远的地区——塔拉斯和布伦特西乌姆。如果你从塔拉齐纳附近朝罗马方向走，有一

---

[1] 参见本章第4节。

[2] 滑稽戏（Fabulae Atellanae）是民间戴面具演出的喜剧。它是一种快乐、粗野和小丑般的即兴演出。斯特拉博在这里指的可能是农村青年在庆祝丰收节日活动中的表演。

[3] 根据斯特拉博所说，塔拉齐纳是得名于希腊语Trachys——意为"高低不平的、多岩石的、陡峭的"地区。

[4] 这里有错误，大河不是奥非杜斯，而是乌芬河（今乌芬特河）。

条沿着阿庇安大道的运河在许多地方都有沼泽和小河的水源补充。运河航行大多在晚上（因为人们晚上乘船，可以大清早下船，走完其余的旱路），不过，他们也可以白天乘船。船只由马骡牵引前进。在塔拉齐纳之后是福尔米伊，它是由拉科尼亚人建立的，从前叫做"霍尔米亚伊"，因为它有一个很好的锚地。① 这些人也把塔拉齐纳和福尔米伊之间的海湾称为"凯伊塔斯"，因为拉科尼亚人把所有凹进去的地方都叫做"凯伊塔斯"；② 但是，也有人说这个海湾是以埃涅阿斯的奶妈命名的。③ 海湾的长度从塔拉齐纳开始，到名字相同的海角是100斯塔德。这里有一个巨大的敞开洞穴，里面有很多非常豪华的住宅。从这里到福尔米伊是40斯塔德。在福尔米伊和锡纽萨的中间是明特内，距离两地大约都是80斯塔德。利里斯河流过明特内，它从前叫做克拉尼斯河。它从亚平宁山脉和维斯提内人地区的内陆流出，经过弗雷格莱村（它从前是有名的城市），流入城市下方极受明特内人崇拜的圣地。在这个洞穴的外海上，可以看见两座岛屿：潘达特里亚岛和庞提亚岛，岛屿虽小，人口众多；两个岛屿彼此距离不远，但距离大陆有250斯塔德。紧邻凯伊塔斯海湾的是凯库班平原；在平原之后是丰迪城，位于阿庇安大道旁。上述地区都出产品质绝佳的葡萄酒；确实，凯库班、丰达尼亚和塞提尼亚的葡萄酒像法勒尼亚的、阿尔班和斯塔塔尼亚的葡萄酒一样，都属于非常著名的葡萄酒之列。锡纽萨位于凯伊塔斯海湾，它得名于这个海湾，因为"锡努斯"就是

---

① 希腊语是 hormos。
② 这是一个拉科尼亚词汇，意为"低洼"、"裂缝"（参见Ⅷ，v，7）。
③ 据维吉尔所说，她的名字叫做凯伊塔（埃涅阿斯纪，7.2）。

"海湾"的意思。在锡纽萨附近有一个温泉浴场，对于治疗某些疾病非常有效果。[①]这就是拉丁人在海边的城市。

7. 在内陆地区，奥斯提亚之后第一座城市是罗马，它也是位于台伯河边的唯一城市。正如我先前说的，这座城市的建立是必需的、别无选择的。在这里，我还要加上一句，即使后来有人作为统治者增建了城市某些区域，也无法选择到更好的地段，不得不像奴隶一样适应先前已经建成的格局。最早的建筑者为卡皮托利乌姆（Capitolium）、帕拉丁（Palatium）建立了城墙，奎里纳山丘很容易被外来者所爬上。因此，提丢斯·塔提乌斯前来报复掠夺少女的暴行时，在第一次进攻时就占领了它。[②]而安库斯·马基乌斯则把凯利乌姆山、阿芬丁山和两座山之间的平原联合在一起，过去它们不仅彼此之间，而且和有城墙的城市那部分也是互相分开的。他这样做是出于必要：首先，这是因为对于任何打算把山丘作为要塞的人而言，把这样天然易于防守的山丘放在城墙之外是不明智的事情；其次，他无法在这座山丘直到奎里纳山丘的所有地区都建满建筑物。但是，塞尔维乌斯发现了这个缺陷，他增建了城市，把厄斯奎莱恩丘和维米纳尔丘并入了罗马城。但是，这些山丘比较容易遭到外来者进攻。因此，罗马人深挖壕沟，把土堆在壕沟的靠里面的一边，修筑了一条长约6斯塔德的土堤，并且在从科林内门到厄斯奎莱恩丘修建了城墙和塔楼。在这个山丘中部的下面，有第三座门，名字与维米纳尔丘相同。这座城市的

---

① 据普林尼所说，妇女在这里治疗不孕症，而男子在这里治疗精神错乱（普林尼，XXXI，4）。

② 所谓的"抢劫萨宾女子"（参见本书V，iii，2）。

防御工事就是这样,尽管它还需要第二线的防御工事。我认为最早的建城者同样遵循着既有利于自己,也有利于后人的理性思路,即罗马人不是把自己的安全与普遍的幸福寄托在他们的防御工事上,而是寄托在他们的军队和英勇上。他们认为不是城墙保护人,而是人在保护城墙。由于罗马周边肥沃和广袤的土地早期都属于其他部落,[①] 由于城市所在地区非常容易遭受侵略,没有任何东西比优越的城市位置更值得庆幸。但是,当他们以勇敢和勤劳使这个地区变成了自己的财产之后,可以说是各种财富集合在一起,显然超过了所有的自然优势。正是由于各种财富集合在一起,这座城市虽然发展到这样巨大,它还能够继续按照自己的方式运行,不仅是在食品方面,而且在建筑住房的木材、石料方面继续在不停的运进,这是由于房屋的倒塌、火灾或多次买卖(这些买卖现在仍然没有停止)的缘故;确实,这种买卖可以说是故意的拆毁房屋,因为买主继续在拆掉旧房建新房,一栋又一栋地修建符合他们自己愿望的房屋。为了满足这种需求,必须供给罗马人最好的材料,包括大量的石料、木材,通过各条河流把它们运来,首先是阿尼奥河,它发源于马尔西人地区附近的拉丁城市阿尔巴,流过低于阿尔巴的平原,汇入台伯河之中;然后是纳尔河和特内斯河,这两条河流流过翁布里卡,同样汇入台伯河之中;还有流过第勒尼亚和克卢西乌姆地区的克拉尼斯河。奥古斯都·凯撒关心城市的防灾工作,建立了由释放奴隶组成的救火队,[②] 它的任务

---

① 参见本书 V, iii, 2。

② 所谓的 Cohortes vigilum,由 7000 人组成,包括救火队和巡夜的警察(苏埃托尼乌斯,《奥古斯都传》,25)。

就是提供援助，预防房屋倒塌，限制新建房屋的高度，制止在公共街道上兴建任何高度超过 70 英尺的建筑物。不过，他的建筑计划停止了，因为水路运输来的石料、木材和轻型建筑材料都不够了。

8. 大自然赐给这座城市的财富就是这样。但是，由于罗马人有先见之明，又增添了其他的财富。确实，如果说希腊人在城市建设之中享有最关心城市的快乐，关心城市的美观、坚固、港口和土地肥沃的美名。那么，罗马人在被希腊人所忽视的这类事务中最有远见。例如修筑道路、引水管道和可以把污物冲入台伯河的下水道。而且，他们还建立了许多贯穿全国的道路，增添了新的翻山公路和河谷堤坝，以致四轮马车可以运走一条船所装载的货物；拱顶的下水道用合缝严密的石料建成，某些地方的空间大得足以让一辆货运四轮马车满载干草在下水道中行走。水源通过引水管大量输入城市，简直就像是许多条河流流入了城市和下水道。几乎每一座房屋都有贮水器、自来水管和大量的喷泉——马可·阿格里帕本人最关心上述一切，他还用许多其他建筑物美化了城市。总而言之，古时的罗马人很少关注罗马的美观，因为他们还要从事其他更重要的、更迫切的事情。近代的罗马人，特别是现代的、我这个时代的罗马人没有忽略这个方面。确实，他们用许多精美的建筑物装点了这座城市。庞培、神圣的凯撒、奥古斯都、他的儿子们、朋友们、[①]妻子和姐妹对于建筑事业的热情和花费，超越了其他所有人。这些建筑物大部分集中在战神广场

---

① 奥古斯都的朋友参与的建筑活动（苏埃托尼乌斯，《奥古斯都传》，29）。

(Campus Martius)，在其自然美之上又增添了人工建筑的美丽。实际上，广场的面积也是引人注目的，因为它不仅可以同时提供一个不受限制的空间，进行战车比赛和其他各种马术训练，而且还可以供所有的人群进行棒球比赛，投环和摔跤。在战神广场周围有许多艺术品，广场上终年绿草茵茵，在河流之后的小丘的顶部，一直延伸到河床。好像是一幅舞台的背景——我认为所有这一切景象都很难使人轻易忘怀。在这个广场附近还有另外一个广场，[①]四周有很多的柱廊、一块宗教圣地、三座剧院和一个圆形露天竞技场，豪华的神庙一个紧挨一个，使你觉得它们似乎在向人们宣布，描绘其他的城市简直就是多余的。所以，罗马人认为这里是最神圣的地方。这里建立了许多最著名人物的坟墓，其中最值得一提的是所谓的陵墓，[②]这是位于河边的一个巨大墓堆，建立在高高的白色大理石台基之上，直到陵墓的顶部种满茂密的常青树。墓堆的顶部立着奥古斯都·凯撒的青铜像，墓堆之下是他和亲属及密友的坟墓。在墓堆之后有一块宗教圣地和一个幽美的散步场所；广场中央有一堵墙（也是白色大理石的）环绕着奥古斯都的火葬场，这堵墙又被一道铁栅栏围住，围墙内的空地种满黑色的杨树。还有，在通过老广场的时候，你会看到与老广场平行的许多广场一个接着一个，还有长方形柱廊大厅和神庙；你也可以看见朱庇特神庙，陈列在这里和帕拉丁、利维亚公园的许多艺术品。你将很容易忘怀外界的一切事情。这就是罗马的魅力。

---

① 大概是所谓的阿格里帕广场。
② 陵墓的遗迹在 via de'Potifici。

第三章　萨宾地区和拉丁姆　　　*433*

9. 至于拉丁姆的其他城市，它们的地理位置有些是根据各种不同特征来确定的，另外一些是根据通过拉丁姆境内的著名公路来确定的，因为这些城市或者是在道路上，或者是靠近道路，或者是在这些道路之间。最著名的道路有：阿庇安大道、拉丁大道（Latin Way）和瓦莱里安大道（Valerian Way）。阿庇安大道把拉丁姆直到锡纽萨的海滨地区分开；瓦莱里安大道把萨宾直到马尔西人的地区分开；拉丁大道位于两条大道之间，它和阿庇安大道在卡西利努姆合在一起，这座城市距离卡普阿（Capua）90 斯塔德。但是，拉丁大道起自阿庇安大道，它在罗马附近向左拐弯，通过图库兰山，在图斯库卢姆城和阿尔班山之间的地方越过图斯库兰山，到达小城阿尔吉杜姆和皮克泰人的小旅馆；它继续向前走，就与拉比克大道连接在一起。后一条道路起自厄斯奎莱恩门，就像普雷内斯提特大道一样；拉比克大道离开普雷内斯提特大道与厄斯奎莱恩平原向左拐弯，前进约 120 多斯塔德，到达拉比库姆城（这座城市是古代建立的，原先位于一个高丘上，现在被毁坏了），离开这个地方和图斯库卢姆城向右走，就来到了皮克泰人附近的终点和拉丁大道；这个地方距离罗马 210 斯塔德，然后，你可以继续沿着拉丁大道行走，你可以看见许多居民点和费伦提努姆、弗鲁西诺（科萨河流过这里）、法布拉特里亚（特雷鲁斯河流过这里）、阿奎努姆（这是一座大城市，有一条大河梅尔皮斯河流过）、两河地区（位于拉里斯河和另一条河的汇合地区）和拉丁姆最后一座城市卡西努姆（这是一座重要城市）；由于蒂努姆被称为"西迪齐努姆"，它的位置靠近卡西努姆，它的绰号表明它属于西迪齐尼人。这些人属于坎帕尼人之中一个消失的部落奥西人；所以这座城市可以认为是坎帕尼亚的一部分,虽然它是拉丁大道上最大的城市,也是最强大的城市,仅次于它的就是卡莱尼人的城市(这也是一座重要城市),[1]它的领土与卡西利努姆城相连。

10. 接下来是拉丁大道两边的城市;右边的城市位于拉丁大道和阿庇安大道之间的地区,有盛产葡萄酒的塞提亚和西格尼亚城,前者生产最高品质的葡萄酒,后者具有很好的止泻作用(因此被称为"西格尼亚"葡萄酒)。继续向前走,在西格尼亚城后面有普里维努姆、科拉、苏伊萨、特拉庞提乌姆、维利特雷、阿莱特里乌姆城;除此之外还有弗雷格莱(利里斯河流过该城,河口在明特内),现在这里仅仅是一座村庄,虽然它过去曾经是一座重要的城市,并且统治着上述周边许多城市(即使是现在,这些城市的居民还聚集在弗雷格莱的市场做买卖和参加某些宗教仪式)。但是,在这座城市爆发起义之后,城市被罗马人毁灭了。无论是在拉丁大道,还是在它那一边的许多城市,都位于赫尔尼齐人、埃齐人、沃尔西人的地区,但它们全部都是罗马人建立的。在拉丁姆大道左边,即拉丁姆大道和瓦莱里安大道之间的地区有下列城市:第一座是加比,位于普雷内斯特大道,有一个采石场比其他设施对罗马更有用,这座城市到罗马和普雷内斯特距离相等,都是约100斯塔德;接着是普雷内斯特,我很快就要说到它;然后是普雷内斯特之后的山区城市:赫尔尼齐人的小城卡皮图卢姆,重要城市阿纳尼亚、塞里特、索拉(利里斯河发源于山区,流过该城,前往弗雷格莱和明特内);然后是一些其他的地方,还有维

---

[1] 卡莱斯城(今卡尔维)。

第三章 萨宾地区和拉丁姆

拉弗鲁姆，这里出产最好的橄榄油。现在，维拉弗鲁姆位于高处，沃尔图努斯河流过山脚，流过卡西利努姆，在名字相同的城市附近汇入大海。不过，在你到了埃塞尔尼亚和阿利费城的时候，你已经进入了萨莫奈人的地区；这两个城市前者已经在马尔西战争（Marsic War）中被毁灭，后者现在仍然存在。

11. 瓦莱里安大道起点在提布尔，通往马尔西人地区和佩利格尼人的首府科菲尼乌姆。在瓦莱里安大道上还有如下拉丁姆城市：瓦里亚、卡塞奥利和阿尔巴，附近还有库库卢姆城。从罗马可以看见提布尔、普雷内斯特和图斯库卢姆城，第一座城市提布尔有一座赫拉克勒斯神庙，还有由阿尼奥河形成的瀑布，这是一条可以通航的河流，由很高的地方流入很深的峡谷，峡谷长满树木，直达城市附近。河流由这里流出，经过非常富裕的平原，流过提布尔的采石场和加比采石场，加比的石料又称"红石"。所以，从采石场把石料通过水路运出是很方便的事情。罗马城大部分工艺品所使用的石料都是来自这里。在这个平原上还流动着阿尔布拉泉——这是由许多泉水形成的冷泉，[1] 既可以饮用，也可以洗浴，有助于治疗各种疾病；拉巴纳泉也具有同样的作用，[2] 它距离前者不远，在诺蒙坦大道的埃雷图姆附近地区。第二座城市是普雷内斯特，这里有幸运女神庙，它的神谕所非常著名。这两座城市都位于同一座山脉附近，彼此距离大约100斯塔德；普雷内斯特距离罗马是双倍的距离，提布尔则不足双倍的距离。两座城市都被

---

[1] 今 La Solfatara。
[2] 今 Bagni di Grotta Marozza。

认为是希腊城市。无论如何,普雷内斯特据说先前名叫"波利斯特法诺斯"。两座城市天生坚固,但普雷内斯特更加坚固,因为在这座城市后面有一座高山作为卫城,① 而且用一条通道隔断了它和山链的联系,这座山比山链垂直高度高出2斯塔德。在这种天生的坚固之外,城市地下又挖了很多地道,从各个方向通往平原地区——一些是引水用的,另外一些是秘密出口(马里乌斯就是在围城的时候死于其中的一条地道)。② 对于其他所有城市而言,一般认为坚固的防卫是一种神恩;而对于普雷内斯特人而言,由于在罗马人之中发生了起义,它反而是一种不幸。因为那些造反者把这里当成了庇护所。③ 在经历了围攻之后,他们被迫投降了。城市除了被洗劫之外,还被剥夺了自己的土地,无辜者也变成了罪人。韦勒斯提斯河流过上述地区。上述城市位于罗马以东。

12. 但是,比这些城市所在山区距离罗马更近的是另外一座山脉,④ 它在它们之间,阿尔吉杜姆附近形成了一条高高的谷地,直到阿尔班山脉。图库卢姆就在这座山脉,这是一个建设得不错的城市。城市的周边有植物和别墅装点城市,一直延伸到城下正好朝着罗马的方向;由于图斯库卢姆是一个土地肥沃、水利灌溉良好的山区,这些丘陵缓慢地升高,装点着许多豪华的皇家宫廷。阿尔班山脉的山麓和这些山丘相连,它同样肥沃,同样有许多宫廷建筑。接下来是平原地区,一些地方和罗马及其郊区相连,另

---

① Aix Praenestina.
② 公元前82年,小马里乌斯。
③ 例如,公元前63年,喀提林想把普雷内斯特城作为自己造反的根据地。
④ 沃尔西山脉。

外一些地方和大海相连。虽然连接着大海的平原不利于健康,但其他地方还是适于居住,并且用同样的方式进行了装点打扮。在阿尔班山脉之后是位于阿庇安大道的阿里西亚城;它距离罗马160斯塔德。阿里西亚城位于山沟之中,尽管如此,它有一个天然的要塞。在阿里西亚城后面、阿庇安大道右边第一座城市是罗马人的拉努维乌姆,从这里可以望见大海和安提乌姆城。第二座城市在阿庇安大道左边。如果你走出阿里西亚城,就是阿尔忒弥斯神庙,人们又把它叫做圣林。阿里西亚的神庙,[①] 据说是陶罗波洛斯神庙的翻版。[②] 确实,蛮族的、西徐亚的因素在宗教仪式之中占据主导地位。例如,他们任命逃亡奴隶担任祭司,新祭司必须亲手杀害先前担任祭司的人;因此,祭司随时手持短剑,以防备周围的人袭击,保护自己。[③] 神庙位于一片圣林中,神庙前面是个湖泊,类似于大海,神庙周边是连绵的高山,它把神庙和水源完全封闭在这个大山沟里。你确实可以看见许多河流汇入这个湖泊[④](其中有一条河用某仙女的名字命名为埃吉里娅),但是,湖泊的出口不显眼,它们在山沟外面很远的地方,在它们流出地面的地方才可以看到。

13. 阿尔班山脉在上述地方附近,它大大地超过了阿尔忒弥斯神庙的顶点和周围的山链,尽管它们也很高很陡。这座山也有一

---

① 狄安娜。

② 蛮族的起源,这是指他们以外地人作为向女神献祭的牺牲的风俗习惯(欧里庇得斯:《伊菲革涅亚在陶洛里》)。

③ 这个奇怪的习俗有人做过完美的解释。

④ Lacus Nemorensis 现在已经干涸,古人把它称为"狄安娜的水面"。

个湖泊,① 它比阿尔忒弥斯神庙前的湖泊大很多。先前提到拉丁姆的这些城市,要比这些地方远得多。在这些拉丁姆城市之中,有一座阿尔巴城位于内陆最远的地方、位于马尔西人的边境上,它坐落在富齐努斯湖附近的高丘上。② 这个湖泊的面积像大海一样,它主要是马尔西人和周边居民使用。据说它有时水源充足,水位高到山脊,有时水位低到足以使某些地方变成沼泽,变成旱地可以耕种——同时,它随着地下水不易察觉的变化,不时发生变化,流水可能会把它重新灌满,流水也可能完全消失,然后再重新流出地面。这种情况据说就像阿梅纳努斯河一样,这条河流经过卡塔纳地区,它已经好几年断流了,后来又重新开始流动。传说马西亚水道发源于富齐努斯湖,它供给罗马城居民饮用水,它和其他水源相比评价最高。由于阿尔巴位于这个地区的内陆,防卫坚固,罗马人经常用它来关押囚犯,把一些需要关押的人囚禁在那里。③

---

① Lacus Albanus(今 Lago di Albano)。
② 公元前 1885 年—前 1869 年干涸。
③ 这里囚禁过努米底亚国王西法克斯和马其顿国王珀尔修斯。

第四章　皮塞努姆和坎帕尼亚

1. 我从居住在阿尔卑斯山脉附近的部落以及他们邻近的亚平宁山区部落开始旅行，走过了这些地区，走遍了位于第勒尼亚海和亚平宁山脉部分地区之间的所有地区，这部分地区朝向亚得里亚海到萨莫奈人和坎帕尼人的地区。现在我们就来叙述居住在这些山区和两边的山麓，即那边到亚得里亚海海岸地区，还有这边的各个部落。我们首先就从凯尔特人的边界地区开始说起。[①]

2. 紧接着位于阿里米努姆和安科纳之间的这些翁布里卡人城市之后，是皮森提尼人的地区。皮森提尼人最初来自萨宾地区，有一只啄木鸟为他们的祖先引路。从此，他们的名字，还有这种鸟儿的名字都被叫做"皮库斯"，[②] 并且以它向战神献祭。他们所居住的地区从山区开始，延伸到平原地区和大海，长度大于宽度。这个地区非常适合各种植物生长，但种植果树比谷物更好。它的宽度自山区到大海，距离各不相同；它的长度根据沿着埃西斯河到卡斯特努姆的航程是 800 斯塔德。它的城市如下：首先是希腊人的安科纳，它是由逃避狄奥尼修斯僭主统治的锡拉库萨人建

---

① 阿尔卑斯山脉南部的边界（参见本书 V, i, 3）。
② 啄木鸟可能是部落的图腾。

立的。它位于一个向北方弯曲的海角上，形成了一个港口，出产非常优质的葡萄酒和小麦。紧接着这座城市的是欧克苏蒙，距离那边的大海不远。然后是塞坦皮达、普诺恩提亚、波滕提亚和菲穆·皮切努姆（它的港城是卡斯特卢姆）。接下来是库普拉神庙，第勒尼人是把它作为一个城市来建设的，他们把赫拉叫做库普拉；接下来是特鲁恩提努斯河和用它的名字命名的城市；新卡斯特努姆、马特里努斯河（它发源于阿德里亚人的城市）的河边是阿德里亚的港城，以河流的名字命名。在内陆地区不仅有阿德里亚，还有阿斯科利皮切诺，这个地方天生易于防守，不仅有城墙，周围还有群山环绕，军队难以通过。在皮森提尼人地区之后是维斯提内人、马尔西人、佩利格尼人、马鲁西尼人和弗伦塔尼人（这是一个萨莫奈人部落）；他们居住在山区和距离大海不远的地方。这些部落确实很小，但他们都是勇敢的部落，并且常常向罗马人展示自己的勇气；他们起初与罗马人作战，后来他们作为罗马人的盟友保住了自己的土地，再后来他们为了获得自己所没有得到的自由和政治权利而起义，点燃了所谓的马尔西战争的烈火。他们宣布以科菲尼乌姆（佩利格尼人的首府）取代罗马，作为意大利南部古希腊城邦移民的共同首都，把它作为战争行动的大本营，并且把它的名字改为意大利卡；①他们在那里集中了自己所有的支持者，选举了执政官和行政长官，②坚持斗争两年之久，直到他们获得了自己为之而战的伙伴地位为止。这场战争被称为"马尔西

---

① 在许多钱币上，这座城市的名字叫做意大利。
② 按照罗马的榜样，他们有 2 名执政官，12 名大法官。同盟战争从公元前 90 年持续到公元前 88 年。

战争",是因为起义者属于这个部落,特别是庞佩迪乌斯。[①]一般来说,这个部落现在主要居住在农村,但他们也有自己的城市:首先是海那边的科菲尼乌姆、苏尔蒙、马鲁维乌姆和马鲁西尼人的首府蒂特;其次是在海边的阿特努姆,它与皮森提尼人的地区交界,并且与一条河流同名。这条河流把维斯提内人与马鲁西尼人的地区分隔开;由于它发源于阿米特努姆地区,通过维斯提内人的地区,在它的右边是马鲁西尼人的部分地区,它在佩利格尼人的那边(它可以用浮桥渡过去)。它虽然是一座属于维斯提内人的、与河流同名的小城市,它又是佩利格尼人、马鲁西尼人共同使用的港口。这座浮桥距离科菲尼乌姆24斯塔德。在阿特努姆之后是弗伦塔尼人的港口城市奥尔通,然后是奥尔通(它也属于弗伦塔尼人),他们的地区与蒂努姆·阿普鲁姆交界。奥尔托尼乌姆[②]在弗伦塔尼人的地区之内,这是一座建立在悬崖上的海盗城市,他们的住所是用失事船只的残片拼凑而成的;据说他们在所有方面都是一群野兽般的畜生。在奥尔通和阿特努姆之间,有一条萨格鲁斯河,它把弗伦塔尼人和佩利格尼人的地区分割开来。沿着海岸线航行,从皮森提尼人的地区到被希腊人称为"多尼人"的阿普利人(Apuli)的地区,距离大约是490斯塔德。

3. 在拉丁姆之后,接下来是坎帕尼亚,它一直延伸到了海边和坎帕尼亚那边,在内陆的萨莫奈人地区,[③]它一直延伸到了弗伦塔尼人和多尼人的地区;接着是多尼人自己和西西里海峡的其他

---

① 庞佩迪乌斯死于公元前88年战争结束之前不久。
② 城市的名字显然有脱漏。那不勒斯湾。
③ 萨莫尼乌姆。

部落。但是，我首先要说的是坎帕尼亚。这里有一个极大的海湾，从锡纽萨一直延伸到了米塞努姆，还有一个海湾比前一个更大，它始于米塞努姆，名叫"克拉特"，克拉特在米塞努姆角和雅典尼乌姆角之间形成了一个海湾。① 在沿岸地区那边是整个坎帕尼亚，这是一个最富饶的平原，在它附近有富饶的丘陵地区和萨莫奈人、奥西人的山区。确实，安条克认为奥皮齐人曾经在这个地区住过，而且"他们又叫做奥索尼人"。但是，波利比奥斯认为他们显然是两个不同的部落，因为他说过"奥皮齐人和奥索尼人曾经住在克拉特附近的这个地区"。而且，其他人认为奥皮齐人和奥索尼人虽然最初居住在这里，但后来它被奥西人的一个部落西迪齐尼人所占领，西迪齐尼人又被库迈人赶走，库迈人接着又被第勒尼人赶走了。因为这是一个富饶的平原，所以它一直是争夺的对象。第勒尼人在这里建立了12座城市，其首府名叫"卡普阿"；② 由于第勒尼人生活奢侈，所以他们变成了懦夫。因此，他们同样丧失了帕杜斯河周边的地区，不得不把这个地区让给了萨莫奈人；接着，萨莫奈人又被罗马人所赶走。这个地区富饶的一个证据是，它出产最上等的谷物——我指的是小麦，用它可以做成优质的面粉，质量超过所有谷物，可以做出各种谷物类食品。有报道说这个平原有些地区一年可以播种两次二粒小麦，三次小米，还有些地方可以种植四茬蔬菜。确实，在罗马人占领的这个地区出产质量最好的葡萄酒，即法勒尼亚、斯塔塔尼亚和卡莱尼亚的葡萄酒。索

---

① 参见本书 V, iv, 8。
② Capua。拉丁语中，caput 意为首领。

第四章 皮塞努姆和坎帕尼亚

伦提内葡萄酒已经取得了这三种葡萄酒竞争对手的地位,根据最新的检验结果证明,它再次经受住了考验。同样,在与这个平原交界的维拉弗鲁姆附近,所有地区盛产油橄榄。

4. 锡纽萨之后的海滨城市如下:利特努姆,那儿有西庇阿的陵墓,他是第一个获得"阿非利加努斯"绰号的人,他放弃国事,在这里度过生命之中最后的岁月,是由于他对某些人有强烈的仇恨。一条与利特努姆同名的河流经过这座城市。同样,瓦尔特努斯河也和那座在其境内的城市名字一样,它就在锡纽萨后面。这条河经过维拉弗鲁姆和坎帕尼亚中心地区。在两座城市之后是库迈(Cumae),这是上古时期由卡尔西斯和库迈居民建立的城市。它是西西里和意大利南部古希腊移民城邦中最古老的城市。但是,这次远征的领导人库迈的希波克利斯和卡尔西斯的麦加斯提尼互相达成一项协议,这座城市将是卡尔西斯的殖民地,但名字要叫做库迈;因此,现在这座城市仍然叫做库迈,但一般认为它的建立者是卡尔西斯人。从前,这座城市兴旺发达,可以与著名的弗莱格拉平原相比,这个地方在神话中被当成了巨人故事发生的舞台,其原因不是别的,也就是因为它的富裕使它成了争夺的对象。后来,坎帕尼人成了城市的统治者,他们常常使全体居民遭受许多无法无天的暴行,更有甚者,他们甚至胆敢和公民的妻子姘居。然而,这里至今仍然保留了许多希腊人的文化和风俗习惯遗风。根据某些人的说法,"库迈"出自希腊语"巨浪",[①] 因为邻近的海岸面对大风,常常是惊涛拍岸。库迈有许多优良的渔场,可以捕获大量的鱼。而

---

① 希腊语为"Cyme"。

且,这个海湾还有低矮的丛林,覆盖了大片干旱的沙漠地区,这个地区被称为"家禽树林"。在鼓动西西里起义的关键时刻,这里是塞克斯都·庞培的海军司令招募海盗集团的地方。①

5. 米塞努姆角位于库迈附近,阿谢鲁西亚湖位于两者之间,类似于一个浅水海湾。如果你绕过米塞努姆角,立刻就来到了海角之下的港口,走过港口之后就是海岸线,海岸线深入内陆,形成了一个深深的、锯齿形的海湾,贝伊和温泉就位于这条海岸线上,该温泉味道极佳,又可以治疗疾病。在贝伊附近有一个卢克里努斯湾,在这个海湾之后是阿韦尔努斯湾,它形成了一个半岛,以一条横线把库迈和阿韦尔努斯湾直到米塞努姆之间的土地分开;剩下的一条地峡不过几斯塔德宽,估计通过地沟可以直达库迈和它附近的大海。我们的前辈曾经把阿韦尔努斯湾当成荷马虚构的"内西亚"活动场所;②除此之外,据说这里真的有一个风光不再的神谕所,奥德修斯曾经拜访过它。阿维尔努斯湖是海岸边的一个深海湾,它有一个通畅的出口;它从面积和性质上来说都是海港,但没有当成海港使用,因为在它前面的卢克里努斯湾不但水浅而且很大。还有,阿维尔努斯湖周围被陡峭的山崖所环绕,除了入口之外,四面都被升高了(现在这些山丘由于人类辛勤的耕种而被开垦出来,过去它们被一片人迹罕至的原始密林所覆盖);由于人们的迷信观念,这些形成海湾的山崖被当成了幻影停留的地方。当地居民再加上一些神话故事,说所有飞过海湾上空的鸟儿都会

---

① 参见本书Ⅵ,i,6。
② 本义为献给亡者的祭品。以便把他们从地狱召唤出来。传统上是《奥德赛》第11章的名称。在那一章之中,奥德修斯下到地府,见到了许多亡灵。

坠入水中，被水中散发出来的瘴气所杀，[1]就好像在普路托尼亚洞穴发生的事情一样。他们认为这个地方就是普路托尼亚洞穴，[2]辛梅里安人就居住在这里。无论如何，敢于在这里航行的，只有那些预先向冥冥之中的神灵献祭过的人；同时，祭司们承包了这个地方，举行类似的宗教仪式，在这个地区的海中也发现有饮用水源，当地居民全靠它维持饮水。因为他们认为这水是冥河之水；[3]神谕所也位于这附近；当地居民在温泉涌出的时候，聚集在皮里弗莱格松河和阿谢鲁西亚湖附近。除此之外，埃福罗斯在一段文字中把上述地区说成是辛梅里安人的，他说他们居住在地面之下的房子里，这种房子被称为"土屋"。[4]他们通过地道互相交往，前进后退，他们也接受外人进入神谕所，神谕所在地下很深的地方。他们以采矿，或者依靠有人请求神谕，或者是依靠国王给予他们的固定补贴为生。神庙服务人员有一个古老的风俗习惯，他们任何人不得见到太阳，只能够在晚上走出他们的洞穴。荷马用下面的话说出了其中的原因：

……从来就没有
光辉的太阳照着他们。

(《奥德赛》，XI，15)

---

① 这种鸟儿称为"avernus"，意为"失去的鸟儿"。
② 普路托尼亚洞穴喷出有毒气体，古希腊人认为那里就是进入地下世界的入口。洞穴本身称为查罗尼亚(参见本书XIII，iv，14；XIV，i，11，14)。
③ 冥界的一条河流。
④ Argillae——黏土房屋。

但是，后来有一位国王杀了许多辛梅里安人，原因是神谕的答复对他不利；不过，这个神谕所现在仍然存在，但是它搬到了另外一个地方。我们的前辈所讲的神话故事就是这样。现在，按照阿格里帕的命令，阿维尔努斯湖附近的树林已经被砍光，建筑了大片房屋的土地和从阿维尔努斯湖到库迈的地沟，已经被证明是纯粹的神话故事。虽然科齐乌斯不仅挖了这条地沟，还挖了从狄凯阿恰（巴亚附近）到那不勒斯的地沟，他非常巧妙地利用了上述与辛梅里安人有关的故事，并且似乎他自己也认为在这个地区挖掘地沟式的道路，是一个古老的风俗习惯。

6. 卢克里努斯湾在横向延伸到了贝伊；一条8斯塔德长的土堤把它与外海分割开来，土堤的宽度像一条货车道。这条土堤据说是赫拉克勒斯完成的，当时他正在驱赶吉里昂的公牛。但是，由于在大风暴时海浪可以淹没土堤顶部，步行走过土堤非常困难，阿格里帕下令把它加高了。这个海湾只能允许载重量轻的船只进入，不能停泊船只，因此它可以捕捞大量的牡蛎。有人认为这个海湾就是阿谢鲁西亚湖，但阿尔特米多鲁斯认为阿韦尔努斯湾才是那个湖泊，贝伊据说得名于奥德修斯一位同伴巴乌斯的名字，米塞努姆也是得名于米塞努斯。接着是海角，位于狄凯阿恰附近，然后是这座城市本身。从前，它只是库迈人的港口城镇，位于一座山丘的悬崖上。在汉尼拔战争时，罗马人在这里建立了一个殖民地，并且把它的名字改成了普特奥利，这是出自一口水井的名字。[①] 确实，有些人

---

① 拉丁语为 Putei。

认为它得名于水中的臭味,[1] 因为整个地区直到贝伊和库迈都有臭味难闻的水源,原因是水中充满了硫磺、火素和温泉的源泉。也有些人认为这是因为库迈地区曾经叫做"弗莱格拉"[2] 的缘故,认为它是被雷霆击倒的巨人的伤口,喷出了这种火和水的源泉。这个城市成了一个很大的商业中心,因为它有许多人造的港口,它可能是利用沙石的天然性质建成的,因为它使用的石灰比例合适,坚固而紧密。因此,他们把沙石和石灰搅拌在一起,[3] 把防波堤修建到了海中,使敞开的海岸弯曲成了海港,巨大的商船也可以在那里安全地停泊。接下来在城市的那边,是赫菲斯托斯场,[4] 这是一块四周被火山包围起来的平原,其中有许多地方的火山喷气孔好像烟囱一样,发出非常难闻的臭气,平原上到处堆积着硫磺。

7. 狄凯阿恰之后是库迈人的城市奈阿波利斯(Neapolis)。后来,曾经有卡尔西斯人、某些皮塞库萨人和雅典人在这里从事殖民活动,因此被称为奈阿波利斯。[5] 在奈阿波利斯,人们会把塞壬女妖之一帕耳忒诺珀的纪念碑指给你看,根据神谕,体操比赛安排在这里。再后来,由于内部争执的结果,他们接受了一些坎帕尼人作为共同居住的公民,这样,他们就不得不把自己最凶恶的敌人当成自己最亲密的朋友,并且把自己原来的朋友视为敌人。这可以由他们的保民官的名字之中透露出来。[6] 最早的时候名字完

---

[1] 拉丁语 puteo——发出难闻的气味。
[2] 燃烧的土地。
[3] 火山灰。
[4] 拉丁语为 Forum Vulcani。
[5] 新城。
[6] 保民官是那不勒斯人主要的公职人员。

全是希腊人的，后来是希腊人与坎帕尼人混合的名字。尽管他们自己是罗马人，那里保存了许多希腊文化的遗风——运动场、①体操场、②胞族和许多希腊名字。现在，他们每四年当中有若干天由缪斯主持一次神圣的比赛，③还有体操比赛。这种比赛持续几天，比赛项目是希腊流行项目之中最流行的。这里还有一道地沟——位于狄凯阿恰和那不勒斯之间的一座山，它被打通得像一条道路，通向库迈，这条道路有许多斯塔德长，它的宽度足以让几辆马车相对而行。许多地方打开了天窗，让光线可以从地面穿过通风井射入深处。④除此之外，奈阿波利斯有许多温泉，洗浴设施不下于贝伊，但在顾客人数方面远逊于贝伊，原因是贝伊的宫廷一座接着一座，不停地修建。一座新的城市已经兴起，不下于狄凯阿恰。许多从罗马来到那不勒斯的休假者都喜欢希腊的生活方式——我指的是那些以培养青年为生的人，或是那些希望安度晚年的人，或是治疗疾病的人。他们长期生活在闲逸之中，许多罗马人在这种生活方式之中找到了乐趣。他们注意到有许多和他们文化相同的人居住在这里，非常高兴地爱上了这个地方，并且把这个地方当成自己的永久住所。

8. 紧接着奈阿波利斯之后是赫拉克利亚要塞。它位于一个伸入大海的海角上，正好挡住了西南方向白昼的海风，因而使这里

---

① 年轻人锻炼的地方。
② 血缘组织。
③ 这里指的是广义上的、缪斯主管的所有活动。
④ 现在，Grottsdi Posilipo 没有任何舷窗。斯特拉博显然是把这条地道与库迈的道路混在一起了。

第四章 皮塞努姆和坎帕尼亚

变成了一个有益于健康的居住地。这个居住地和在它之后的庞佩亚（萨尔努斯河流过这里），都曾经被奥西人占领过，接着又被第勒尼人、佩拉斯吉人占领过，后来又是萨莫奈人占领了该地，但是他们都被赶出了这个地方。庞佩亚位于萨尔努斯河边——这条河流可以运送货物进入内陆，也可以把货物运到海边——它的港口有诺拉、努塞里亚和阿谢雷（与克雷莫纳城的一个居民点名字相同）。在这些地方的那边是维苏威山，除了它的顶峰之外，四周的农田上布满极其豪华的庄园。它的顶峰大部分是平坦的，完全不长任何东西，外表是浅灰色的；它的岩石块上有气孔般的空洞，表面的颜色是炭黑色，这种岩石块好像是被火焰吞噬过一样，由此可以推断这个地区在古代曾经被火焰所吞没，并且有火山口，后来由于燃料耗尽，火焰熄灭了。也许，这是这个山区四周非常肥沃的原因所在。据说，正是在卡塔纳的部分地区，由于覆盖着气流从埃特纳火山带来的一层火山灰，因而使得这片土地适合于栽培葡萄。因为火山灰包含的物质既能使被烧焦的土地变得肥沃，[①]也能使生长果实的土地变得肥沃；因此，当它获得了足够的燃料之后，它就会把它消耗干净，就好像是所有的硫磺类物质一样，然后，当它被气化和冷却之后，也就凝结成了火山灰，变成了肥料。在庞佩亚之后是坎帕尼亚人的城市苏伦图姆，由此向前到海边是雅典尼乌姆，也有人把它称为西雷努塞角，在海角的顶端有一个奥德修斯建立的雅典娜的圣所。从这里渡海前往岛上的航

[①] 实际上，火山灰本身不包括有肥的物质，它要经过很长时间的风化作用才能使土地肥沃。

程很短，绕过海角之后航行，就是许多荒无人烟的岩石小岛，它们被称为塞壬岛。在海角对着苏伦图姆的一边，人们会指给你看一所类似神庙的建筑物和古代的祭品，因为周围的居民都把这个地方视为神圣的地方。"克拉特"海湾就在这个地方结束了；它把两个面对南方的海角——米塞努姆角和雅典尼乌姆角分隔开来。整个海湾部分地方建有城市，这些城市我刚才已经讲过；部分地方建有许多官邸和庄园，连绵不断地连接在一起，呈现出一座城市的气象。

9. 在米塞努姆角之外是普罗奇塔岛，它是皮塞库萨岛中的一个碎片。埃雷特里亚人和卡尔西斯人曾经在皮塞库萨岛居住过，尽管他们由于土地肥沃，由于蕴藏着金矿，在这里获得了很大的成功，但是他们由于争吵而被迫离开了这里；后来又由于地震、火灾、海啸和热浪而被赶出了这个海岛；由于这个海岛具有这样一种"瘘管"，这就迫使锡拉库萨的僭主希罗（Hiero）派到这里来的人们被迫放弃海岛和他们已经建立的要塞；后来，奈阿波利斯人来到这里，并且占领了海岛。从此就有了这个神话，即堤丰住在这个海岛之下，当他把自己的身体变成火焰和水的时候，那时几个小岛都将被沸腾的海水包围。不过，品达说的似乎更有道理，因为他根据的是真实的情况：由于这条通道从库迈地区开始，一直延伸到西西里，管道内充满了地下火，在地下深处还有许多洞穴，形成了一个整体，不仅是互相连接，而且和大陆连接在一起；因此，就像所有的人所说的那样，不仅是埃特纳有这样的特点，而且还有利帕里群岛、狄凯阿恰附近地区、奈阿波利斯、贝伊和皮塞库西岛附近地区都应当有这样的特点。我认为，当品达

第四章 皮塞努姆和坎帕尼亚

在说堤丰居住在整个这个地区的地下时,他的想法就是这样:

> ……现在库迈之后的
> 西西里和大海所包围的悬崖,
> 紧紧地压在健壮的胸膛上。

而且,提迈乌斯也认为古人关于皮塞库西岛的事情是稀奇古怪的,仅仅是在他那个时代不久之前,位于岛上中心地带的伊波佩乌斯山才遭到地震的破坏,喷出了火焰,把它和大海之间的部分地区推入了外海之中;还有部分陆地烧成了火山灰,被刮到了高空之中,然后像沙尘暴一样重新掉落在这个岛上,大海因此后退了3斯塔德,但不久之后它又重新回来,以波浪淹没了这个海岛。岛上的大火因此而熄灭,但是如此可怕的声音却使大陆的居民从海边逃往了坎帕尼亚。人们认为,岛上的温泉可以治疗胆结石病。在古代,卡普雷伊有两座小镇,后来只剩下了一座。这个岛屿属于奈阿波利斯人;虽然他们在战争之中失去了皮塞库西岛,但他们又重新获得了它,奥古斯都·凯撒把这个岛归还了他们。然而,他又把卡普雷亚划归他私人所有,在岛上建了许多房子。关于坎帕尼亚海滨和它对面海岛上的城市,情况就是这样。

10. 这个地区的首要的城市是卡普阿,也是它的首府;正如这个名字的词源所表示的那样,[①]它是一座真正意义上的"首府";因为这个地区的其他城市和它相比只能算是小城镇,只有蒂努

---

① 参见本书 V, iv, 3。

姆·西迪齐努姆除外，它是一座值得一提的城市。卡普阿位于亚平宁大道之上，像这里的其他三座城市（加拉提亚、考迪乌姆和贝内文图姆）一样，它也位于由这里通往布伦特西乌姆的大道上。卡西利努姆城位于瓦尔特努斯河畔，朝着罗马。就是在这里，540名普雷内斯提尼人与风头正盛的汉尼拔对抗了很长时间，由于饥荒的缘故，1梅迪姆尼粮食卖到200德拉克马的价格。① 出售者因此饿死，购买者得以逃脱一命。当汉尼拔看见他们在城墙附近播种芜菁的时候，他不由得对他们长期遭受的苦难感到惊叹，因为他们准备长期坚守，等待芜菁成熟，实际上，据说除了少数人饿死和战死之外，他们都活下来了。

11. 除了上述城市之外，正如我先前已经提到过的那样，坎帕尼亚还有下列城市：卡莱斯、蒂努姆·西迪齐努姆，它们的领土由建立在拉丁大道两边的两座幸运之神神庙分隔开来；接下来是苏伊苏拉、阿特拉、诺拉、努塞里亚、阿谢雷、阿贝拉和其他的居民点（其中有些据说是萨莫奈人的），这些地方现在仍然比那些地方要小些。谈到萨莫奈人，他们从前曾经进攻过拉丁地区，直到阿尔代亚附近；此后，他们又洗劫了坎帕尼亚本身。因此，他们必定有相当强大的实力（确实，坎帕尼亚人已经习惯了顺从其他暴君统治，迅速听从新的命令），但现在他们彻底被打败了——先是被别人，最后是被担任罗马独裁者的苏拉所打败；苏拉在经历了多次战争之后，打败了意大利南部古希腊城邦移民，他看见现在几乎只有萨莫奈人一个民族仍然团结一致，像以前一样聚集

---

① 根据古代作家所说，某些学者用"老鼠"代替了梅迪姆尼。

在边界上，准备进攻罗马本身。苏拉在罗马城下和他们交战；在战争中部分萨莫奈人被他杀死（因为他下令不要俘虏），其他人放下自己的武器（据说大约三四千人），他把他们送往战神广场，[①]关押在那里；但是，三天之后，他让士兵侮辱他们，并且把他们全部杀死；而且，他并没有停止迫害，直到他消灭了萨莫奈所有的重要人物，或者把他们赶出意大利为止。对于那些责备他如此极端残暴的人，他回答说，他根据经验知道，只要萨莫奈人作为一个独立的民族继续存在，就没有一个罗马人能够过太平日子。确实，萨莫奈人的城市现在已经变成了普通的农村（有些甚至彻底消失了），我指的是博维安努姆、埃塞尔尼亚、本纳、特利西亚（紧挨着维拉弗鲁姆），还有一些与它们类似的城市。这些城市没有一个被承认为城市。但是，为了意大利的光荣和伟大，我有责任在充分的、适当的范围之内详细地叙述它们。无论如何，贝内文图姆和维努西亚（Venusia）至今仍然完好地保存着。

12. 关于萨莫奈人，现在还有另外一种传说，大意是萨宾人由于长期与翁布里卡人作战，发誓（像某些希腊人一样）要向神奉献当年生产的所有果实；但是他们在获得胜利之后，他们把部分果实当成了祭品，只向神奉献了部分果实；此后灾难接踵而来，有人说他们应当向众神奉献儿童；他们这样做了，并且向阿瑞斯奉献了自己当年亲生的子女；当这些人长大之后，他们被派出去建立殖民地，一头公牛给他们领路；当公牛在奥皮齐人的土地上停下来休息的时候（他们当时居住在孤立的农村之中），萨宾人把

---

① Villa Publica.

他们赶走，自己定居在那里。按照他们的预言家所说，他们把这头公牛杀死，向阿瑞斯献祭，因为是他让这头公牛给他们引路的。有理由推测他们的名字"萨贝利人"是一个绰号，[①]出自他们先辈的名字，而他们称为"萨莫奈人"（希腊人称为"索尼泰人"）则另有原因。有些人甚至认为拉科尼亚人的殖民地与萨莫奈人的殖民地在一起，因此，萨莫奈人实际上是希腊人的朋友，他们其中有些人甚至可以称为"皮塔纳泰人"。[②]但是，这种报道有可能纯粹是塔兰提尼人虚构的，其目的是在讨好自己强大邻居的同时，能够赢得他们的友谊。因为萨莫奈人通常可以派出 8000 名步兵和 8000 名骑兵。据说萨莫奈人有良好的法律，这个法律是公正的，有利于良好品质的。因为他们不允许把自己的女儿嫁给自己喜欢的男子，而是每年挑出 10 对出身最高贵的青年男子和处女，在这些人之中，第一批被挑选出来的处女嫁给第一批被挑选出来的青年男子，第二批处女嫁给第二批男子，一直挑到最后为止；不过，如果有青年男子赢得了这份荣誉之后变质了，变坏了，那么他就会受到耻辱，并且把先前给他的女人从他身边夺走。在萨莫奈人之后是赫皮奈人，他们也是萨莫奈人；他们得名于一条引导他们来到殖民地的狼（因为萨莫奈人把狼称为"赫普斯"）；他们的领土与居住在内陆的莱夫卡尼人领土相连。关于萨莫奈人的情况，就是这么多了。

13. 对于坎帕尼人而言，[③]由于他们的土地肥沃，他们既经历

---

① 根据斯特拉博所说，牺牲即表示"萨宾儿童"，这种词源学完全是错误的。
② 这是拉科尼亚皮塔内城的移民。
③ 可能是卢卡尼亚，而不是坎帕尼亚。

第四章 皮塞努姆和坎帕尼亚

过幸福，也经历过灾难，这就是他们的命运。由于他们极度奢华，他们成对的邀请角斗士前来赴宴，按照客人的重要性确定人数；在他们迅速归顺汉尼拔之后，他们在冬季接待了汉尼拔的军队，士兵们由于舒适的生活变得女人气十足，以至于汉尼拔声称尽管他是胜利者，但他有落入敌人手中的危险。因为他的士兵回来的时候已经不再是战士，而是一群女人。当罗马人在这个地区建立统治地位之后，他们使用许多严厉的教训使坎帕尼人恢复了理智，最后把这个地区的部分土地分给了罗马居民。但是，坎帕尼人现在仍然生活在繁荣富裕之中，他们和新来的居民和谐地生活在一起，在城市面积和市民的成就方面，他们仍然保住了往昔的光荣。在坎帕尼亚之后是萨莫奈人地区（直到弗伦塔尼人为止），在第勒尼亚海边居住着皮森提尼人部落，他们是居住在亚得里亚海边的皮森提尼人部落的一个小分支，他们已经被罗马人迁移到波塞多尼亚湾；这个海湾现在叫做培斯坦湾，波塞多尼亚城就位于这个海湾的中部，它现在叫做培斯图斯城。西巴里泰人确实在海边建立过许多要塞，但殖民者把他们赶到遥远的内陆去了；后来，莱夫卡尼人夺走了西巴里泰人的城市。接着，罗马人又从莱夫卡尼人手中夺走了它。但是，由于附近的河流注入沼泽地区，使这座城市不利于健康。在西雷努塞和波塞多尼亚之间是马尔齐纳城，它是第勒尼人建立的，但现在由萨莫奈人居住着。从这里经努塞里亚穿越地峡到庞佩亚，距离不超过120斯塔德。皮森特人的地区一直延伸到希拉里斯河（Silaris），它把老坎帕尼亚和这个地区划分开来。至于这条河，作家报道它有一个特殊的地方，即它的水质虽然可供饮用，但是把任何植物放入它的水中就会变成石头，然而还保持着它原来的颜色和形状。皮森提亚作为首府，最初属于皮森特人，但由于他们与汉尼拔合作，因而被罗马人赶走了，现在只能居住在孤立的农村之中。他们不服兵役，国家指定他们承担信使和邮差的责任（由于同样的原因，莱夫卡尼人和布雷提人也是这样）；为了监视皮森特人，罗马人加固了萨莱努姆以对付他们，这座城市距离海边不远。从西雷努塞到希拉里斯的距离是260斯塔德。

第六卷

意大利南部、西西里

第一章　意大利南部

1. 在希拉里斯河口之后是莱夫卡尼亚（Leucania）和阿尔戈斯的赫拉神庙，这座神庙是伊阿宋所建，距离波塞多尼亚大约50斯塔德。我们由此扬帆出海，来到了莱夫科西亚岛（Leucosia），它距离大陆只有很短一段航程。这个海岛是用一位塞壬女神的名字命名的。按照神话所说，当塞壬女妖冲入大海深处的时候，她被留在了这儿的海岸边。在这座海岛的前面有一个海角，正对着西雷努塞，并且和它们一起形成了波塞多尼亚湾；绕过这个海角，我们来到了另一个海湾，海湾有一座城市，其建立者福西亚人把它叫做"海埃尔"，其他人把它叫做"埃利"（Ele），这是一股泉水的名字。不过，现在的人把它称为"埃利亚"（Elea）。这座城市是毕达哥拉斯派哲学家帕尔梅尼德斯和芝诺的故乡。我认为，这座城市不仅是由于这些人的影响，而且由于它很早就得到了良好的治理，因为它有一个优良的政府，所以它的人民不仅能够抵抗莱夫卡尼人和波塞多尼亚人的进攻，而且成了胜利者，因为他们无论是在领土面积和人口方面都不如后者。无论如何，由于土地贫瘠，他们被迫从事主要是与海洋有关的活动，建立腌制咸鱼的企业和其他类似企业。根据安条克所说，在居鲁士（Cyrus）的统帅哈尔帕戈斯（Harpagus）占领福西亚之后，所有福西亚人带着全家一起登上了自己的轻便船只,在克雷昂提亚德斯(Creontiades)的率领下首先到了西尔努斯和马萨利亚,当他们被赶出了这些地方之后,建立了埃利亚。有些人认为这座城市得名于埃莱斯河。[1] 它距离波塞多尼亚大约200斯塔德。在埃利亚之后是帕利努鲁斯(Palinurus)海角。在埃利亚之前有两个海岛,俄诺特里德斯(Oenotrides)群岛有一个锚地。在帕利努鲁斯之后是皮克苏斯(Pyxus),它既是海角,又是海港和河流,所以三者名字相同。皮克苏斯居住着新来的移民,他们是西西里统治者米齐图斯(Micythus)的臣民,但是除了少数人之外,所有移民都回去了。在皮克苏斯之后又有一个海湾,一条河流和一座城市,河流与城市的名字都叫劳斯;它是莱夫卡尼亚城市之中最后的一座城市,也是西巴里泰人的殖民地,它距离海边不远,距离埃利大约400斯塔德。沿着莱夫卡尼亚海岸的整个航程是650斯塔德。在劳斯附近有英雄德拉古的神庙,他是奥德修斯的同伴之一。关于他,有一个神谕给意大利南部古希腊城邦移民:

"有朝一日将有许多人凋谢在劳斯的德拉古附近。"[2]

这个神谕兑现了,受到神谕欺骗的人们,[3] 即意大利的希腊人前来远征劳斯,在莱夫卡尼人手下遭到了彻底的失败。

2. 因此,第勒尼亚沿岸这些地方就成了莱夫卡尼人的土地了。

---

[1] 拉丁语为"Hales"。
[2] 这是一个无法翻译的文字游戏,在希腊语之中,人民即是劳斯。
[3] 本义为laoi。

至于其他的海，[①]莱夫卡尼人从前没有得到，因为希腊人统治着塔伦图姆海湾，控制了那里。在希腊人来到意大利之前，莱夫卡尼人还不存在，这个地区的居民是乔内人（Chones）和俄诺特里人。但是，在萨莫奈人成长为一股强大的力量之后，他们把乔内人和俄诺特里人赶走了，在意大利的这个地方建立了莱夫卡尼亚人的殖民地。同时，希腊人控制着直到海峡两边的海岸线。希腊人和蛮族彼此之间长期进行战争，后来，西西里的僭主迦太基人先是同罗马人为了争夺西西里而发生战争，接着又是为了争夺意大利本土发生战争，对这些地区所有人民，特别是希腊人都造成了严重的伤害。确实，往前追溯，自特洛伊战争时期开始，希腊人从先前的居民手中夺走了大片的内陆土地，他们已经强大到这种地步，敢于把意大利的这部分地区和西西里一起称为大希腊。但是，今天除了塔拉斯、雷吉乌姆和奈阿波利斯之外，所有地方都已经彻底变成蛮族的了：一些地方被莱夫卡尼人和布雷提人夺走和居住着，另外一些地方被坎帕尼人夺走和居住着——这些人名义上是坎帕尼人，实际上是罗马人，因为坎帕尼人本身也是罗马人。不过，那些叙述各地情况的人不仅必须说明今天的情况，而且必须说明过去的情况，当这些情况显得非常重要的时候，就更应当如此。至于莱夫卡尼人，我已经说过他们的土地与第勒尼亚海相邻，他们占据了内陆地区，居住在塔伦图姆湾的那边。不过，后来的人，如布雷提人和萨莫奈人（这些人的祖先）本身已经彻底解体，因此很难确定他们的那些居民点；其原因是每个单独的

[①] 亚得里亚海。

部落没有一个长期存在的共同体组织；他们那些具有代表性的不同特征，如语言、盔甲、服饰和诸如此类的东西已经彻底消失了；除此之外，其居住地的数量和详细情况完全无关紧要。

3. 我只是大体上叙述了自己所知道的居住在内陆地区的各个部落的情况，而没有对它们加以区分，我指的是莱夫卡尼人及其邻居萨莫奈人。接下来是佩特里亚（Petelia），它被认为是乔内人的首府，它的人口略逊于现在。它是菲洛克特特斯（Philoctetes）由于政治内讧而从梅利维亚逃走之后建立的。由于天然环境城市非常坚固，萨莫奈人曾经固守城市抵抗图里人。老克里米萨在同一个地区附近，也是菲洛克特特斯建立的。阿波罗多罗斯在其著作《论船舶》之中提到了菲洛克特特斯，他说，根据某些人所说，当菲洛克特特斯来到克罗同（Croton）地区时，他在克里米萨地峡和地峡那边内陆地区乔内城进行殖民活动，这个地区的居民由于这座城市得名为乔内人。他命令特洛伊人埃格斯特斯率领自己的同伴前往西西里的厄里克斯地区，建立了埃格斯塔要塞（Aegesta）。在内陆地区有格鲁门图姆、维尔提内、卡拉萨纳和一些小居民点，直到我们去过的重要城市维努西亚；但是，我认为这座城市和在其后坎帕尼亚大道旁的城市，都是萨莫奈人的城市。在图里人之后是陶里亚纳地区。莱夫卡尼人从种族来说是萨莫奈人，但他们统治着波塞多尼亚人和他们的盟友，在战争之中占领了这些部落的许多城市。他们在其他时间都实行民主政体，但在战争时期他们通常会由身居高位的人之中选举一位国王。不过，现在他们都成了罗马人。

4. 从莱夫卡尼亚之后到西西里海峡的海岸线，长度是1350斯

第一章　意大利南部

塔德，由布雷提人居住着。根据安条克的文章《论意大利》所说，这个地区（他说他要描绘的正是这个地区）被称为意大利，但是它在从前被称为俄诺特里亚。他为它划定的边界首先是第勒尼亚海的边界劳斯河，与我认定的布雷提人地区边界相同；其次是西西里海的边界梅塔庞提乌姆；至于与梅塔庞提乌姆相邻的塔兰提尼人地区，他认为它已经位于意大利之外，其居民称为雅皮吉人。他说，从前意大利人和俄诺特里人只用来称呼那些居住在地峡这边，朝着西西里海峡的部落。地峡本身（宽度为160斯塔德）位于两个海湾之间——希波尼亚特湾（安条克把它叫做纳佩提内湾）和斯库莱提湾。环绕这个由地峡和海峡组成地区的航程，长度是2000斯塔德。据安条克所说，后来意大利人和俄诺特里人的名字扩张到了梅塔庞提乌姆和西里斯地区。他补充说，乔内人是一个管理良好的部落，他们居住在这个地区，就把这个地区称为乔内地区。安条克仅仅是以非常简单、老掉牙的方式表达了自己的意见，完全没有把莱夫卡尼人和布雷提人加以区分。首先，莱夫卡尼亚位于第勒尼亚与西西里海岸之间，前一段海岸从西拉里斯河到劳斯，后一段海岸从梅塔庞提乌姆到图里（Thurii）；其次，在大陆上，从萨莫奈人的地区到地峡，这条地峡从图里延伸到塞里利（劳斯附近的城市），宽度是300斯塔德。布雷提人在莱夫卡尼人之后，他们居住在一个半岛上，这个半岛又包括了另外一个半岛，该半岛有一条地峡从斯库莱提乌姆（Scylletium）延伸到希波尼亚特湾。这个部落得名于莱夫卡尼人，因为他们把一切叛乱者都称为"布雷提人"。据说（布雷提人最初只是帮助莱夫卡尼人照料家畜，后来由于其主人的过分地放纵，他们开始像自由民一样行动），布雷提人起义发生在狄翁远征狄奥尼修斯①的时候，他们把所有的人鼓动起来反对其他所有的人。关于莱夫卡尼人和布雷提人的基本情况，我要说的就是这么多了。

5. 紧接着劳斯之后的是属于布雷提乌姆的特梅萨城，但是现代人把它叫做藤布萨城，它是由奥索尼人建立的，后来托阿斯率领的埃托利亚人居住在这里。埃托利亚人被布雷提人赶走了，布雷提人又被汉尼拔和罗马人所征服。在特梅萨附近长满了茂密的野橄榄树，那里有一座奥德修斯同伴波利特斯的神庙，他是被蛮族人奸诈地杀害的；原因是根据一个神谕，周边地区的居民必须向他缴纳贡赋，②因此他遭到这个地区极其强烈的反对；由此，人们对这些残酷的人有了一句流行的俗话，即他们"受到了特梅萨英雄的围攻"。但是，伊皮泽菲里的洛克里人占领这座城市之后，有个故事说职业拳击手欧西莫斯挑战波利特斯，他在战斗中打败了后者，强迫后者免除了当地人的贡赋。据说荷马提到过这个特梅萨，而不是塞浦路斯的塔马苏斯（这个名字有两种拼音方法），因为他说道：

前往特梅萨寻找铜矿。

（《奥德赛》，I，184）

实际上，在邻近地区就发现了铜矿，但是这个矿场现在已经

---

① 公元前357年。
② 根据保萨尼阿斯所说，神谕命令人们每年把特梅萨城最漂亮的姑娘献给英雄作为妻子（参见Ⅵ，6，2）。

第一章 意大利南部

废弃了。在特梅萨附近是特里纳城，当汉尼拔在布雷提乌姆避难的时候，由于无法保卫这座城市而把它毁灭了。接着是布雷提人的首府孔森提亚；在这座城市之后不远是潘多西亚城，这是一座坚固的要塞，莫洛西亚的亚历山大就是在这附近被杀的。他也受了多多纳神谕的欺骗，[①] 该神谕要他时刻防备阿谢隆河和潘多西亚；有人向他指出叫这些名字的地方在塞斯普罗提亚，而他却在这里，在布雷提乌姆结束了自己的生命。这座要塞有三个制高点，阿谢隆河从它的旁边流过。这里还有一座神庙也欺骗了他：

"三座小丘的潘多西亚，有朝一日你会杀死许多人。"

因为他认为神谕明确地指出了敌人的毁灭，而不是他自己的人毁灭。据说潘多西亚曾经是俄诺特里亚历代国王的都城。在孔森提亚之后是希波尼乌姆，它是洛克里人建立的。后来，布雷提人占领了希波尼乌姆，但罗马人又从他们手中夺走了它，并且把它改名为维博瓦伦蒂亚。由于希波尼乌姆附近地区肥沃的牧场有许多鲜花，人们认为科雷曾经从西西里到这里来采花，所以希波尼乌姆妇女有一个风俗习惯，采集鲜花编成花环。这样，她们在节庆的日子里就不会因为佩戴买来的鲜花而丢脸。希波尼乌姆有一个海军锚地，这是很久之前西西里古希腊城邦移民[②]僭主阿加索克利斯自立为城市统治者时修建的。人们可以从这个地方乘船

[①] 根据卡索邦摘录的神谕如下："爱考士的儿子，留心阿谢隆河和潘多西亚，那是你命中注定灭亡的地方。"

[②] 西西里的希腊人。

前往赫拉克勒斯港。这个港口位于意大利角,靠近海峡开始转向西方的地方。这条航线要经过梅德马,这是前面所说的同一群洛克里人的城市,它还有一个名字相同的大喷泉,附近还有一个海军锚地,名叫恩波里乌姆。它附近有一条梅托鲁斯河和一个名字相同的码头。在这条海岸线之外是利帕里群岛,距离海峡200斯塔德。有些人认为这些海岛是埃俄罗斯的岛屿,荷马在《奥德赛》之中曾经提到过。它们一共有七个,无论是从西西里还是从梅德马附近的陆地上都可以看得见。在我谈到西西里的时候,我还要说到它们。在梅托鲁斯河之后还有第二条梅托鲁斯河。[①] 在这条河流之后是斯库拉角,这是一片高高的岩石,它形成了一个半岛,它的地峡很低,两边可以通过船只。雷吉尼人的僭主阿那克西劳斯为了抵抗第勒尼人,加固了地峡,修建了海军锚地,切断了他们的海盗通过海峡的道路。至于凯尼斯,它距离梅德马很近,只有250斯塔德;它是最后一个海角,并且和西西里的珀洛里亚斯角形成了一条狭窄的海峡。珀洛里亚斯角是三个海角之一,这些海角使西西里岛变成了一个三角形海岛,它朝着夏季日出的方向;凯尼斯则朝向西方,双方的朝向完全相反。这个海峡从凯尼斯到波塞冬神庙,或者是到雷吉诺卢姆石柱,有一条狭窄的通道,长度大约是6斯塔德;从一边到另一边,最短的通道略长一点;从石柱到雷吉乌姆,距离是100斯塔德,海峡在这个地方开始变宽,如果人们朝着东方的外海前进,这个海就是西西里海。

6. 雷吉乌姆是卡尔西迪人建立的。据说由于灾荒的缘故,他

---

① 原文有脱漏。

们按照神谕的盼咐，每10个人奉献了一个给阿波罗神，[1] 然后从德尔斐移民到这里，他们还带了其他人一起从故乡出来。但是，安条克认为是赞克尔人派遣他们出来，并且任命了安廷内斯图斯为建立殖民地的首领。参加这次殖民的还有伯罗奔尼撒的麦西尼亚人，他们是被反对派打败之后逃出来的。这些人不愿由于在利姆内发生侵犯处女事件而接受拉克代蒙人的惩罚，[2] 他们的罪行不仅是强暴了派来履行宗教仪式的少女们，而且还杀死了她们的保卫人员。因此，这些难民在逃往马西斯图斯之后，派了一个代表团前往神谕所向阿波罗和阿尔忒弥斯抱怨，如果是因为他们保卫神而遭到这种命运，那么他们想要知道如何才能挽救自己免于死亡；阿波罗命令他们和卡尔西迪人一起前去雷吉乌姆，并且要感谢他的姐妹；神补充说，他们不会灭亡，而会得救，因为他们当然不会和他们的祖国一起灭亡，它很快就会被斯巴达人所占领。他们听从了神谕，这就是为什么雷吉尼人和阿那克西拉斯人的统治者总是从麦西尼亚人之中挑选的缘故。根据安条克所说，在古代，这个地区完全是西塞利人和摩格特人居住着，后来，他们被俄诺特里人赶到西西里去了。根据某些人的说法，摩甘提乌姆就得名于雷吉乌姆的摩格特人。雷吉乌姆城过去非常强大，并且使许多周围的城市臣服；它一向是防御海盗威胁的前哨据点，不仅是古代，而且现代也一样。在我们这个时代，塞克斯都·庞培鼓动西西里发生了起义。据埃斯库罗斯所说，它之所以被称为雷吉乌姆

---

[1] 参见本书Ⅵ, i, 9。
[2] 参见本书Ⅵ, iii, 3; Ⅷ, iv, 4, 9。

是因为这个地方遭到了灾难。因为西西里在某个时候由于地震的原因而"脱离了"大陆。[1]他说:"由于这件事情,它被称为雷吉乌姆"。他们从埃特纳周围和西西里其他地方、利帕拉与附近许多海岛,还有皮塞库西和大陆附近的整个海岸地区发生的事情推断,认为真正发生过这种"脱离"的事情并不是毫无道理的。据说,海峡附近的土地现在很少由于地震而震动,因为火焰通过许多洞口喷出,炽热的岩浆和水喷出地面。但是,由于通向地面的通道完全被堵塞,在地下受到抑制的火焰和风势结合在一起造成了巨大的地震。隆起的地面最终不敌风的强大力量,被撕裂成几个部分,两边都沉入了海水之中:不论是在这里,在海峡附近,还是在这个地区和各个海岛之间。实际上,普罗奇特、皮塞库西、卡普雷伊、莱夫科西亚、塞壬和俄诺特里德斯,都是从大陆分离出去的碎片。此外,还有许多岛屿突起在外海之中,今天在许多地方还有这种情况发生;这些外海的岛屿很可能是从深海之中隆起的。有理由认为那些位于海角前面,或是位于海湾中的海岛,都是从大陆分离出去的。但是,雷吉乌姆的得名是由于这个原因,还是由于他们的名声(因为萨莫奈人用拉丁语把它称为"王室的",[2]因为他们的祖先曾经与罗马人分享过政府的权力,在大多数的场合使用拉丁语),这个问题的两种解释哪一种更真实,是可以研究的。尽管如此,这座城市是一座著名的城市,它不仅建立了许多殖民城市,而且产生了许多著名的人物,有些人物因其国务

---

[1] 参见本书 I, iii, 19。
[2] 雷吉乌姆。

活动家的杰出成就而出名，另外一些人因其知识渊博而出名；据说，狄奥尼修斯毁灭了这座城市，[①] 其原因是他要求娶一个少女为妻，而人们给了他一个刽子手的女儿；但是，他的儿子修复了部分老城区，把它称为菲比亚。[②] 在皮洛士时期，坎帕尼人的卫兵破坏了国库和大部分居民区；在马尔西战争之前不久，许多居民点由于地震的原因，化为一片废墟；不过，奥古斯都·凯撒把庞培赶出西西里之后，发现这座城市需要居民，他把远征军中许多人安置在这里定居。现在，这座城市人丁非常兴旺。

7. 如果从雷吉乌姆向东航行50斯塔德，就是莱夫科佩特拉角[③]（得名于它的颜色，Cape Leucopetra），据说亚平宁山脉在这里结束。接着是赫拉克勒斯角，它是意大利最后一个海角，朝着南方。绕过这个海角，顺着西南风航行直接就到了雅皮吉亚海角，然后改变方向，越来越朝着西北方向的爱奥尼亚湾航行。在赫拉克勒斯角之后的海角属于洛克里斯地区，叫做泽菲里乌姆（Zephyrium），它的海港暴露在西风之下，由此而得名。然后是伊壁泽菲里（Epizephyrii）的洛克里城，[④] 这是居住在克里萨湾的洛克里人建立的殖民地，它是埃文塞斯在建立克罗同和锡拉库萨之后不久分出来的殖民地。[⑤] 埃福罗斯的错误在于把它称为奥庞提的洛克里殖民地。但是，他们仅仅在泽菲里乌姆居住了三四年，然后就搬到

---

① 老狄奥尼修斯。
② 为了表示尊敬福玻斯——阿波罗神。
③ 白岩。
④ 西洛克里斯人。
⑤ 约公元前734年。

了现在这个地方的城市，和锡拉库萨人一起合作了。因为那时后者在……① 在泽菲里乌姆有一条洛克里亚河，这是洛克里人第一次扎营的地方。从雷吉乌姆到洛克里人的地方，距离是600斯塔德。这座城市位于埃波皮斯山脊上。

8. 伊壁泽菲里的洛克里人被认为是最早使用成文法律的人，他们后来长期生活在优良的法律之下。从锡拉库萨人的国家被放逐的狄奥尼修斯，② 曾经以最无法无天的手段虐待所有的人。例如，他曾经偷偷摸摸地溜进少女的寝室，在她们穿好衣服准备结婚庆典的时候，他在举行婚礼之前和她们发生关系；他还把准备要结婚的少女聚集到一起，把剪去了翅膀的鸽子放入大厅之中，强迫她们赤身裸体地围成圆圈跳舞，又命令一些穿着凉鞋，没有配对的（一高一矮的）人到处追赶鸽子——所有这一切纯粹是下流之极。③ 而且，在他返回西西里之后，为了重新执政，他还缴纳了罚金；由于洛克里人打败了他的警卫，获得了自由，抓住了他的妻子和子女。这些子女包括他的两个女儿和两个年少的男孩（有一个已经是少年），至于另一个人，阿波罗克拉特斯（Apollocrates）曾经帮助其父带领军队返回西西里。虽然狄奥尼修斯本人和支持他的塔兰提尼人认真地请求洛克里人释放俘虏，随便他们提出什么条件都行，但他们没有放人；相反，他们顶住了对他们本国的围攻和破坏。他们把所有怒火都发泄到了他的女儿身上，他们首先强奸了她们，然后把她们绞死，烧掉她们的尸体，磨碎她们的

---

① 原文有脱漏。
② 公元前357年，小狄奥尼修斯被驱逐。
③ 这是典型的民俗学内容。

骨头，投入大海之中。埃福罗斯提到了洛克里人的成文法，它是由扎琉库斯根据克里特、拉科尼亚和阿雷奥帕吉特的习惯法编成的。埃福罗斯说扎琉库斯是第一个制定下列新规定的。鉴于在他之前允许法官对每个单独的罪行确定刑罚，他规定这些刑罚必须符合法律，他认为法官对于相同罪行的意见，虽然它们应当是相同的，但可以是不同的。埃福罗斯继续赞扬扎琉库斯，因为他规定了契约法必须使用简明的语言。他认为图里人后来想要在准确性方面超过洛克里人，比洛克里人获得更大的名声，但他们在道德方面肯定低于洛克里人。他补充说，因为管理优良法律的人，不是那些希望以法律来保护自己免遭那些虚伪控诉者奸计的人，而是那些只会简单地按照形式主义法律办事的人。柏拉图也表达了同样的思想：哪里的法律越多，哪里的官司和贪赃枉法就越多，就好像哪里的医生越多，哪里病人就越多一个样。

9. 哈莱克斯河（Halex River）作为雷吉亚（Rhegian）和洛克里地区的分界线，流过一条深沟。这里有一件特别的事情与蚱蜢有关，[①] 蚱蜢在洛克里人的岸边会歌唱，而在对岸却成了哑巴。有人推测这种现象的原因是，后面这边有非常浓密的阴凉去处，蚱蜢由于露水而受潮，不能震动它们的声膜；而在有阳光那边，蚱蜢有干燥的角形声膜，因此可以轻易地发出歌唱声来。在洛克里，经常会有人把西塔那琴吟游诗人欧诺姆斯（Eunomus）手拿的西塔那琴的雕像指给外人看，那琴上有一只蚱蜢的雕像。提迈乌斯认为欧诺姆斯和雷吉乌姆的阿里斯通曾经在皮西亚斯竞技会比试高

[①] 斯特拉博说到的故事显然是虚构的。

低,并且为抽签问题发生了争吵;①因此,阿里斯通请求德尔斐人支持他,因为他的祖先被献给了这位神,②并且从这里被派去参加殖民。③相反,欧诺姆斯认为雷吉乌姆人根本没有权利参加歌咏比赛,因为在他们的国家,连拥有万物之中最美妙声音的蚱蜢都变成了哑巴。阿里斯通还是取得了支持,并且希望获得胜利;但是,欧诺姆斯取得了胜利,并且在自己本城建立了上述雕像,因为在比赛的时候有一根和弦断了,一只蚱蜢停在他的西塔那琴上发出了缺失的声音。在这些城市之后是布雷提人居住的内陆城市。这里有一座城市马麦提乌姆(Mamertium)和一片出产优质布雷提树脂的森林,这片森林名叫西拉。森林茂密而湿润,延续长700斯塔德。

10. 在洛克里人之后是萨格拉河(Sagra),这是一个女人的名字。河岸边有狄俄斯库里兄弟的圣坛。在圣坛的附近,10000名洛克里人和雷吉尼人,与30000名克罗同人发生了冲突,并且取得了胜利——据说,由此就出现了一个谚语用来形容不靠谱的人,"比萨格拉的结果更真实"。有些人还加上一些虚构的东西,说这个结果当天就传到了正在参加奥林匹克运动会的人们那里,而且这个消息很快就被证实了。据说,克罗同人这次的失败,也是他们的城市无法长期存在的原因之一,因为在这场战争之中大量的男子阵亡了。在萨格拉之后是亚该亚人建立的考洛尼亚(Caulonia)城,由于在它前面一条峡的缘故。④它先前叫做奥罗尼亚(Aulonia)

---

① 谁首先开始演奏。
② 参见本书VI, i, 6。
③ 从德尔斐。
④ Aulōn.

城。但是，现在它是一个荒无人烟的地区，因为它从前的居民被蛮族驱赶到西西里去了，在那里建立了考洛尼亚城。在这座城市之后是斯库莱提乌姆，这是梅内斯提乌斯率领雅典人建立的殖民地（现在它叫斯库拉齐乌姆［Scylacium］）。它虽然被克罗同人占领着，但狄奥尼修斯把它划入了洛克里人境内。斯库莱提湾就得名于这座城市，它和希波尼亚特湾一起形成了以这座城市命名的上述地峡。[①] 狄奥尼修斯在远征莱夫卡尼人之后，企图以保护地峡居民不受外来的蛮族侵略为借口，修筑一道横跨地峡的长城；实际上却是想破坏希腊人彼此之间的同盟关系，以便毫无顾忌地统治地峡的居民；但是，外来蛮族的入侵阻止了这件事情。

11. 在斯库莱提乌姆之后是克罗同人的领土和雅皮吉人的三个海角；在这些地方之后是拉齐尼乌姆（Lacinium），即赫拉神庙，它有一段时间曾经非常富裕，充满了献祭的物品。至于到达海边的距离，许多作家没有非常明确的说明。只有波利比奥斯给出了总的距离，从海峡到拉齐尼乌姆是2300斯塔德，[②] 从这里到雅皮吉亚角是700斯塔德。这个地点称为塔兰提内湾口。至于海湾本身，它周围的海洋距离很长，根据地志编写者说有240罗马里；[③] 但根据阿尔特米多鲁斯所说，对于一个轻装的步行者而言，即使他不走宽阔的海湾口，[④] 距离也有380罗马里。海湾朝着冬季日出的方向，[⑤] 起

---

① 参见本书VI, i, 4。
② 波利比奥斯原文没有保留下来，不可能核对数字的准确性。
③ 240罗马里等于1920或者2000斯塔德。
④ 从"但是"到"海湾"，这段文字是后人大致复原的。
⑤ 向东南方。

点在拉齐尼乌姆角；绕过这个海角，立刻就到了亚该亚人的城市，除了塔兰提尼人的一座城市之外，这些城市已经不复存在。但是，由于其中有些城市的名声，它们还是值得比较详细地说说。

12. 第一座城市克罗同距离拉齐尼乌姆150斯塔德，接着是埃萨鲁斯河、一个港口和另外一条内伊图斯河（Neaethus）。据说，这条河得名于下列情况：特洛伊战争之后，有些亚该亚人在回家的路上迷路了，他们在这里稍作停留，并且登岸侦察这个地方，和他们一起乘船来的特洛伊妇女由于厌烦航行，发现船只被他们抛弃，就放火把它们烧毁了。因此这些人不得不留在这里，但他们同时也发现这里的土地是肥沃的。接着又有一些部落由于和他们的血缘关系，也开始效仿他们，这样就建立了许多居民点，其中大多数以特洛伊人的名字命名；还有这条内伊图斯河，① 由于上述情况也有了自己的名字。根据安条克所说，当神吩咐亚该亚人建立克罗同的时候，米塞卢斯前去那里考察地方，他看见锡巴里斯（Sybaris）已经建成——并且与附近的河流名字相同——他认为锡巴里斯更好；无论如何，他在回来之后再次向神提出，建立锡巴里斯不是比建立克罗同更好吗？神回答他说（米塞卢斯正好是个罗锅）："驼背的米塞卢斯，你到别的地方再去寻找，你可以找到一小块食物，无论给你什么，你都要感谢。"米塞卢斯回来之后，建立了克罗同，他得到了锡拉库萨建立者阿基亚斯（Archias）的合作，此人在出发去建立锡拉库萨的路上，② 恰好路过这里。根

---

① 希腊语为Neaithos，出自neasaethein，意为"燃烧船只"。
② 通常认为克罗同和锡拉库萨建立的时间是公元前710年和公元前734年。斯特拉博认为锡拉库萨紧接着克罗同之后就建立了。

据埃福罗斯所说，克罗同早期的居民是雅皮吉人。这座城市的居民以善于作战和体育运动著名，无论如何，在一次奥林匹克运动会上，共有七人在露天体育场的赛跑中超过了其他所有人，他们全都是克罗同人。因此，人们说"跑在最后面的克罗同人，也比跑在最前面的其他希腊人快"，这句话看来是有道理的。据说从这里又产生了一句俗语，"健康莫过克罗同人"。因为人们认为这里必定有某种有利于健康和体力的因素存在，大量的运动员就是其证据。确实，克罗同拥有大量奥林匹克运动会的优胜者，虽然他们没有生活很长的时间，因为在萨格拉河的战争之中有大量公民阵亡。[①] 这座城市的出名还因为它拥有许多毕达哥拉斯派的哲学家，最著名的运动员米洛，也是毕达哥拉斯（他在这座城市生活了很长时间）的同伴。据说有一次在哲学家的公共食堂中，当一根圆柱开始倒塌的时候，米洛迅速跑到柱子下面托住，挽救了大家，然后他自己才丢下柱子脱身了。根据某些作家所说，他很可能就是因为仗着这样巨大的力量，给自己招致了死亡。据说有一次他在大森林里游荡，离开道路迷路了；他找到一根带楔子的劈开圆木，他把双手双脚同时放入裂缝，竭力想把圆木撕成两片，但是他的力气只够把楔子拿下来。同时，圆木的两边立刻合在一起；他好像被一个夹子夹住，成了野兽的食物。

13. 接下来，距离克罗同200斯塔德，是亚该亚人建立的锡巴里斯，它位于克拉西斯河与锡巴里斯河之间。它的建立者是赫利塞的伊斯（Is of Helice）。从前，这座城市在其最幸运的时候获得

---

① 参见本书Ⅵ，i，10。

了极大的成功,它统治着周围4个部落,25座城市臣服于它;在与克罗同人作战时,它能够派出300000军队,它的居民布满了克拉西斯河周围50斯塔德的地方。但是,由于奢侈和傲慢,他们在70天的战争之中被克罗同人剥夺了一切幸福;克罗同人占领这座城市之后,把河水引进城市,淹没了这座城市。后来,残存的少数人集合到一起,准备再次使它变成自己的家园。不久之后,这些人又被雅典人和其他希腊人所击败,征服者虽然和他们一起生活,但对他们非常轻视,不仅杀害他们,而且把城市搬到附近另外一个地方,改名叫图里。这是一条河流的名字。现在,锡巴里斯河已经变成使在河中饮水的马匹都感到可怕的河流。因此,所有牲口都被赶得离开这条河流远远的。而克拉西斯河则使在其中洗头者的头发变黄或变白,此外,它还可以治疗许多伤痛。在经历了长期的繁荣之后,图里人现在受到了莱夫卡尼人的奴役,当塔兰提尼人从莱夫卡尼人手中把他们夺走之后,他们接受了罗马的庇护。由于他们的人口已经减少,罗马人派遣殖民者前来补充他们,而且把这座城市改名为科比伊(Copiae)。

14. 在图里城之后是伊皮乌斯和福西亚人所建立的拉加里亚(Lagaria)要塞。这里出产拉加里亚葡萄酒,味甜、温和,在医生之中享有盛名。图里的葡萄酒也是出名的好酒之一。接着是赫拉克利亚城,在大海后面不远;有两条可以航行的河流,阿齐里斯河和西里斯河。西里斯河边有一座名字相同的特洛伊人城市。后来,塔兰提尼人从那里来到赫拉克利亚殖民,它就成了赫拉克利亚移民的港口。它距离赫拉克利亚24斯塔德,距离图里大约330斯塔德。许多作家认为它是特洛伊人的居住地,证据是那里有一

第一章 意大利南部

座木质的特洛伊雅典娜神像，那座雕像是闭着眼睛的。据说爱奥尼亚人占领这座城市的时候，向她请求保护的人被拖走了，因为这些爱奥尼亚人到这里来殖民，是为了逃避吕底亚人的统治。他们用武力占据了这座属于乔内人的城市，把它称为波利伊乌姆；现在还可以看见这座雕像是闭着眼睛的。当然，编造这样的谎言，并且认为这座雕像不仅闭着眼睛（据说在卡桑德拉被强暴的时候，特洛伊的这座雕像把脸扭过去），[1] 而且闭着眼睛也能够看见她，这也是富有想象力的事情。然而，更富有想象力的是，历史学家说所有这些雕像都是从特洛伊运走的；不仅是西里斯河地区的，而且还有罗马的、拉维尼乌姆的和卢切里亚的雅典娜都被称为"特洛伊的雅典娜"，好像都是从特洛伊运去的。更大胆的是有人把特洛伊妇女放到了许多地方，更显得不可相信，因为这完全是不可能的。但是，有些人认为托斯拉斯河畔的西里斯城与锡巴里斯城[2] 都是罗德岛人建立的。安条克认为，塔兰提尼人在与图里人作战时，他们的统帅克莱安德里达斯是拉克代蒙的流亡者，为了占领西里斯地区，他们提出了一个妥协方案，共同居住在西里斯地区，但城市被认为是塔兰提尼人的殖民地。后来，它被称为赫拉克利亚，城市的名字和地点都改变了。

15. 接下来是梅塔庞提乌姆，距离赫拉克利亚军港140斯塔德。据说它是由特洛伊来的涅斯托尔和他带领的皮卢斯人所建立的。据说，他们由于从事农业而非常富足，向德尔斐献祭了一捆

---

[1] 在特洛伊被占领的时候，卡桑德拉抱住雅典娜的雕像寻求保护。
[2] 手稿为 Teuthras。

黄金的庄稼。作家们认为皮卢斯人建立城市的证据是他们向内莱乌斯的诸子献祭。[1]这座城市已经被萨莫奈人所毁灭。据安条克所说，在被废弃的地方重新又住上了一些亚该亚人，他们是被居住在锡巴里斯的亚该亚人招引来的，并且定居在那个被遗弃的地方。这些从拉科尼亚被驱逐出去的亚该亚人召集他们来，只是出于对塔兰提尼人的仇恨，为的是使邻近的塔兰提尼人无法袭击这个地方。这里原来有两座城市，[2]但是，因为在两座城市之中梅塔庞提乌姆离塔拉斯更近，锡巴里斯人就说服新来者占领了梅塔庞提乌姆。因为在占领了这座城市之后，他们就能占领西里斯地区。同时，如果他们转向西里斯的话，他们就将把梅塔庞提乌姆和塔兰提尼人的领土连在一起，因为后者就在梅塔庞提乌姆的侧翼。后来，梅塔庞提人和塔兰提尼人、居住在内陆地区的俄诺特里人发生了战争，他们在出让部分领土的条件下签订了和约，这部分领土就成了今日意大利和雅皮吉亚的边界。这里还插入了一个虚构的梅塔庞图斯[3]俘虏米拉尼佩（Melanippe）和她的儿子维奥图斯（Boeotus）的故事。安条克认为，梅塔庞提乌姆城原先叫做梅塔布姆，后来它的名字略有改变。而且，米拉尼佩不是送给了梅塔布斯，而是送给了迪乌斯（Dius），这有梅塔布斯的英雄神庙可以证明，还有诗人阿西乌斯也可以作证，他说维奥图斯被"美丽的米拉尼佩"送到了"迪乌斯的手中"，这表示米拉尼佩被送给了迪乌斯，而不是梅塔布斯。不过，埃福罗斯认为梅塔庞提乌姆的建

---

[1] 内莱乌斯的12个儿子有11个被赫拉克勒斯杀死，只有涅斯托尔幸存。
[2] 西里斯和梅塔庞提乌姆。
[3] 西西弗斯之子，他的另一个蛮族名字是梅塔布斯。

第一章 意大利南部

立者是德尔斐附近克里萨的僭主多利乌斯（Daulius）。这里还有一个传说，亚该亚人派去帮助建立殖民地的人是莱齐普斯，他从塔兰提尼人那里获得使用这块土地的时间只有一天零一夜，但他不打算再交回去，他在白天回答那些要求归还土地的人，只能在明天晚上提出请求，而到晚上他又回答第二天白天再说。接下来是塔拉斯和雅皮吉亚；但是，在讨论它们之前我必须说明，按照我最初的想法，在叙述了意大利前面的海岛之后才轮到叙述它们。因为我一向在叙述每个部落的时候，都要加上附近的岛屿。现在，我就从头到尾来叙述俄诺特里亚，只有一位前辈把这个地方称为意大利，我有权按照同样的顺序来叙述西西里和它周围的岛屿。

第二章 西西里

1. 西西里是一个三角形。由于这个原因，它从前被称为"三角岛"，后来的名字"三叉戟岛"（Thrinacis）更动听。[①] 它的外形是由三个海角确定的：第一个海角珀洛里亚斯，与凯尼斯、雷吉诺卢姆石柱，形成了一条海峡；第二个海角帕奇努斯沐浴在西西里海之中，朝着东方，面向伯罗奔尼撒半岛和克里特的海上航道；第三个海角利利比乌姆靠近利比亚，同时面向利比亚和冬季日出的方向。[②] 至于三角形的三条边，它们由三个海角所确定，其中两边有点凹形；第三条边由利利比乌姆到珀洛里亚斯是凸形；这条边是最长，长度为1700斯塔德。正如波塞多尼奥斯所说，尽管他增加了20斯塔德，其中两条边中的一条，即从利利比乌姆到帕奇努斯比另外一条边长，而邻近海峡和意大利，从珀洛里亚斯到帕奇努斯的那条边最短，长度大约为1130斯塔德。波塞多尼奥斯确定环绕这个海岛的航程是4400斯塔德。但在地图中距离更长，[③] 它被分成许多部分，并且用罗马里来表示。从珀洛里亚斯到米莱25罗马里；从米莱到滕达里斯距离相同；然后到阿加赛尔努姆30罗

[①] 三角岛和三叉戟岛。
[②] 朝东南方。
[③] 地志——叙述个别的地方（参见本书 V, ii, 7）。

第二章 西西里

马里;到阿莱萨距离相同;到凯法罗迪乌姆距离相同。这些都是小镇。到希梅拉河 18 罗马里,这条河流过西西里中部地区;然后到帕诺姆斯 35 罗马里;到埃格斯特人的恩波里乌姆 32 罗马里;最后,剩下的是到利利比乌姆的 38 罗马里。如果从这里绕过利利比乌姆到相邻的边,到赫拉克勒斯 75 罗马里,到阿克拉甘提尼人的恩波里乌姆 20 罗马里,到卡马里纳又是 20 罗马里,然后是到帕奇努斯 50 罗马里。由此到了第三条边,到锡拉库萨 36 罗马里;到卡塔纳 60 罗马里;接着到陶罗梅尼乌姆 33 罗马里;然后到麦西尼 30 罗马里;旱路从帕奇努斯到珀洛里亚斯 168 罗马里;经由瓦莱里安大道从麦西尼到利利比乌姆 235 罗马里。但是,有些作家只是笼统而言;例如,埃福罗斯说:"无论如何,环绕海岛的航程要花五昼夜的时间。"还有,波塞多尼奥斯用纬度[①]确定海岛的边界,把珀洛里亚斯放在朝北的方向,把利利比乌姆放在朝南的方向,把帕奇努斯放在朝东的方向。但是,由于"纬度"彼此是平行四边形,但这个三角形却肯定无法描写(特别是它的边是不等边,没有一条边符合平行四边形的一条边),因为它们的斜边与"纬度"不符合。[②] 不过,位于意大利南部西西里的"纬度",公正地说珀洛里亚斯在这三个角之中可能是最北方的;因此,从珀洛里亚斯到帕奇努斯的这条边朝向东方面对北方,而且也将形成一条朝向海峡的边。这条边应当略微倾向冬季日出之处,[③] 因为海岸

[①] 纬度圈(参见本书 I, i, 12)。

[②] 波塞多尼奥斯确定三角形的三个顶点是依靠纬度,斯特拉博认为波塞多尼奥斯用这种方式获得的资料不可靠。

[③] 朝东南方。

线向这个方向弯曲，朝着从卡塔纳到锡拉库萨和帕奇努斯的方向延伸。从帕奇努斯到阿尔菲乌斯河口距离是4000斯塔德；但阿尔特米多鲁斯认为从帕奇努斯到泰纳鲁姆距离是4600斯塔德；从阿尔菲乌斯到帕米苏斯距离是1130斯塔德。我认为，他为我们解释了怀疑他的说法与那些认为从阿尔菲乌斯到帕奇努斯距离是4000斯塔德不一致的原因。而且，从帕奇努斯到利利比乌姆的那条边比珀洛里亚斯更靠西方，本身最偏向南面的点，①朝着西方，同时朝着东方和南方。②一部分沐浴在西西里海之中，另一部分沐浴在利比亚海之中，利比亚海从迦太基地区一直延伸到西尔特湾。从利利比乌姆到利比亚最短的道路在迦太基附近，距离是1500斯塔德；据说有一个目光锐利的人在这条道路上的观察点，经常向利利比乌姆人报告迦太基开出的船只数。③而且，从利利比乌姆到珀洛里亚斯的这条边偏向东方，面对位于西北方之间的地区，④意大利向着北方，而第勒尼亚海和埃俄罗斯群岛朝向西方。

2. 在形成海峡的这条边上有下列城市：首先是麦西尼，然后是陶罗梅尼乌姆、卡塔纳和锡拉库萨。但是，在卡塔纳和锡拉库萨之间的那些城市消失了，这就是纳克索斯（Naxus）⑤和迈加拉城（Megara）。⑥这里还有西米图斯和发源于埃特纳的所有河流的河口，

---

① 从帕奇努斯。
② 直角旁边的线条必然朝向东南方。
③ 为了看清135罗马里之外的小船，人们不仅有非常好的视力，而且必须登上2罗马里的高处。
④ 直角旁边的线条必然朝向西北方。
⑤ 约建立于公元前734年，被狄奥尼修斯毁于公元前403年。
⑥ 大概与纳克索斯城同时建立，毁于公元前214年。

第二章 西西里

在每个河口旁边有良好的港口，克西福尼亚角也在这里。据埃福罗斯所说，这些城市都是特洛伊战争之后第10代希腊人在西西里地区建立的第一批城市。因为在那之前希腊人非常害怕第勒尼亚海盗团伙和这个地区蛮族的残忍行为，所以没有人敢到这里经商。但是，雅典人提奥克勒斯被风暴吹离航线来到西西里，他明显地感觉到当地居民弱小和土地肥沃，但他回国之后并没有能够说服雅典人。他带领埃维亚的许多卡尔西迪人，还有一些爱奥尼亚人和多利亚人（其中大多数是迈加拉人）出发了；就这样，卡尔西迪人建立了纳克索斯，多利亚人建立了迈加拉，这个城市先前叫做希布拉。这些城市确实存在时间不长，但希布拉的名字得以保存下来，是因为希布拉品质优良的蜂蜜。

3. 上述那条海岸线上仍然存在的城市如下：位于珀洛里亚斯湾的麦西尼，它更加偏向东方，形成了一个腋窝状的东西；从雷吉乌姆到麦西尼距离是60斯塔德，略少于从石柱到麦西尼的距离。麦西尼是伯罗奔尼撒半岛麦西尼亚人建立的，他们按照自己的名字把这个地方的名字改过来了；因为以前它叫赞克尔，这是由于海岸弯曲的缘故（任何弯曲物都称为"赞克利昂"），[①] 这座城市是居住在卡塔纳的纳克索斯人建立的。但后来坎帕尼部落的马麦丁人参加了殖民。现在，罗马人把它作为与迦太基人作战的西西里战争行动基地。后来，庞培·塞克斯都在与奥古斯都·凯撒作战的时候，把他的舰队集中在这里。当他被赶出这个海岛时，他不得不从这里逃跑。在离开城市不远的航道中，可以看见卡律布迪

---

① 据修昔底德（Ⅵ，4）所说，zaklion 是西西里方言。

斯,^①这是一个可怕的深渊,许多船舶轻易地被海峡回流的波浪推进深渊,并且使船首沉入了巨大的漩涡之中。当船只被吞没,被打成碎片之后,这些碎片被冲到了陶罗梅乌姆的岸边,它也因此被叫做科普里亚。^②马麦丁人在麦西尼亚人之中占据主导地位,他们统治着这座城市,被所有的人称为马麦丁人而不是麦西尼亚人。而且,这座城市出产的优质葡萄酒,不是叫做麦西尼葡萄酒,而是叫做马麦丁葡萄酒,它可以与意大利最好的葡萄酒媲美。这座城市人口繁盛,但不及卡塔纳人口众多,因为后者接受了意大利人定居,陶罗梅尼乌姆比这两座城市人口更少。此外,卡塔纳同样是纳克索斯人所建,而陶罗梅尼乌姆则是希布拉的赞克尔人所建。不过,卡塔纳在锡拉库萨僭主希罗在位时期失去了它原来的居民,因为他在其他地方建立的埃特纳殖民地,取代了卡塔纳的地位。^③品达把他称为埃特纳的建立者:

> 注意我对你说的,父啊!
> 谁的名字是神圣的祭品,^④
> 埃特纳的建立者!

(《残篇》,105,贝克)

但是在希罗死后,^⑤卡塔纳人回去了,他们赶走了居民,毁坏

---

① 参见本书 I, ii, 36。
② 本义为"粪堆"。
③ 公元前 476 年。
④ 文字游戏,希腊语"神圣的祭品"表示 hieron,与僭主的名字一样。
⑤ 公元前 467 年。

了这位僭主的陵墓。① 埃特纳人抛弃了这座城市，居住到了距离卡塔纳 80 斯塔德的埃特纳丘陵地区英尼萨，他们把这个地方叫做埃特纳，并且声称希罗是它的建立者。现在，埃特纳位于卡塔纳以北的内陆地区，并且深受火山爆发的破坏。实际上，熔岩流距离卡塔纳地区非常近；那里流传着一个孝顺的故事，说的是安菲诺摩斯和阿纳皮亚斯，当灾难突然降临他们身上的时候，他们把双亲扛在肩上逃走，使双亲免于危险的故事。根据波塞多尼奥斯所说，当这座山开始活动的时候，卡塔纳人的土地将会盖上一层很厚的灰尘。这些灰尘在短时间确实是一种灾难，但后来对当地还是有好处的，因为它使土壤变得更肥沃，更适合葡萄生长。这个地区的其他地方都不可能生长这样优良的葡萄。而且，据说生长在覆盖着火山灰土地之下的根茎，使绵羊长得十分肥壮，以至于它们经常要喘不上气来。所以，正如我以前说的那样，它们每隔四五天就要在耳朵上放一次血——就像在埃里西亚发生的事情一样。但是，当熔岩变凝固之后，它就使土地的表层变成了很厚的岩石。因此，谁想揭开原始的土壤表层，就必须打碎这些岩石；因为火山口的石块熔化后流下来，这些从山顶涌出的液态物质，像黑色的泥浆流到山下，然后变成固体，凝结成砂岩，但保留着它在液体状态下的颜色。火山灰是岩石燃烧之后产生的，就像木料燃烧产生的灰一样；因此，正如草木灰可以肥芸香一样，有理由认为埃特纳的火山灰一定包含了某些特别有利于葡萄生长的物质。

---

① 公元前 461 年。

4. 锡拉库萨是科林斯的阿基亚斯所建，建立的时间大约与纳克索斯和迈加拉殖民地同时。据说阿基亚斯与米塞卢斯同时去德尔斐，在他们请求神谕的时候，神问他们是要选择财富或者健康；阿基亚斯选择了财富，而米塞卢斯选择了健康。① 据说神赐予前者在锡拉库萨建立殖民地，赐予后者在克罗同建立殖民地。正如我先前说的一样，后来发生的实际情况确实如此，克罗同人居住的城市非常有利于健康，而锡拉库萨非常的富裕，以致锡拉库萨人的名字在谚语中广泛地用来作为极其富裕的象征："他还不够锡拉库萨人的十分之一多。"故事说阿基亚斯后来航行去了西西里，他留下赫拉克利德族（Heracleidae）出身的切尔西克拉特斯（Chersicrates）和部分参加远征的人，帮助建立了后来称为克基拉岛的殖民地，它先前叫做谢里亚岛。可是，切尔西克拉特斯把原先居住在那些岛上的利布尔尼亚人赶走了，让新来的居民定居在那里。而阿基亚斯则来到了泽菲里乌姆角，他在那里发现了一些多利亚人，他们留下的同伴建立了迈加拉，在继续回家的路上从西西里来到了这里，阿基亚斯把他们合到自己一起，共同建立了锡拉库萨。这座城市的成长发展，得益于土地肥沃和港口的优良位置。而且，锡拉库萨人表现出自己拥有领导的才能，由于这个原因，锡拉库萨人在僭主统治时期时，统治了整个岛上的其他地区，他们不但使自己获得了自由，也使那些曾经受到蛮族压迫的人获得了自由。至于那些蛮族，其中有一部分是当地人，另外一部分则是来自对面大陆的居民。希腊人不允许他们之中的任何人占领海岸地

---

① 参见本书Ⅵ, i, 12。

第二章 西西里

区,但没有力量把他们彻底赶出内陆地区。确实,西塞利人、西卡尼人、摩格特人和其他一些人直到今天还住在这个岛上。根据埃福罗斯所说,他们之中的伊比利亚人,据说是西西里最早的蛮族定居者。有理由猜测摩甘提乌姆居住的就是摩格特人,它过去是一座城市,现在已经不复存在。迦太基人来到之后,不断地虐待这些人和希腊人。但是,锡拉库萨人顶住了他们。后来,罗马人赶走了迦太基人,以包围战夺取了锡拉库萨。在我们这个时代,由于庞培不仅虐待其他的城市,特别是虐待锡拉库萨,奥古斯都·凯撒派遣一个殖民团修复了老居民点的大部分地区;这座城市先前有5个小镇,还有180斯塔德的城墙。现在虽然不必完全让周边地区住满居民,但是他认为有必要把过去住人的地方,即与奥尔提吉亚岛相连的部分修建得更好,它本身也是这座著名城市相当大的一个区域。奥尔提吉亚位于大陆附近,并且有桥梁与大陆相连。岛上有一个阿瑞托萨泉,它流出的泉水形成一条河流,直接汇入海中。有一个神话故事说阿瑞托萨河就是阿尔菲乌斯河,据说这条河发源于伯罗奔尼撒半岛,它从地下穿过大海,流到了阿瑞托萨,然后又从这里再次流入大海。其证据如下:他们认为有一个杯子被投入奥林匹亚附近的河流之中,它被河水从那里带到了这个泉水之中;而泉水又把祭祀的公牛带到了奥林匹亚附近。品达根据这个故事写道:

> 神圣的阿尔菲乌斯休息的地方,
> 锡拉库萨著名的后裔奥尔提吉亚。

(《尼米亚颂》,I,1—2)

历史学家提迈乌斯与品达一样，同样也谈到了这件事情。如果说阿尔菲乌斯在流入大海之前流入了地洞，这条河流通过地下从奥林匹亚（Olympia）流到西西里，保持着没有与海水混合的淡水，看来还有某种可能性；但是，由于河口靠近海峡，[1]河口流入大海完全是可以观察到的，却没有看见一个洞口吞没河水[2]（尽管河水不能保持淡水，但如果它是在地道之中流动，至少大部分是淡水）。但这种事情绝对是不可能的，因为阿瑞托萨的水源证明与这种说法相反。因为它是淡水，这条河流直到它进入虚构的地下通道，经过这么长的距离而没有与海水混合，这是彻头彻尾的神话。确实，我们绝不会相信这个故事。在罗达努斯河，虽然它的河水在流过湖泊的时候保持在一起，它的流向是可以观察到的；而且，它是在距离很短，湖水不会掀起波涛的这种情况下；而我们所谈到的大海，这里有可怕的暴风和巨大的波浪，这种说法完全是不可相信的。引用这个杯子的故事只能夸大虚构的成分，因为杯子本身不容易被任何水流冲走，更不要说是在这样的通道里流这么长的距离。当然，世界上许多地区有许多河流在地下流过，但是没有这么长的距离。即使这事有可能，上述故事也是不可能的。它使我们想起了伊纳库斯河的神话故事。索福克勒斯说：

　　它从品都斯山峰流下，
　　从拉克姆斯，从珀里比亚人地区

---

[1] 伯罗奔尼撒半岛和西西里。
[2] 漩涡。

第二章 西西里

流入安菲罗奇人、阿卡纳尼亚人地区，
与阿谢洛奥斯河汇合在一起。

他在下面几行又补充说：

它的波浪由这里直冲阿尔戈斯，
进入了利尔塞乌姆人的地区。

（索福克勒斯，《残篇》249，瑙克）

这类不可置信的故事被有些人传播得更远，他们把伊诺普斯河从尼罗河搬到了提洛岛。修辞学家佐伊卢斯在其著作《特内多斯人颂》说到阿尔菲乌斯河发源于特内多斯岛——他是一位专门和神话作家荷马找茬的人。而伊拜库斯认为西锡安的阿索普斯河发源于弗里吉亚。但是，赫卡泰奥斯的观点比较正确，他认为安菲罗奇地区的伊纳库斯河发源于拉克姆斯，就像埃阿斯河一样。它不同于阿尔戈斯的河流，这是安菲罗库斯取的名字，他把这座城市称为安菲罗奇人的阿尔戈斯。赫卡泰奥斯认为，这条河流汇入了阿谢洛奥斯河，而埃阿斯河向西流过了阿波罗尼亚城。在奥尔提吉亚岛两边有两个大港口；两个港口之中大的港口周长是80斯塔德。凯撒修复了这座城市和卡塔纳；森托里帕由于在战胜庞培的时候起了很大作用，同样也被修复了。森托里帕位于卡塔纳以北，邻近埃特纳山区和西米图斯河，这条河流入卡塔纳地区。

5. 至于西西里其他的几边，自帕奇努斯延伸到利利比乌姆的这条边已经彻底被抛弃了，但是它还保留着一些古代居民点的遗迹，其中有一个是锡拉库萨人的殖民地卡马里纳。不过，属于格洛人的阿克拉加斯和它的海港，还有利利比乌姆仍然存在。由于这个地区完全暴露在迦太基方面的进攻之下，它的大部分地区由于长期的、接连不断的战争已经变成了废墟。最后的，也是最长的一条边尽管算不上人丁兴旺，也还有许多人居住。确实，在这里的阿莱萨、滕达里斯、埃格斯特人的恩波里乌姆和凯法罗迪斯都是城市，在帕诺姆斯还有一个罗马人的居民点。正如我在谈到意大利时所说的那样，据说埃格斯塔伊是菲洛克特特斯带领的那些人来到克罗同地区建立的。菲洛克特特斯派遣特洛伊人埃格斯特斯带领他们前往西西里殖民。

6. 在内陆地区有恩纳城（Enna），城里有一座得墨忒耳神庙，居民很少。城市位于山丘上，周围是一片适于耕种的辽阔高原。它在攸努斯及其逃亡奴隶的手中遭到很大的损失，他们被包围在这里，罗马人好不容易才消灭他们。卡塔纳、陶罗梅尼乌姆和一些其他城市的居民也遭到同样的命运。厄里克斯是一座高山，也有人居住。它有一座非常出名的阿佛洛狄忒神庙，它从前有很多神庙奴隶，他们都是西西里人和许多外地人为了还愿而奉献的。但是，现在神庙和居民区本身一样，[1]感到缺乏人手，成群的神职人员离开了神庙。在罗马也有一座一模一样的阿佛洛狄忒神庙，我指的是科林内门之前的那座神庙，号称厄里克斯的维纳斯神庙。它的圣坛和周边的柱廊令人印象深刻。其他的居民点[2]和内陆大部

---

[1] 厄里克斯城。
[2] 居民点遗址。

第二章 西西里

分地区则被游牧者所占领；因为我没有听说过现在还有任何定居者在希梅拉、格拉、卡利波利斯、塞利努斯、埃维亚和其他别的地方居住。在上述城市之中，希梅拉是米莱的赞克尔人所建，卡利波利斯是纳克索斯人所建，塞利努斯是西西里迈加拉城的迈加拉人所建，埃维亚是莱昂提内人所建。许多蛮族的城市也被毁灭了：如科卡卢斯的王宫卡米齐城，据说米诺斯就是在这里被背信弃义暗杀的。罗马人发现这个地区已经荒芜，他们在占领了山区和大部分平原地区之后，把它们交给了养马的、养牛的和养羊的牧人。由于这些牧人的缘故，这个海岛大部分时间变得非常危险，因为他们起初还仅仅是搞一些孤立的打家劫舍行径，后来竟然发展到聚众呼啸，洗劫居民点。例如，攸努斯和他的一伙人占领恩纳时就是这样。就在当今，在我们这个时代，有一个号称是"埃特纳之子"的塞卢鲁斯被押送到罗马，原因是他自任为一支军队的首领，长期纵横于埃特纳周边地区，经常抢劫；我看见他在古罗马广场举行的一场角斗士比武之中被野兽撕成碎片。他被安置在高高的台子上，好像是在埃特纳一样；这个台子突然断裂倒塌，他掉到了台下早已准备好的兽笼之中，这是一个特意做好的易碎的兽笼。

7. 至于这个地区的富饶，为什么我要提到它，是因为大家都说它一点也不次于意大利内陆。在谷物、蜂蜜、藏红花和某些其他产品方面，可以认为它甚至超过了意大利。而且，它的距离又很近，因为这个海岛在某种程度上是意大利的一部分，它可以很方便、毫不费劲地为罗马提供它所生产的一切物品，就好像是意大利本地出产的一样。实际上，西西里被称为罗马的仓库，因为它所生产的一切物品,除了在家里被消耗的那些之外,都运到了这里,其中不仅有果实,还有牛群、皮革、羊毛以及诸如此类的物品。波塞多尼奥斯认为锡拉库萨和厄里克斯就好像是海边的两座卫城,而恩纳则位于两座城市中间,高居于周边的平原之上。莱昂提尼人所有的地区同样属于西西里的纳克索斯人,它们也遭到了毁灭;因为他们虽然总是与锡拉库萨人一起分享他们的不幸,但却不一定能分享他们的幸运。

8. 我在前面一点儿地方提到过在森托里帕附近是埃特纳城,它的居民接待并且陪同登山的人,因为山顶就是从这里开始的。山顶地区没有植物,覆盖着一层火山灰,在冬季则是白雪皑皑,在较低的地方可以分成森林地带和各种植物的种植园。山顶的最高峰由于火山爆发的缘故,显然经常改变,因为烈火有时集中在一个火山口,有时则分成几个火山口,有时山上流下熔岩,有时冒出火焰和炽热的浓烟,还有的时候它喷出炙热的石块;这些变动不可避免的结果就是,不仅是地下的通道,而且在火山口周围地区地表的许多洞口,这时都会发生变化。即使这样,那些不久之前登山的人们给我讲述了下面这个故事:他们在山顶上发现了一块平地,周长大约20斯塔德,平地边缘堆满了有房子围墙高的火山灰,因此,那些希望进入平地的人,就必须从墙上跳下去;他们在平地的中央看见了一个火山灰颜色的小丘,[①]就好像从高处看见平地的地表颜色一样,小丘的高处有一股烟笔直地向上升起,高度大约有200英尺,静止不动(因为那天没有风),好像是烟雾

---

① 这是一个宽阔的半圆火山口中央的钟形火山灰堆。

一样；其中有两个人决定进入平地，但是由于深深的沙子炎热而难以行走，他们只好返回，因此也就无法告诉人们比他们自己从远处看见的更多东西了。但是他们根据自己的观察，认为现在的许多故事都是虚构的，特别是那些涉及恩培多克勒的故事。如他跳入了火山口，并且留下了他所经历的事情的证据，一只他穿过的黄铜鞋了；因为这只鞋子据说是在火山口边缘不远之处找到的，它是被火的力量扔到那里去的。实际上，我认为这个地方是不可能到达也不可能看见的。而且，人们认为什么东西也无法扔进火山口，这是由于火山口内部吹来逆风的缘故，也是由于炙热的缘故。在人们走近火山口之前很远的地方，这种炽热就可以感觉到。而且，即使有什么东西扔进了火山口，在火山口把它像原来的模样扔出来之前早就把它毁灭了；确实，认为风和火在耗尽了发热的物质之后会停止，不是没有理由的；但人们如此近距离与这种巨大的力量抗争也是不可能的。埃特纳耸立于海峡地区的海岸线和卡塔纳地区之上，而且也耸立在第勒尼亚海和利帕里群岛之上。它的山顶在晚上发出耀眼的光芒，但在白天笼罩在朦胧的烟雾之中。

9. 正对着埃特纳的是内布罗迪山，它的高度低于埃特纳，但宽度大大超过它。正如我先前已经说过的，整个海岛的地下是空心的，充满了河流与火焰，类似于第勒尼亚海到库迈地区的情况。无论如何，这个海岛许多地方有温泉喷出形成的河流。在这些河流之中，塞利努斯和希梅拉的河流是咸的，埃格斯塔的河水是可以饮用的。在阿克拉加斯附近有一个湖泊，它的湖水具有海水的味道，还有自己的特点；因为人们既不能在其中游泳，也不会沉没，而木料之类的物质可以漂浮在水面上。在帕利齐人的湖边有许多火山口，它们喷出穹顶状激流般的水源，然后又重新把它吸入地下深处去。在马陶鲁斯附近的洞穴里，[1]有一条巨大的地下水道，河流在地道潜行很长的距离后才露出地面，就像是叙利亚的奥龙特斯河一样，[2]它流入阿帕米亚和安条克基亚之间的地下裂缝（卡律布迪斯）之中，然后在40斯塔德之远的地方再次露出地面。同样的情况还有美索不达米亚的底格里斯河、[3]利比亚的尼罗河，都离河源不远。斯蒂姆法卢斯地区的水源起先流入地下，[4]潜行200斯塔德，然后在阿尔盖亚流出地面，成为埃拉西努斯河；还有，阿卡迪亚地区阿谢亚附近的水源起初被迫流入地下，流过很长距离之后重新出现，成为埃夫罗塔斯河和阿尔菲乌斯河；因此，人们相信这样一个难以置信的故事，即把两个花环分别奉献给这两条河流之中的一条河流，它们被扔进同一条河床，两个花圈都在他奉献的相应河流重新流出来了。我先前已经说过，这就是提马乌斯河的故事。

10. 西西里出现的这种或那种类似天象，在利帕里群岛和利帕拉本地也可以看到。这个群岛一共有七个岛，其中最大的是利帕拉岛（尼多斯人的殖民地）。除了塞尔梅萨之外，它是距离西西里最近的岛屿。它先前叫做梅利古尼斯，它不仅控制着港湾，而且长期抵抗住了第勒尼人的进攻。由于它控制了现在被称为利帕里

---

[1] 原文有脱漏。
[2] 参见本书 XVI, ii, 7。
[3] 普林尼，VI, 31。
[4] 在阿卡迪亚。

第二章　西西里

群岛的所有岛屿，有些人把它们称为埃俄罗斯群岛。而且，它经常从战利品之中拿出最好的东西奉献给德尔斐的阿波罗神庙作为装点神庙威严之用。它有肥沃的土地和可以带来大笔收益的明矾矿，[①] 还有温泉和火山爆发点。在利帕拉与西西里之间是塞尔梅萨，它现在叫做赫菲斯托斯的希拉。[②] 这个海岛完全是岩石，极端炎热，有三处火山爆发点从三个洞口流出，这些洞口就是火山口。从最大的洞口喷出的火焰夹带着炽热的石块，它们塞满了海峡的大部分地区。根据观察结果，人们认为这里的火焰和埃特纳的火焰都是因为风力的刺激作用而得到加强，当风停止的时候，火焰也就熄灭了。这种观点并不是没有理由的，因为风是由海水蒸发作用产生的，并且得到了它们的补充；所以，即使有人如果观察到类似的现象，对于火焰在类似物质或现象的影响下越烧越旺也不会感到惊奇。据波利比奥斯所说，三个火山口之中有一个已经部分倒塌，其他两个仍然完好无损。最大的火山口周边的边缘长5斯塔德，逐渐地向50英尺的直径收缩；这个火山口的高度在海平面之上1斯塔德；因此，在风平浪静的时候是可以看到这个火山口的。不过，如果这一切都是可信的，那就应当相信有关恩培多克勒的神话故事。[③] 波利比奥斯继续说，当南风刮起来的时候，浑浊的迷雾就将笼罩在这个海岛的四周，以致近在咫尺的西西里也看不见了；而在刮北风的时候，鲜艳的火焰从上述火山口越喷越高，发出了响亮的声音。不过，刮西风的时候情况处在前两者之间；

---

① 普林尼，XXXV，52。
② 赫菲斯托斯的"神圣"小岛。
③ 参见本书Ⅵ，ⅱ，8。

其他两个火山口形状虽然与第一个一样,但喷发的强度次于前者;因此,它们在声音的强度、火焰和烟雾喷发的地区也不一样,它可以预测未来三天的风向;① 波利比奥斯说,无论如何,利帕里群岛有些人在不利于航海的季节到来之后,预报未来的风向是不会错的。因此,荷马被认为最离奇的语言不是毫无理由的。他把埃俄罗斯称为"风王",② 暗示了真理。不过,关于这个问题我已经详细地讨论过了。荷马的生动描写可以密切关注,人们可以把它称为……③ 因为它们双方同样存在于口传作品之中,而且描写非常生动。无论如何,两者的娱乐性是共同的。不过,我应该回到偏离的正题上来了。

11. 关于利帕拉和塞尔梅萨的情况,我已经说过了。至于斯特隆吉尔,它得名于自己的外形。④ 它也是一个非常炎热的地方,虽然在火焰的力量方面稍次一等,但火焰的亮度非常强烈。这就是为什么人们说埃俄罗斯住在那里的缘故。第四个海岛是狄杜梅,它也得名于自己的外形;⑤ 剩下的海岛之中的埃里库萨⑥ 和菲尼库萨⑦ 得名于它们的植物,它们成了牧人的牧场。第七个海岛是欧奥尼姆斯,⑧ 它在外海最远的地方,是一个荒凉的地方;它的得名是

---

① 普林尼,Ⅲ,14。
② 《奥德赛》,Ⅹ,21。
③ 原文有脱漏。可能是"真实的或神话的因素",或"使人感到高兴和惊奇的主要原因"。
④ 本义为"圆形的"。
⑤ "双子岛"由两个火山岛形成。
⑥ 本义为"石南属植物"。
⑦ 棕榈树或黑麦草。
⑧ 左边的。

第二章 西西里

因为它比其他海岛更靠左边，更靠近那些乘船从利帕拉[①]来西西里的人一边。在这些海岛周围的海面上，常常可以看到火焰弥漫，当地下深处洞穴之中的某些通道被打开之后，火焰就以极大的力量喷发出来了。波塞多尼奥斯说，在他自己的记忆之中，大约是在夏至时黎明的早晨，在希拉与欧奥尼姆斯之间的海上看见火焰上升到极高的高度，并且在一段时间之中保持这种状态，不断爆发，然后再慢慢地停止。这时，有些勇敢的人乘船前去，看见被波浪冲来的死鱼，这些人之中有些人因为高温或者恶臭的气味生病了，只好逃走；但是，有一条船靠得太近，死了部分船员，其他人好不容易逃到利帕拉；这些人也好像癫痫病人一样，有时会失去知觉，到后来才重新恢复原有的推理能力。过了多少天之后，还可以看见海面上形成的泥浆，在海面上许多地方还可以看见火焰、烟雾和燃烧过的烟灰。后来，浮渣变硬了，硬得好像是磨石。西西里的行政长官提图斯·弗拉米尼乌斯（Titus Flaminius）[②]向元老院报告了这件事情，元老院派出一个代表团前去进行抚慰献祭，既向这座岛和利帕里群岛、也向冥世和海洋的诸神献祭。据地志学家所说，从埃里科德斯到菲尼科德斯，距离是 10 罗马里；从这里到狄杜梅，距离是 30 罗马里；从狄杜梅到利帕拉北部，距离是 29 罗马里；从利帕拉到西西里，距离是 19 罗马里；从斯特隆吉尔

---

① 从利帕拉城来的。

② 这个弗拉米乌斯必定在波塞多尼奥斯的"回忆录"之中，否则不为人所知。如果原文正确，他曾经是公元前 90 年左右西西里的大法官。参见 Nissen, op. cit., II, 251；有人认为弗拉米乌斯是公元前 123 年的大法官，并且把他和公元前 126 年的火山爆发联系在一起（普林尼, II, 88）。

到这里，距离是16罗马里；在帕奇努斯之外的梅利塔，出产一种小狗，名叫梅利塔狗，还有高多斯，两者距离海角都是88罗马里；科苏拉位于利利比乌姆和迦太基人的城市阿斯皮斯之前，它的拉丁语名字是克卢皮；它位于这两个地方的中间，距离同上。[1]埃吉姆洛斯和其他小岛位于西西里和利比亚之外。关于这些海岛的情况，我要说的就是这么多了。

---

[1] 88罗马里。

第三章 雅皮吉亚

1. 我已经叙述了古意大利①到梅塔庞提乌姆地区，现在我必须说说那些与它们相邻的地区。雅皮吉亚就是与它们相邻的地区，希腊人称之为梅萨皮亚（Messapia），本地人把它分为两部分，一部分（这部分在雅皮吉亚角附近）称为萨伦提尼人地区，另一部分称为卡拉布里人地区。在卡拉布里人的后面，北方居住着普斯提人和希腊语称为多尼人的部落，但本地人把卡拉布里人之后的整个地区叫做阿普利亚（Apulia），其中有某些部分，特别是普斯提人又称为波迪克利人。梅萨皮亚形成了一个类似半岛的地形，因为它被一条地峡所环绕，这条地峡从布伦特西乌姆延伸到塔拉斯，长度为310斯塔德。由这里环绕雅皮吉亚角的海路据说长约400斯塔德。②由这里到梅塔庞提乌姆约220斯塔德；海路到这里朝着日出方向。虽然整个塔兰提内湾大部分没有港口，但是这座城市有一个非常大而美丽的港口，它有一座桥梁与城市相连，港口周长100斯塔德。在港口向内弯曲的部分，港口和外海形成了一个地峡，因此，城市位于一个半岛之上，由于地峡地势较低，

---

① 俄诺特里亚参见本书Ⅵ, i, 15；Ⅴ, i, 1。
② 数字不可信，可能是1200斯塔德或者是1220斯塔德。

船只很容易被拉过地峡两边。这座城市海平面比较低,不过卫城所在地点位置稍微高点。老城墙很长,但现在这座城市的大部分——靠近地峡的那个部分——已经废弃了,而靠近港口的那部分(包括卫城在内),继续存在,并且变成了一座很大的城市。在城里有漂亮的体操馆,有宽广的市场,市场中有宙斯巨大的青铜雕像,除了罗德岛的宙斯雕像之外,这座雕像是世界上最大的雕像。在市场与港口之间,就是卫城。卫城中只有很少过去用来装点城市的奉献物品遗物,这些物品大多数要么是在迦太基人占领这座城市的时候被毁灭了,要么是在罗马人攻占这个地方的时候被当成战利品抢走了。[①] 在抢走的战利品之中,有一尊赫拉克勒斯雕像陈列在卡皮托,这是一尊巨大的青铜雕像,出自利西普斯(Lysippus)之手,由这座城市的占领者马克西穆斯·费边(Maximus Fabius)所奉献。

2. 至于塔拉斯的建立,安条克这样说:在麦西尼亚战争(Messenian war)爆发之后,拉克代蒙人把那些没有参战的人宣布为奴隶,并且把他们叫做希洛人,把所有在远征期间出生的儿童都宣布为"处女之子"(Partheniae),并且剥夺了他们的公民权。但是,他们不甘忍受这个决定,由于他们人数众多,阴谋反对自由公民;后者知道了这个阴谋,秘密地派了一些人假装友好,得到了这个阴谋的内容;在这些人之中有一个法兰图斯,他被认为是他们的保护者,但总的来说他并没有获得那些可以参加阴谋集会

[①] 在与汉尼拔作战期间,塔拉斯城站在迦太基人一边,因而在公元前209年被罗马人再次占领。

者的好感。据说进攻预定在阿米克莱神庙举行雅辛托斯庆典的时候，当比赛开始进行，法兰图斯将戴上他的皮帽（自由公民可以根据其头发来辨认）；但法兰图斯和他的一伙人偷偷地把这个决定报告了，因此在比赛进行的时候，传令官走上前禁止法兰图斯戴上皮帽；阴谋者意识到阴谋已经败露，一些人开始逃走，另外一些人乞求宽大为怀；但是他们被命令保持安静，并且被严密地看管起来；法兰图斯被派往神庙询问建立殖民地的事情；[1]神的答复是："我给你萨蒂利乌姆，你住在塔拉斯的沃土上，也成了雅皮吉人的灾星。"因此，这些处女之子和法兰图斯去了那里，他们受到了蛮族和克里特人的欢迎，克里特人先前占领了这个地方。据说后面这些人是跟随米诺斯一起航海来到西西里的。米诺斯在卡米齐的科卡卢斯宫廷中去世之后，他们离开了西西里；但在回家的路上，[2]他们偏离航线来到了塔拉斯。后来有些人走陆路绕过亚得里亚海到达马其顿，并且被称为博提亚人。直到多尼亚地区的所有居民据说都叫雅皮吉人，他们得名于雅皮克斯，此人据说是代达罗斯（Daedalus）与克里特妇女所生，并且成了克里特人的首领。而且，塔拉斯城也得名于某一位英雄。

3. 埃福罗斯讲述的建城故事如下：拉克代蒙人和麦西尼亚人开战，是因为拉克代蒙人的国王特利克卢斯前去麦西尼献祭的时候，被后者杀死了。他们发誓除非把麦西尼彻底毁灭，或者是全部战死沙场，否则他们决不回家。他们在出发远征的时候，把年

---

[1] 德尔斐的阿波罗神庙。

[2] 在回克里特的路上。

幼的和年老的公民留下来守卫城市；但是，后来在战争进行到第10年的时候，拉克代蒙的妇女集合起来，从中挑选一些人前去向他们的丈夫抱怨，他们在和麦西尼亚人进行不对等的战争，因为麦西尼亚人留在自己的土地上，可以生孩子；而他们却在敌人的土地上进行战争，把自己的妻子留在家中守活寡。她们还抱怨说他们的祖国由于缺少男子正处在危险之中；拉克代蒙人既要遵守自己的誓言，又要考虑妇女们的意见，他们派出了军队中最强壮的、最年轻的士兵，因为他们知道这些年轻人和誓言没有关系，他们和已经成年的人一起参战的时候还是孩子；他们命令这些人与年轻女子同居，每个男子和每个女子同居，这样少女们就能怀上许多孩子；在这样做了之后，这些孩子被称为处女之子。至于麦西尼，它在经历了19年战争之后被征服了。正如提尔泰奥斯（Tyrtaeus）所说：

> 我们父辈的父辈曾经是长矛手，
> 为了它，他们决心坚定，残酷地战斗了19年；
> 在第20个年头，这些人抛弃了他们肥沃的家园，
> 逃出了伊索米的大山。
>
> （《残篇》，3，4，5）

拉克代蒙人把麦西尼亚在自己人之中进行了分配，但他们回家之后，不承认处女之子像其他人一样有公民权，理由是他们是非婚生儿；而处女之子和希洛人结成同盟，制定了一个反抗拉克代蒙人的阴谋，商量好在市场举起拉科尼亚帽作为进攻的信号。

但是，希洛人之中有些人出卖了阴谋者的计划，拉克代蒙人明白他们要对抗这次进攻是很困难的，因为希洛人不仅人数众多，而且非常心齐，因为他们自己差不多互认为兄弟，于是，他们命令那些在市场举起了信号的人离开市场。这样，阴谋者知道他们的事情已经败露，他们退缩了；拉克代蒙人通过他们父辈的影响，说服他们前去建立一个殖民地，如果他们占领了那个地方，可以满足他们的要求，留在那里；如果他们要回来，就将把麦西尼亚五分之一的地区分配给他们。这样，他们就出发了，他们支持亚该亚人与蛮族作战，分担了亚该亚人的危险，建立了塔拉斯城。

4. 曾经有一个时期，塔兰提尼人在民主政体的管理之下非常强大；因为他们不仅拥有这个地区所有各国最强大的舰队，而且能够派出一支由30000人的步兵、3000人的骑兵和1000名骑兵指挥官组成的军队，他们还有许多人信奉毕达哥拉斯哲学流派，其中最著名的是阿契塔，他领导这座城市相当长时间。后来，由于它的繁荣兴旺，奢侈浪费盛行，以至于他们每年举行公共庆典节日超过了每年工作的天数。由于这个原因，他们的管理效率也不行了。其政治恶化的一个证据就是他们雇佣外国军官；因为他们请求莫洛西亚的亚历山大前来指挥他们与梅萨皮亚人和莱夫卡尼人的战争；在更早的时候还有阿格西劳斯之子阿基达姆斯，后来又有克莱奥尼姆斯（Cleonymus）、阿加索克利斯，再后来还有皮洛士（Pyrrhus）。这是在他们与他结盟共同对抗罗马人的时候。而且，即使是对于那些他们邀请来的人，他们也不乐意顺从，而是对他们有一种敌意。无论如何，由于对他的敌意，亚历山大准备迁移到图里亚（Thuria）地区，全希腊各国的节日大会在这个地方举行，它通常在塔兰提内地区的赫拉克利亚举行，他开始强烈要求应当在阿卡兰德鲁斯河边布防，保卫集会的地方。除此之外，据说由于他们的忘恩负义，亚历山大遭到了不幸的下场；大约在汉尼拔战争的时候，他们被剥夺了自由，后来他们得到了罗马人的一块殖民地，现在他们生活在和平之中，比过去生活得更好。在他们为了争夺赫拉克利亚与梅萨皮亚人进行的战争之中，他们获得了多尼亚人国王和普斯提人国王的合作。

5. 雅皮吉亚人接下来的地区出人意料的肥沃。虽然它的地表看起来崎岖不平，如果把它挖开，可以发现它的土壤很厚。它虽然缺乏水源，但非常适合用来做牧场和种树。这个地区过去人烟密集，曾经有13座城市；现在除了塔拉斯和布伦特西乌姆之外，其他所有城市已经被战争搞得破败不堪，变成了一些小城镇。萨伦提尼人据说是克里特人的殖民者；在他们的地区有一座雅典娜神庙过去很富裕，还有一块称为雅皮吉亚角的观景石，这是一块巨大的岩石，它突出在海面，朝着冬季日出方向，[①]大致偏向拉齐尼乌姆，它在西边对着这块岩石，并且和它一起封锁了塔兰提内湾口。塞劳尼亚山脉和它一起封锁了爱奥尼亚湾口，通过它前往塞劳尼亚山脉和拉齐尼乌姆的道路长度大约是700斯塔德。从塔拉斯到布伦特西乌姆的海路大致如下：第一段到小镇巴里斯，距离是600斯塔德，巴里斯现在叫韦勒图姆，位于萨伦提内的边界地区。从塔拉斯到那里旅行，大部分地区步行比乘船方便。从这里到莱夫卡，距离是80斯塔德。这是一座小镇，镇里有一眼臭气

---

① 东南方。

第三章 雅皮吉亚

难闻的泉水井；据神话故事所说，那些在坎帕尼亚弗莱格拉幸存下来的巨人叫做莱夫特尼亚巨人，他们被赫拉克勒斯驱赶出来，逃到那里避难，被地母藏起来了，[①]这眼泉水就吸收了从他们的尸体里流出的臭水；因为这个原因，这条海岸线被称为莱夫特尼亚。接着，从莱夫卡到海德鲁斯小镇，距离是150斯塔德；从这里到布伦特西乌姆，距离是400斯塔德；它等于到萨松岛的距离，这座海岛位于从伊庇鲁斯到布伦特西乌姆的中途。因此，那些人不能由萨松的左边直接航行到海德鲁斯；而是要等待顺风，才能到达布伦特西尼人的港口；虽然他们如果走旱路经由希腊人的城市罗迪伊路程更短，诗人恩尼乌斯（Ennius）就出生在这座城市。这样，从塔拉斯乘船绕过这个地区就到了类似半岛的布伦特西乌姆，从布伦特西乌姆到塔拉斯的旱路，只要花一天的时间就可以走完，道路比较好走，形成了上述半岛的地峡。[②] 这个半岛大多数人称为梅萨皮亚、雅皮吉亚、卡拉布里亚或萨伦提亚，正如我先前说的，还有些人把它分开，按照每个部分来称呼它。在这条海岸线上的城市就是这样了。

6. 罗迪伊和卢皮埃在内陆地区，在阿莱提亚海以北不远的地方；乌里亚在地峡的中部地区，那里至今仍然可以看到一位首领的宫廷。由于希罗多德[③]说到了希里亚在雅皮吉亚，它是那些米诺斯舰队返回西西里途中迷路的克里特人所建；因此，我们就必须把希里亚看成是乌里亚或者是韦勒图姆。布伦特西乌姆起初据说

[①] 荷马认为是神的血管之中流出的血液。
[②] 参见本书Ⅵ, ⅲ, 1。
[③] 希罗多德：Ⅶ, 170。

是克里特人的殖民地,不管它是忒修斯从克诺索斯带来的那些人所建,还是雅皮克斯从西西里带来的那些人所建(这个故事有两种不同的版本),据说他们都没有留在这里,后来又去了博提亚。[①]后来,在历代国王统治的时期,这座城市的许多土地被法兰图斯率领的拉克代蒙人夺走了;但是,他后来被赶出了塔拉斯,布伦特西尼人收留了他,当他去世之后,他们还举行了隆重的葬礼仪式。他们的地区比塔兰提尼人的地区更好,因为它的土地虽然比较贫瘠,但出产优良品质的果实,在这些产品之中,它的蜂蜜和羊毛是非常值得赞赏的。布伦特西乌姆还有许多设施良好的港口;因为这里的港口紧挨着海湾的口上,它们可以免受海浪的威胁,因为海湾在里面,类似一支鹿角的形状;它的名字也是由此而来,同样,这个城市的地势也很像一个鹿头,在梅萨皮亚语之中,鹿头就称为"布伦特西乌姆"。至于塔兰提尼人的海港,由于它对外敞开,不能完全防御风浪;除此之外,在它的内部还有一些浅滩。

7. 从希腊或亚细亚有比较直接的航线到达布伦特西乌姆,实际上,所有打算前往罗马的人,都要到这个港口来。有两条道路从这里出发:一条道路可供骡子行走,经过普斯提人(现在被称为波迪克利人)、多尼人和萨莫奈人的地区,直到贝内文图姆;在这条道路上的城市有恩格纳提亚、塞利亚、内提乌姆、坎努西乌姆和西罗多尼亚。但是,经过塔拉斯的道路略微偏向另一条道路的左边,大约绕了一天的路程,这条道路称为阿庇安大道,运输工具通行比较便利。这条道路上的城市有乌里亚、维努西亚、前

---

① 参见本书Ⅵ, ⅲ, 2。

者位于塔拉斯与布伦特西乌姆之间，后者在萨莫奈人和莱夫卡尼人的边界上。从布伦特西乌姆出发的两条道路会合于贝内文图姆和坎帕尼亚的附近。从这里开始，有一条共同的道路通向罗马，这就是阿庇安大道，它要通过考迪乌姆、加拉提亚、卡普阿、卡西利努姆，直到锡纽萨。从这里开始，有些地方我先前已经说过了。从罗马到布伦特西乌姆，道路总长是360罗马里。但是，这里还有第三条道路，它从雷吉乌姆出发，经过布雷提人、莱夫卡尼人、萨莫奈人的地区进入坎帕尼亚，在那里与阿庇安大道连接在一起；它通过亚平宁山脉，比从布伦特西乌姆出发的道路要多花三四天时间。

8. 从布伦特西乌姆到对面大陆的海路，或者是经过塞劳尼亚山脉及其邻近的伊庇鲁斯和希腊沿岸地区；或者是经过埃皮达姆努斯；后面这条道路比前面那条要长，因为它有1800斯塔德长。[①] 而且，后面这条道路是通常使用的道路，因为这座城市的位置对伊利里亚人和马其顿人来说比较适合。如果有人从布伦特西乌姆沿着亚得里亚海岸航行，到达埃格纳提亚城，这个地方对于那些不论是由海路或者陆路来到巴里乌姆的人而言，是一个共同的歇脚地点；航行要靠南风。这时，普斯提人的地区延伸到了海边，[②] 在内陆则延伸到了西尔维乌姆。因为它包括了亚平宁山脉大部分地区，它的所有地方都是崎岖不平、多山的地区；它被认为是阿卡迪亚人的殖民地。从布伦特西乌姆到巴里乌姆的距离大约是700

---

① 数字不可信，可能是800斯塔德。
② 延伸到巴里乌姆。

斯塔德，塔拉斯到两个城市的距离大约相同。在邻近的地区居住着多尼人，之后是阿普利人，他们的地区延伸到了弗伦塔尼人地区。由于当地人完全不使用"普斯提人"和"多尼人"的名称，除了早期之外，现在这个地区整体上叫做阿普利亚，但是，这个地区上述部落的边界肯定无法很好地讲清楚，由于这个原因，我也肯定无法能够说清这个问题。

9. 从巴里乌姆到奥非杜斯河，河边有一个坎努西泰人的商港，距离是400斯塔德，内陆到达商港的航程是90斯塔德。附近还有阿吉利皮尼人的海港萨拉皮亚。因为在离开海岸北边不远的地方（无论如何是个平原）有两座城市：坎努西乌姆城和阿吉利帕城，从前，它们曾经是意大利南部古希腊移民城邦之中最大的城邦，这从其城墙的周长可以很清楚地看出来。但是，现在的阿吉利帕很小；它过去叫做阿尔戈斯·希皮乌姆，后来叫做阿吉利帕，现在叫做阿尔皮。两座城市据说都是狄俄墨得斯所建立的。作为狄俄墨得斯统治这些地区的标志，现在还可以看到狄俄墨得斯平原和其他的许多东西，其中有卢切里亚雅典娜神庙古老的献祭物品——这个地方在古代也是多尼人的一座城市，但现在已经衰败了——在附近的海面上有两座海岛，它们被称为狄俄墨得斯海岛，其中一座海岛有人居住，另外一座岛屿据说荒无人烟；根据某些讲述神话故事的人说，狄俄墨得斯失踪之后，他的同伴变成了鸟儿；确实，直到今天，这儿的小鸟还是驯服的，过着某种像人一样的生活，不仅表现在它们的生活方式方面，而且表现在它们对待重要人物的驯服和远离邪恶和奸诈之徒的态度方面。我在前面已经提到过流传在赫内提人之中的有关这位英雄的神话故事，以及他的纪念仪式。一般认为西普斯也是狄俄墨得斯建立的，它距离萨拉皮亚大约140斯塔德；无论如何，它的希腊语名字是塞皮乌斯，它得名于被波浪冲上海岸的乌贼。在萨拉皮亚和锡努斯之间，有一条可以通航的河流，还有一个很大的湖泊，湖口向着大海。商品从西普斯沿着河流和湖泊运入大海，主要的是谷物。在多尼亚的德里乌姆山可以看见两座英雄神庙：一座在山顶最高处，这是卡尔卡斯的神庙，在那里向他的幽灵请求神谕的人必须向英雄献上祭品——一头黑色的公羊，然后躺在皮革之中；[①] 另一座是靠近山脚下的波达莱日乌斯神庙，这座神庙离大海大约100斯塔德；从山上流出一条小河，可以治愈牲口的各种疾病。在这个海湾之前有一个朝着东方的加尔加努姆角，在外海之中300斯塔德的地方；绕过海角有一座小城乌里乌姆，在海角之外可以看见狄俄墨得斯诸岛。这个地区各地出产各种果实，数量极多，特别适合于牧马和养羊业；虽然羊毛比塔兰提内的更柔软，但毛色很差。这个地区是一个很好的避风之处，因为平原地区位于山谷之中。根据某些人所说，狄俄墨得斯甚至打算挖一条运河直通大海，但是，这件事情和他的其他事情只完成了一半就停止了，因为他被召唤回国并死在那里。这只是关于他的一种传说；但是还有第二种传说，他一直留在当地直到去世；还有第三种传说，即前面的神话故事说他从这个岛上消失了；第四种传说可以认为是赫内提人的说法，他们的神话故事说他是如何在他们的国家终老一生的，

[①] 献给生活在冥界英雄的祭品是黑色的绵羊。询问神谕的人必须在英雄们居住的洞穴过夜，躺在兽皮上等待梦中接受神谕。

并且把他的去世称为是羽化登仙。

10. 同样，我引用的上述距离是来自于阿尔特米多鲁斯的资料。但是，地志学家确定从布伦特西乌姆到加尔加努姆的总距离是165罗马里，而阿尔特米多鲁斯认为它们的距离更长；根据前者的说法，从这里到安科纳距离254罗马里；而根据阿尔特米多鲁斯的说法，从这里到安科纳附近的埃西斯河，距离是1250斯塔德，距离短了很多。波利比奥斯认为从雅皮吉亚到各地的距离用罗马里测量如下：到塞纳距离562罗马里；由此到阿奎利亚178罗马里。他们也不同意接受从塞劳尼亚山脉到亚得里亚海口整个伊利里亚海岸线通常的长度，因为他们认为这条海岸线长度超过6000斯塔德，这就使它大大地超过了前者，但它仍然很短。而且每个作者都不同意其他人的数据，特别是我经常说到的那些距离。至于我个人而言，我认为这个问题是有可能解决的，我可以说明自己的观点，但不是在这里，我认为我应当搞清楚其他人的意见。如果我对别人的意见什么也没有搞清楚，这也用不着奇怪，因为我可能忽略了一些东西，特别是考虑到我的课题的性质，因为我不会放过任何重要的事情；而对于一些小事，即使是知道它们，那也没有很大用处；忽略这些不重要的东西，也完全不会损害我们这部著作的完整性。

11. 紧接着加尔加努姆角之后，是一个很深的海湾占据的空间；生活在它附近的居民有一个特殊的名字阿普利人。虽然他们和多尼人、普斯提人说的是同样的语言，虽然他们现在在其他任何方面没有任何区别，但是可以推测他们在古代还是有区别的，由此就产生了三个民族现在的三个不同名字。在古代，整个这个地区都是繁荣富裕的，但汉尼拔和后来的战争使它变得一片荒芜。这里发生了坎尼战役（The battle of Cannae），[①] 罗马人及其同盟者在这里遭受了非常惨重的人员损失。在海湾旁边有一个湖泊，在湖泊后面的内陆有蒂努姆·阿普鲁姆城（Teanum Apulum），它曾经有一个相同的名字蒂努姆·西迪齐努姆城（Teanum Sidicinum）。意大利的宽度在这个地方似乎大大地收缩了，因为从这里到狄凯阿恰地区，地峡的宽度从一边到另一边还不足1000斯塔德。在这个湖泊之后，有一条水路沿着海边到弗伦塔尼人地区和布卡城（Buca）；从这个湖泊到布卡或者加尔加努姆角，距离是200斯塔德。至于那些在布卡之后的地区，我已经说过了。

---

① 公元前216年。

第四章　意大利和罗马扩张的扼要总结

1. 确实，意大利的面积和特征就是这样。在我已经提到使罗马人变成今天这样强大的许多事件之后，现在我要指出一些最重要的条件。第一个条件是意大利像个海岛，除了少数地区之外，它的所有各边都有海洋可靠地警卫着；就是这些地区也有难以逾越的高山作为屏障。第二是它的大部分海岸没有港口，它拥有的港口都是大型优良港口。前者在抵抗外来进攻的时候大有益处，后者对进行反击和发展大规模商业活动大有帮助。第三是由于气候与温度的不同，给它造成了许多巨大的差异，这种巨大的差异对于动物、植物而言，不管是好是坏，总之是有利于维持生命。它的长度从北方延伸到南方，一般来说西西里的长度也加在其中，而西西里本身也很大。现在，气候的温和或者恶劣都是靠热、冷和中间的感觉来确定的；由此就不可避免地会认为意大利位于两个极端气候之间，① 并且延伸到很长的地区，大部分地区都属于温带气候，具有这个气候带大部分特色。除此之外，意大利命中注定还有这样一些优势：由于亚平宁山脉贯穿它的整个长度，在山的两边造成了许多的平原和盛产果实的丘陵地区，这里没有一个

---

① 寒带与热带。

第四章 意大利和罗马扩张的扼要总结

地方没有享受到山区或者平原带来的好处。除此之外，还要加上许多大河、湖泊；许多地方还有泉水，不管是温泉或冷泉，在许多方面对健康都大有益处，特别是它还盛产各种矿藏。人们无法描绘出意大利为人类和动物提供了多么大量的燃料和食物供应，还有优质的果实。最后，由于这个国家一方面位于那些最大的民族之间，另一方面又位于希腊和利比亚最好的地区之间，由于它在自己的勇气和面积上都超过了周边的国家，由于它的地理位置靠近这些地区，可以顺利地获得它们的贡赋，[①] 它天生就注定了充当统治者的角色。

2. 如果要对意大利的情况进行补充，我应当对罗马人做一个总结性的介绍，他们统治着这个国家，把它变成了称霸整个世界的坚强支柱。我要补充的是：在罗马建城之后，罗马人在英明的国王统治之下生活了好几代人之久。后来，由于末王塔尔奎尼乌斯是一位邪恶的国王，他们把他驱逐了，建立了君主与贵族政治混合的政府，与萨宾人和拉丁人结成了同盟关系。但是，由于他们总是感觉到不管是他们，还是其他邻居意图不良，他们在一定程度上被迫靠侵吞别国的领土来扩张自己国家的边界。当他们使用这种方法一点一点地前进和积聚实力的时候，出乎大家意料的事情发生了，罗马人突然失去了他们的城市，虽然他们又出人意料地重新夺回来了。[②] 正如波利比奥斯所说，这件事情发生在伊哥斯波达米海战（The naval battle at Aegospotami）之后第 19 年，发

[①] 有人把这一段文章视为《意大利颂》，它在斯特拉博时期的罗马文学中就已经很流行。

[②] 公元前 387 年，罗马遭到加拉泰人进攻和占领。

生在《安塔尔西达斯和约》(Peace of Antalcidas)签订之时。罗马人在战胜了这些敌人之后,首先把所有的拉丁人变成了自己的臣民;然后,他们又以强大的、不可阻挡的力量打败了居住在帕杜斯河附近的第勒尼人和凯尔特人;接着,他们又打败了萨莫奈人、塔兰提尼人和皮洛士,占领了今天意大利剩余的其他地区,只有帕杜斯河附近部分地区除外。当这部分地区还在进行战争的时候,罗马人渡海进入西西里,从迦太基人手中夺取这个岛屿,然后回来再次进攻帕杜斯河附近的居民;正当战争还在进行的时候,汉尼拔侵入意大利。这就是第二次迦太基战争。不久之后,第三次迦太基战争又爆发了,在这场战争之中迦太基被毁灭了;① 同时,罗马人不仅获得了利比亚,而还从迦太基人手中夺走了伊比利亚。但是,希腊人、马其顿人,还有那些居住在亚细亚哈里斯河这边和托罗斯山脉的居民与迦太基人联合起来革命。因此,罗马人被迫同时与这些民族作战,他们的国王是安条克、腓力和珀尔修斯。而且,那些与希腊人和马其顿人为邻的伊利里亚人和色雷斯人,也开始发动战争反对罗马人,他们坚持战争,直到罗马人征服了伊斯特河和哈里斯河这边所有的民族为止。现在,伊比利亚人、凯尔特人和其他所有民族都遭到了同样的下场,听命于罗马。至于伊比利亚,罗马人不停地以武力侵犯它,直到他们迫使整个地区屈服;他们先是驱逐了诺曼提尼人,② 后来是维里亚图斯和塞多留的破坏,最后是奥古斯都·凯撒征服了坎塔布里人。至于凯尔

---

① 公元前146年。
② 公元前134—前133年。

特地区（我指的是整个凯尔特地区，包括阿尔卑斯山南、阿尔卑斯山北和利古里亚），起初，罗马人只是一点一点地，一步一步地把它们并入自己的领土，后来，神圣的凯撒和在他之后的奥古斯都·凯撒，在常规战争中一劳永逸地征服了它。现在，罗马人正在与日耳曼人作战，他们把凯尔特地区当成了最好的军事行动基地，他们以对敌人的一系列胜利为自己的祖国增添了光彩。至于原先不属于迦太基人的利比亚部分地区，罗马人把它交给了自己的附属国王，如果他们要造反，就将被免职。由于朱巴（Juba）对罗马人的忠诚和友好，[1] 他被授权统治的地区不仅有莫鲁西亚，还有利比亚其他许多地区。亚细亚的情况和利比亚相似。起初，亚细亚由罗马人的代理人、他们的附属国王管理；后来，他们的王统断绝了，如阿塔罗斯、叙利亚、帕夫拉戈尼亚、卡帕多西亚和埃及的国王都是这样。或者是当他们发动起义并且被免职之后，例如米特拉达梯·欧帕托和埃及的克娄巴特拉。在法西斯河和幼发拉底河这边的所有土地，除了阿拉比亚部分地区之外，统统都归了罗马人和由他们任命的统治者统治。至于亚美尼亚人和位于科尔基斯以北的阿尔巴尼亚人、伊比利亚人，他们只要求有人来统治他们，他们是最恭顺的臣民；但是，由于罗马人专注于其他的事务，他们也企图起义——这就好像是那些居住在攸克辛海附近伊斯特河之后的居民一样。但是，博斯普鲁斯地区的居民和游牧部落不在其中，因为博斯普鲁斯的居民是臣服于罗马人的。游牧部落由于和其他人缺乏交往，他们对于任何事情无所帮助，只

---

[1] 罗马法的术语（Fides et amicitia）。

需要监视就行了。一般说来，亚细亚其他地区主要属于住帐篷者和游牧部落，他们居住在非常遥远的地方。但是，对于帕提亚人而言，尽管他们与罗马人有着共同的边界，他们是非常强大的民族。不过，他们现在对罗马人及其统治者的优势也表示屈服，他们不但把自己战胜罗马人的胜利纪念品送回了罗马，弗拉特斯（Phraates）还把自己的儿子和孙子委托给奥古斯都·凯撒，以这种交纳人质的方式卑躬屈膝地表示相信凯撒的友谊；[①] 现在，帕提亚人经常到罗马来要求派人给他们做国王，他们大概已经准备好把他们的整个主权交给罗马人。至于意大利本身，虽然它常常被各个党派搞得四分五裂，至少它是在罗马人的统治之下。至于罗马本身，完美的政府形式和统治者的杰出成就，防止了他们在错误和腐败的道路上走得太远。但是，它也有一个困难，管理一个如此辽阔的地区，不如把它交给一位像父亲般的人去治理。无论如何，罗马人和他们的同盟者，从来没有享受过像奥古斯都·凯撒时期如此长期的和平和繁荣幸福，从这时起，他获得了无限的权力。现在，他的儿子和继承人提比略又赐给他们同样的幸福。他把奥古斯都作为自己施政和处世的楷模，他的儿子日尔曼尼库斯和德鲁苏斯也是这样协助其父的。

---

① 罗马法的术语（Amicitia）。

第七卷

伊斯特河、日耳曼尼亚、托罗斯山区、西徐亚、残篇

第一章　日耳曼尼亚

1. 在叙述完伊比利亚、凯尔特和意大利各个部落以及邻近诸岛之后，按照顺序，接下来就应当叙述按照公认方式划分的欧罗巴其余地区了，这些地区如下：首先是东面的地区，即雷努斯河之后到塔奈斯河和梅奥提斯湖之间的地区，还有位于亚得里亚海和攸克辛海地区左边之间所有各个地区，这些地区以伊斯特河为界，向南延伸到希腊和普罗庞提斯海；因为这条河流把上述地区分成了差不多相等的两部分。欧罗巴这条最大的河流起先向南流，然后急转弯从西向东流入攸克辛海。它的发源地在日耳曼西部边界，靠近亚得里亚海顶部（距离顶部大约1000斯塔德），结束于攸克辛海，距离提拉斯和波里斯提尼斯河口不远，从向东弯曲的河道略微转向北方。在雷努斯河和凯尔特之后的地区，朝着伊斯特河的北方，这是凯尔特和日耳曼部落的土地，一直延伸到巴斯塔尼亚人、提雷盖蒂人的土地和波里斯提尼斯河地区。所有这些地区都位于这条河流、塔奈斯河和梅奥提斯湖口之间，一边延伸到北海，一边与攸克辛相连[①]。在伊斯特河以南，居住着伊利里亚人和色雷斯人部落，还有与他们混居在一起的凯尔特人及其他部

---

① 斯特拉博指的是"外海"就是"北海"（参见本书Ⅱ，v.31）。

落，一直延伸到希腊。让我首先来讲述伊斯特河之外的地区，因为它们比伊斯特河那边的地区简单得多。

2. 紧接着凯尔特人地区之后，在雷努斯河之后偏向东方的地区，居住着日耳曼人。正如我在叙述凯尔特人时所说的那样，他们与凯尔特人在其他各方面是相同的，如体型、风俗习惯和生活方式都非常相似。略有不同的是他们更野蛮、身材更高和有金黄的头发。所以，我认为罗马人把他们称为"日耳曼人"，就是因为他们希望借此表明日耳曼人是"真正的"加拉泰人。因为在罗马人的语言中，"日耳曼人"就表示"真正的"意思。

3. 这个地区的第一部分在雷努斯河附近，开始于河流的源头，延伸到它的河口。这片河流地区的长度，大致与其西部地区的宽度相等。这片河流地区的一些部落被罗马人迁到了凯尔特地区，其他部落先于罗马人的行动迁入了遥远的内陆地区，例如马尔西人就是这样；只有少数人被留在当地，例如部分苏冈布里人就是如此。[①] 紧接着居住在雷努斯河的部落之后，是居住在雷努斯河与阿尔比斯河之间的其他的部落；后面这条河与前面那条河大体上是平行地流入大海，流经的地区不下于前者。在这两条河流之间还有其他可以通航的河流（其中有阿马西亚斯河，德鲁苏斯的舰队就是在这条河上战胜了布鲁克特里人），它们同样是从南向北流入大海；这个地区向南逐渐升高，形成了一个山链，它与阿尔卑斯山脉连在一起，向东延伸，好像成了阿尔卑斯山脉的一部分。确实，有些人认为这些山链就是阿尔卑斯山脉的一部分，这是因

---

① 乌比人（参见本书IV, iii, 4）。

第一章 日耳曼尼亚

为它在前面所说的位置和它出产同样的木材；但是，这个地区的山峰没有那么高。这里有一个海西森林，居住着苏伊维人部落。该部落有些人居住在森林深处，例如科尔杜伊人部落。[①] 马拉波杜斯的王宫博伊黑姆就位于他们的土地上，[②] 他不仅把一些其他的部落迁到了这里，还特地把自己同族的马科曼尼人也迁到了这里；由于在他从罗马回来之后，这个先前仅仅是普通公民的人受命管理国家大事，他作为年轻人在罗马享受到奥古斯都的恩惠；他回国之后获得了统治权，在前面所说的民族之外，他又征服了卢吉人（大部落）、祖米人、布托内人、姆吉洛内人、西比尼人，还有苏伊维人的一个大部落塞姆诺内人。但是，正如我先前所说的，有些苏伊维人部落居住在森林之内，有些居住在森林之外，他们的共同邻居是盖坦人。因此，苏伊维人作为最大的部落，它的边界自雷努斯延伸到了阿尔比斯河；这个部落的部分人甚至居住到了阿尔比斯河的对岸，例如赫蒙多里人和兰戈巴尔迪人。现在，后面两个部落无一例外，全部都被赶出了他们在河那边的居住地。这个地区所有居民的共同特点是经常迁徙不定，原因是他们的生活方式简朴，他们既不种地，也不储存食物，住的是临时搭建的小茅屋。他们的饮食方式类似于游牧部落，大部分依靠自己的牲口。因此，他们也像游牧部落一样，把自己的家庭财产装在车上，随着牲口一起迁移到自己认为最合适的地方去。但是，也还有许多比较贫穷的日耳曼部落，我指的是切鲁斯齐人、卡蒂人、加马

[①] 有人认为应当改称科阿杜伊人。
[②] 本义为"博伊人之家"，波希米亚由此而来。

布里维人、卡图阿里人,还有靠近海岸的苏冈布里人、肖比人、布鲁克特里人、辛布里人、考齐人、考尔齐人、坎普西亚尼人和其他一些部落。维苏尔吉斯河和卢皮亚斯河与阿马西亚斯河的流向相同,卢皮亚斯河长约600斯塔德,从雷努斯河流过了小布鲁克特里人地区。日耳曼还有一条萨拉斯河。在萨拉斯河与雷努斯河之间,德鲁苏斯·日耳曼尼库斯进行了一场胜利的战争,结束了自己的生命。[①]他征服了大多数部落和沿海的岛屿,其中包括以围攻占领的伯查尼斯。[②]

4. 这些部落因为与罗马人作战而闻名于世,他们在战争之中或者是被征服之后又起义,或者是离开自己的家园;如果奥古斯都允许自己的统帅渡过阿尔比斯河追击已经迁移到那里的敌人,我们对他们的情况将会更加清楚。但是,奥古斯都认为,如果他放弃进攻阿尔比斯河那边和平的部落,那就使他们不可能与那些仇恨他的部落联合起来行动,这就将使自己正在进行的战争稳操胜券。居住在雷努斯河畔的苏冈布里人开启了这场战争,他们的首领是梅洛。从那个时期开始,在不同的时间有不同的部落进行了侵略活动,他们起初是正在兴起的强大集团,在被镇压下去之后,他们背叛自己的人质和诚实的诺言,又起来造反。在与这些部落打交道的时候,最重要的是不要轻信他们;反之,那些曾经受到信任的人就造成过巨大的危害。例如,切鲁斯齐人和臣服于他们的部落就是这样,三个罗马军团及其统帅昆提利乌斯·瓦鲁

---

① 公元前9年不幸逝世。
② 罗马人称其为Fabaria(普林尼,Ⅵ,27)。

斯（Quintilius Varus）[1]在他们的地区遭到埋伏，成了背信弃义的牺牲品。但是，他们也为此受到了惩罚，为年轻的日耳曼尼库斯提供了一个辉煌的凯旋式——在凯旋式之中，他们最著名的男男女女都成了俘虏，我指的是切鲁斯齐人部落首领塞格斯特斯之子塞吉蒙图斯和他的姐妹、亚美尼乌斯的妻子图斯内尔达，后者在背信弃义进攻昆提利乌斯·瓦鲁斯时担任切鲁斯齐人军队指挥官，直到现在还在坚持战斗；图斯内尔达三岁的儿子图梅利库斯、塞吉梅鲁斯之子、切鲁斯齐人部落首领塞西塔库斯、他的妻子、卡蒂人部落首领乌克罗米鲁斯的女儿拉米斯、梅洛兄弟贝托里克斯之子、苏冈布里人德多里克斯。[2]但是，亚美尼乌斯的岳父塞格斯特斯从一开始就反对亚美尼乌斯的计划，[3]利用适当的机会背弃了他。他作为贵宾出现在凯旋式上，观看他自己的亲人在凯旋式之中行走。在凯旋式之中行走的还有卡蒂人的祭司利贝斯，还有许多遭到洗劫部落的俘虏——如考尔齐人、坎布萨尼人、布鲁克特里人、乌斯皮人、切鲁斯齐人、卡蒂人、卡图阿里人、兰迪人和图巴提人的俘虏。如果可以走直线的话，从雷努斯河到阿尔比斯河大约是3000斯塔德，但现在必须走曲线，因为道路两边有沼泽和森林。

5. 海西森林不仅茂密，而且树木高大，在这个地区形成了一个天然的坚固防御圈；在它的中心有一个地区可以提供良好的生活条件（关于这个地区我已经说过了）。在它的附近有伊斯特河和

---

[1] 公元前9年，条顿堡森林。
[2] 或西奥多鲁斯。
[3] 塔西佗：《编年史》，I，55。

雷努斯河，在这两条河流之间有一个湖泊，还有雷努斯河形成的许多沼泽。[①] 湖泊的周长超过600斯塔德，但渡过这个湖泊的长度将近200斯塔德。[②] 湖泊之中还有一座岛屿，曾经被提比略用来作为与温德利奇人进行水战的行动基地。这个湖泊在伊斯特河的南方，就像海西森林的位置一样；因此，如果有人要从凯尔特地区前往海西森林，他首先就必须渡过这个湖泊和伊斯特河，然后他才能够进入比较好走的地区——高原地带——再到森林地带。提比略从这个湖泊只行进了一天时间的路程，就看见了伊斯特河。雷提人的地区只有一小段与这个湖泊相连，而赫尔维蒂人、温德利奇人的地区，还有博伊人的沙漠，有一大段与这个湖泊相连。所有的居民，包括潘诺尼人、特别是赫尔维蒂人和温德利奇人，都居住在高原地带。但是，雷提人和罗里齐人的地区一直延伸到了阿尔卑斯山脉和意大利边缘地区，部分与因苏布里人、部分与卡尔尼人和阿奎利亚地区相连。这里还有一个加布雷塔大森林，位于苏伊维人地区这边，它的另外一边则是海西森林，也是由他们居住着。

---

① 今康斯坦茨湖，又称博登西湖。
② 手稿的数字可疑，根据现代资料这个湖泊有64千米长，14千米宽。

第二章　日耳曼人与辛布里人或辛梅里安人

1. 至于辛布里人，关于他们的故事有些未必是确实的，有些则是完全靠不住的。例如，人们不能接受他们之所以成为游牧者或强盗的原因，是因为他们原先居住在半岛上，却被巨大的洪水赶出了自己的家园，因为他们现在仍然居住在他们原先居住的地方。他们把他们国家最神圣的礼品水壶，[1]送给奥古斯都，是为了获得他的友谊，为了请求宽恕他们以前的冒犯。当他们的请求获得同意之后，他们马上就起航回家了；认为他们离开自己的家园，是因为他们受到了某种自然现象，或者是无休止的、每天出现两次的现象的刺激，这也是荒谬的。可以断言，出现过大洪水看来是虚构的，因为海洋确实受到潮汛这种方式的影响，但这些现象是有规律的、周期性的。[2]还有人认为使用军队来抗击洪水是不正确的，还有一种说法也是错误的，即凯尔特人受过无畏精神的训练，他们温顺地忍受着洪水对他们的房屋造成的破坏，然后又重新修复它们。因此，他们因为水灾遭受的生命损失，比战争的损

---

[1] 水壶是在献祭的时候用来盛被杀死战俘血液的（参见本书Ⅶ, i, 5）。
[2] 参见本书Ⅲ, v, 9。

失还要严重。埃福罗斯就是这样说的。实际上,洪水是有规律的,事实上部分地区被洪水淹没,也是早已知道,并且采取了措施预防这种破坏的发生;因为这种现象每天发生两次,因此,辛布里人不可能不知道潮汛是自然和无害的现象,他们也不可能不知道这种现象的出现不仅仅是在他们一个国家,而是在所有濒临海边的国家都会出现。克莱塔库斯的说法也是不正确的,因为他说当牧人看见海浪上涨的时候,他们会骑马逃走,而他们拼命逃跑的时候,就好像海浪要吞没他们一样。我们知道,首先海潮上涨的速度并没有那么迅速,海水的前进是不易觉察的;其次,它是每天都要发生的,而且是所有人将要走近它之前,甚至在他们看见它之前就可以听到其声音,它不可能使他们产生如此巨大的恐惧,把他们吓得逃之夭夭;即使发生了这种事情,那也是难以想象的。

2. 波塞多尼奥斯正确地批评了历史学家的这些观点,并且提出了自己正确的推测,他认为辛布里人作为一个喜好打劫的游牧部落,甚至在梅奥提斯湖地区进行过远征。而且,用他们的名字命名的"辛梅里安人的"博斯普鲁斯,就等于是"辛布里人的"博斯普鲁斯,希腊人把辛布里人就称为"辛梅里安人"。他接着说,博伊人先前居住在海西森林,辛布里人对这个地方进行了一次突击,但被博伊人击退,因此退走伊斯特河和斯科迪斯齐的加拉泰人地区,接着又到了托里斯泰人、陶里齐人(这些居民都是加拉泰人)的地区,然后又到了赫尔维蒂人的地区——这是一个盛产黄金的、爱好和平的部落;但是,当他们看见辛布里人从抢劫活动之中获得的财富超过了他们自己本国的财富,他们,特别是他们之中的提吉雷尼人和托伊格尼人部落受到了强烈的刺激,他们和辛布里人一起扬帆外出了。不过，他们所有的人，不管是辛布里人、还是与他们一起参加远征的人，都被罗马人征服了，后来，他们有一部分人翻过阿尔卑斯山脉，进入了意大利；还有一部分继续留在阿尔卑斯山脉的那边。

3. 作家们报道辛布里人的风俗习惯大致如下：他们的妇女和男子一同出战，并且有女祭司预言家陪伴；这些人头发已经灰白，身穿用扣子扎紧的白色亚麻斗篷，腰上有青铜腰带，光脚；女祭司手中拿着短剑，如果在营房遇到了战俘，她首先给他们戴上花冠，然后把他们带到大约20个两耳细颈酒罐那么大的黄铜容器之前；① 他们已经在那里建立了一座台子，男祭司们登上台子，弯下身看着水罐，② 当战俘们被吊起来之后，他们将要割断每个战俘的脖子；有些女祭司根据流入容器之中的鲜血来预言吉凶；另外一些女祭司则把战俘的尸体切开，观看内脏，预言本部落的胜利；在交战的时候，她们敲打紧紧蒙在柳条车身上的皮革，以这种方式发出可怕的声音。

4. 至于日耳曼人，正如我已经说过的那样，北方的日耳曼人居住在沿海地区。但是，现在已经知道的，只有居住在雷努斯河口到阿尔比斯河的那些部落；其中，最著名的是苏冈布里人和辛布里人；不过，对于阿尔比斯河之后到靠近海边的这部分地区，③ 我们真的是一无所知。因为我们不知道从前有任何人曾经沿着这条海岸线向东方地区一直走到里海海口；罗马人现在仍然没有进

---

① 一个两耳细颈酒罐的容量等于26.196升。
② 参见本书Ⅶ，ⅱ，1。
③ 北方的外海。

入到阿尔比斯河之后的地区；大概，也没有人从陆地上进行过这样的旅行。显然，根据"纬度"和纬线距离，① 如果我们沿着朝东的经线旅行，就能看见位于波里斯提尼斯河附近的地区和攸克辛海以北的地区；但是，在日耳曼之后是什么地区，在日耳曼之后的之后又是什么地区——是否应当承认就像许多作家所推测的那样，这里居住着巴斯塔尼亚人，或者认为在它们之间居住着其他的部落，如雅齐吉人、罗克索兰尼人，② 或者其他某个马车上的部落，③ 这些都很难说清。同样难以确定的还有，他们居住的地区是否一直延伸到了海边的整个海岸线，或者国内某个地区由于寒冷或其他原因而无人居住，或者还有其他民族与日耳曼人混杂在一起，居住在大海与东日耳曼人之间的地区。有关紧接着他们之后的北方其他民族的情况，我们同样是一无所知；因为我们既不知道巴斯塔尼亚人，④ 也不知道索罗马提人，以及所有居住在攸克辛海以北的居民。我们也不知道他们居住的地区距离亚特兰蒂斯海有多远，⑤ 他们的地区是否与它交界。

---

① 参见本书Ⅰ, i, 12。
② 参见本书Ⅱ, v, 7；Ⅶ, iii, 17。
③ 参见本书Ⅱ, v, 26。
④ 参见本书Ⅱ, v, 30。
⑤ 斯特拉博认为大西洋与北洋连在一起。

第三章　密细亚、达契亚和多瑙河

1. 至于阿尔比斯河之后与河流相连的日耳曼南部地区，也是由苏伊维人占据着。紧接着这个地区之后是盖坦人的土地，这个地方开始部分很狭窄，一直延伸到伊斯特河南岸和对岸的海西森林山麓地区（因此盖坦人的土地也包括这座山脉的一部分），接着它变得比较宽阔，向北一直延伸到提雷盖蒂人地区；但是，我无法说出准确的边界。由于人们不了解这些地区，各种各样的传闻就使那些人得以编造出诸如"里佩山"[①]和"希佩尔波里人"[②]的神话故事，马萨利亚的皮西亚斯用以装点自己天文学、数学知识的资料，即有关沿海地区的资料，完全是他自己虚构的。对于这些人，我们当然不必在意：实际上，悲剧作家索福克勒斯在谈到奥雷西亚（Oreithyia）时，就说到她是如何被"北风神"夺走的，她被带着：

> 走过整个大海，来到大地的尽头，
> 来到了暗河，[③] 来到了天际，[④]

---

① 普林尼，Ⅳ，26。
② 参见本书Ⅰ，ⅲ，22。
③ 在西方。
④ 在东方。

来到了福玻斯①古老的花园②……

(《残篇》，870，瑙克)

他的故事与我们所讨论的问题毫无关系，也不应当受到重视，正像它在《费德鲁斯》③之中被苏格拉底忽视一样。下面，我们将要讨论的，是我们所知道的古代史和现代史之中的那些问题。

2. 希腊人一般认为盖坦人是色雷斯人。盖坦人和密细人一样，居住在伊斯特河两岸，密细人也是色雷斯人，他们与摩细人被认为是同一个民族；现在居住在吕底亚人、弗里吉亚人和特洛伊人之间的密细人，就发源于这一支密细人。弗里吉亚人本身是布里吉亚人，他们是色雷斯部落，我认为米格多尼亚人，贝布里西亚人、梅多比西尼亚人、比希尼亚人和西尼亚人以及马里安迪尼亚人都是色雷斯部落。可以肯定，所有这些部落都彻底离开了欧罗巴，只有密细人继续留在那里。我认为波塞多尼奥斯的推测是正确的，他认为荷马所说的欧罗巴密细人即色雷斯的居民，他说：

他把明亮的眼睛转向后面，
看着养马的色雷斯人远处的土地，
还有长于搏斗的密细人的土地……

(《伊利亚特》，XIII，3—5)

---

① 在南方。根据诗人所说，北风的家在海姆斯山（巴尔干）或者是萨耳珀冬角的里佩山。
② 引自不知名的悲剧。
③ 柏拉图：《费德鲁斯》，229。

第三章　密细亚、达契亚和多瑙河

确实，如果有人认为荷马说的是亚细亚的密细人，这种说法便不符合逻辑。诗人在说到宙斯把自己的眼光从特洛伊人那里转向色雷斯人的土地时，同时也把密细人的土地和色雷斯连在一起，他们确实距离"不远"，居住在特洛阿德的边界上，在它的后面和两边有辽阔的赫勒斯滂把它与色雷斯分开，这意味着他把陆地搞混了，也不理解诗人的表达方式；一般来说，[①]"他转向后面"就意味着"转向背后"，即他把自己注视特洛伊人的眼光转向那些在特洛伊人背后的，或者是他们两侧的人们，这就意味着他把眼光转向了较远的地方，绝不是"转向背后"。还有荷马下面的诗句，[②]也是这种观点的证据，因为诗人把密细人与"希佩莫尔吉人"、"加拉克托法吉人"（Galactophagi）、"阿比人"连在一起，他们是真正的以马车为家的西徐亚人和萨尔马提亚人。因为现在这些部落和巴斯塔尼亚人都已经与色雷斯人混合在一起（更准确地说是与居住在伊斯特河那边和这边的色雷斯人混合在一起），和他们混合在一起的还有凯尔特部落的博伊人、斯科迪斯齐人（Scordisci）和陶里斯齐人。但是，有些人把斯科迪斯齐人称为"斯科迪斯泰人"，陶里斯齐人又称"托里斯齐人"[③]和"陶里斯泰人"。

3. 波塞多尼奥斯继续说，按照密细人的宗教信仰，他们拒绝吃任何活着的东西，因此他们是善良的人；他们的食物有蜂蜜、

---

①　Palin 的另一个含义是"重新"。阿里斯塔科斯认为荷马使用了这个词的地方含义，而不是时间的含义。

②　"……还有希佩莫尔吉人、蛮族的阿比人男子，他们是凡人之中最公正的人。"（《伊利亚特》，XIII，5—6）

③　利古里西人肯定是错误的，迈内克改为"托里齐人"大概是正确的。

乳类和干酪，过着和平的生活，因此他们被称为"敬畏神灵的"和"卡布罗巴泰人"，[①]还有些色雷斯人与妇女分开居住；他们被称为"克提斯泰人"（Ctistae），[②]由于他们所获得的荣誉，他们被认为是神圣的人，摆脱了一切的恐惧；因此，荷马说所有这些民族：

……傲慢的希佩莫尔吉人，加拉克托法吉人

和凡人之中最公正的阿比人。

（《伊利亚特》，XIII，5—6）

诗人把他们称为"阿比人"（Abii）是有特殊的原因的，这是因为他们与妇女分开居住，因为他们认为没有妇女的生活是不完整的生活（就好像他们认为普罗特西拉劳的宫廷是个不完整的宫廷一样，因为他是个鳏夫）。[③]他还说到了"善于格斗"的密细人，因为他们像所有勇敢的战士一样具有无畏的精神；波塞多尼奥斯补充说，人们应当把《伊利亚特》第十三卷之中[④]"善于格斗的摩细人"改成"善于格斗的密细人"。

4. 不过，这个多年来被认为是正确的读法可能是多余的；更有可能的是这个民族起先称为密细人，后来它的名字才改成了现

---

① 本义为"在烟边行走的人"——意义不清的修饰词，应当改为 kapnopatai 和 kapnobotai——息烟，也就是食用一些像烟一样非常轻的食物。
② 也是一个意义不清的修饰词，本义为"奠基者"。
③ 《伊利亚特》，II，701。
④ 《伊利亚特》，XIII，5。

在这样。至于"阿比人"的名字,人们可以把它解释成"没有家庭生活"的人、"居住在马车上"的人或者是"丧失了亲人"的人。一般来说,由于不公正现象的出现仅仅与契约有关,与过分重视财产有关,因此有理由认为那些像阿比人一样生活节俭的人、只有很少资源的人,可以认为是"最公正的人"。实际上,那些把公正放在仅次于自我克制地位的哲学家们,首先追求的就是节俭和个人独立;因此,极端的自我克制使某些人转向了犬儒学派的生活方式。至于说他们过着"没有女人的生活",诗人并没有这种说法,特别是在那些色雷斯人和盖坦人的地区。让我们来看看米南德(Menander)有关他们的说法,我们有理由认为这不是他编造的,而是有历史依据的:

> 所有色雷斯人和大多数盖坦人,
> (我承认我也是其中的一员)
> 不是非常自我节制的。
>
> (科克,《阿提卡喜剧》,《残篇》547—548)

在下面不远的地方,他又举了一个他们在与妇女的性关系方面毫无节制的证据:

> 我们每个人娶了10到11个老婆,
> 有些人还有12个甚至更多的老婆;
> 如果有人只娶了四五个老婆就一命呜呼,
> 人们将认为他是个可悲的人,因为他

既没有新娘也没有婚姻进行曲。

（《残篇》794，科尔特-提尔菲尔德）

确实，这些事实还得到其他作家的证明，但是难以置信的是，同样是这些人，他们一方面认为没有许多妻子的生活是悲惨的，另一方面又认为完全脱离女人的生活是极其虔诚正义的生活。当然，承认那些没有女人而生活的人是"虔诚的人"和"卡布罗巴泰人"，这是完全违背社会公认准则的：因为所有人都认为妇女是宗教的主要奠基人，[①] 也是妇女诱导男性更加关注祭祀神灵、节日庆典和感恩祈祷，你很少发现单独生活的男子会醉心于这些事情。我们再次看到，同样是这个诗人，他说有一个男子正在为妻子在祭祀方面的花费太多而苦恼：

众神正在毁灭我们，
特别是已经结婚的我们，因为我们
总是不得不举行许多节日庆典。

（《残篇》，76，科尔特-提尔菲尔德）

接着，他又介绍一位不好女色者，他同样也对这些事情发出了抱怨：

我们每天通常献祭五次，

[①] 对神的恐惧达到了迷信的程度。

七名女侍者围着我们敲打铜钹,

其他人则对着众神哀号。

(《残篇》,277,科尔特-提尔菲尔德)

因此,认为没有妻子的盖坦人对众神就特别的虔诚,这种说法显然是违背常理的。同样,因为他们崇拜众神,就以为这些部落的宗教热情特别强烈,弃绝以任何动物为食,这些说法,不管是波塞多尼奥斯还是其他的史学家说的,都是可信的。

5. 据说盖坦人扎莫尔西斯(Zamolxis)曾经是毕达哥拉斯的奴隶,他向毕达哥拉斯学习了许多天体现象的知识,[①] 由于他在漫游的时候到过埃及,他又从埃及人那里学到了一些其他知识;当他返回自己的故乡之后,由于他能够根据天象作出预言,获得了这个部落的统治者和人民极大尊敬。最后,他成功地使国王任命他担任共同的执政者,理由是他有能力传达众神的意志;起初他只是担任该国最高神灵的祭司,后来他自己被人民宣布为神,他为自己寻找了一个其他任何人难以到达的地方、一个洞穴作为居住地,在此度过余生。除了国王和自己的随从之外,他很少会见任何人;国王和他一起统治,是因为国王看见人民比以前更关注自己,认为自己颁布的法令更加符合神的旨意。这种风俗习惯一直保留到我们现在,因为某个这样的人总是可以找到的。他实际上只是国王的顾问,但在盖坦人之中被称为神。同样,盖坦人把这座山也称为圣山,[②] 但它的名

---

① 关于扎莫尔西斯的另一种传说(希罗多德,Ⅳ,94—96)。
② 有些学者把这座山看成是戈加尼山(匈牙利境内)。

字是科贾奥努姆山，与从它旁边流过名字相同的河流。因此，在神圣的凯撒准备远征统治盖坦人的比雷比斯塔斯时，[1] 担任这个官职的是德卡内乌斯（Decaeneus），无论如何，毕达哥拉斯派拒绝以任何动物为食的教义，被扎莫尔西斯作为教义保留下来了。

6. 虽然要完全准确地确定荷马原文之中关于密细人和"傲慢的希佩莫尔吉人"的意义是这样的困难；但是，阿波罗多罗斯在其著作《论船舶》[2] 的第二卷序言之中所说的，是一个很有力的证据。因为他支持厄拉多塞的观点，即荷马与其他古代作家虽然知道希腊各个地方，但他们肯定不知道那些遥远的地方，因为他们既没有在陆地上，也没有在海上进行长途旅行的经历。阿波罗多罗斯支持这种观点，他说，虽然荷马把奥利斯称为"多石头的"[3]（它也是这样），把埃特奥努斯称为"多山的地方"，[4] 西斯贝称为"鸽子停留的地方"，[5] 哈利阿尔图斯称为"长满绿草的地方"；[6] 但是他认为无论是荷马还是其他作家，都不知道遥远的地方。他说，无论如何，尽管大约有40条河流汇入黑海，但荷马连一条最著名的河流也没有提到，例如伊斯特河、塔奈斯河、波里斯提尼斯河、海帕尼斯河、法西斯河、特尔莫东河和哈里斯河。除此之外，他没有提到西徐亚人，但虚构了某个"傲慢的希佩莫尔吉人"、"加拉克托法吉人"和"阿比人"；对于居住在内陆的帕夫拉戈尼亚

---

[1] 在其他地方，这个名字读成比雷比斯塔斯（参见本书Ⅶ, ⅲ, 11—12）。
[2] 很可能是《论荷马的船录》。
[3] 《伊利亚特》, Ⅱ, 496。
[4] 《伊利亚特》, Ⅱ, 497。
[5] 《伊利亚特》, Ⅱ, 502。
[6] 《伊利亚特》, Ⅱ, 503。

人，他说他从那些经由陆路在这些地区旅行的人那里打听到他们的信息，但他不知道沿海地区的情况。① 这是当然的事情，因为在那个时候这个海还不能通航，被人称为"阿克辛海"，② 这是因为它冬天的风暴和周围居住的部落极其野蛮。特别是西徐亚人，他们把异族作为祭品，吃异族的肉，用他们的头骨作饮酒的酒杯；但是，后来当爱奥尼亚人在沿岸地区建立了城市之后，它又被称为"攸克辛海"。③ 同样，荷马也不了解埃及与利比亚的情况，例如尼罗河的泛滥，大海的淤积，关于这些事情他从来没有提到过；他既没有提到红海与埃及海之间的地峡，也没有提到阿拉比亚、埃塞俄比亚地区和大洋，除非同意哲学家芝诺提出的读法：

我到过埃塞俄比亚人、西顿人和阿拉比亚人那里。

（《奥德赛》，Ⅳ，84）

但是，对于荷马而言，不知道这些毫不奇怪；因为即使是生活在他之后的许多作家，也还有许多不知道的事情，并且编造了许多离奇古怪的故事；例如，赫西奥德就说过"半人半狗的人"、"长头人"、"俾格米人"；阿尔克曼说到过"蹼足人"；埃斯库罗斯说到过"狗头人"、"胸部长眼睛的人"和"独目人"④；还有许多其他的故事。他从这些人转而批评历史学家，批评那些说到过

---

① 参见本书Ⅻ，ⅲ，28。
② 不好客的。
③ 好客的。
④ 关于独目人，参见《被缚的普罗米修斯》，804；瑙克，《残篇》，431，441。

"里佩山"、①"奥吉乌姆山"、②戈尔工和赫斯珀里得斯的居住地,批评泰奥彭波斯的"迈罗皮斯人的土地"、③赫卡泰奥斯的"辛梅里斯城"、欧伊迈罗斯"潘契亚"、④亚里士多德的"被雨水冲刷成的沙子,过去曾经是河里的石子"。⑤阿波罗多罗斯继续说,在利比亚有"狄奥尼修斯城",在那里同一个人不可能摔倒两次。他批评有些人主张荷马史诗关于奥德修斯漫游的故事发生在西西里附近地区的说法。他说,即使人们可以证实漫游的故事发生在那里,诗人为了编造神话,在那种情况下也会把它们放在俄克阿诺斯之中。⑥他接着说,普通的作者都可以原谅,但无论如何绝不可以原谅卡利马科斯,因为他是一个装模作样的假学者;他把高多斯岛称为"卡利布索岛",把克基拉岛称为"谢里亚岛"。他把其他地方则改成了虚构的名字,如伊萨卡岛的"格雷纳"、"埃阿塞西乌姆"和"德姆斯";皮利翁山的"佩莱斯罗尼乌姆"和雅典的"格劳科皮乌姆"。除了这些批评之外,阿波罗多罗斯又加上了一些诸如此类的细小问题才停止。但是,正如我先前指出的那样,他从厄拉多塞那里引用的大多数资料是错误的。⑦当然,我们可以同意厄拉多塞和阿波罗多罗斯的说法,即后来的作家比从前的作家

---

① 参见本书Ⅶ,ⅲ,1。
② 原文有脱漏。
③ 泰奥彭波斯认为迈罗皮斯人居住在神话的国度,这个地方比欧罗巴、亚细亚和利比亚加起来还大。
④ 参见本书Ⅱ,ⅳ,2。
⑤ 在亚里士多德现有文献中没有这些话。
⑥ 参见本书Ⅰ,ⅱ,17—19。
⑦ 参见本书Ⅰ,ⅱ,24。

对这些问题显然知道得更多。但是,他们现在的作为已经完全超出了中庸的立场,特别是在对待荷马的问题上,我们应当公正地批评他们,发表相反的意见。因为他们对自己一无所知,所以他们以一无所知的态度来指责诗人。无论如何,在这个问题上其他应当说到的事情,在我详细地叙述其他地区和总结性的叙述之中,将会以适当的方式提到。

7. 现在,我已经说了色雷斯人,还有

> 善于搏斗的密细人,傲慢的希佩莫尔吉人,
> 加拉克托法吉人和凡人之中最公正的阿比人。

(《伊利亚特》,XIII,5—6)

这是因为我想把自己的叙述与波塞多尼奥斯、阿波罗多罗斯和厄拉多塞的叙述加以对比。首先要接受的一个事实是,他们试图提出的论点,正好与他们确定要证明的主题相反;例如,他们想要证明古代人不如现代人对希腊以外的遥远地区知道得更多。但是,他们证明的结果正好相反,不仅是在遥远的地区,而且还有希腊本土各个地区。正如我先前所说的,让我们把其他所有问题放到一边,只讨论我们现在面临的问题。他们说诗人由于无知而没有提到西徐亚人和他们对待异族的残酷,他们把异族人作为祭品,吃异族人的肉,把异族的头颅作为饮酒的酒杯,正是由于西徐亚人,攸克辛海被人称为"阿克辛海",但是,他又虚构出某些

> ……傲慢的希佩莫尔吉人,

加拉克托法吉人、凡人之中最公正的阿比人。

(《伊利亚特》, XIII, 5—6)

不过,世界上任何地方都不存在这些民族。如果不知道这个民族的残酷,或者这个民族是最残酷的民族,他们怎么会把这个海称为"阿克辛海"呢?当然,这个民族就是西徐亚人。而那些居住在密细人、色雷斯人和盖坦人之后的民族是不是希佩莫尔吉人、① 加拉克托法吉人② 和阿比人呢?③ 实际上,这里还有许多篷车居民和游牧部落,他们放牧牲口,以乳品、干酪、特别是马奶制成的干酪为生。他们既不知道储存食物,也不知道商业贸易,只知道以物易物。如果诗人把某些人称为"希佩莫尔吉人和加拉克托法吉人",他怎么会不知道西徐亚人呢?因为诗人同时代人习惯上是把西徐亚人称为"希佩莫尔吉人"。厄拉多塞引用赫西奥德的诗句可以作证:

埃塞俄比亚人、利古里亚人和西徐亚人——希佩莫尔吉人。

(《残篇》, 55, 日扎克)

现在,奇怪的是由于我国与契约有关的非正义行为盛行,荷马把那些人称为"最公正的"和"傲慢的",他们绝不依靠契约和

---

① 挤马奶。
② 喝酸奶。
③ 没有生活资料的无产者。

聚敛钱财为生，除了刀剑和酒杯之外，[①]他们实际上共同占有一切财产，特别是按照柏拉图的方式共同占有妻子和子女。[②]埃斯库罗斯在谈到西徐亚人的时候，明显地支持诗人的说法：

喝马奶干酪的西徐亚人是公正的人。[③]

(《残篇》，198，瑙克)

而且，在希腊人之中这种观点现在仍然占统治地位。因此，我们认为西徐亚人是直率的人，很少玩弄阴谋诡计，他们比我们更加节俭，更加特立独行。总而言之，我们的生活方式几乎使大多数民族向坏的方向发展，我们把奢侈浪费、感官上的快乐和满足于这种淫乱行为传播到了他们之中，卑劣的阴谋诡计导致了无穷无尽的贪婪行为。因此，各种各样的邪恶行为侵蚀了蛮族部落，侵蚀了游牧部落和其他部落；由于他们以海洋为生，结果他们不仅在道德上更加败坏，大肆从事抢劫活动，杀害外国人。而且，由于他们和许多部落发生了交往，使他们从这些部落学到了豪华奢侈之风和经商之道，虽然这些事情大大有助于使他们的举止变得更温和，但也腐蚀了他们的道德，教会了他们以阴谋诡计取代我在前面刚刚提到的直率。

8. 不过，生活在距离现在很久之前，而又距离荷马时代相近的那些西徐亚人——在希腊人之中确实被认为是——像荷马描述

---

① 指那些保留了原始社会关系特点的部落。
② 柏拉图：《理想国》，457d，458c—d，460b—d，540，543。
③ 一个不知名剧本的残篇。

的那种人。例如，我们看看希罗多德描写的西徐亚国王，就与大流士远征时期回答大流士（Dareius）命令的国王不同。[①]再来看看克里西普斯（Chrysippus）所说的博斯普鲁斯莱夫科王朝历代诸王。[②]不仅是波斯的信件充满了我所说的直率，还有那些由埃及人、巴比伦人和印度人写成的传记也是如此。因此，阿纳查西斯（Anacharsis）、阿巴里斯和其他这类人在希腊人之中很受尊敬，因为他们展现了自己谦虚、节俭和公正的天性。但是，为什么我要说起这些古人来呢？因为腓力之子亚历山大远征居住在海姆斯之后的色雷斯人时，侵入了特里巴利人的领土，并且看见它一直延伸到伊斯特河和河中的普斯岛（Peuce），河那边的土地由盖坦人占领着。据说他一直远征到了那边，但是他没有攻占这个岛屿，因为他缺乏船只（特里巴利人的国王西尔姆斯在这里避难，并且抵抗住了他的企图）；不过，他穿过盖坦人的领土，夺取了他们的城市，在收到了上述各个部落和西尔姆斯（Syrmus）的礼物之后，全速返回了本国。根据拉古斯（Lagus）之子托勒密所说，在这次远征之中，居住在亚得里亚海边的凯尔特人和亚历山大联合在一起，他们与他签订了友好合作条约，国王殷勤地接待了他们，并且在饮酒的时候问他们最害怕什么，他以为他们会回答"怕他"。但是，他们回答他们什么也不怕，除非是老天爷来进攻他们。他们还补充说，他们把像他一样的人的友谊看得高于一切。后来，这就成了蛮族率直的象征：这首先是因为，西尔姆斯虽然拒绝同

---

① 参见本书Ⅶ，ⅲ，14。西徐亚国王回答大流士的信件（希罗多德：《历史》，Ⅳ，127）。

② 佚失的文集《论生活方式》残篇，691。

意他们登上岛屿,他还是送来了礼物,签订了友好条约;第二,凯尔特人说他们不害怕任何人,但是把重要人物的友谊看得高于一切;还有,在亚历山大继业者的时期,德罗米契德斯(Dromichaetes)是盖坦人的国王。他在利西马库斯(Lysimachus)发动的远征之中把后者活捉了,[①]他首先向利西马库斯表明自己和自己部落的贫穷,以及他们是独立于任何人的,然后劝告利西马库斯不要对这样的人民发动战争,而要与他们做朋友;在说完这些话之后,国王把他当成了客人来招待,签订了友好条约,并且把他释放了。柏拉图在《理想国》之中指出,那些想要好好地治理城邦的人,必须尽可能地、远远地逃离大海,也不要住在大海的附近,[②]大海是一个专门传授各种邪恶的导师。

9. 埃福罗斯在其《历史》第四卷《欧罗巴》[③]之中记载了整个欧罗巴直到西徐亚人的地区,他在结尾的时候说到了索罗马提人和其他西徐亚人的生活方式,两者是不同的。因为他们有些人甚至残忍到吃人这种地步,而另外一些人则弃绝以任何活着的动物为食物。他认为有些作家仅仅是报道了他们的残忍,因为他们认为只有恐怖的、奇怪的东西才能使人感到震惊;但是,他认为人们应当说出相反的事实,以他们的举止为榜样。因此,他自己只说他们遵守"最公正的"风俗习惯。例如,某些西徐亚游牧部落只吃马奶,比所有人都更公正。许多的诗人也提到过他们,荷马

---

① 利西马库斯被俘之后,公元前291年被释放。
② 柏拉图不是在《理想国》,而是在《论法律》(Ⅳ,704—705)之中发挥了这种思想。
③ 原文未保留下来。

认为宙斯望着:

> 加拉克托法吉人和凡人之中最公正的阿比人的土地。
>
> (《伊利亚特》,XIII,6)

赫西奥德在所谓的《大地环游记》(*Circuit of the Earth*)① 中说菲内乌斯被暴风之神带走了:

> 带到了住在篷车之中的加拉克托法吉人那里。

接着,埃福罗斯又列举出许多原因,说明他们为什么安于自己恭谦的生活方式,而不喜欢聚敛钱财的生活方式,他们不仅相互之间很有规矩,而且他们所有的财产都是公共的,包括他们的妻子、孩子和所有的一切;对于异族人而言,他们是不可战胜的,不可征服的,因为他们没有什么财产,不值得奴役他们。他还引用了科里洛斯(Choerilus)在《跨过本都桥》②(该桥是大流士所建)③ 的说法:

> 牧羊的塞种人,西徐亚人的一支;
> 居住在亚细亚产麦子的地区;

---

① 这首诗歌显然包括在三卷集《伟大的埃俄伊》之中(已佚)。

② 这里指的是萨摩斯诗人科里洛斯(公元前5世纪末),诗歌没有保存下来(参见本书XIV,v,9)。

③ 远征西徐亚时期(希罗多德:《历史》,IV,83—93)。

> 他们是游牧部落的殖民者，
> 遵守法度的人。

埃福罗斯把阿纳查西斯称为"贤哲"，认为他属于这个部落，并且是公认的希腊七贤之一，因为他具有完美的自我控制能力和良好的智力。他继续叙述阿纳查西斯的发明——风箱、两个钩的锚和陶轮。我之所以提到这些，是因为我非常清楚，埃福罗斯并没有说出全部真实的情况；特别是他对阿纳查西斯的记载（要是生活在古代的荷马都知道陶轮的话，它怎么会成为阿纳查西斯的发明呢？）：

> 像陶轮在熟练的陶工手中……
>
> （《伊利亚特》，XXIV，600）

以及诸如此类的东西等等；至于其他的事情，我说到它们，是因为我希望以此证明我的观点，无论是古代和现代的人们都相信，居住在远离其他居民的部分"游牧部落"，即加拉克托法吉人和"最公正的"阿比人，不是荷马虚构的。

10. 至于荷马史诗之中提到的密细人，他认为这些人也是诗人虚构的，因为诗人说过：

> 善于搏斗的密细人，傲慢的希佩莫尔吉人。
>
> （《伊利亚特》，XIII，5）

或者诗人认为密细人就居住在亚细亚。但是，正如我先前所说的那样，如果他以为诗人指的是居住在亚细亚的这些人，那他就误解了诗人的意思；如果他以为他们是虚构的，在色雷斯没有什么密细人，那他又违背了事实；无论如何，就在我们当代，埃利乌斯·卡图斯（Aelius Catus）就把伊斯特河那边50000盖坦人迁移到了色雷斯境内，[①]这个部落的语言与色雷斯人是相同的。他们居住在色雷斯境内，现在被称为"摩细人"——不管他们古代的先人是否这样称呼。在亚细亚，这个名字被改成了"密细人"，或者在古代这个部落在色雷斯就叫做"密细人"（它更符合历史和诗人的说法）。不过，关于这个问题，我们已经说得足够多了。现在，我将回到正题，进行综合的叙述。

11. 至于盖坦人，我们先把他们的古代历史放到一边不提，有关当代的问题大致如下：盖坦人博伊雷比斯塔斯（Boerebistas）获得了部落最高权力，恢复了人民的生气，减少了长期战争造成的不幸苦难。他通过训练、克制和服从他的命令等手段，大大地提高了自己的地位，用不过几年的时间建立了一个强大的帝国，征服了附近大多数部落。他开始对罗马人造成了威胁，因为他毫无顾忌地渡过伊斯特河，毁灭了色雷斯到马其顿和伊利里亚地区；他不仅洗劫了与色雷斯人、伊利里亚人混居的凯尔特人地区，还彻底消灭了克里塔西鲁斯统治下的博伊人和陶里斯齐人。为了帮助他完全控制自己的部落，他使用了一名助手、巫师德卡内乌斯，此人不仅游历过埃及，而且非常精通某些预兆，通过这些手段，他宣称自己可以传达神意。不久，他就被宣布为神，正如我先前

[①] 公元4年任执政官，可能是马其顿的统治者。

第三章　密细亚、达契亚和多瑙河

在谈到扎莫尔西斯的情况一样。他们彻底服从的证据是，他们被迫砍掉了自己的葡萄藤，过着没有美酒的日子。但是在一些人起义反抗博伊雷比斯塔斯之后，他在罗马人发动进攻他的远征之前就被推翻了；他的继承人把这个帝国分成了几部分。确实，当奥古斯都·凯撒派兵前去进攻盖坦人的时候，他们已经分成了五部分，而在起义的时候还只有四部分。当然，对于盖坦人而言，这样的划分仅仅是暂时性的，在不同的时间有不同的划分。

12. 这个地区还有另外一种自古以来就存在的划分方法：即一部分居民被称为达契人，另一部分被称为盖坦人，盖坦人居住在攸克辛海和东方，而达契人居住在相反的方向，居住在日耳曼和伊斯特河的发源地。我认为达契人在古代称为"戴人"；奴隶的称号"盖塔"和"多斯"流行于阿提卡人之中，就是因为这个原因。因此，"多斯"得名于那些名叫"大益人"的西徐亚人部落，这件事情是很有可能的。由于他们居住在遥远的希尔卡尼亚附近，没有理由认为阿提卡的奴隶是从那里运来的。因为阿提卡人习惯于用与奴隶所来之地民族同样的名字来称呼他们的奴隶（如吕底亚人、叙利亚人），或者用他们国家流行的名字来称呼他们（如弗里吉亚人称为"马尼人"或"米达斯人"，帕夫拉戈尼亚人称为"提比乌斯人"）。这个部落在博伊雷比斯塔斯时期曾经非常强大，现在由于内讧和罗马人的进攻，他们已经彻底地衰落了；但他们现在仍然可以派出一支40000人的军队。

13. 马里苏斯河（Marisus）流过盖坦人的土地，流入达努维乌斯河（Danuvius），罗马人通常用这条河来运送他们的军事装备。我认为，他们通常用"达努维乌斯河"来称呼这条河的上游地区，即从靠近河源的地方到险滩地区,我说的这条河流经过的地区主要是达契人的地区;但是,他们把下游地区称为"伊斯特河"。达契人的语言与盖坦人的语言相同。但是希腊人对盖坦人了解较多,因为他们一直在伊斯特河两岸殖民,也因为他们已经与色雷斯人和密细人混合在一起。还有特里巴利人也像色雷斯人一样有着同样的经历,它被允许迁入这个地区,是因为邻近的居民迫使他们迁入这个弱小部落居住的地区。河对岸的西徐亚人、巴斯特塔尼亚人和索罗马提人实力大大超过他们,经常越过这条河流进攻那些从前被他们赶走的人。其余的人或是住在各个海岛,或是住在色雷斯地区,而住在这条河流另外一边的人基本上已经被伊利里亚人征服。即使盖坦人和达契人一度非常强大,可以派出200000人的军队远征,他们现在已经非常弱小,只能派出40000人的军队。他们差不多已经臣服于罗马人了,但又没有完全的臣服,因为他们还把希望寄托在罗马人的死敌日耳曼人身上。

14. 在盖坦和黑海之间,即从伊斯特河到提拉斯河之间是"草原盖坦人"地区,它是一个平坦的、少雨的地区。希斯塔斯普(Hystaspis)之子大流士在渡过伊斯特河进攻西徐亚人的时候,在这个地方落入了陷阱,他和全军遭到了难以忍受的干渴威胁;他立刻认识到自己的错误,撤回来了。后来,利西马库斯远征盖坦人和他们的国王德罗米契德斯,他不仅遇到了危险,而且实际上被活捉了。但是,正如我先前所说的那样,他又一次安然无事,因为他获得了蛮族的宽宏大量。

15. 在伊斯特河口有一个很大的普斯岛;巴斯塔尼亚人占领它之后,获得了普斯尼人的称号;这里还有其他几个小得多的岛屿;

第三章　密细亚、达契亚和多瑙河　　549

有一些比普斯岛更靠近内陆，其他的则靠近大海，这条河流有几个河口，其中最大的河口是圣河口，[①]沿着它向内陆航行120斯塔德就到了普斯岛。在普斯岛的低处，但也有可能是在高处，大流士建立了一座本都桥。圣河口是人们由左边航行进入黑海的第一个河口；[②]如果人们沿着岸边航行到提拉斯河，其他的河口一个接着一个，从第一个河口到第七个河口，距离大约是300斯塔德，在这些河口之间形成了一些小岛。紧接着圣河口的三个河口较小，但其他的河口比它们更小，它比这三个河口中的任何一个都更大。但是，根据埃福罗斯所说，伊斯特河只有五个河口。从那里航行到提拉斯河（Tyras），距离是900斯塔德。在中间有两个大湖泊，其中一个湖泊通海，因此它可以用来做港口，另外一个湖泊没有出口。

16. 在提拉斯河口有一座涅俄普托勒摩斯（Neoptolemus）塔，[③]还有一座赫莫纳克斯村。向内陆航行140斯塔德，人们可以到达河边的两座城市：右边的是尼科尼亚城，左边的是奥菲乌萨城。居住在河边的居民说从这座城市向内陆还可以航行120斯塔德。[④]在从河口到外海500斯塔德的地方有一座莱夫斯岛，它是祭祀阿喀琉斯的。

17. 接下来是波里斯提尼斯河，可以通航的河道是600斯塔德；在它旁边是另外一条河流海帕尼斯河，在波里斯提尼斯河口之外

---

① 今杜纳维兹河。
② 从黑海经过博斯普鲁斯海峡。
③ 这个塔楼在公元1850年被发现。
④ 提拉斯城现在称为阿克曼。

有一座岛屿和港口,沿着波里斯提尼斯河向内陆航行200斯塔德,可以到达一座与河流同名的城市,但这座同名城市又叫做奥尔比亚城;[1] 它是米利都人建立的巨大商业中心。在上述波里斯提尼斯河与伊斯特河之间的海岸线以北的整个地区,它的组成首先包括盖坦人的草原,[2] 然后是提雷盖蒂人地区,[3] 接着是雅齐吉的萨尔马提亚人地区、巴西利亚人的地区、乌尔吉人的地区。[4] 他们大部分是游牧部落,只有少数人从事农业生产,据说这些人住在伊斯特河的两边。在内陆居住的是巴斯塔尼亚人,他们与提雷盖蒂人和日耳曼人的边界为邻——可以说他们也是日耳曼人。他们分为几个部落,其中一部分称为阿特莫尼人,另一部分称为西多尼人,而那些占领伊斯特河普斯岛的人被称为普斯尼人,居住在最北方塔奈斯河与波里斯提尼斯河之间平原地区的居民称为"罗克索兰尼人"。正如我们所知道的,整个北方地区从日耳曼一直延伸到里海,实际上都是平原地区。但是,我们不知道在罗克索兰尼人之后居住的是什么人。现在,罗克索兰尼人在塔西乌斯的指挥之下和米特拉达梯·欧帕托的统帅进行战争;作为同盟者,他们曾经帮助过西卢鲁斯之子帕拉库斯(Palacus),享有英勇善战的名声。不过,所有蛮族和轻装兵是无法打赢队形严密、装备优良的方阵的。无论如何,罗克索兰尼人的大约50000士兵,不敌米特拉达

---

[1] 在尼古拉耶夫附近的废墟。

[2] 今比萨拉比亚。

[3] 据希罗多德所说是西徐亚的王族(希罗多德:《历史》,IV,20)。

[4] 部落名称佚失。手稿A确定的地方是ungroi——匈牙利人。出版者认为应当读成georgoi(农夫),参见本书VII,iv,6。

梯的统帅丢番图（Diophantus）率领的6000人，他们大部分被消灭。他们使用的头盔和护身甲是用生牛皮做成的，他们使用的盾牌是柳条编成的，武器是长矛、弓箭和短剑，其他大多数蛮族的武装也是这样的。至于游牧部落，他们的帐篷是毛毡做成的，扎紧在他们居住的马车上；在帐篷的周围是畜群，它们提供了游牧部落赖以为生的乳品、干酪和肉类；他们赶着畜群逐水草而居，经常从一个地方到另一个地方，冬天居住在梅奥提斯湖畔的沼泽水草地区，夏天居住在平原地区。

18. 整个地区直到波里斯提尼斯河与梅奥提斯湖之间的沿海地带，以严寒闻名。不过沿海地区最北方的是梅奥提斯湖口，还有更北方的波里斯提尼斯河口和塔米拉斯湾的顶部，或者是卡尔西尼特斯，它是大切尔松尼斯的地峡。尽管这些地区的居民住在平原上，但这个地区是寒冷的，人们不养驴子，因为它是一种非常不耐寒的动物；至于他们的牛群，有些生来就是没有角的，其他的则是被锯掉了角，因为动物的这个部分也是不耐寒的；马匹很小，绵羊很大；青铜水罐破裂了，里面的液体凝结成固体。凛冽的严寒最明显地表现在梅奥提斯湖口发生的变化之中，从潘提卡皮乌姆到法纳戈里亚的水路，可以行走马车，因为它既是冰，又是道路。在冰下捕鱼采用打洞的办法，使用一种名叫"感加梅"（gangame）的工具，[①] 特别是"安塔凯伊"（antacaei），[②] 差不多和海豚一样大小。据说在这个海峡，米特拉达梯的统帅涅俄普托勒摩

---

① 感加梅类似鱼叉。
② 鲟鱼，参见希罗多德：《历史》，IV, 53。

斯冬天在海战之中打败了蛮族人，夏天在陆战之中打败了蛮族人。据说，博斯普鲁斯地区的人们在冬天把葡萄藤埋在地下，葡萄藤上面堆上厚厚的土层。据说这里非常热，可能是人们的身体不习惯炎热，或者是那时平原上没有风吹，或者是空气稠密、过于炎热（就好像云层中的"幻日"一样）。① 这个地方大多数蛮族大概都归阿泰斯（Ateas）统治，他曾经与阿敏塔斯之子腓力作战。

19. 在这座位于波里斯提尼斯前的岛屿之后，② 向着东方日出之处，有一条海路可以通向阿喀琉斯赛马场海角的航线，这是一个名叫"小树林"却没有树木的地方，它是奉献给阿喀琉斯的圣地。然后就来到阿喀琉斯赛马场，这是一个位于大海之中的平坦半岛；它像陆地上向东方延伸出来的一根带子，长达1000斯塔德，它的最宽之处仅有2斯塔德，最窄之处仅4普勒斯伦，③ 这个瓶颈地带距离大陆只有60斯塔德。这是一个多山石的地区，用水靠水井汲取。这个地峡的瓶颈部位靠近半岛的中间，大约有40斯塔德宽。半岛终结于塔米拉斯角，这里有一个面对大陆的锚地。在这个海角之后是卡尔西尼特斯湾；它是一个很大的海湾，向北延伸了1000斯塔德。但是，有人认为到达这个海湾的顶部有3倍的距离。这里居住的部落是塔弗里亚人，这个海湾与海角同名，叫做塔米拉斯湾。

---

① 亚里士多德解释"幻日"现象，是因为光线的折射（《天文学》，Ⅲ，2，6；Ⅲ，6，5）。
② 参见本书Ⅶ，ⅲ，17。
③ 1普勒斯伦等于五分之一斯塔德或32.8米。

第四章 托罗斯的切尔松尼斯

1. 这里有一条地峡①把萨普拉湖（Sapra）②和大海分割开来；其宽度为40斯塔德，形成了所谓的陶里人的，或西徐亚人的切尔松尼斯（Chersonese）。有些人认为这个地峡的宽度是360斯塔德。据说，萨普拉湖有4000斯塔德，它还仅仅是梅奥提斯湖西边的一部分，因为它有一个宽阔的湖口与后者相连。它是一个真正的沼泽地带，只能允许皮革缝制的船只航行。由于风很容易把浅处的水吹干，然后又重新把它们淹没，因此这片沼泽不可能航行大船。这个海湾有三个小岛，沿岸还有一些沙洲和礁石。

2. 在驶离海湾的时候，左边是属于切尔松尼斯人的一座小城和一座单独的港口。③ 接下来沿着海边航行，有一个向着南方的大海角，④ 它是整个切尔松尼斯的一部分。⑤ 这个地方有一座赫拉克利人的城市，它是居住在攸克辛海沿岸赫拉克利人的殖民地，⑥ 其名

---

① 佩雷科尔地峡。
② "腐败"之意，现在俄罗斯人把它称为"腐败湖"。
③ 大概与"卡洛斯里门"相同，它在"切尔松尼斯誓词"之中被提到过，在今阿克梅海湾附近。
④ 今赫拉克利亚半岛。
⑤ 今克里米亚半岛。
⑥ 本都的赫拉克利亚城，在今乌克兰的塞瓦斯托波尔港附近。

字也叫做切尔松尼斯。如果沿着海岸航行，它距离提拉斯4400斯塔德。这座城市有一座属于某位女神的处女庙，[①]在这座城市之前100斯塔德，有一个用这位女神命名的海角，[②]它就叫做处女角。海角有一座神殿和这位女神的雕像。在城市与海角之间有三个港口。接下来是老切尔松尼斯城，它现在已经被夷为平地；在它之后有一个出口狭窄的港口，这个港口叫做辛波伦港（Symbolon），西徐亚部落的一支陶里人通常在那里召集自己的匪帮，进攻那些逃到这里避难的人。[③]这个港口和另外一个港口克特努斯港（Ctenus）一起，[④]形成了一个宽度为40斯塔德的地峡；这个地峡围住了小切尔松尼斯城，正如我刚才说过的，它是大切尔松尼斯的一部分，在它的旁边是和这个半岛同名的切尔松尼斯城。

3. 这座城市先前是自治城市，[⑤]但它后来遭到蛮族的洗劫，被迫挑选米特拉达梯·欧帕托作为保护人。他后来率领了一支由居住在地峡之后[⑥]直到波里斯提尼斯河和亚得里亚海的蛮族人组成的军队，这是与罗马人作战的准备工作。后来，他按照自己的愿望，兴冲冲地派出军队前往切尔松尼斯，同时与西徐亚人发生了战争，不仅进攻了西卢鲁斯，而且还有西卢鲁斯之子帕拉库斯和其他儿

---

① 与阿尔忒弥斯（狄奥多罗斯·西库卢斯，IV，44）或伊菲革涅亚（希罗多德，IV，103）相同。

② 今法纳里角。

③ 信号港。今巴拉克拉瓦港。

④ 大塞瓦斯托波尔湾，本义为"梳子湾"，大概得名于沿岸地区像梳齿一样伸入大海。

⑤ 古切尔松尼斯城。

⑥ 在佩雷科尔地峡之后。

第四章 托罗斯的切尔松尼斯

子。据波塞多尼奥斯所说，他们共有50个人，但阿波罗尼德斯说有80个人。同时，他不仅用武力征服了所有这些人，确立了自己在博斯普鲁斯的统治地位，而且从曾经统治这个地区的帕里萨德斯（Parisades）手中获得了自愿赠送的礼物。因此，自从那时直到现在，切尔松尼斯城一直处于博斯普鲁斯国王的统治之下。克特努斯港距离切尔松尼斯人的这座城市和辛波伦港的距离是同样的。从辛波伦港之后到提奥多西亚（Theodosia），是陶里人的海岸，大约长1000斯塔德。这条海岸线崎岖不平、多山地，而且易受强烈的北风袭击。这条海岸线前面有一个海角延伸到外海、帕夫拉戈尼亚南部和阿马斯特里斯城；这个海角名叫克里乌梅托庞。[①] 在它的对面是帕夫拉戈尼亚人的卡兰比斯角，它把攸克辛海分成了两个海，使它们位于海峡的两边。[②] 从卡兰比斯到这座切尔松尼斯人的城市，距离是2500斯塔德，而到克里乌梅托庞的距离短得多。无论如何，到过这个海峡的许多海员都说他们同时看见了两边的两个海角。在陶里人的山区有一座特拉佩祖斯山，它和在蒂巴拉尼亚和科尔基斯附近的城市同名。在同一座山附近还有一座辛梅里乌斯山，这个名字得名于曾经统治博斯普鲁斯的辛梅里安人；因此，由于这个原因，整个海峡地区一直延伸到梅奥提斯湖口，[③] 都被称为辛梅里安人的博斯普鲁斯。

4. 在上述山区之后是提奥多西亚城。它位于一个肥沃的平原和一个可以容纳多达100艘船只的港口；这个港口先前位于博斯

---

① 意为"绵羊的前额"。
② 参见本书Ⅱ，v，22。
③ 刻赤海峡。

普鲁斯人和陶里人的边界上。提奥多西亚之后的地区和潘提卡皮乌姆也是肥沃的。潘提卡皮乌姆是博斯普鲁斯人的首府,位于梅奥提斯湖口。在提奥多西亚和潘提卡皮乌姆之间距离大约是530斯塔德;这个地区盛产谷物,它有许多的农村,还有一座拥有良好港口的尼姆菲乌姆城。潘提卡皮乌姆是一座丘陵,方圆20斯塔德之内到处有人居住。它的东面有一座港口,可以停泊大约30艘船只,它还有一座卫城。它也是米利都人的殖民地。在很长的时间里,这座城市和梅奥提斯湖口附近所有村庄一直由莱夫科王朝统治者萨蒂鲁斯和帕里萨德斯统治着,直到他把自己的统治权交给米特拉达梯为止。他们被称为僭主,但他们大多数人从帕里萨德斯和莱夫科开始,就是真正的统治者。帕里萨德斯实际上已经被奉为神。[1]这些君主之中的最后一位名叫帕里萨德斯,[2]但是他无法抵抗蛮族人的进攻,他们要求他交纳比过去更多的贡赋,因此他把自己的统治权交给了米特拉达梯·欧帕托。但在米特拉达梯时期,这个王国已经处于罗马人的统治之下,它的大部分领土位于欧罗巴,只有部分领土在亚细亚。

5. 梅奥提斯湖口又称辛梅里安人的博斯普鲁斯。湖口开始部分比较宽,大约有70斯塔德宽。就是在这里,人们可以从潘提卡皮乌姆地区渡过湖口,前往亚细亚最近的城市法纳戈里亚。湖口的结尾是一条非常狭窄的海峡。这条海峡和从北方直接流入这个湖泊,然后流入湖口的塔奈斯河,把亚细亚和欧罗巴分割开来。

---

[1] 帕里萨德斯一世。
[2] 帕里萨德斯五世。

第四章 托罗斯的切尔松尼斯

这条河流通过两个河口把水源注入湖泊之中，河口彼此相距大约60斯塔德。这里还有一座与河流名字相同的城市，[①]它仅次于潘提卡皮乌姆，也是蛮族人最大的商业中心。人们进入辛梅里安人的博斯普鲁斯，在左边有一座小城米尔梅齐乌姆，距离潘提卡皮乌姆20斯塔德。从米尔梅齐乌姆到帕西尼乌姆村，距离是双倍；海峡在这里最窄，大约只有20斯塔德；在对面的亚细亚，有一个阿喀琉斯村。[②]如果有人从这里直接航行到塔奈斯河及其河口附近的岛屿，[③]距离是2200斯塔德，但如果沿着亚细亚海岸航行，距离略微超过这个数字；如果人们沿着左边、沿着地峡所在的海岸航行到塔奈斯河，距离要超过三倍多。现在，沿着欧罗巴这边的海岸线全部都变成了荒凉的地区，但右边的海岸线并不荒凉；根据报告，这个湖泊周边总共长9000斯塔德；大切尔松尼斯在外形和面积上与伯罗奔尼撒半岛相同。切尔松尼斯由博斯普鲁斯的君主统治。[④]它的大部分直到地峡以及卡尔西尼特斯湾被西徐亚人部落陶里人所占领。这个地区加上地峡外部整个地区直到波里斯提尼斯河，称为小西徐亚地区。但是，由于大量居民离开小西徐亚地区，乘船前往提拉斯河和伊斯特河，并且定居在色雷斯大部分地区，这个地方也因此被称为小西徐亚地区。色雷斯人向西徐亚人表示退让，部分是屈服于他们的力量，部分是因为这个地区的土地不好，大部分是沼泽地区。

---

① 塔奈斯是米利都人的殖民地，靠近尼德里戈夫卡镇。
② 阿喀琉斯村。
③ 参见本书XI, ii, 3。
④ 罗马人任命的（参见本书VII, iv, 7）。

6. 除了沿海的山区直到提奥多西亚之外，切尔松尼斯其他地区是一片肥沃的平原，以盛产谷物著称。无论如何，只要耕作过的土地就可以生产出30倍的谷物。而且，这个地方的居民和辛迪斯周围亚细亚地区的居民要向米特拉达梯交纳180000梅迪姆尼[①]和200塔兰特白银。从前，希腊人要从这里进口他们的谷物，同时还要进口湖中出产的咸鱼，据说莱夫科湖从提奥多西亚运往雅典的东西一次就多达2100000梅迪姆尼。[②]这些居民同样被称为格奥尔基人（Georgi），[③]符合这个词的本义。因为居住在他们北方的居民西徐亚人是游牧部落，他们不仅依赖肉食，而且还以马肉、马奶干酪、鲜马奶和酸马奶为生。最后一种食品是他们用特殊方法制成的美味食品。这就是为什么荷马把这个地区所有的居民称为"加拉克托法吉人"[④]的缘故。游牧部落居民是战士而不是强盗，他们发动战争，只是为了获得他们应分的贡赋。因为他们把土地转让给了那些希望耕种土地的人，他们也满足于收到预定的贡赋作为土地的回报，其数量是适当的，不是为了发财，只为了满足日常生活的需要；但是，如果有佃户不交贡赋，游牧部落就要向他们开战。这就是荷马为什么在同一个时间把同一些人称为"公正"和"贫穷"的原因；[⑤]因为如果按时缴纳了贡赋，他们就不可能诉诸战争。但有人确信他们自己非常强大，可以轻而易举地打退任

[①] 1阿提卡梅迪姆努斯大约等于1.5蒲式耳或52.53升。

[②] 博斯普鲁斯和阿提卡的粮食贸易（狄摩西尼：《反勒普提尼斯》，XX，32—33）。

[③] 农夫。

[④] 《伊利亚特》，XIII，6。

[⑤] 《伊利亚特》，XIII，6。

第四章 托罗斯的切尔松尼斯

何进攻或者阻止任何入侵,因而不按时交纳贡赋。根据希普西克拉特斯所说,阿桑德(Asander)就是这样干的,他为切尔松尼斯地峡修建了一道长城,长城位于梅奥提斯湖附近,长360斯塔德,每隔1斯塔德有一座塔楼。至于居住在这个地区的"格奥尔基人",他们被认为是温和的、有教养的人,但他们同时也是贪财的人,从事海上活动,他们没有放弃海盗行为,也没有放弃诸如此类的非法活动和贪婪。

7. 除了我已经讲过的上述地区,切尔松尼斯还有三座要塞,它们是由西卢鲁斯及其诸子所建,这些要塞是他们用来作为对抗米特拉达梯的统帅使用的,它们是帕拉齐乌姆、沙布姆和奈阿波利斯。这里还有欧帕托里乌姆,[①] 它是由米特拉达梯的统帅丢番图建立的。海角距离切尔松尼斯人的长城大约15斯塔德,它形成了一个很大的海湾,朝着这座城市。在海湾后面有一个咸水湖,湖边有一个盐场。克特努斯港就在这里。为了能够抵抗进攻,王军被包围的将军为了坚守这个地方,在上述海角建立了要塞,堵塞了海湾进入城市的部分海口,因此这里现在陆路比较顺利,在某种程度上使一座城市变成了两座城市。从此之后,他们可以顺利地打退西徐亚人的进攻。当西徐亚人进攻经过克特努斯港附近地峡的长城时,他们白天都用麦秆堵塞壕沟;国王的将军晚上就放火烧掉,毁灭这些白天用作桥梁的东西。他们一直坚守到最后胜利,现在,所有这一切地区都归罗马人任命的博斯普鲁斯国王统治。

8. 所有西徐亚和萨尔马提亚部落有一个特点,他们阉割自己

---

① 在塞瓦斯托波尔东边,或者是在塞瓦斯托波尔与阿尔提里湖之间的海角。

的马匹，以便能够更好地训练它们；因为他们的马匹虽然身材小，但性格很烈，难以驾驭。至于狩猎，在沼泽地里有鹿和野猪，平原上有野驴和雌马鹿，另一件特别的事情是，这个地区没有发现鹰。在四足类动物之中有一种"科洛斯"（Colos）；① 它的体型在鹿与公羊之间，白色，速度比它们更快，它通过鼻子将水吸入脑袋，然后通过这个储水的地方可以供应自己好几天，因此它能够顺利地生活在缺水的地方。在伊斯特河之后，雷努斯河与塔奈斯河之间，直到本都海和梅奥提斯湖的整个地区，自然情况就是这样。

---

① 无角的大山羊。

第五章　伊利里亚和潘诺尼亚

1. 欧罗巴剩下的地方由伊斯特河与环形的大海之间的地区组成，起自亚得里亚海顶部，一直延伸到伊斯特河的圣河口。① 这个地区有希腊、马其顿部落和伊庇鲁斯部落，还有那些居住在他们后面，直到伊斯特河和大海两边，即亚得里亚海和攸克辛海的所有部落。在亚得里亚海是伊利里亚人部落，在另一个海到普罗庞提斯海和赫勒斯滂是色雷斯部落，以及一些和他们混合在一起的西徐亚、凯尔特部落。我现在从伊斯特河开始，叙述紧接着我已经讲过的那些地区之后的地区。这些地区就是与意大利、阿尔卑斯山脉、日耳曼人和达契亚人交界的地区。这个地区可以分成两部分②，由于伊利里亚、培奥尼亚和色雷斯的山脉都是与伊斯特河平行的，这样，几乎可以从亚得里亚海到攸克辛海画一条直线；在这条线的北方就是位于伊斯特河与许多山脉之间的地区，在南方则是希腊和与其交界的、一直延伸到山区蛮族地区。在攸克辛海附近是这个地区最大和最高的海姆斯山，它把色雷斯从中间分成两部分；波利比奥斯说从这座山顶上可以看见两边的海，但这

---

① 参见本书Ⅶ，iii，15。
② 参见本书Ⅶ，i，1。

种说法是不可靠的，因为这里到亚得里亚海距离很远，有许多东西可以阻挡视线。另一方面，几乎整个阿尔迪亚①都在亚得里亚海附近；但培奥尼亚在中部，这个地区是一块高地。培奥尼亚交界的地方，第一是色雷斯地区的罗多彼山，高度仅次于海姆斯山；第二是朝着北方的另一边，与伊利里亚的奥塔里亚特人（Autariatae）地区及达达尼亚人②地区为界。现在，让我首先来叙述伊利亚各个地区。这些地区连接着伊斯特河和阿尔卑斯山脉各地，阿尔卑斯山脉位于意大利与日耳曼之间，它开始于靠近温德利奇人、雷提人和托尼人③的一个湖泊。④

2. 在这个地区之中，有些地方在达契亚人（Dacians）战胜克里塔西鲁斯⑤统治之下的凯尔特部落博伊人和陶里斯齐人之后，变成了一片荒芜。达契亚人认为这些地方是他们自己的，尽管有一条帕里苏斯河⑥把这个地方与他们的领土分隔开。这条河从山区流入斯科迪斯齐人地区附近的伊斯特河，斯科迪斯齐人又称为加拉泰人，他们也和伊利里亚人、色雷斯人混居住一起。⑦达契亚人消灭了博伊人和陶里斯齐人，他们常常把斯科迪斯齐人作为盟友。这个地区剩余部分直到塞格斯提卡和伊斯特河的北方、东

---

① 达尔马提亚南部，即亚得里乌姆（参见本书Ⅶ，v，5）。
② 参见本书Ⅶ，v，6。
③ 迈内克确定为托尼人。
④ 康斯坦茨湖（参见本书Ⅶ，i，5）。
⑤ 参见本书Ⅶ，iii，11。
⑥ 帕里苏斯河可能应当更改为帕提苏斯河。普林尼提到这条河流与达契人地区交界（普林尼，Ⅳ，25）。
⑦ 参见本书Ⅶ，v，1。

第五章　伊利里亚和潘诺尼亚

方，被潘诺尼亚人所占领；在另一个方向，他们的领土延伸得更远。塞格斯提卡是潘诺尼亚人的城市，位于几条河流的汇合之处，这些河流都是可以通航的，它是一座天然适合于用来作为进攻达契亚人的行动基地。因为它位于阿尔卑斯山麓，这个地区一直延伸到雅波德人地区，这个部落既是凯尔特人部落，又是伊利里亚人部落。由于几条河流经过塞格斯提卡，带来了许多外地和意大利来的商品。如果翻越奥克拉山，从阿奎利亚到陶里斯齐人的村庄诺波图斯，这里可以通行马车，距离是350斯塔德，但也有人认为是500斯塔德。奥克拉是阿尔卑斯山脉最低的地方，它从雷提人的地区一直延伸到雅波德人的地区。从雅波德人地区开始，山势开始升高，并且被称为"阿尔比斯山"。同样，这里也有一条由卡尔尼人村庄特尔格斯特翻越奥克拉山的通道，通往一个沼泽湖泊卢吉乌姆。科科拉斯河在诺波图斯附近的地方流过，这条河流可以运输货物。这条河流汇入索斯河，后者汇入德拉乌斯河，德拉乌斯河又汇入塞格斯提卡附近的诺阿鲁斯河。[①]在诺波图斯之后，诺阿鲁斯河汇合了发源于阿尔卑斯山脉，流过雅波德人地区的科拉皮斯河，水流变大，随后又在斯科迪斯齐人地区附近与达努维乌斯河汇合。这些河流的航道主要是前往北方的。从特尔格斯特到达努维乌斯河的道路，长度大约是1200斯塔德。在通往意大利道路上的塞格斯提卡附近，有西希亚要塞和西尔米乌姆城。

3. 潘诺尼人的部落如下：布罗奇人、安迪则提人、迪提奥内

---

① 德拉乌斯河汇入多瑙河，而不是汇入诺阿鲁斯河。

人、佩鲁斯泰人、马齐伊人、戴西提亚泰人（他们的首领是巴托）；还有一些不重要的小部落，他们的地方一直延伸到了达尔马提亚，向南则延伸到了阿尔迪伊人的地区。从亚得里亚海顶部到里佐湾，沿着潘诺尼亚的整个山区，还有阿尔迪伊人地区，都是伊利里亚人的，该地区位于大海与潘诺尼亚部落之间的土地。这就是我将要继续讲述的地理环境——但我首先要重复一点先前讲过的内容。正如我先前讲过的那样，伊斯特里亚人是意大利伊利里亚沿海最重要的民族；他们居住的地区是意大利和卡尔尼人地区的延续；正是由于这个原因，罗马统治者现在已经把意大利的边界推进到伊斯特里亚的波拉城。这条边界从亚得里亚湾顶部算起，大约是800斯塔德；如果沿着赫内提地区右边行走，从波拉前面的海角到安科纳的距离是相同的。整个伊斯特里亚海岸的长度是1300斯塔德。

4. 紧接着是沿着雅波德人地区海岸的一条海路，长度是1000斯塔德；由于雅波德人居住在阿尔卑斯山脉最后一座高山阿尔比斯山之中，雅波德人地区一边延伸到了潘诺尼亚人地区，另一边延伸到了亚得里亚海。他们是一些好战的民族，但现在已经被奥古斯都彻底削弱了。他们的城市有梅图卢姆、阿努皮尼、莫内提乌姆和文多。他们土地很贫瘠，居民大多以二粒小麦和小米为生。他们盔甲是凯尔特人式样的，他们像其他伊利里亚人和色雷斯人一样有纹身。在这段沿着雅波德人地区海岸的海路之后，是沿着利布尔尼人（Liburni）地区的道路，后者比前者长500斯塔德；在这条路上有一条河流，[①]商船可以溯河而上，进入达尔马提亚人

[①] 提丢斯河，今刻尔克河。

(Dalmatians)地区和利布尔尼人的斯卡尔多城(Scardo)。

5. 沿着上述整个海岸线有如下岛屿：首先是阿普西尔提德斯群岛，据说美狄亚在这里杀死了自己的兄弟奥普西尔图斯，因为他在追赶她；然后是正对着雅波德人地区的西里克提卡，然后是利布尔尼德斯群岛，大约有40个岛屿；然后是其他岛屿，其中最有名的是伊萨岛，特拉古里乌姆（伊萨人建立的）和法罗斯岛（过去的帕罗斯岛，帕罗斯人建立的），这里是法罗斯人德米特里的故乡。接着是达尔马提亚人的海岸线和他们的海港萨洛。这个部落是那些长期与罗马人作战的部落之一，它有50个重要的居民点，其中有些是城市——萨洛、普里阿摩、尼尼亚和西诺提乌姆（该城有老城和新城），所有这些城市都被奥古斯都放火烧掉了。还有设防的据点安德列提乌姆；达尔米乌姆（部落名称由此而来）曾经是一座大城市，但由于纳西卡人的贪婪，[①]使它变成了一个小城，使它的土地变成了一片牧场。达尔马提亚人有一个奇特的风俗习惯，每七年重新分配一次土地。与居住在这个地区的居民相比，他们不使用货币，这是他们的特点；但和许多蛮族部落相比，这又是共同的特点。这里有一座亚得里乌姆山，它把达尔马提亚从中间分成了两部分，一部分面对大海，一部分方向相反。然后是纳罗河(Naro)和居住在河边的居民道里齐人、阿尔迪伊人和普莱雷伊人。还有一座黑克基拉岛，[②]一座由克尼迪亚人建立的城市。它们邻近普莱雷伊人地区，而法罗斯（过去叫做帕罗斯，因

---

① 公元前155年被毁。
② 克基拉岛。

为它是帕罗斯人建立的）邻近阿尔迪伊人地区。

6. 阿尔迪伊人后来称为"瓦尔迪亚伊人"。由于他们自己利用海盗团伙不断破坏海上安全，罗马人强迫他们从海边退回内陆，强迫他们耕种土地。但是这个地方崎岖不平，非常贫瘠，不适合农业居民居住，这个部落因此彻底衰落了，实际上差不多已经被人遗忘了。这个地区其他部落也遭到了这种灾难。确实，那些先前最强大的部落已经彻底衰落或被人遗忘了。例如，加拉泰人之中的博伊人和斯科迪斯泰人、伊利里亚人之中的奥塔里亚特人、阿尔迪伊人和达达尼亚人、色雷斯人之中的特里巴利人；他们起初因为彼此之间发生内讧而受到削弱，后来又由于和马其顿人、罗马人发生冲突而受到削弱。

7. 即使如此，在阿尔迪伊人和普莱雷伊人的海岸线之后是里佐湾、里佐城、其他几座小镇和德里洛河，这条河流向东可以航行到内陆的达达尼亚地区。这个地区南部与马其顿和培奥尼亚交界，奥塔里亚特人和达萨雷提人也是如此——不同的部落在不同的两边继续为邻，并且都与奥塔里亚特人为邻。加拉布里人属于达达尼亚人，[①]他们有一座古城，[②]吐纳泰人地区在东边与米迪人和色雷斯部落地区交界。尽管达达尼亚人是一个十足的蛮族部落，他们在粪堆中挖洞居住，但是他们不仅对音乐有兴趣，还会演奏乐器，如长笛和弦乐。这些部落居住在内陆地区，我在后面还要提到他们。

---

① 人们认为他们是意大利加拉布里人的祖先。
② 城市的名字不知道。

第五章 伊利里亚和潘诺尼亚

8. 在里佐湾之后是克基拉人建立的利苏斯、阿克罗利苏斯和埃皮达姆努斯城,后者现在按照它所在半岛的名字叫做都拉基乌姆。接下来是阿普苏斯河,然后是奥乌斯河,在这条河边有一座管理良好的阿波罗尼亚城,它是科林斯人和克基拉人所建,距离这条河流10斯塔德,距离大海60斯塔德。赫卡泰奥斯把奥乌斯河称为"埃阿斯河",他认为伊纳库斯河和埃阿斯河都发源于同一个地方,即拉克姆斯地区;或是发源于地下同一个幽深的地方,前者向南流入阿尔戈斯地区,后者向西流入亚得里亚海。在阿波罗尼亚特斯有一个名叫尼姆菲乌姆的地方,它是一块岩石,上面喷出火焰;下面流出一股温泉和沥青,大概是因为地下的沥青块被火烧化了。附近的一座山丘有一个沥青矿场,它在流完之后过一段时间又会重新灌满。按照波塞多尼奥斯所说,泥土被灌进沟里就变成了沥青。他还说含有沥青的葡萄藤土,在位于皮埃里亚的塞琉西亚城作为一种药剂被用来治疗葡萄藤。他说,它如果和橄榄油一起涂在葡萄藤上,可以在昆虫爬上根部的幼芽之前把它们杀死;[①] 他还补充说,这种土在罗德岛也发现了(当时他正在那里担任行政长官),但是它需要很多橄榄油。在阿波罗尼亚之后是比利亚卡、奥里库姆及其海港帕诺姆斯,还有塞劳尼亚山脉,爱奥尼亚海口和亚得里亚湾都起源于那里。

9. 这两个海湾有一个共同的出口,但爱奥尼亚湾不同之处在于,它是这个海前面的名字,而亚得里亚湾则是这个海内部地区直到顶部的名字;不过,现在亚得里亚也是整个海的名字。泰奥

---

① 这种昆虫是 Pseudococcus Vitis。

彭波斯认为，这些名字中的第一个名字，出自伊萨岛一个人的名字，他在某个时候曾经统治过这个地区，那时亚得里亚海已经按照河流的名字来称呼了。[①] 从利布尔尼人地区到塞劳尼亚山脉的距离略多于2000斯塔德。泰奥彭波斯确定从海湾口开始，整个海路的距离是六天时间，而伊利里亚地区的陆路距离是30天时间，但是我认为他过分夸大了。他还说了许多不可相信的事情：第一，两个海在地下有通道相连，[②] 根据这个事实，即在纳罗河发现了希俄斯岛和萨索斯岛的黏土陶器；第二，从某座山上可以看见两个海；[③] 第三，按照他的计算，在利布尔尼德斯群岛之中有些岛屿周长甚至有500斯塔德；第四，他认为伊斯特河只有一个河口流入亚得里亚海口之中。正如波利比奥斯在谈论厄拉多塞和其他历史学家时所说，在厄拉多塞的著作中也发现了某些类似的错误说法——它们都是"市井之徒的见解"。

10. 整个伊利里亚海岸到处有非常富裕的海港，无论是在大陆还是在海岛都一样。但是，在对面的意大利海岸却是相反的情况，它缺少海港。不过，两边的海岸地区都温暖、肥沃，因为这里生长着橄榄树、优质的葡萄。作为例外的情况，也可能有少数地方气候很恶劣。尽管伊利里亚沿岸有这样的特点，它从前是被忽视的，这有可能是不知道它的价值，更有可能是因为居民的野蛮和他们喜欢从事海盗活动。在这条海岸线之后的整个地区，特别是

---

① 称为阿特里亚努斯河（托勒密，Ⅲ，i，21）。
② 亚得里亚海和爱琴海。
③ 从海姆斯山。

第五章 伊利里亚和潘诺尼亚

在它的北部地区是多山的、严寒的、多雪的地区。因此，不管是在高地还是在河谷，在这里很少种植葡萄。后面这些地方是潘诺尼人居住的高原地区，它们向南延伸到达尔马提亚人、阿尔迪伊人的地区，向北延伸到伊斯特河，向东连接着斯科迪斯齐人的地区，即延伸到了马其顿和色雷斯山区。

11. 奥塔里亚特人是伊利里亚人部落之中最大的、最勇敢的部落，他们过去经常为了边界地区的盐场和阿尔迪伊人发生战争。春天的时候，从某个山谷流到山脚下的水之中，可以沉淀出盐来，如果把水取出来，放上五天，盐就结晶出来了。两个部落达成协议轮流使用盐场，但经常破坏协议，互相打仗。有一段时间，奥塔里亚特人曾经征服特里巴利人（他们的地区从阿格里亚人地区延伸到伊斯特河，距离是15天的路程），统治了其他色雷斯人和伊利里亚人。但是，他们先是被斯科迪斯齐人所征服，后来又被罗马人所征服。罗马人也以武力征服了长期以来一直非常强大的斯科迪斯齐人。

12. 斯科迪斯齐人居住在伊斯特河沿岸，分成了所谓的大斯科迪斯齐人和小斯科迪斯齐人。前者居住在汇入伊斯特河的两条河流之间，这就是流过塞格斯提卡的诺阿鲁斯河，还有马尔古什河（有些人把它称为巴古什河）。小斯科迪斯齐人居住在后面这条河流的另一边，与特里巴利人和密细人的土地相连。斯科迪斯齐人占领了几个海岛，因此发展起来了。他们把自己的统治扩张到伊利里亚、培奥尼亚和色雷斯的山区。他们占领了伊斯特河大多数岛屿。他们的城市有：赫奥尔塔和卡佩杜努姆。在斯科迪斯齐人地区之后直到伊斯特河,接下来是特里巴利人和密细人的地区,[①]还有伊斯特河这边的沼泽、小西徐亚地区。[②] 这些部落、如克罗比齐人和所谓的特罗格洛迪特人,居住在卡拉提斯、托米斯和伊斯特河附近地区的后面;然后是居住在海姆斯山附近的部落、居住在它的山麓直到本都海的部落——我说的是科拉利人、贝西人、某些米迪人和丹菲勒泰人。所有这些部落都是十足的土匪强盗,但居住在海姆斯山大部分地区的贝西人,甚至被强盗称为强盗。贝西人居住在茅屋之中,过着困苦的生活;他们的地区与罗多彼山交界,也与培奥尼亚人的地区、伊利里亚人的奥塔里亚特人和达达尼亚人的地区交界。在上述部落与达萨雷提人之间是西布里亚人和其他小部落,[③] 斯科迪斯齐人洗劫了他们的地区,使这里的人口减少,变成了一片荒无人迹的密林,需要花几天时间才能通过当地。

---

① 参见本书Ⅶ,ⅲ,7,8,10,13。
② 参见本书Ⅶ,ⅳ,5。
③ 部落名称脱漏。有些版本认为应当读为"阿格里人"。

第六章　达契亚东部和普罗庞提斯北岸

1. 伊斯特河与培奥尼亚两边山区之间的其余地区组成了本都海岸的一部分，它一直延伸到伊斯特河的圣河口、海姆斯山附近的山区和拜占庭的海口。正如我在伊利里亚海岸旅行时一样，我去了塞劳尼亚山脉。虽然它们确实是在伊利里亚山区之外，它们还是有相应的分界线的。正如我用这些山脉确定这些部落的界限一样，因为我认为这种标志对于现在的叙述和今后的著作将会有更重要的意义。因此在这种情况下，即使这些海岸线位于山区的界限之外，但就我们现在和今后的叙述而言，它终归是一条合理的分界线——本都海海口。这样，如果有人从伊斯特河的圣河口开始出发，一直沿着海岸右边前进，经过500斯塔德到达米利都人建立的小镇伊斯特，再走250斯塔德到达第二个小镇托米斯；接着再走280斯塔德到达赫拉克利人的殖民地卡拉提斯城；再走1300斯塔德到达米利都人的殖民地阿波罗尼亚城。阿波罗尼亚大部分建在某个岛上，这里有一座阿波罗神庙，马可·卢库卢斯（Marcus Lucullus）从这座神庙之中运走了卡拉米斯的作品、巨大的阿波罗雕像，[①] 把它安置在朱庇特神庙之中。在卡拉提斯城和阿

---

① 雕像高30英尺，价值500塔兰特（普林尼，XXXIV，18）。

波罗尼亚的中间有比佐内（它的大部分已经被地震所毁坏）、克鲁尼、米利都人的殖民地奥德苏斯和梅桑布里亚人的小镇诺洛卡斯。然后是海姆斯山，它一直延伸到海边。接着是迈加拉人的殖民地梅桑布里亚，它从前叫做"梅内布里亚"（意为"梅纳斯之城"，因为其建立者名叫梅纳斯，而"布里亚"在色雷斯语言之中是"城市"的意思。以这种方式命名的城市有：塞吕斯城叫做"塞吕布里亚"，埃努斯城叫做"波利提奥布里亚"）。接着是阿波罗尼亚人的小镇安恰勒，还有阿波罗尼亚城本身。这条海岸线有一个提里齐斯角，它是一个要塞，利西马库斯曾经用它作为国库。[1] 从阿波罗尼亚到基亚尼的距离大约为 1500 斯塔德；在两者中间有阿波罗尼亚人的西尼亚斯地区（安恰勒也是阿波罗尼亚人的），还有菲诺波利斯和安德里亚卡，它们与萨尔米德苏斯相连。萨尔米德苏斯是一片沙漠和石滩，没有港口，敞开对着北风，到基亚尼的距离大约为 700 斯塔德；所有被海浪冲到这个石滩上来的人，都会遭到居住在这里附近的色雷斯部落阿斯泰人抢劫。基亚尼是邻近本都海口的两个岛屿，一个靠近欧罗巴，另外一个靠近亚细亚；它们之间有一条大约 20 斯塔德宽的海道分隔开来，二者距离拜占庭人的神庙和卡尔西顿人（Chalcedonians）的神庙都是 20 斯塔德。[2] 这是攸克辛海口的狭窄之处，因为只要再前进 10 斯塔德，我们就看见一个海角形成了一条宽 5 斯塔德的海峡，然后海峡开始变得更宽，普罗庞提斯海开始形成了。

---

[1] 参见本书Ⅶ，ⅲ，8，14。
[2] 一个是萨拉皮斯神庙，另一个是乌里乌斯宙斯神庙。

第六章　达契亚东部和普罗庞提斯北岸

2. 从形成5斯塔德宽海峡的海角到名叫"无花果树下"的港口，距离是35斯塔德；从这里到拜占庭角，距离是5斯塔德。这个海角靠近拜占庭城墙，它是一个海湾，大致向西延伸60斯塔德；它类似于鹿角，因为它分成了许多海湾——在某种程度上也可以说是分支。游入这些海湾的贝拉米德斯①比较容易捕捉，由于海潮的力量把它们驱赶到一起来了，因为它们数量众多。这个海湾很狭窄；由于这个地区很狭窄，实际上人们用手也可以抓到鱼。这些鱼在梅奥提斯湖沼泽地区孵化，它们略微有点力量，就冲出湖口去，沿着亚细亚海岸游到特拉佩祖斯和法尔纳西亚。就是在这里，这些鱼类第一次被人捕捉，②因为它们还没有长到正常的体重，这里捕捉不算严重。但是当它们游到锡诺普的时候，它们已经长得足够大，可以捕捉来腌制咸鱼。当它们游到基亚尼，并且游过当地的时候，突出于卡尔西顿海岸的白岩使鱼类受到了很大的恐吓，它们立刻游向对岸。它们在这里受到了海潮的影响，同时由于这个地方天生就有海水回流向拜占庭和拜占庭海角，海潮自动把鱼类驱赶到一起，这就为拜占庭人和罗马人提供了一大笔重要的收入。虽然卡尔西顿人就住在对岸附近地区，但是他们与这笔财富无缘，因为贝拉米德斯不游到他们的港湾里去。因此，就有了一个传说，在迈加拉人建立卡尔西顿之后，阿波罗对那些请求神谕的人说，他们应当"在这些瞎子对面建立自己的居民点"，这里把卡尔西顿人称为"瞎子"，是因为他们早就乘船到过上述地

---

① 金枪鱼属。
② 在法尔纳西亚城。

区,但他们却错过了那边的地区和它的一切财富,选择了一个贫穷的地区。现在我已经讲完了拜占庭,因为它是一个有名的城市,位于最靠近攸克辛海出口之处的地方,它也是伊斯特河沿岸航行最明显的分界线。在拜占庭之后是阿斯泰人部落,他们的地区有一座城市卡利贝,[①] 阿敏塔斯之子腓力曾经把本国最凶恶的罪犯安置在这里。[②]

---

① 本义为"茅屋",其他作者把它称为"卡贝勒"(托勒密,Ⅲ,11)。
② 据泰奥彭波斯所说,这座城市名叫博内罗波利斯(恶人城),而托勒密(Ⅲ,11)和普林尼(Ⅳ,18)说是腓力城。

第七章 伊庇鲁斯

1. 在所有与伊斯特河、伊利里亚和色雷斯山脉为界的部落之中，值得提到的是那些居住在整个亚得里亚海沿岸，以及自伊斯特河一直延伸到拜占庭海岸所谓"攸克辛海左边"的部落。其他必须讲到的还有上述山区的南部，以及在它们附近的地区，其中既有希腊人，也有附近蛮族部落的地区和山区。米利都人赫卡泰奥斯认为，在希腊人之前，伯罗奔尼撒半岛曾经居住过野蛮人。人们甚至还可以说在古代，整个希腊都是蛮族人的居住地。传说本身可以列举出许多的理由：珀洛普斯（Pelops）带领人们从弗里吉亚来到伯罗奔尼撒半岛，并且用自己的名字命名了这个地方；达那俄斯来自埃及；德莱奥佩人、佩拉斯吉人、勒勒吉人（Leleges）和其他的部落，都在地峡内部划分了自己的地盘，而在此之外的地区，阿提卡一度被尤摩尔普斯（Eumolpus）率领的色雷斯人所占领，福基斯的多利斯被特瑞俄斯（Tereus）占领，卡德梅亚被卡德摩斯（Cadmus）率领的腓尼基人占领，维奥蒂亚被奥内人、滕梅西人和海安特人所占领。根据品达所说，维奥蒂亚部落曾经有一段时间被称为"赛伊斯人"。[①] 而且，有些部落起源于蛮族，

---

① 斯特拉博认为海安特人和赛伊斯人等于海伊斯人，即贱民。

已经被他们的名称所证实——塞克罗普斯（Cecrops）、科德鲁斯、埃克卢斯、科图斯、德莱马斯和克里纳库斯。即使是今天，色雷斯人、伊利里亚人和伊庇鲁斯人（Epeirotes）仍然居住在希腊周边地区，然而从前这种情况更普遍。当然，今天这个地区大部分无疑仍然是希腊的，但被蛮族占领过——马其顿、色萨利被色雷斯人占领了部分地区；阿卡纳尼亚、埃托利亚部分地区被塞斯普罗提人、卡索皮伊人、安菲罗奇人、莫洛西人和阿萨马尼亚人所占领，他们都是伊庇鲁斯部落。

2. 关于佩拉斯吉人，我已经讨论过了。[①] 至于勒勒吉人，有些人认为他们和卡里亚人是一个部落，另外一些人表示反对，认为他们是卡里亚人的近邻和战友。他们认为，这就是为什么在米利都人的土地上有些居民点被称为勒勒吉人的居民点，为什么在卡里亚许多地方有勒勒吉人的陵墓和被遗弃的要塞，它们被称为"勒勒吉人的要塞"。不过，现在被称为爱奥尼亚的地区，曾经居住过卡里亚人和勒勒吉人，但是爱奥尼亚人把他们赶走了，自己占领了这个地方。在很早的时候，特洛伊的占领者曾经把勒勒吉人从伊达山，即佩达苏斯和萨特尼奥伊斯河附近地区驱逐出去。因此，勒勒吉人和卡里亚人合作的这个事实本身，就成了他们是蛮族的重要证据。亚里士多德在其《政治学》之中，[②] 明确地指出他们过着游牧的生活，不仅和卡里亚人在一起，也与他们分开，而且自上古时期就是如此。例如，在《阿卡纳尼亚人的政治》之

---

① 参见本书 V, ii, 4。
② 亚里士多德的这部文集只有片段保留下来。

中，他认为库雷特人占领了这个地区的一部分，而勒勒吉人，后来是特利博伊人占领了西部地区；在《埃托利亚人的政治》（还有在《奥珀斯人和迈加拉人的政治》）之中，他认为今天的洛克里人也是勒勒吉人，他们也曾经占领过维奥蒂亚；在《莱夫卡德人的政治》之中，他认为某个本地人莱勒克斯，还有莱勒克斯之女的儿子特利博亚斯、特利博亚斯的22个儿子，其中有些人居住在莱夫卡斯。不过，人们可能更相信赫西奥德，他这样说到他们：

> 洛克卢斯是勒勒吉人真正的统治者，
> 克洛诺斯之子宙斯使他们懂得不朽的思想，
> 他把从大地中挑选出部落交给丢卡利翁。[①]
>
> （《残篇》，141.3，泡尔逊）

我认为，诗人用这个词源是在暗示，[②] 自古以来他们就是各个部落的混合体，这就是这个部落为什么消失的原因。关于考科尼亚人（Cauconians）的情况，同样也可以这样说。因为现在到处再也看不到他们，尽管他们在古代曾经定居在许多地方。

3. 在古代，尽管存在为数众多的不出名小部落，由于各个部落人口稠密，他们各自生活在自己的国王统治之下，要确定他们的边界是很困难的。但是现在大部分地区的人口和居民点已经减少，特别是许多城市已经从视线中消失，即使能够准确地确定它

---

① 希腊语的文字游戏，laus——人民和laas——石头。
② Leleges 的词根 leg 意为"收集"。

们的边界，那也得不到什么好处，因为它们要么是默默无闻，要么是已经消失。这个消失的过程从很早以前就开始了，在许多地方还没有完全结束，这是由于人们正在进行革命的原因；确实，罗马人被各地居民选为统治者之后，在他们自己的家中安下了营盘。① 根据波利比奥斯所说，即使如此，保卢斯（Paulus）② 在征服珀尔修斯和马其顿人之后，毁灭了伊庇鲁斯人70座城市（他补充说，其中大多数是莫洛西人的城市），把15万人变为奴隶。不过，我准备尽可能恰当地、尽我所知地叙述各个不同的地区，首先从爱奥尼亚湾的海岸线开始，那里也是亚得里亚海航线的终点。

4. 这条海岸线的第一部分是埃皮达姆努斯和阿波罗尼亚附近地区。从阿波罗尼亚到马其顿，向东可以走埃格纳提大道（Egnatian Road）；他用罗马里测量过，并且在前往塞普西拉和赫布鲁斯河的道路上都建立了里程碑石柱，距离是535罗马里。如果按照大多数人的算法，1罗马里等于8斯塔德，距离就是4280斯塔德；如果按照波利比奥斯的算法，1罗马里等于8斯塔德加2普勒斯伦（即三分之一斯塔德），人们就必须再加上178斯塔德，这是罗马里总数的三分之一。常常有这种情况，在同一条大道上分别从阿波罗尼亚和从埃皮达姆努斯出发，却在距离两个出发地相同的里程交会了。③ 整个这条大道虽然叫做埃格纳提大道，但它的第一部分却叫做"坎达维亚大道"（伊利里亚的一座山），通过利克尼

---

① 被居民抛弃的房屋。

② 埃米利乌斯·保罗·马其顿（公元前182年—前162年任执政官）在公元前168年。

③ 道路的连接点与两个地方距离相等。

杜斯城和皮隆（Pylon），皮隆是大道旁标志着伊利里亚和马其顿地区分界线的地方。从皮隆开始，大道靠近巴努斯，经过赫拉克利亚城、林塞斯泰人地区、埃奥尔迪人地区，进入埃泽萨、培拉，直到塞萨洛尼西亚（Thessaloniceia）。根据波利比奥斯所说，这条道路的长度是267罗马里。因此，如果从埃皮达姆努斯和阿波罗尼亚出发，在右边是伊庇鲁斯部落，他们的土地连接着西西里海，一直延伸到安布拉西亚湾；大道左边是伊利里亚山脉（关于它的情况，我已经详细地说过了），与这座山脉相邻而居的部落，一直延伸到马其顿和培奥尼亚人地区。然后，从安布拉西亚湾开始，所有地区一个接一个，包括向东延伸到伯罗奔尼撒半岛的地区，都是属于希腊的。然后，它们在南边离开了整个伯罗奔尼撒地区，终结于爱琴海。但是，从马其顿到培奥尼亚山区和斯特雷蒙河地区，居住的是马其顿人、培奥尼亚人和部分色雷斯山民；在斯特雷蒙河那边到攸克辛海口和海姆斯山的整个地区，都属于色雷斯人，只有海岸地区除外。这条海岸线居住着希腊人，一些人住在普罗庞提斯海，另外一些人住在赫勒斯滂和米拉斯湾，还有一些人住在爱琴海沿岸。爱琴海连接着希腊的两边：首先是面对东方的一边，从苏尼乌姆向北延伸到塞尔迈湾和马其顿城市塞萨洛尼西亚，塞萨洛尼西亚现在比其他任何城市人口都更多；其次是面对着南方的一边，我指的是从塞萨洛尼西亚延伸到斯特雷蒙河的马其顿地区。但是，也有人把从斯特雷蒙河到内斯图斯河的地区划入马其顿地区，因为腓力对这些地区非常重视，他把这些地区占为己有，并且从这个地区的矿藏和其他资源之中获得了巨大的收入。不过，在苏尼乌姆到伯罗奔尼撒半岛之间有米尔图海、克里特海、利比亚海以及它们的海湾，还有西西里海，最后还要加上安布拉西亚湾、科林斯湾和克里萨湾。

5. 根据泰奥彭波斯所说，伊庇鲁斯人有14个部落，其中最有名的是朝内人、莫洛西人；这是因为他们曾经统治过整个伊庇鲁斯地区，首先是朝内人统治，然后是莫洛西人统治。莫洛西人的力量更加强大，部分是因为他们历代诸王的王权，[①] 这些国王都属于埃阿科斯家族（Aeacidae）；部分是因为在他们的领土上有一座既古老又有名望的神谕所，这就是多多纳的神谕所。现在，朝内人、塞斯普罗提人和在他们之后的卡索皮伊人（他们也是塞斯普罗提人）居住在从塞劳尼亚山脉一直延伸到安布拉西亚湾之间的海岸地区。他们有肥沃的土地。如果从朝内人地区向着东方日出之处航行，向着安布拉西亚湾和科林斯湾航行，保持奥索尼亚海在右，伊庇鲁斯在左，航程是1300斯塔德，这就是从塞劳尼亚山脉到安布拉西亚湾口（Ambracian Gulf）的距离。在这段路程中，在塞劳尼亚山脉的中部有一座大港口帕诺姆斯港，在这座山脉之后是翁切斯姆斯港，它正对着克基拉岛西部的顶端，然后是卡西俄珀港，从这个港口到布伦特西乌姆，距离是1700斯塔德。从另一个海角法拉克鲁姆（它比卡西俄珀更远）到塔拉斯的距离相同。在翁切斯姆斯港之后是波塞冬神庙、布特洛图姆（它在贝洛德斯的港口，它有外族居民罗马人）和西波塔岛。西波塔是一个小岛，离大陆只有一点距离，正对着克基拉岛东部的莱夫其马角。沿着这条海岸线，还可以航行到其他小岛去，但是它们不值一提。然

[①] 把自己的氏族说成是起源于神话中的宙斯之子埃阿科斯。

第七章 伊庇鲁斯

后就是切梅里乌姆角，格利西斯·利梅，[①] 这个港口有阿谢隆河汇入。阿谢隆河发源于阿谢鲁西亚湖，并且接受了几条支流的河水，因此使海湾的水淡化了。锡亚米斯河从旁边流过。在这个海湾以北是西齐鲁斯，即从前的埃菲拉，这是塞斯普罗提亚人的城市；位于海湾以北，腓尼卡和布特洛图姆附近。在西齐鲁斯附近有卡索皮伊人的小城布赫提乌姆，它位于大海以北不远之处；还有埃拉特里亚、潘多西亚和巴提亚，它们都在内陆。虽然它们的地域一直延伸到了海湾。在格利西斯·利梅之后是其他两个港口，两个港口之中较近和较小的是科马鲁斯，它和安布拉西亚湾及奥古斯都·凯撒建立的尼科波利斯（Nicopolis）一起，形成了一条宽60斯塔德的地峡；另一座更远、更大和更好的城市靠近海湾的出口，距离尼科波利斯大约12斯塔德。

6. 然后是安布拉西亚湾口。虽然这个湾口只有4斯塔德多宽，但它的周长有300斯塔德长；它在许多地方有优良的港口。如果航行进入海湾，右边是居住着希腊的阿卡纳尼亚人（Acarnanians）。在海湾口附近的一座小山上，有一片亚克兴（Actian）的阿波罗圣域，山上有一座神庙；山脚下有一块平原，平原上有一片圣树林和一个海军港口。凯撒把10条船作为第一批胜利果实[②]献祭给了那里——从单排浆的船只到10排浆的船只；据说不仅有船只，还有停船场所全部付之一炬。在海湾口的左边是尼科波利斯和伊庇鲁斯部落卡索皮伊人的地区，这个地区一直延伸到安布拉

---

① 意为"甜水港"。
② 公元前31年在亚克兴角附近。

西亚附近海湾的深处。安布拉西亚位于海湾深处以北一步之遥的地方；它是由塞普西努斯之子戈尔古斯建立的。阿拉图斯河流过安布拉西亚，尽管它发源于滕非山和帕罗里亚山，它在内陆可以通航的距离只有很短的路程，从海边到安布拉西亚。这座城市在古代特别繁荣（无论如何，这个海湾是以它命名的），它的装饰大多是皮洛士完成的，他使这个地方成了他的王宫所在。但是，后来由于马其顿人和罗马人无休止的战争，无论是这座城市还是伊庇鲁斯人的其他城市都彻底地衰落了；由于他们的顽强不屈，奥古斯都考虑到这些城市已经彻底衰落，最后把剩余的居民集中居住在一座城市之中，他命名这座在海湾边的城市为尼科波利斯；[①] 他这样称呼它是为了纪念他在海湾口取得击败安东尼和埃及女王克娄巴特拉的海战胜利，她也参加了这场海战。尼科波利斯人口众多，而且正在日益增加，因为它不仅有大片的土地和战利品的装饰，而且在它的郊区有修剪精美的圣域，它的一部分在圣树林之中，包括运动场和露天体育场，用于举行每五年一次的运动会；其他部分在圣树林上方的山上，它是献给阿波罗的。这些运动会是献给亚克兴的阿波罗的，被称为奥林匹克运动会，它们由拉克代蒙人主管。其他的居民点附属于尼科波利斯。在古代，周边地区居民常常也举行亚克兴运动会以纪念这位神，运动会的奖品是一个花环，但现在凯撒赋予这些比赛更大的荣耀。

7. 在安布拉西亚之后是安菲罗奇人的阿尔戈斯城（Argos），它是由阿尔克迈翁（Alcmaeon）及其诸子建立的。无论如何，根

---

① 胜利之城。

据埃福罗斯所说,阿尔克迈翁在远征底比斯的埃皮哥尼人之后,接受了狄俄墨得斯的邀请,和他一起来到埃托利亚,帮助他占领了这个地区和阿卡纳尼亚;在阿伽门农召集他们前去远征特洛伊时,狄俄墨得斯前去参战了,但阿尔克迈翁留在阿卡纳尼亚,建立了阿尔戈斯,并且用其兄弟之名命名它为安菲罗奇人的;他以流过阿尔戈斯的一条河流之名命名流过这个地区,注入安布拉西亚湾的河流为"伊纳库斯河"。不过,根据修昔底德所说,[①]安菲罗库斯本人从特洛伊回家之后,不满于阿尔戈斯的情况,去了阿卡纳尼亚,在继承了其兄弟的统治之后,建立了这座以他的名字命名的城市。

8. 安菲罗奇人也是伊庇鲁斯人,他们像那些居住在他们之后的伊利里亚山区边界崎岖不平地区的居民一样——我指的是莫洛西人、阿萨马尼亚人、埃塞斯人、滕非人、奥雷斯泰人、帕罗里人、阿廷塔内人,一部分人与马其顿人为邻,另外一部分人与爱奥尼亚湾为邻。据说俄瑞斯忒斯曾经占领过俄瑞斯提亚斯,由于弑母而被驱逐之后,他曾经在这个以其名字命名的地区停留过,而且还建立了一座城市,名为俄瑞斯忒斯的阿尔戈斯。但是,伊利里亚人靠近这个山区的南部,那些在爱奥尼亚湾之后的部落是与伊利里亚人混居的部落。例如,在埃皮达姆努斯、阿波罗尼亚之后直到塞劳尼亚山脉地区居住着比利昂人、陶兰提人、帕提尼人和布里吉人。在附近某地有达马斯提乌姆银矿,[②]银矿周围的迪

[①] 修昔底德,Ⅱ,68。

[②] 城市的位置不清楚,伊庇鲁斯没有银矿。

厄斯泰人和恩克利人（又名塞萨雷提人）共同建立了他们的统治权。在这些部落附近还有林塞斯泰人、德里奥普斯地区、贝拉戈尼亚的特里波利提斯、①埃奥尔迪人、伊利梅亚和埃拉提拉地区。在古代，这些部落都由各自部落的王朝独立统治。例如，卡德摩斯和哈尔莫尼亚的后裔统治着恩克利人，即使是现在，人们还能指出有关他们的神话故事发生的地方。我认为这些部落不是由本地出身的人统治着，林塞斯泰人臣服于巴基亚兹家族的阿拉比乌斯（阿敏塔斯之子腓力的母亲欧律狄刻是阿拉比乌斯之女西拉的女儿）；而伊庇鲁斯人之中的莫洛西人臣服于涅俄普托勒摩斯之子皮洛士的统治，涅俄普托勒摩斯是阿喀琉斯之子，就其出身而言是色萨利人。不过，其他部落受本地出身的人统治。因为某些部落一直对其他部落拥有统治权，他们一直到马其顿帝国才结束，只有少数居住在爱奥尼亚湾之后的部落除外。实际上，林库斯、贝拉戈尼亚、俄瑞斯提亚斯和伊利梅亚附近的地区，通常叫做上马其顿地区。后来，它又被某些人称为自由马其顿地区。但是，也有某些人甚至把直到克基拉的整个地区都称为马其顿地区；同时，他们还讲出了理由，这就是上述地区居民的剪发、语言、短斗篷和其他类似的东西，他们还补充说，虽然有些人说两种语言，但居民的风俗习惯是相同的。在马其顿人的帝国瓦解之后，他们处于罗马人的统治之下。这些部落所在的地区，有一条埃格纳提大道贯通全境，这条大道起自埃皮达姆努斯和阿波罗尼亚。在这条大道附近的坎达维亚，有许多湖泊与利克尼杜斯为邻。湖泊旁

---

① 三城。

边有许多加工腌鱼的场所,这些湖泊与其他水源是分开的。但是,还有许多河流,一部分流入爱奥尼亚湾,一部分向南流去——我指的是伊纳库斯河、阿拉图斯河、阿谢洛奥斯河、埃文努斯河(从前叫做利科马斯河);阿拉图斯河汇入安布拉西亚湾,伊纳库斯河汇入阿谢洛奥斯河,阿谢洛奥斯河在流过了阿卡纳尼亚,埃文努斯河在流过了埃托利亚之后,阿谢洛奥斯河本身和埃文努斯河流入大海。但是,埃里贡河在汇合了许多发源于伊利里亚山区的河流和发源于林塞斯泰人、布里吉人、德里奥普人和贝拉戈尼亚人地区的河流之后,汇入了阿修斯河。

9. 这些部落从前有许多城市。无论如何,贝拉戈尼亚通常称为特里波利提斯(三座城市),其中有一座是阿左鲁斯。德里奥普人的所有城市在埃里贡河沿岸,他们的人口非常繁盛,其中有布里埃乌姆、阿拉勒科梅尼(Alalcomenae)和斯图巴拉。基德里属于布里吉人,而位于埃塞西亚和特里卡边界的埃伊尼乌姆属于滕非人。当人们走近马其顿和色萨利,进入普乌斯和品都斯山脉附近,就到了埃塞斯人的地区和佩尼乌斯河(Peneius)的源头,滕非人和居住在品都斯山麓的色萨利人正在为谁有权占有河源地区而争吵;也到了伊翁河旁的奥克西尼亚城,它距离特里波利提斯的阿左鲁斯120斯塔德。附近还有阿拉勒科梅尼、埃伊尼乌姆、欧罗普斯、伊翁河和佩尼乌斯河汇合之点。正如我已经说过的那样,从前整个伊庇鲁斯和伊利亚地区像托马努斯、波利亚努斯和其他地区一样,虽然都是崎岖不平的多山地区,但它们仍然是人口繁盛的地区;而现在它们大部分已经荒芜了,在仍然有人居住的那些地区,只留下了村落和废墟。即使是多多纳的神谕所,也像其他的神谕所一样,几乎断绝了香火。

10. 根据埃福罗斯所说,这座神谕所是佩拉斯吉人所建。佩拉斯吉人被认为是在所有民族之中最早统治希腊的民族。关于这件事情,荷马曾经这样说过:

> 多多纳的、佩拉斯吉人的宙斯神啊!
>
> (《伊利亚特》,XVI,233)

赫西奥德说道:

> 他来到多多纳,来到橡树和佩拉斯吉人的所在地。
>
> (《残篇》,212,日扎克)

关于佩拉斯吉人,我在谈到第勒尼亚的时候已经说过了。① 至于那些居住在多多纳圣所附近的部落,荷马已经非常清楚他们的生活方式,并且说:

> 他们不洗脚,睡在地上。
>
> (《伊利亚特》,XVI,235)

因此,他们是蛮族;但是,他们是否是品达所说的"赫利人",或者是人们认为荷马史诗中正确读音的"塞利人",还是一个问题,因为原文充满了疑问,没有办法作出肯定的回答。根据菲洛科鲁斯

---

① 参见本书 V, ii, 4。

(Philochorus)所说,多多纳附近的地区,例如埃维亚,就曾经被称为赫洛皮亚;实际上,赫西奥德这样说过这个地方:

> 有一个赫洛皮亚,有许多麦田和好牧场;
> 在这个地区的边界上有一座城市多多纳。
>
> (《残篇》,134,日扎克)

按照阿波罗多罗斯所说,有一种观点认为这个地区得名于神庙附近的沼泽;[1]但阿波罗多罗斯本人认为,荷马没有把居住在神庙附近的居民称为"赫利人",而是把他们称为"塞利人",他补充说,因为诗人也把某条河流称为"塞勒埃斯河"。[2]确实,诗人提到了这条河流:

> 从遥远的埃菲拉之外,从塞勒埃斯河。
>
> (《伊利亚特》,Ⅱ,659)

不过,按照锡普西斯的德米特里所说,诗人提到的不是塞斯普罗提亚人的埃菲拉,而是埃莱亚人的埃菲拉。因为塞勒埃斯河在埃莱亚人的地区。他补充说,无论是在塞斯普罗提亚人地区,还是在莫洛西人地区都没有塞勒埃斯河。至于那些涉及橡树和鸽子的神话,还有其他类似的神话,它们也像涉及德尔斐的神话一样,部分

---

[1] 希腊语的沼泽是 helē。
[2] 或者是塞勒埃斯河。

适合于用来讨论诗歌,部分适用于描绘我们现在的地理学。

11. 在古代,多多纳处于塞斯普罗提亚人(Thesprotians)的统治之下;托马鲁斯山(Tomarus)或特马鲁斯山(Tmarus)(因为它有两种称呼)也处于其统治之下,它的山脚下有一座神庙。无论是悲剧诗人还是品达,都把多多纳称为"塞斯普罗提亚人的多多纳"。但是,它后来处于莫洛西人的统治之下。据说,那些被诗人提到的宙斯代言人,即被称为"托姆罗伊人"的居民,是根据托马鲁斯山命名的。他认为他们也是:

……不洗脚和睡在地上的人。

(《伊利亚特》,XVI,235)

在《奥德赛》之中,有些人这样理解安菲诺摩斯(Amphinomus)的言辞,当他劝说求婚者在他们询问宙斯之前,不要进攻忒勒马科斯时说:

如果伟大的宙斯允许托姆罗伊人这样做,
我自己也会杀他,并且请求其他人帮忙,
如果神阻止这样做,我请求你们住手。

(《奥德赛》,XVI,403—405)

由于他们认为这里最好是读成"托姆罗伊人",而不是"特米斯特斯";无论如何,没有一个诗人提到神谕所称为"特米斯特斯"。但是,它被认为是法令、规定和法律;不过,这个部落被称

第七章 伊庇鲁斯

为"托姆罗伊人",是因为"托姆罗伊人"是"托马鲁罗伊人"的缩略形式,即"托马鲁斯山的卫队"。晚近的评论家认为,荷马所说的"托姆里人"也可以简单地解释为"特米斯特斯"(以及"布赖")(Boulai),虽然在某种程度上这是滥用术语,用以表示这类神谕式的命令、法令,以及法律。例如,下面这种情况就是如此:

向高大的、枝繁叶茂的橡树,求问宙斯的旨意。

(《奥德赛》,XIV,328)

12. 起初,那些解释预言的人确实是男子(诗人很可能指明了这一点,因为他把他们称为"解释者",预言家可以列入这些人之中),后来,在狄俄涅(Dione)被指定为宙斯神的配偶之后,三名老太婆也被任命为预言家。修达斯(Suidas)极力以神话故事讨好色萨利人,他认为这座神庙是从色萨利搬过去的,是从斯科图萨附近的佩拉斯吉地区搬过去的(斯科图萨也是属于色萨利的佩拉斯吉奥提斯地区),与神庙一起搬走的许多妇女,她们的后裔就是现在的预言家,根据这个事实,宙斯也可以称为是"佩拉斯吉人的"宙斯。但是,西尼亚斯讲的故事更具有神话色彩……

第八章　残篇

1. 西尼亚斯说，色萨利有一座城市（多多纳），宙斯的橡树和神谕所从这里搬到了伊庇鲁斯。

1a. 从前，这座神谕所在佩拉斯吉奥提斯城的斯科图萨附近。后来，由于某个人焚烧这棵树木，神谕所根据阿波罗神谕的吩咐，搬到了多多纳。神谕所发布的预言不是以语言，而是以某种手势来表达的，就好像利比亚的阿蒙神谕所的所作所为一样。很可能，这就是三只鸽子飞行的某种特点，祭司们看到了它们，发布了预言。不过，在莫洛西人和塞斯普罗提人的语言之中，老太婆称为"佩里埃"（Peliai），[1] 老头儿称为"佩里奥伊"（Pelioi）。很可能，声名狼藉的佩莱阿德并不是鸽子，而是忙于神庙事务的三个老太婆。

1b. 至于斯科图萨，我在谈到多多纳和色萨利的神谕所时已经提到过它，因为神谕所本来在后面这个地区。

1c. 根据这位地理学家所说，[2] 神圣的橡树在多多纳受到敬畏，被认为是古老的植物，它的果实从前是人们的食物。同样是这位

---

① 佩里埃——鸽子。
② 后代学者认为"地理学家"指的就是斯特拉博。

作家又说到当地"具有预言能力的鸽子",人们为了占卜的目的而观察这些鸟儿的飞行。类似于某些预言家根据乌鸦的飞行发布预言一样。

2. 在色萨利人、莫洛西人之中,也像马其顿人一样把老太婆称为"佩里埃",老头儿称为"佩里奥伊";无论如何,他们把身居显要地位的人称为"佩利戈内斯"(试比较在拉科尼亚人和马萨利亚人之中,同样的人物被称为元老)。① 据说,有关多多纳的橡树鸽子的神话就起源于此。

3. 有关"多多纳青铜战船"的谚语是这样出现的:② 在这座神庙之中有一条青铜战船和一个立在船后,手持铜鞭的铜人,这是克基拉岛人奉献的礼物;鞭子有三折,装饰成链条形,上面连缀着珠子;当这些珠子被风吹动时,便不停地敲击着青铜船,发出悠长的声音,有人从它开始发出声音到声音停止,计算出大约有400次。由此就出现了"克基拉岛人的鞭子"的谚语。

4. 培奥尼亚在这些部落的东面,在色雷斯山脉的西面,在马其顿人的北面;沿着大路走,经过的城市有戈提尼乌姆和斯托比,它提供了一条前往……的通道(阿修斯河流过这个地区,使从培奥尼亚到马其顿的道路变得十分难以行走——正如佩尼乌斯河流过坦佩,因此保护了马其顿与希腊的边界一样)。在南方,③ 培奥尼亚与奥塔里亚特人、达达尼亚人和阿尔迪伊人的地区交界;培奥尼亚一直延伸到斯特雷蒙河。

---

① 本义为"老者",他们组成了斯巴达的长老会议。
② 这个谚语用来形容长舌者。
③ 手稿文字有脱漏。

5. 哈利亚科姆河流入塞尔迈湾。

6. 奥雷斯提斯是一片辽阔的地区。这个地区有一座山,一直延伸到埃托利亚的科拉克斯山和帕尔纳索斯山。在这些山脉附近居住着奥雷斯泰人、滕非人,而在地峡之外的帕尔纳索斯山、俄塔山和品都斯山附近地区则居住着希腊人。整个山区有一个共同的名字,叫做博伊乌姆,但各个部分则有许多名字。有人说从最高的山峰可以看见爱琴海、安布拉西亚湾和爱奥尼亚湾,但我认为他们的说法有点言过其实。普泰莱乌姆山确实很高,它位于安布拉西亚湾附近,一边延伸到了克基拉城地区,另一边延伸到了莱夫卡斯的海岸。

7. 克基拉城由于多次战争而威信扫地,成为谚语讥笑的对象。

8. 在古代,克基拉城极其繁荣,拥有一支非常强大的海上力量,但是几次战争和几位僭主毁灭了它。后来,虽然罗马人给予它自由,它得到的不是赞扬,反而成为讥笑的对象,它获得了这样一句谚语:

"克基拉城是自由的,在那里你想做任何肮脏事情都可以做。"①

9. 在欧罗巴各部分之中,现在剩下要谈的首先是马其顿及其邻近的色雷斯各地,直到拜占庭地区;然后是希腊;第三是附近的岛屿。马其顿当然是希腊的一部分,但是现在我按照各地的自

---

① 再往下是脏话。

然环境和地理形状，决定把它们和希腊其他地区分开，并且把它们和邻近的色雷斯地区连在一起，这个地区一直延伸到了攸克辛海口和普罗庞提斯海。斯特拉博提到在不远的地方有塞普西拉和赫布鲁斯河，他还描绘了一个平行四边形，整个马其顿都在这个平行四边形之中。

10. 马其顿的边界如下：首先是西部边界亚得里亚海岸；其次是东部边界，这是一条平行于这个海岸的子午线，它通过赫布鲁斯河的河口和塞普西拉城；第三是北部边界，它是一条想象中的直线，穿过了贝尔蒂斯库斯山、斯卡杜斯城、奥尔贝卢斯山、罗多彼山和海姆斯山；由于这些山脉发源于亚得里亚海，以一条直线的形式一直延伸到了攸克辛海，在南部形成了一个巨大的半岛，包括了色雷斯、马其顿、伊庇鲁斯和亚该亚；第四，它的南部边界是埃格纳提大道，这条大道起自都拉基乌姆城，向东直达塞萨洛尼西亚。因此，马其顿的形状非常接近于平行四边形。

11. 现在的马其顿得名于古代酋长马其顿之名，它从前叫做埃马提亚。在海边还有一座埃马提亚城。现在，这个地区有一部分被某些伊庇鲁斯人和伊利里亚人占领，大部分地区被博提亚人和色雷斯人所占领。博提亚人据说来源于克里特人，[①] 他们在博通的带领下从那里迁移到这里。色雷斯人之中的皮埃雷人居住在皮埃里亚和奥林波斯山附近地区；培奥尼亚人居住在阿修斯河两岸的土地和安法克西提斯地区；埃杜伊人和比萨尔泰人居住在这个地区直到斯特雷蒙河其他地方。在这些部落之中，只有后者称为比

---

① 参见本书Ⅵ，ⅲ，2。

萨尔泰人,而在埃杜伊人之中,第一部分称为米格多尼人,第二部分称为埃杜伊人,第三部分称为西索内人。在所有这些部落之上,建立了所谓的阿吉德人,[①] 还有埃维亚的卡尔西迪人的统治,因为埃维亚的卡尔西迪人居住在西索内人地区,并且建立了大约30座城市。后来,他们之中大部分被驱逐的居民移居到了一座名叫奥林图斯的城市;他们开始自称色雷斯的卡尔西斯人。

11a. 根据斯特拉博在第七卷之中所说,博提亚人部落名字的拼音之中有字母 i,[②] 城市[③]得名于克里特人博通。

11b. 安法克西翁。[④]语言有两种。一座城市。安法克西翁部落的名字是安法克西特人。

12. 佩内乌斯形成了下马其顿或者是海边的马其顿、色萨利和马格尼西亚之间的分界线;哈利亚科姆河形成了上马其顿的边界;它又和埃里贡河、阿修斯河及其他河流形成了伊庇鲁斯人和培奥尼亚人的边界。

12a. 如果根据地理学家所说,马其顿从色萨利的皮利翁山和佩内乌斯河一直延伸到培奥尼亚和伊庇鲁斯部落的内陆地区,如果希腊人在特洛伊有一支来自培奥尼亚的盟军,那就很难理解这支盟军会从上述遥远的培奥尼亚前往特洛伊人那里去。

13. 整个马其顿沿岸地区(从塞尔迈湾顶部和塞萨洛尼西亚开始)分成两部分:一部分向南延伸到苏尼乌姆角,另一部分向东

---

① 得名于阿尔戈斯,参见本书Ⅶ, vii, 8。
② 不是与 e 在一起组成 Botteates,而是与 i 在一起组成 Bottiaioi。
③ 博提亚。
④ 安法克西翁由前缀 amphy(周围、两边)和名词 axius 组成。

延伸到色雷斯的切尔松尼斯半岛,在上述顶部形成了某种类似海角的地形。由于马其顿向两边延伸,因此我不得不从上述第一部分开始叙述。第一部分是苏尼乌姆地区,在它的后面有阿提卡、迈加拉地区和克里萨湾。在这个地区之后是埃维亚沿岸地区,它对着埃维亚岛,在这条海岸线之后是维奥蒂亚其他地方,它向西延伸,平行于阿提卡。斯特拉博说,埃格纳提大道从爱奥尼亚湾开始,终结于塞萨洛尼西亚。

14. 至于带状地区,斯特拉博说,首先我要给居住在海边,距离佩内乌斯和哈利亚科姆地区不远的各个部落划分边界。佩内乌斯发源于品都斯山脉,穿过色萨利中部向东流去;它穿过了拉皮泰人的许多城市,穿过了珀里比亚人的若干城市,来到了坦佩河谷。佩内乌斯这时已经汇合了多条支流,其中之一是欧罗普斯河。荷马曾经把后者称为提塔雷西乌斯,[1]因为这条河流发源于提塔里乌斯山,它与奥林波斯山连在一起,后者从这里开始,形成了马其顿和色萨利的边界。坦佩河谷是奥林波斯山与奥萨山之间的一个狭窄隘口;佩内乌斯在这些狭窄的河谷之中流了大约40斯塔德,它的左边是马其顿最高的山脉——奥林波斯山,右边是奥萨山——靠近它的河口。在佩内乌斯河口右岸不远之处,有一座珀里比亚人和马格尼西亚人的城市盖尔通,这是庇里托俄斯和伊克西翁统治的城市;克兰农距离盖尔通差不多100斯塔德;有作家认为,荷马在说到"这是两个真正的色雷斯部落"等话时,[2]他是

---

[1] 《伊利亚特》,II,751。
[2] 《伊利亚特》,VIII,301。

以"埃菲里人"表示克兰农人,以"弗莱吉伊人"表示盖尔通人。不过,皮埃里亚在佩内乌斯的另一边。

15. 流过坦佩河谷的佩内乌斯河,发源于品都斯山脉。然后,它流过色萨利的中部地区、流过拉皮泰人和珀里比亚人的土地。接着,佩内乌斯河汇合了一条支流,这就是被荷马称为提塔雷西乌斯河的欧罗普斯河,它在北方成了马其顿的边界,在南方成了色雷斯的边界。欧罗普斯河发源于与奥林波斯山连接在一起的提塔里乌斯山。奥林波斯山属于马其顿,而奥萨山和皮利翁山属于色萨利。

15a. 根据地理学家所说,佩内乌斯河发源于品都斯山脉,山周围居住着珀里比亚人……关于佩内乌斯河,斯特拉博是这样说的:佩内乌斯河发源于品都斯山脉,它流过了左岸的特里卡城,流过了阿特拉克斯山和拉里萨城周边地区;然后,它汇合色萨利的许多河流,穿过坦佩河谷。在穿过色萨利中部地区的时候,这条河流汇合了许多支流;然后,佩内乌斯河的左边是奥林波斯山,右边是奥萨山。在佩内乌斯河口的右边是马格尼西亚人的城市盖尔通,城市的统治者是庇里托俄斯和伊克西翁。距离盖尔通不远有一座城市克兰农,它的市民有一个不同的名字"埃菲里人",盖尔通的市民则称为"弗莱吉伊人"。

16. 在奥林波斯的山坡下到佩内乌斯河之间,有一座珀里比亚人和马格尼西亚人的城市盖尔通,城市的统治者是庇里托俄斯和伊克西翁。克兰农城距离盖尔通100斯塔德;据说,荷马说过"这是两个真正的色雷斯部落",他指的是被称为"埃菲里人"的克兰农人和被称为"弗莱吉伊人"的盖尔通人。

16a. 克兰农距离盖尔通100斯塔德。

16b. 霍莫利乌姆城是马其顿和马格尼西亚的城市。

16c. 在有关马其顿的记载之中，我已经说过霍莫利乌姆城靠近奥萨山区，佩内乌斯河在那里流过坦佩河谷，开始把自己的河水注入海中。

16d. 有几个不同的埃菲里，地理学家们真的已经算出有九个。

16e. 地理学家说马格尼西亚人的城市盖尔通靠近佩内乌斯河口。

17. 迪乌姆城（Dium）位于奥林波斯山脚下，不在塞尔迈湾的海岸边，离海岸几乎有7斯塔德。在迪乌姆城附近有一个村庄宾普莱亚，奥菲士曾经居住在这个村里。

18. 奥林波斯山脚下有一座城市迪乌姆，不远之处有一个村庄宾普莱亚。据说西科尼人奥菲士曾经住在这里，他是个巫师，起初开始用音乐、预言、举行与宗教入会仪式有关的秘密仪式收敛钱财；不久之后，他认为自己已经足够强大，召集了一群信徒，夺取了权力。有些人是自愿地投靠他，有些人则怀疑他的阴谋和暴力，团结起来反对他并且把他打死了。在这里附近还有莱贝特拉城（Exc. ed.）。

19. 从前，预言家也从事音乐。

20. 在迪乌姆城之后是哈利亚科姆河口；然后是品都斯山脉、迈索尼城、阿洛鲁斯城、埃里贡河和卢迪亚斯河。埃里贡河发源于特里克拉里人地区，流经奥雷斯泰人和培拉人的地区，[①] 在这座

---

① 有些人认为Pellaea应当读成Pelagonia（因为Pellaea从来就没有在其他地方提到过）。

城市左边流过，然后汇入了阿修斯河；从卢迪亚斯河溯河而上到培拉，航程是120斯塔德。迈索尼城位于两座城市之间：距离皮德纳城大约40斯塔德，距离阿洛鲁斯城70斯塔德。阿洛鲁斯城位于塞尔迈湾顶部的角落，由于它的名声而被称为塞萨洛尼西亚。有人认为阿洛鲁斯城是博提亚人的，而皮德纳是皮埃里亚人的。培拉属于博提亚人占领的下马其顿。从前这里有马其顿人的国库。腓力使它从一座小城市变成了大城市，因为他是在这座城市培养成人的。这座城市有一个河源地区叫做卢迪亚斯湖。卢迪亚斯河就发源于这个湖泊，而这个湖泊也由于阿修斯河的支流而水源充足。阿修斯河在卡拉斯特拉与塞尔马之间的地区流入大海。这条河边有一个设防的据点，它现在叫做阿拜登，而在荷马时代称为阿米登。荷马说培奥尼亚人就是从这里出发前往特洛伊城的。他们

居住在遥远的阿米登，宽广的阿修斯河流过那里。

(《伊利亚特》，II，849）

这个据点已经被阿吉德人毁灭了。

20a. 根据斯特拉博所说，阿拜登、阿拜登尼斯是马其顿的一个地方。

21. 阿修斯河的河水浑浊；荷马称"阿修斯河，最干净的水源"，[1] 可能是因为它的源头埃阿（Aea）的缘故；后者给这条河注入了最干净的水源。这证明荷马史诗之中现在流行的这个地名读

---

[1] 《伊利亚特》，XX，21，158。

法不正确。[①]在阿修斯河之后20斯塔德是埃切多鲁斯河,再40斯塔德是卡桑德建立的塞萨洛尼西亚和埃格纳提大道。卡桑德用阿敏塔斯之子腓力的女儿、自己的妻子塞萨洛尼卡之名命名了这座城市;在克鲁西斯和塞尔迈湾,大约有26座城市被毁灭,他又把居民都迁入一个城市;这座城市就是现在马其顿的首府。被合并到这个居民点的有阿波罗尼亚、卡拉斯特拉、塞尔马、加雷斯库斯、埃涅阿和西苏斯;可以想象西苏斯属于西塞斯,在说到伊菲达马斯的时候,荷马曾经提到这个地方:

从小由西塞斯培养。

(《伊利亚特》,XI,223)

21a. 克鲁西斯是米格多尼亚的一部分。

21b. 卡拉斯特拉城是塞尔迈湾附近的色雷斯城市。但斯特拉博在第七卷中把它称为马其顿的城市。

22. 在迪乌姆城之后是流入塞尔迈湾的哈利亚科姆河。这个海湾北部沿岸地区直到阿修斯河,被称为皮埃里亚。海岸边有一座城市皮德纳,现在被称为基特鲁姆。然后是迈索尼城和阿洛鲁斯城,接着是埃里贡河和卢迪亚斯河;从卢迪亚斯河[②]到佩拉城,溯河而上航程有120斯塔德。从迈索尼城到皮德纳距离是40斯塔德,到阿洛鲁斯距离是70斯塔德。但皮德纳是皮埃里亚人的城市,而

---

① 《残篇》,23。

② 河口。

阿洛鲁斯是博提亚人的城市。在皮德纳前面的平原发生了一件重大事件，罗马人打败珀尔修斯，消灭了马其顿王国；[1]在迈索尼前面的平原上也发生了一件重大事件，阿敏塔斯之子腓力在围攻这座城市时遭遇不幸，他的右眼被弩炮射出的箭矢打瞎了。

23. 至于培拉城，虽然它从前不大，但由于腓力是在这里培养成人的，他大大地扩大了这座城市。在这座城市之前有一个湖泊，卢迪亚斯河发源于这个湖泊；湖泊因为阿修斯河的某些支流而水源充足。然后是阿修斯河，它把博提亚和安法克西提斯的土地分开；阿修斯河在汇合了支流埃里贡河之后，在卡拉斯特拉和塞尔马之间的地区流入大海。在阿修斯河边有个地方被荷马称为阿米登，[2]他说培奥尼亚人是由这里前去援助特洛伊的，他们

　　　　居住在遥远的阿米登，宽阔的阿修斯河流过那里。

（《伊利亚特》，II，850）

同时，由于阿修斯河水的浑浊，阿米登发源的一条支流把自己"最干净的水"与其混合在一起，这就出现了下面的诗句：

　　　　阿修斯河最干净的水来自埃阿河。

（《伊利亚特》，II，850）

这行诗句也可以改成这样：

---

[1] 公元前168年。
[2] 《伊利亚特》，II，849。

阿修斯河汇入了埃阿河最干净的水。

确实,不是阿修斯河"最干净的水"灌溉着大地,而是支流在补充阿修斯河的水源。

23a. 有些人认为,在诗句 epikidnatai aiei 或者 aian[①](由于有两种写法的缘故)之中,aia 表示的不是"土地",而是某条支流,地理学家已经说明了这点:荷马史诗中的阿米登,后来叫做阿拜登,但这座城市已经被毁灭了;在阿米登附近有一条河流名叫埃阿,[②] 它把纯洁的水注入了阿修斯河;这条河流因为许多支流而水源充足,但仍然翻起浑浊的波浪。因此,他认为现在流行的读法

"阿修斯河最干净的水来自埃阿河"

(《残篇》,141.3,泡尔逊)

这种说法是错误的。因为情况已经非常清楚,不是阿修斯河把水源注入支流,而是支流把水源注入阿修斯河。所以,地理学家非常坚定地反对把埃阿河和大地等量齐观的意见,力图从荷马史诗之中把这种解释完全排除出去。

24. 在阿修斯河之后是塞萨洛尼西亚城,它从前叫做塞尔马。这座城市是卡桑德所建,他用自己的妻子、阿敏塔斯之子腓力的女儿的名字命名。他把周围小城市的居民迁入了这座城市,它们

---

① 荷马史诗中的 Aia 意为"土地"。

② 或者是 Aia。

是卡拉斯特拉、埃涅阿、西苏斯和其他一些城市。应当设想，荷马的族人伊菲达马斯就出自这座西苏斯城。据荷马所说，他是由其祖父西塞斯在色雷斯（它现在叫做马其顿）"教养大的"。

25. 这里某个地方有一座贝尔米乌姆山，它从前被色雷斯部落布里吉人所占领；这个部落有部分人迁移到亚细亚地区，在那里他们把自己的名字改为弗里吉亚人。在塞萨洛尼西亚之后是塞尔迈湾直到卡纳斯特雷乌姆角的其他部分，这是一个海角，形成了一个正对着马格尼提斯的半岛。半岛的名字叫做帕莱恩，半岛上有一条地峡宽5斯塔德，有一条运河贯穿地峡。在地峡上有科林斯人建立的城市波提戴亚，它后来以国王卡桑德本人的名字命名，叫做卡桑德里亚，因为他在这座城市被毁灭之后修复了它。环绕这个半岛的海路为570斯塔德。这个地方叫做弗莱格拉，据说这里从前居住着巨人；[1] 有些故事带有神话色彩，有些似乎是可以相信的。因为它们说到了某些野蛮和渎神的部落统治着这个地区，但赫拉克勒斯占领特洛伊之后，在回国的途中把他们消灭了。在这里据说一群罪犯——特洛伊的妇女，为了不当那些捕获者妻子的女奴放火烧毁了战船。

25a. 正如地理学家所指出的，布里吉人过去被称为弗里吉亚人。

26. 贝洛亚城位于贝尔米乌姆山脚下。

27. 从前位于帕莱恩半岛地峡上的波提戴亚，现在叫做卡桑德里亚，古代叫做弗莱格拉。神话故事中的巨人部落居住在那里，他们是渎神的、没有法律的部落，被赫拉克勒斯所灭。半岛上有

---

[1] 参见本书 V, iv, 4, 6。

四座城市：阿菲提斯、门德、斯基奥尼和萨内。

27a. 锡普西斯的德米特里显然不同意埃福罗斯的意见，也不同意那些作家认为他们是居住在帕莱恩附近的哈利宗人；① 关于他们的事情，我已经在有关马其顿的记载之中说过了。

28. 奥林图斯城距离波提戴亚70斯塔德。

29. 奥林图斯城的锚地马西珀纳位于托罗纳湾。

30. 距离奥林图斯城不远有一块名叫坎萨洛莱特隆的凹地真是名副其实：② 因为名叫斑蝥的昆虫在这个地区四处繁衍、死亡，而且只在这个地方。

31. 紧接着卡桑德里亚之后是托罗纳湾沿岸到德里斯的其他地区，德里斯是个海角，正对着卡纳斯特雷乌姆角，形成了一个海湾。正对着德里斯东面的是圣山角；③ 中部是辛吉蒂克湾，它是以海湾中的古城辛古斯命名的，现在这座城市已经毁灭了。在这座城市之后是阿坎图斯城，位于圣山的地峡，其建立者是安德里人。许多人根据这座城市的名字把这个海湾称为阿坎图斯湾。

32. 正对着帕莱恩的卡纳斯特鲁姆角，是科普斯港附近的德里斯角；两个海角成了托罗纳湾的分界线。继续向东，圣山角成了辛吉蒂克湾的分界线，因此，爱琴海诸海湾一个接一个，一直延伸到北方，按照彼此距离的顺序如下：马利亚湾、帕加西湾、塞尔迈湾、托罗纳湾、辛吉蒂克湾、斯特雷蒙湾。至于这些海角，首先是位于马利亚湾和帕加西湾之间的波塞迪乌姆角；其次是北

---

① 亚马孙人。
② "甲虫死亡"。
③ 仙女角。

方的塞皮亚斯；然后是帕莱恩的卡纳斯特拉角，接着是德里斯角，然后是位于圣山和辛吉蒂克湾的尼姆菲乌姆，在斯特雷蒙湾有阿克拉托斯角；在后两个海角之间有一座圣山，在它的东边有利姆诺斯岛；北方是斯特雷蒙湾的边界奈阿波利斯。

33. 阿坎图斯是辛吉蒂克湾的滨海城市，靠近薛西斯的运河。在圣山地区有五座城市，这就是狄翁、克莱奥内、锡斯、奥洛菲克西斯和阿克罗托伊，最后这座城市位于圣山的山顶，圣山的外形像妇女的胸部，高高地突起。居住在山顶的居民可以比沿海居民早三个小时看到日出。环绕半岛的海路由阿坎图斯城到亚里士多德的城市斯塔盖拉（Stageira），距离是400斯塔德。在沿海有卡普鲁斯港和与海港名字相同的一个小岛。接着是斯特雷蒙河口，然后是法格雷斯、加莱普斯、阿波罗尼亚，所有这些地方都是城市。接着是内斯图斯河口，它形成了马其顿和色雷斯之间的边界，正如当初腓力和亚历山大为它划定的边界一模一样。在斯特雷蒙湾附近还有一些其他的城市，例如米尔齐努斯、阿吉卢斯、德拉贝斯库斯和达图姆。后者拥有美丽富饶的土地，还有造船厂和金矿。由此而产生了一句谚语："天下财富甲达图姆。"还有另外一句谚语是："财富成堆"。

34. 克雷尼德斯有许多金矿，在靠近潘盖乌姆山附近的地区，现在有一座腓力城。在这座潘盖乌姆山上有金矿和银矿。在斯特雷蒙河两岸直到培奥尼亚，许多地区也有金矿和银矿。正如人们所传说的那样，许多庄稼汉在培奥尼亚发现了天然金块。

35. 圣山很高，外形像女人的胸部。居住在其山顶上的居民在日出的时候就已经感到耕作的劳累，而居住在沿海地区的居民，公鸡才刚刚开始唱歌。色雷斯人塔米里斯统治着这片海岸，他和奥菲士从事同样的工作。在阿坎图斯附近，可以看见一条运河，据说它是薛西斯下令挖掘的，它穿过圣山，可以把海水引入这条运河，使自己的舰队从斯特雷蒙湾穿过地峡。但是，锡普西斯的德米特里不相信这条运河什么时候曾经通航过。他说，尽管地峡的土地只有10斯塔德长，很适合也很容易挖掘，而且事实上也挖掘了一条宽达1普勒斯伦的运河，但后来出现了一条岩石地带，几乎长达1斯塔德，这条岩石地带又高又宽，不可能全部打穿，直通大海。而且，即使是可以打穿这片通往大海的岩石地带，它也不可能挖那么深，用来作为通航的运河。德米特里补充说，安提帕特（Antipater）之子亚力萨库斯奠定了乌拉诺波利斯城的基础，[①]其周长有30斯塔德。在这个半岛上，居住着某些从利姆诺斯岛来的佩拉斯吉人部落，他们分为五个公社：克莱奥内、奥洛菲克西斯、阿克罗托伊、狄翁和锡斯。在圣山之后是斯特雷蒙湾，这个海湾延伸到内斯图斯河，在腓力和亚历山大的观念中，它就是马其顿的边界。更准确地说，这里有一个海角，它和圣山一起形成了斯特雷蒙湾，阿波罗尼亚城就在这个海角上。在阿坎图斯人港口之后的海湾，第一座城市斯塔盖拉是亚里士多德的故乡，现在它已经荒无人烟了；这座城市的建立者是卡尔西斯人，还有它的港口卡普鲁斯和一个名字相同的小岛。然后是斯特雷蒙河，溯河而上20斯塔德可以到达安菲波利斯城。后者是雅典人建立的。城

---

① "天堂城"。

市所在的地方称为恩尼霍多伊。① 接着是加莱普斯和阿波罗尼亚，这两座城市毁于腓力之手。

36. 斯特拉博说，从佩内乌斯河到皮德纳城距离是120斯塔德。在斯特雷蒙河沿岸有达图姆人的城市奈阿波利斯和达图姆城本身，达图姆地区有肥沃的平原、湖泊、河流造船厂和收入可观的金矿。因此而产生了一个谚语："达图姆财富甲天下。"② 还有另一个谚语是："财富成堆。"在斯特雷蒙河这边的地方，即沿海地带和达图姆周围，居住着奥多曼特人、埃多尼人和比萨尔泰人；他们部分是土著居民，部分是从马其顿来的移民，他们的统治者是雷苏斯。在安菲波利斯到赫拉克利亚城以北，是比萨尔泰人的地区，还有一个富裕的河谷地区；这个河谷地区被斯特雷蒙河分成两部分，它发源于阿格里亚人地区，他们居住在罗多彼山附近。马其顿的帕罗尔贝利亚与这个地区为邻；在其内部沿着河谷的地区，从埃多梅内开始，有卡利波里斯、奥尔托波利斯、腓力珀波利斯和加雷斯库斯城。在比萨尔泰人地区有一个贝尔格村，如果溯斯特雷蒙河而上前往安菲波利斯，航程是200斯塔德。如果从赫拉克利亚城向北走，要让河流在右边，那就要通过峡谷，这是斯特雷蒙河经过的地方。在左边是培奥尼亚和多贝鲁斯、罗多彼周围地区和海姆斯山。在右边是海姆斯山地区。在斯特雷蒙河的这边，在这条河附近有斯科图萨，而在博尔贝湖边有阿瑞托萨。米格多尼亚人主要居住在这个湖泊周围。从培奥尼亚地区流出的不仅有阿

---

① "九路"。
② 据阿庇安所说，达图姆城后来改名为腓力城和克雷尼德斯城。

修斯河，而且有斯特雷蒙河。因为这条河流从阿格里亚人地区流出，流过了米迪人和辛提人的土地，在比萨尔泰人和奥多曼特人之间的地区汇入大海。

37. 斯特雷蒙河发源于阿格里亚人地区，这些人居住在罗多彼山周围。

38. 有些人认为培奥尼亚人是弗里吉亚人之中的殖民者，另外一些人认为他们是这个部落始祖。据说培奥尼亚一直延伸到了贝拉戈尼亚和皮埃里亚，贝拉戈尼亚从前叫做奥雷斯提斯；有一位首领阿斯特罗皮乌斯（Astropaeus）完成了从培奥尼亚到特洛伊的远征，他被称为"贝莱冈之子"是有可靠根据的，因为培奥尼亚人自己就自称为贝拉戈尼亚人。

39. 在荷马史诗之中提到了"贝莱冈之子阿斯特罗皮乌斯"，[①] 他从培奥尼亚来到了马其顿；由于"贝莱冈之子"的缘故，培奥尼亚人因此被称为贝拉戈尼亚人。

40. 由于希腊人把色雷斯人的"赞歌"[②] 称为"提塔尼斯莫斯"，[③] 这是模仿赞歌之中发出的呼声，因此，提坦人也可以称为贝拉戈尼亚人。

41. 在古代和现代，培奥尼亚人都占领着当今马其顿的大部分地区。因此，他们不仅可以围攻佩林图斯，甚至可以迫使整个克雷斯托尼亚、米格多尼亚以及直到潘盖乌姆的阿格里亚人地区服从自己的统治。腓力城和城市周围地区位于斯特雷蒙湾海岸线的

---

① 《伊利亚特》，XXI，141。
② 赞颂阿波罗的胜利之歌。
③ 呼唤提坦的声音。

后面,从加莱普斯直到内斯图斯河之间。腓力城从前叫做克雷尼德斯,仅仅是一个小村庄,在布鲁图与卡西乌失败之后扩建了[1]。

42. 现在的腓力城,从前叫做克雷尼德斯。

43. 在这条海岸线之外有两个岛屿,利姆诺斯岛和萨索斯岛。在萨索斯海峡之后是阿夫季拉和许多与阿夫季鲁斯神话故事有关的地方。这里居住着色雷斯的比斯托尼斯人,统治他们的是狄俄墨得斯。内斯图斯的河水并不一直在同一条河床之中,而是常常使这个地区发生洪涝。接着是位于海湾的狄凯亚城和港口。在它们的北面是比斯托尼斯湖,其周长约200斯塔德。据说这个平原是块盆地,完全在海平面之下。赫拉克勒斯在缺少马匹的时候来到这里,企图盗窃狄俄墨得斯的母马,他沿着岸边挖了一条运河,把海水放入平原地带,战胜了自己的敌人。人们会指给你看这里的狄俄墨得斯的宫廷,由于它天生的难以攻克,因而被称为卡特拉科姆。[2] 在这个湖泊后面,这个地区的中心有西科尼人的下列城市:桑西亚、马罗尼亚和伊斯马鲁斯。伊斯马鲁斯现在被称为伊斯马拉,它在马罗尼亚附近。距离这里不远,有一条河发源于伊斯马里斯湖,这条河流称为奥德修斯乌姆河。这里还有个地方被称为萨索斯凯法莱,[3] 在内陆居住的是萨佩伊人。

44. 托佩拉距离阿夫季拉和马罗尼亚不远。

44a. 据说,前面提到的伊斯马鲁斯,后来称为伊斯马拉,它是西科尼人的城市,距离马罗尼亚不远;那里也有一个湖泊,它

---

[1] 公元前42年,战后的腓力城成了罗马人的殖民地。
[2] "设防的村庄"。
[3] 本义为"萨索斯人的脑袋",这里指的是萨索斯人占领的海角。

的支流叫做奥德修斯乌姆河；正如地理学家所记载的，这里有一座英雄马隆的神庙。

45. 色雷斯部落辛提人居住在利姆诺斯岛上；所以，荷马把他们称为辛提埃斯人：

辛提埃斯的男人（友好地接待了）我。

（《伊利亚特》，I，594）

45a. 利姆诺斯岛：它最初居住着色雷斯人。根据斯特拉博所说，他们叫做辛提埃斯人。

46. 阿夫季拉城位于内斯图斯河之后的东方，它是以阿夫季鲁斯的名字命名的，狄俄墨得斯的马匹贪婪地吃光了它；后来，在附近又出现了一座狄凯亚城，在它的后面有一个巨大的比斯托尼斯湖。然后是马罗尼亚城。

47. 整个色雷斯由22个部落组成。尽管它已经衰落不堪，它仍然可以派出15000名骑兵和200000名步兵参战。人们走过马罗尼亚城之后，可以到达奥尔塔戈里亚城和塞里乌姆附近地区（这里的海岸航行困难），然后是萨莫色雷斯人左边的小城坦皮拉，还有另外一座小城卡拉科马，在它的前面是萨莫色雷斯岛，再到伊姆布罗斯岛，它与萨莫色雷斯距离不远；萨索斯岛是从萨莫色雷斯岛到伊姆布罗斯岛的航程的双倍多。在从卡拉科马城到多里斯库斯的路上，薛西斯曾经在这里检阅自己的军队；然后是赫布鲁斯河，由此溯河而上到达塞普西拉城，航程是120斯塔德。根据斯特拉博所说，这里是马其顿的边界地区；罗马人第一次从珀尔修斯手中夺走了它。后来又从伪腓力手中夺走了它。① 在俘虏珀尔修斯之后，保卢斯②把伊庇鲁斯部落并入马其顿一起，并且把这个地区分成四部分以便管理：他把第一部分分配给安菲波利斯，第二部分分配给塞萨洛尼西亚，第三部分分配给培拉，第四部分分配给贝拉戈尼亚人。在赫布鲁斯河两岸地区居住着科尔皮利人，在更上游的地区居住着布雷内人，而在最上游地区居住着贝西人，因为这条河可以通航很长的距离。所有这些部落都从事抢劫活动，特别是贝西人，斯特拉博称他们是奥德里塞人和萨佩伊人的邻居。阿斯泰人的都城是比奇耶。有些人把居住在从赫布鲁斯河、塞普西拉到奥德苏斯海岸线之后的所有居民都称为奥德里塞人，即阿马多库斯、塞尔索布莱普特斯、贝里萨德斯、修塞斯和科提斯诸王统治的那些部落。

47a. 奥德里塞人：色雷斯境内的部落。

47b. 地理学家在指出色雷斯面积辽阔的时候，说整个色雷斯由 22 个部落组成。

48. 色雷斯现在叫雷吉尼亚河的这条河流，从前被称为埃里贡河。

49. 雅西昂和达达努斯两兄弟通常居住在萨莫色雷斯。但是，当雅西昂由于侮辱得墨忒耳的罪行受到雷击之后，达达努斯扬帆离开萨莫色雷斯，来到伊达山脚下，建立了自己的居住地。他把这座城市称为达达尼亚，又把萨莫色雷斯的神秘宗教仪式传授给

---

① 珀尔修斯的弟弟和继承人（公元前 168 年）。
② 公元前 168 年，埃米利乌斯·保卢斯·马其顿在皮德纳城打败珀尔修斯。

了特洛伊人。不管如何，萨莫色雷斯从前叫做萨摩斯。

50. 许多作家把萨莫色雷斯崇拜的诸神等同于卡贝里，但无法说清卡贝里是什么神，也无法说清西尔班特斯和科里班特斯是什么神。同样，他们还把库雷特、伊达诸神等同于卡贝里。

50a. 根据地理学家说，色雷斯人的这座海岛名叫萨摩斯是由于它的高度。他说，因为"samoi"本义为"高"的意思……由于米卡利庄稼歉收，他们离开当地，移居这座岛屿，因此它被称为萨摩斯……地理学家还写到，萨莫色雷斯在古代被称为梅利特，它是一个富裕的地方。他说，西里西亚的海盗曾经偷袭萨莫色雷斯的神庙，洗劫并抢走了1000多塔兰特的财产。

51. 赫布鲁斯河有两个河口。在河口附近的米拉斯湾，有一座由米蒂利尼人和库迈人建立的埃努斯城，但在更早的时候它是由阿洛佩康内斯人建立的。然后是萨耳珀冬角；然后是色雷斯的切尔松尼斯半岛，它形成了普罗庞提斯海、米拉斯湾和赫勒斯滂。由于这个海角突出于东南方，通过一条宽7斯塔德的海峡把欧罗巴和亚细亚连接起来，海峡位于阿拜多斯城与塞斯图斯城之间，因此在左边有普罗庞提斯海，在右边有米拉斯湾，正如希罗多德[①]和欧多克索斯所说，海湾的名字源出于汇入这个海湾的米拉斯河。斯特拉博说，希罗多德认为这条河的水源不足以供应薛西斯的军队之用。[②]上述海角被一条宽达40斯塔德的地峡所封锁。在这条地峡的中间有利西马凯亚城，得名于建立城市的国王。地峡的两

---

① 希罗多德：Ⅶ，58。
② 希罗多德：Ⅶ，58。

边各有一座城市,在米拉斯湾是卡迪亚城,这是切尔松尼苏斯最大的城市,建立者是米利都人和克拉佐梅尼人,但后来雅典人又重建了。在普罗庞提斯海那边是帕克提城。在卡迪亚城之后是德拉布斯、利姆内,接着是阿洛佩康内斯,米拉斯湾到这里就接近结束了。然后是最大的马祖西亚角,接着是海湾边的埃莱夫斯,[①]那里有一座普罗特西劳斯的神庙,正对着它40斯塔德远是特洛阿德的西盖乌姆角,这大概是切尔松尼苏斯最南端,距离卡迪亚城400多斯塔德。如果人们围着地峡另一边航行,剩余部分的距离略长于这段距离。

51a. 埃努斯是一座色雷斯城市,又称阿普辛图斯。斯特拉博第七卷。埃努斯城位于有两个河口的赫布鲁斯河口,它是库迈人建立的;它之所以叫这个名字是因为这里有一条埃尼乌斯河,在奥萨山附近有一个名字相同的村庄。

52. 色雷斯的切尔松尼斯半岛形成了三个海:北方是普罗庞提斯海,东方是赫勒斯滂海,南方是米拉斯湾,米拉斯河汇入其中,它和海湾名字相同。

53. 在切尔松尼斯半岛地峡上有三座城市:靠近米拉斯湾是卡尔迪亚;靠近普罗庞提斯海是帕克提城;靠近中部是利西马凯亚城。地峡宽40斯塔德。[②]

54. 埃利夫斯城的名字是阳性的,特拉佩祖斯城的名字可能也是阳性的。

---

① 或是埃利夫斯。
② 手稿是"长度"《残篇》,51,贝克。

55. 沿着切尔松尼斯半岛航行，在埃利夫斯城之后，首先是进入普罗庞提斯海狭窄的入口；这个入口被认为是赫勒斯滂的起点。这里有一个海角名叫锡诺塞马，[1] 但也有些人把它称为赫卡柏塞马。[2] 实际上，人们绕过了这个海角之后，就能看见她的陵墓。接着，就到了马迪图斯和塞斯提亚斯角，那里有一座薛西斯建造的浮桥；在这些地方之后就到了塞斯图斯。从埃利夫斯到浮桥所在的地方，距离是170斯塔德。在塞斯图斯之后80斯塔德，是伊哥斯波达米，据说在波斯战争时期由于天上掉下流星，这座小镇被彻底毁灭。然后到了卡利波利斯，从这里渡海到亚细亚的兰普萨库斯，距离是40斯塔德；然后是克里托特，这座小镇已经被彻底毁灭了；然后是帕克提、马克隆泰科斯、[3] 莱夫斯阿克特、[4] 希伦奥罗斯[5] 和萨摩斯人建立的佩林图斯；然后是塞里布里亚。在上述地方之后是西尔塔，还有受到当地居民崇拜的希伦奥罗斯，后者好像是这个地区的卫城。希伦奥罗斯把沥青运入大海，在这个地方附近有普罗康内斯，它距离大陆最近，只有120斯塔德；普罗康内斯的白色大理石采石场不仅规模大，而且质量优秀。在塞里布里亚之后是阿西拉斯河和巴塞尼亚斯河，然后是拜占庭和远达基亚尼礁的各个地方。

55a. 至于塞斯图斯和整个切尔松尼斯半岛，我在叙述色雷斯

---

[1] "狗的坟墓"。
[2] 赫卡柏的坟墓，她据说变成了一条母狗。
[3] 长城。
[4] 白岸。
[5] 圣山。

的时候已经说过了。

55b. 正如地理学家所说，塞斯图斯是莱斯沃斯人的殖民地，马迪图斯是切尔松尼斯人的城市，从港口到港口，它距离阿拜多斯30斯塔德。

56. 从佩林图斯到拜占庭距离是630斯塔德；根据阿尔特米多鲁斯所说，从赫布鲁伊翁·齐普西尔到拜占庭和基亚尼礁，距离是3100斯塔德；从阿波罗尼亚城附近的爱奥尼亚湾到拜占庭总距离是7320斯塔德，但波利比奥斯又增加了180斯塔德，因为他认为罗马里每8斯塔德就应当加上三分之一斯塔德。不过，锡普西斯的德米特里在其著作《论特洛伊军队的尚武精神》[1]之中认为，从佩林图斯到拜占庭距离是600斯塔德，到帕里乌姆的距离相同；他认为普罗庞提斯海长度为1400斯塔德，宽度为500斯塔德；至于赫勒斯滂，他认为其最狭窄之处宽7斯塔德，[2] 长400斯塔德。

57. 关于"赫勒斯滂"名称的本义，现在还没有一致的意见。实际上，关于这个问题有几种不同的观点。有些作家认为"赫勒斯滂"是指整个普罗庞提斯海；而另外一些人则认为它只是普罗庞提斯海佩林图斯这边的一部分；还有些人则把对着米拉斯湾和爱琴海公海的那部分外海也加入其中，而且，这些作家每人都按照自己的解释来确定不同的地区，有些是从西盖乌姆角到兰普萨库斯和基奇库斯岛，或者是帕里乌姆，或者是普利阿普斯；另外一些人则把从西盖乌姆角到莱斯沃斯岛的地区也加入其中。最后，

---

[1] 对荷马《船只登记册》(《伊利亚特》，Ⅱ，816—817) 的注释，文集共30卷，现佚失。

[2] 参见本书Ⅱ，v，22。

有些人坚持认为赫勒斯滂就是整个外海直到米尔图海的地区，因为按照品达在其颂歌之中所说，赫拉克勒斯的同伴从特洛伊航海经过温和的赫拉斯海峡，[①] 刚刚到达米尔图海就遇到迎头的西风，被刮回到科斯岛。因此，他们认为整个爱琴海直到塞尔迈湾，还有色萨利和马其顿附近的大海都应当称为赫勒斯滂，他们认为荷马可以作为证人。因为他曾经说过：

> 只要你愿意，你关心，
> 明天一大早你将看见我的战船，
> 航行在多鱼的赫勒斯滂。
>
> （《伊利亚特》，Ⅸ，359）

但其他的诗句否定了这个证据：

> 据我所知，这位英雄、
> 伊姆布拉苏斯之子，来自埃努斯城。
>
> （《伊利亚特》，Ⅳ，520）

而且他就是色雷斯人的首领，[②]

> 赫勒斯滂的激流环绕着所有的人。
>
> （《伊利亚特》，Ⅱ，845）

---

① 《残篇》，51，贝克。
② 《伊利亚特》，Ⅱ，844。

因为荷马提到了那些居住在这个地区之后①的和那些居住在赫勒斯滂之外的人,②即埃努斯位于先前称为阿普辛提斯,现在称为科尔皮利斯的地方,西科尼人的地区就在那个地区之后的西边。

58. 科尔皮利人是某个色雷斯的部落。因为埃努斯位于先前称为阿普辛提斯,现在称为科尔皮利斯的地方。

59. 泰特拉霍里泰人,即贝西人。他们又称为泰特拉科米人。

60. 他说,③他认识斯多葛派的哲学家波塞多尼奥斯。

61. 正如我先前已经说过的,色雷斯有一条阿里斯布斯河,在这条河流附近居住着塞布雷内色雷斯人。

62. 里普的复数形式可能是里佩;如果斯特拉博说到里佩无人居住,他指的是里普。他们也把这个地区称为里皮斯。(但是,在其他地方,斯特拉博说得很明确,里普、斯特拉提伊和伊尼斯佩,不仅很难寻找,而且找到了也没有用处,因为它们已经荒无人烟。)

63. 根据地理学家所说,考科尼亚人部落已经完全消失了。这位地理学家接着说,伯罗奔尼撒半岛的考科尼亚人是阿卡迪亚部落的一支,他们无法忍受勒普雷乌斯家族的统治——勒普雷乌斯是个坏人——因此乘船离开这里去了吕西亚。

64. (波菲里乌斯说,臣服于墨涅拉俄斯统治的迈索尼城人被称为弗西亚人。)但是,地理学家认为,不仅是迈索尼城周边的居民被称为弗西亚人,正如他以前所说的,那些臣服于阿喀琉斯、普罗

---

① 西科尼人。
② 色雷斯人之后的地区延伸到埃努斯。
③ 凯贝尔认为"他"是指庞培,并且将这段话译为"庞培知道……波塞多尼奥斯"。

特西劳斯和菲洛克特特斯的部落，也和他们一样称为弗西亚人。

65. 地理学家又说，伊斯特河曾经称为"马托阿斯河"，即希腊语的"阿西乌斯河"。① 虽然西徐亚人经常越过伊斯特河而没有受到任何损失，但有一次他们遭到灾难之后，这条河流被改名为达努比斯或者多西斯，好像是要这条河来承担他们的错误。

66. 地理学家还说，这里非常崇拜哈德斯。

---

① 浑浊的。